Human and Environment

신 인간과 환경

저 자

방기웅(공학박사, 한밭대학교 명예교수)

오세은(공학박사, 한밭대학교 교수)

이준호(공학박사, 한국교통대학교 교수)

범봉수(공학박사, 경인여자대학교 교수)

도서출판 대학서림

머리말

지구의 환경문제는 산업혁명을 전후하여 많은 변화를 가져왔다. 산업혁명을 계기로 야기된 경제성장으로 삶은 윤택해졌지만 환경문제의 시초가 되었고 현재는 인간의 생존 자체도 우려할 정도로 심각해졌다. 결국 환경문제는 인간이 자초한 것이나 그 심각성은 지구 환경이 크게 훼손된 이 시점에서야 인식하게 된 것이다. 환경변화를 직간접적으로 체험하고 있는 지구 온난화 현상은 어느 한 나라의 문제가 아닌 지구적인 문제가 되었다. 그러나 선진국을 중심으로 훼손된 환경을 복구하고 보존하려는 움직임이 국제환경협약 등을 통한 국제적 노력은 매우 시의적절한 일이며 전 세계 지구인들이 동참할 일이다.

환경을 보존한다는 일은 피상적으로만 인식되어서는 안 될 일이며 실천이 중요하다. 실천을 위해서는 환경에 대한 인식과 기본적인 지식 습득이 중요하다. 이러한 의미에서 본서를 서술하게 되었다. 환경은 자연환경이나 생태계만 중요한 것이 아니라 인간이 상시 생활하는 생활환경 또한 중요한 환경요소이다. 특히 생활환경으로는 공기, 기후, 물, 소음 진동 외에 식품위생이나 작업장 환경관리도 중요하여 본서에 수록하였다. 환경오염 문제로 대기오염, 수질오염, 폐기물 및 토양오염, 방사능오염 외에 환경과 에너지 및 지구환경문제와 국제적으로 환경문제를 해결하려는 국제환경협약에 대해서도 기술하였다. 이 외에도 중요한 환경관련 문제들이 많지만 차후도 지속적으로 수정, 보완함으로서 환경교육을 위한 기본교양도서로 일조하도록 노력하고자 한다.

환경문제는 생존과 관련되어 있으므로 아무리 강조해도 부족할 것이며 환경에 대한 폭넓은 인식과 관심 그리고 실천의 중요함이 재차 강조되므로 이에 본 도서를 기꺼이 출판해 주신 도서출판 대학서림의 윤진영 회장님과 임직원의 노고에 깊이 감사드린다.

2024. 6. 5. 환경의 날에

저자 일동

PART 3 환경오염

PART 01

지구환경

Chapter 01

환경의 개념

1.1 환경의 정의

'환경'이라는 말은 오늘날 매우 폭 넓게 여러 가지 의미로 다양하게 사용되고 있다. '환경'이란 "인간을 둘러싸고 있는 모든 사물의 상태"를 의미한다고 정의할 수 있으며, 환경에 대한 정의와 분류는 나라 또는 학자에 따라 조금씩 달리하고 있다. 우리나라 환경정책기본법(2017.1.17. 개정)에서 환경을 자연환경과 생활환경으로 분류하고 있으며 자연환경은 지하, 지표(해양 포함) 및 지상의 모든 생물과 이들을 둘러싸고 있는 비생물적인 것을 포함한 자연의 상태(생태계 및 자연경관 포함)을 말하고, 생활환경은 대기, 물, 토양, 폐기물, 소음·진동, 악취, 일조(日照), 인공조명 등 사람의 일상생활과 관계되는 환경을 말하고 있다(그림 1-1).

환경의 정의를 가장 잘 정리한 브리태니커사전 상의 환경의 정의를 보면 '환경'을 생물 또는 생태계에 영향을 미쳐 종국적으로 그것의 형태와 생존을 결정짓는 물리적, 화학적, 생물학적

- 환경
  - 자연환경
    - 생물환경(Biosphere): 지하, 지표(해양 포함), 지상의 모든 생물
    - 비생물환경(Non biosphere): 비생물적인 것 포함한 자연상태(생태계 및 자연경관)
  - 생활환경
    - 대기
    - 물
    - 토양
    - 폐기물
    - 소음·진동
    - 악취
    - 일조(日照)
    - 인공조명

● 그림 1-1. 환경정책 기본법에 의한 환경의 분류

- **환경**
  - **자연적 환경**
    - 무기적 환경(이화학적 환경)
      - 빛, 온도, 물, 공기, 기후, 대기, 수질, 토양
    - 생물학적 환경
      - 동, 식물간에 관련되는 환경(생태학적 요소)
    - 물리적 환경
      - 기구 및 기계, 산업의 생산물, 인위적으로 변형된 자연(호소, 항만, 댐 등)
  - **인위적 환경**
    - 사회적 환경
      - 조직, 제도, 생활습관 등
    - 심리적 환경(인간의 내면적 환경요소)
      - 종교적 신앙, 미신 등

● 그림 1-2. 환경의 분류

- 환경(environment)
  - 자연환경(natural environment)
    - 대기(atmosphere)
    - 대양(oceans)
    - 물(water)
    - 암석권(lithosphere)
    - 육상생태계(terrestrial biota)
  - **인간과 환경**(man and environment)
    - 인구(population
    - 주거(human settlment)
    - 건강(human health)
    - 생물계(bioproductive system)
    - 산업(industry)
    - 에너지(energy)
    - 운송(transport)
    - 관광(tourism)
    - 환경교육 및 홍보(environmental education & public awareness)
    - 평화와 안전(peace, security and the environment)

● 그림 1-3. 환경구성요소(UNEP 분류)

제 요인의 복합체라고 설명하고 있다. 또 어떤 학자는 그림 1-2와 같이 환경과 생물과의 관계에 초점을 맞추어 자연적 환경과 인위적 환경으로 대별하기도 한다.

그리고 유엔환경계획기구(UNEP)에서는 그림 1-3과 같이 환경의 구성요소를 비교적 폭넓게 자연환경과 인간과 환경으로 분류하고 있다.

1.2 인간과 환경

1.2.1 인간과 환경과의 관계

인간은 수 만 종의 동물 중의 하나의 종로서 자연환경 즉, 생태계 속에서 가장 강력한 영향을 미치는 하나의 개체군이다. 인간은 다른 개체군과 마찬가지로 환경에 거의 위협을 주지 않는 존재로 생겨났다. 이것은 태초에 인간과 자연을 동일시했다는 점에서 엿볼 수 있고, 동양인의 천(天)·지(地)·인(人) 합이론이나 불교의 자연관 즉, 일체 만상을 '나'(我)와 동일체로 보는 사상에서도 찾을 수 있다. 그러나 이와 같은 인간의 자연관은 산업혁명 이후 공업이 발달하면서 토지를 비롯한 모든 자연자원을 단순한 생산요소 또는 수단으로 전략시키는 등 자연환경에 큰 충격을 주기 시작하면서 경시되게 되었다. 최근의 급속한 공업화와 도시화, 인구의 증가 등으로 대량생산과 소비를 동반하고 이로 인한 비효용적 부산물 즉, 오염물이나 폐기물 등의 대량배출로 인하여 환경오염이 발생되었다. 이로 인해 자연생태계가 파괴되고, 자원을 고갈시키고, 동력원을 저하시키며, 인간 노동력의 저하로 생산기반의 약화 등 뿐만 아니라 그들이 스스로 조성해 놓은 인공적인 환경으로부터 영향을 받게 되었다.

인간은 보다 편리하고 행복하게 살고자 하는 욕구가 있어서 경제성장을 추구해 왔고, 이를 실현해 온 것이 사실이다. 하지만 현재에 이르러서는 경제성장에 따른 피해 즉, 환경파괴를 필연적으로 수반하게 됨으로써 경제성장과 환경보전의 조화문제로 갈등을 겪기에 이르렀다.

어떤 사람들은 경제성장이 가져다 주는 경제적 이익보다 경제성장에 수반되는 환경오염으로 인한 사회복지적 손실이 더 크므로 경제성장을 중지하더라도 환경보전을 추구해야 한다고 주장하며, 어떤 사람들은 환경보전을 너무 강조하다 보면 경제활동에 부담을 주게 되어 어느 정도 오염되더라도 우선은 경제성장에 비중을 두어야 한다고 주장하고 있다.

경제성장이나 개발을 추진하는 사람들은 늘 경제논리를 펴면서 경제성 혹은 경제적 타당성을 개발의 정당성으로 내세운다. 사실 일정규모 이상의 공공사업은 모두 경제적 타당성 분석을 거치게 마련인데 개발사업을 추진하는 사람들은 그 개발을 수행해서 얻는 경제적 이익이 경제적 손실보다 크기 때문에 그 사업의 시행이 국가적으로 타당하다는 식의 논리를 편다. 하지만 환경보전론자들은 이런 식의 논리를 무척 못마땅하게 생각하며, 그렇게 경제적 손익만 따져서 개발사업의 타당성을 생각하고 추진하다보니 우리의 환경이 엄청나게 파괴되었으니 경제성 이외에 환경성을 고려하여 개발사업의 타당성을 분석해야 한다고 주장하는 것이다.

개발사업으로부터 기대되는 이익을 보통 개발이익이라고 부르고, 개발사업에 소요되는 비용을 개발비용이라 하는데 경제논리에 입각한 개발사업의 경제적 타당성은 통상 개발이익이 개발비용보다 큰가 혹은 적은가에 의해 판가름난다는 것이다. 즉, 개발이익에서 개발비용을 차감한 값을 순이익이라고 하면 이 순이익이 영(0)보다 큰 사업을 경제적 타당성을 가진다고 말하는 것이다. 그러나 여기서 간과해서는 안될 것이 있다. 흔히 경제성 검토라고 하면 금전적인 것이나 또는 금전화된 것만 고려한다는 것이다. 우리의 자연환경을 구성하는 요소들 중에는 어떤 것은 시장에서 공개적으로 거래됨으로써 금전화 된 것도 있으나 그렇지 않은 것 역시 많은 비중을 차지한다. 참된 경제논리에 입각한 경제성 검토는 당연히 금전화 되지 않은 부분에 대하여도 충분히 고려해야 할 것이다.

흔히 우리가 손익계산을 할 때 손실의 항목에 포함시키는 것은 인건비, 자재비 등의 비용에 관한 것들이다. 어느 산에 관광 위락시설을 건설한다고 하자. 건설에 소요되는 인건비, 자재비 등의 비용은 사회적 손실의 항목에 포함된다. 왜냐하면 관광 위락시설의 건설에 투입된 노동력이나 자재물자들을 다른 용도 즉, 복지시설(서민주택의 건설 등)에 투입했더라면 다른 형태의 사회적 이익이 발생했을 것이므로 복지건설에 투입하지 않고 관광 위락시설 건설에 투입했으므로 복지건설로 인해 생겨날 사회적 이익을 포기한 것에 따라 사회적 손실이 발생하기 때문이다. 뿐만 아니라 또 다른 사회적 손실의 발생도 생각할 수 있다. 이 산의 산림으로부터 발생되는 산소, 산림이 제공하는 수자원 및 토양영양물질 함양기능과 수질정화기능, 자연경관, 과학적 연구대상으로서의 동·식물의 가치 등 수많은 사회적 이익을 포기하게 되는 것이다.

특히, 개발이라는 것은 한 번 이루어지면 다시 자연상태로 전환하는 것이 거의 불가능하다. 우리의 일상생활에서도 돌이킬 수 없는 결과에 이르게 하는 결정은 극히 신중을 기하듯이 국가 차원에서도 경제개발을 촉진한다는 명분 아래 개발이익을 위해서 자연환경을 파괴하게 되는 사업의 결정은 신중에 신중을 기해야 할 것이다.

선진국들은 지구환경보호의 차원에서 뿐만 아니라 국제경제에서도 자국의 산업을 보호하기 위해 환경문제를 무역규제법으로 무기화하고 있으며, 소비자들 역시 환경문제를 그들 생활의 질과 직결되는 심각한 문제로 인식하게 되어 기업으로서는 이른바 환경친화적 경영을 하지 않으면 존폐의 위기에 내몰릴 수 밖에 없는 현실이다.

이와 같이 소비자들의 환경관련 요구와 정부의 규제, 환경오염의 책임이 거론될 때 기업은 환경오염의 주범으로 불리면서 기업활동에 제약을 받게 된다. 그러나 장기적으로 볼 때 환경경영의 추진은 반드시 기업활동의 위축을 가져오는 것은 아니며, 오히려 새로운 이윤추구를 위한 동기를 부여하기 때문에 기업으로서는 환경문제를 이미지 제고와 함께 새로운 사업의 기회로 활용할 수 있도록 적극적으로 대처해야 할 것이다.

● 그림 1-4. 경기 안산 탄도 바닷길

이처럼 인간은 개발 등의 이유로 인하여 자연과의 조화를 잃어 가고 있지만 자연을 벗어나서 살아갈 수는 없다.

중세기 기독교 사상에서 보는 인간은 자연의 일부가 아니라 자연의 이상자 즉, 우월자가 되어 자연 위에서 군림하는 그런 자세를 버리고, 동양의 불교사상에서 나오는 자연과 나(我)가 일체라는 생각으로 자연과의 조화를 회복하고 유지해 나가며 공존해야 한다.

1.2.2 환경오염의 원인과 영향

1. 인구증가와 영향

지구는 많은 사람들이 다 살 수 있을 만큼 충분하지가 않으며, 수용능력 부족으로 점점 더 오염되어 가고 있다. 이것은 많은 환경학자들이 환경 재난에 대한 이유를 찾을 때 결론처럼 대두된다. 인구과잉은 대기오염, 수질오염, 사막화현상, 해양오염 등 지구상의 모든 환경문제를 악화시킨다. 오늘날 세계인구는 80억 8,230만명 정도(2024. 1. 1)이다. 미국 인구조사 단체는 2050년까지는 100억이 될 것이라 예상하지만 그때까지 125억이 넘을 수도 있다. 지구상에 인구가 너무 많게 되면 비옥한 땅과 신선한 식량, 깨끗한 공기와 물을 얻기가 어렵게 된다. 오랜 연구 끝에 코넬 대학의 두 연구자는 우리가 "상호번영" 하에 살기 위해서 또한, 환경을 파괴시키지 않기 위해서는 단지 10~20억의 인구가 적당하다고 결론지었다. 이 연구는 인구의 증가 측면에서 생각할 때 이상적인 생각이다. 간단히 말하면 인구의 성장이 지구 수용능력을 초과했으며, 그 수용능력이 바로 인간들을 부양할 수 있는 지구의 능력이다. 인구가 많으므로 태양과 지구가 만들어내는 것보다 더 많은 자원을 소비하게 된다. 대개, 선진국과 후진국은 개발도상국가와는 달리 인구성장에 있어 많은 문제점을 가지고 있다. 비록 선진국은 인구성장률이 낮다 하더라도 각 개인은 평균적으로 후진국 국민보다 더 많은 자원을 소비한다. 즉, 선진국이 후진국들의 통상 에너지 사용의 70배를 더 사용한다. 이런 이유로 선진국에서는 낮은 인구성장률조차도 환경적인 손실은 크다. 후진국은 대체로 인구성장률이 높은 경향이 있으며, 이러한 높은 인구성장은 토지의 황폐와 사막화현상, 숲의 파괴 및 극심한 도시공해 문제를 일으킨다. 인구폭발을 막는 한 가지 방법은 인구를 조절하는 방법이며, 생활권의 완전한 파괴를 원치 않는다면 출생비율을 낮추어야 한다. 이런 일은 정책적 의지와 개인적인 책임이 요구되며 이 모두가 각 개인이 노력해야 될 일이다. 또 인구가 증가하게 되면 더 많은 공장과 발전소가 세워져야 되고, 반면 이런 산업공정에서 배출되는 대기화학물질과 가스들이 지구온난화와 산성비 및 대기오염을 일으키게 된다. 또한 각종 상품들의 소비가 증가하게 되므로 쓰레기 매립지의 부족상태를 야기시키고, 액상 및 고체폐기물들이 토양을 오염시킨다.

인구성장으로 지구에서 생산될 수 있는 양보다 훨씬 더 많은 신선한 물이 필요하게 된다. 즉, 마시고, 씻을 때 뿐만 아니라 농업과 산업에서도 물이 더 필요하다. 그래서 인구가 증가하게 되면서 이용할 수 있는 물은 점점 더 줄어들게 되었다.

증가된 인구만큼 식량을 더 생산하기 위해 많은 선진국의 농부들이 살충제와 제초제 및 다른 농약들을 대량으로 사용하게 됨으로써 수질이 오염되고, 물고기가 죽게 되며, 제초제와 화학약품들이 먹이사슬에 작용하여 식물, 동물 그리고 인간에까지 해를 끼치게 된다.

인구는 식량이 부족한 국가 즉, 후진국에서 더 빨리 증가되고 있다. 후진국의 대부분의 사람들은 농사를 지으면서 불모지에서 생활하고 있다. 이런 불모지는 환경손실이 가장 민감한 땅으로 험준하고 수목이 우거져 있다. 산 비탈의 나무가 농사를 짓기 위하여 베어 진다면, 산 표면에 있는 흙이 비가 오면 쉽게 씻겨 내려가서 어떤 종류의 식물도 자라기엔 부적합하게 된다. 이런 불모지에서 농업과 목축이 계속되면 토양의 침식이 가속화되어 사막으로 변하게 된다(사막화: 비옥했던 땅이 황무지로 변하는 것).

인구증가로 부족한 식량문제를 해결하기 위한 수단으로 농장이나 방목지를 만들기 위해서 숲을 태우고 나무를 잘라내게 되었다. 계속 증가되는 인구로 인하여 더 많은 목제품이 필요하게 되고, 따라서 많은 숲들이 잘리어 나간다.

이렇게 환경의 희생물이 되어 다우림들이 잘려나가게 되면 수많은 생태계의 순환에 혼란이 일어나게 된다. 나무는 오염된 공기를 더 이상 정화할 수가 없게 되며, 공기 중 탄산가스도 흡수할 수가 없게 되어 잠재적으로 지구온난화 현상을 초래하게 된다. 그 결과 수만 종의 식물과 동물들이 매년 사라지게 되고, 토양유실과 홍수가 일어나게 된다.

많은 후진국에서는 농촌 인구가 증가하는 만큼 인간이 살 수 있는 땅은 점점 황폐화되고 있다. 그래서 사람들은 더 이상 시골에서 살 수 없게 되고, 도시로 이주하게 된다. 과다한 인구가 집중된 도시들은 늘어나는 도시 빈민들을 위해 적절한 서비스를 제공할 수 없게 된다. 즉, 관할시 당국이 적절한 환경위생대책을 마련하지 못하게 됨으로써 폐기물 처리는 불규칙적이 되고, 생활폐기물에 의해 수질오염이 일어나게 된다.

인구성장은 수산자원, 농산자원, 산림자원, 축산자원과 같은 회복가능한 자원의 사용한도를 초과하고 있다. 표 1-1은 향후 20년까지 인구성장이 회복 가능한 자원보다 어떻게 더 빨리 증가하는지를 보여준다. 첫째 란은 1990년에 사용된 자원과 인구를 보여준다. 두 번째 란은 2010년을 추정한 것을 나타낸다. 세 번째 란은 1990년에서 2010년까지의 변화를 보여주고, 마지막 란은 2010년에 개인이 이용할 수 있는 자원이 얼마나 감소되는지를 보여준다(단, 1헥타르 = 47에이커)

2. 대기오염의 원인과 영향

대기오염물질은 스모그와 대기오염을 일으키며 하늘을 덮으므로 대기질을 저하시키고 인간의 건강에 해를 끼친다.

공장, 자동차, 발전소와 가정에서 사용되는 화석연료는 탄산가스, 아황산가스, 이산화질소

● **표 1-1. 인구성장과 자원의 감소**

	1990년경	2010	총 변화율	1인당 변화율
	(백만)		(%)	
인구	5,290	7,030	+33	-
어획량(톤)	85	102	+20	−10
관개지(헥타르)	237	277	+17	−12
농경지(헥타르)	1,444	1,516	+5	−21
목축지(헥타르)	3,402	3,540	+4	−22
삼림(헥타르)	3,413	3,165	−7	−20

※ 자료출처: "State of the World 1994; A Worldwatch Institue Report on Progress Toward a Sustainable Society"(W. W. Norton, 1994) page11.

가스 뿐만 아니라 다른 많은 대기오염물질을 배출한다.

탄산가스는 대기 중에 축적되며 지구 높은 곳에 탄산가스 층을 형성해서 지구에서 복사된 열이 대기 밖으로 빠져나가지 못하도록 열을 가두어 놓는다. 이런 과정은 지구온도를 상승시키고 생물권에 대한 막대한 손상을 입힌다.

아황산가스와 이산화질소는 대기 중에서 황산과 질산 같은 산성물질로 변화되어 산성비의 형태로 땅에 내려져 호수, 하천, 숲, 야생 생물들에게 피해를 끼친다.

3. 수질오염의 원인과 영향

산업은 수질오염의 주범이다. 오염물질이 함유된 강우 즉, 산성비가 호수나 강에 내리게 되어 많은 수중 생태계를 파괴시켜왔으며, 이런 현상이 두드러진 곳은 미국 동부, 캐나다 동부, 스칸디나비아와 같은 공업 국가들이다.

폐기물 처리장에서 배출된 화학물질들이 지하수로 스며들거나 강으로 흘러 들어갈 수도 있으며 화학 폐기물들이 쌓여 있는 연못에서도 지하수로 유독물질이 스며 들 수 있다. 또한, 화학 폐기물과 석유 그리고 다른 위험한 물질들을 때때로 지하 저장탱크에 보관하는데, 이러한 물질들이 종종 지하수로 스며들어 간다. 심지어 폐기물이 어떠한 처리도 거치지 않고 직접 강물에 흘러 들어가기도 하는데 이러한 현상은 개발도상국에서 특히 많이 일어난다.

오븐 청소기와 페인트 희석제에서 나오는 유독한 폐기물들은 수원지나 수로에 영향을 끼친다.

부패조는 지하수나 지표수를 오염시킨다. 부패조는 아무런 문제가 없는 것처럼 가동되지만, 부패조가 적절하게 설치되지 않았거나 관리되지 않으면 병원성 세균이 발생하게 되어 중요한 문제를 야기시킨다.

또한, 광산이 하천이나 운하를 오염시킨다. 석탄 광산이 주된 오염원이지만 우라늄, 구리, 납, 아연, 철을 생산하는 다른 광산들도 수질을 오염시킨다.

도시의 폐기물도 수질오염의 주범이다. 매립지에 버려진 도시의 폐기물이 종종 지하수로 흘러들고, 일부 하수처리장에서는 강이나 호수로 직접 폐기물들이 흘러들어간다. 폭우가 내리면 도로의 먼지, 폐기물, 오염물질 등이 씻겨져 하수구로 흘러 들어가서 근처 가까이에 있는 강이나 호수로 흘러 들어가 수중 생태계를 위협한다.

농업도 강을 오염시키는 주 오염원이다. 농사에 이용되는 비료, 살충제, 제초제, 생화학 호르몬제, 다른 농업 화학물질들이 땅속으로 스며들어가거나 강, 하천, 호수 등으로 흘러 들어가게 되고, 목장에 많은 동물을 사육하게 되면 그들의 배설물 역시 물 공급에 위협을 줄 수 있다.

4. 토양오염의 원인과 영향

대부분의 토양오염은 직·간접적으로 산업화의 과정에 의해서 발생된다. 공장과 산업화 과정은 비록 쓰레기들 모두가 유해하지는 않더라도 수십억 톤의 폐기물을 배출한다. 음식 제조에서 출판에 이르기까지 대부분의 제조 과정에서 폐기물이 배출되고, 많은 폐기물들이 땅 위에 버려진다. 폐기물을 지정된 폐기물 처리장에 버리지 않으면 부패된 용기로부터 폐기물이 새어 나와서 땅 속으로 스며들어 토양을 오염시킨다.

농장에서도 많은 오염물질을 배출한다. 살충제와 제초제가 환경피해를 주로 일으키고, 화학비료는 토양의 균형을 깨뜨린다.

폐기물의 매립은 또 하나의 환경오염의 원인이 된다. 본래, 폐기물 매립은 땅에 구덩이를 파서 폐기물과 찌꺼기를 채우고 그 위에 흙을 덮는 위생매립을 하고 있어 땅속으로 유독물질이 스며드는 것을 방지하고 있다. 그러나 항상 그런 것만이 아니다. 즉, 미국도 75,000개의 산업폐기물 매립지와 18,500개의 생활폐기물 매립지의 대부분에서 폐기물의 유독물질이 주변 토양 속으로 스며들어 토양을 오염시키기도 한다.

1.2.3 환경문제의 특성

앞서 살펴본 사례와 같이 환경오염의 주 원인은 인구이며, 인구의 폭발적인 증가로 인해 발생되는 문제를 나열하면,

① 인구 증가와 도시 집중
② 가용토지의 부족
③ 식량자원의 한계
④ 산림의 황폐화
⑤ 광물질의 고갈
⑥ 에너지 고갈
⑦ 인간 욕구의 증대
⑧ 공업기술의 발달과 신물질의 출현 등을 들 수 있다.

이로 인해 자연 생태계는 물론 생활환경에도 영향을 미치고 궁극적으로는 인류의 생존에

위협이 되고 있다.

이러한 환경오염으로 발생되는 환경문제는 다음과 같은 특성들이 있다.

(1) 상호관련성

환경문제는 단독요인이 아니라 여러 요인들이 상호작용함으로서 상승작용을 나타내며 그 효과는 증폭되는 특성이 있다. 특히 유독물질의 경우 서로 화학반응을 일으켜 더 독성이 강한 물질이 생성되는 경우도 있다. 예를 들면 자동차 배기가스에서 발생된 질소산화물(NOx)과 휘발성유기화합물은 햇빛에 의해 2차오염물질인 광화학옥시던트(photochemical oxidant)를 생성시키며, 이중 일부는 오존과도 반응하여 발암물질인 PAN(peroxyacetyl nitrate)를 생성시키는 것으로 알려져 있다.

(2) 광역성

환경문제는 한지역에 국한되지 않고 광범위한 지역에 걸쳐 나타나는 특성이 있다. 이러한 원인은 지구의 자전으로 인한 대기의 이동과 관련이 많은데 우리나라의 경우 중국에서 발생되는 황사로 인한 피해를 들 수 있다. 또한 최근에는 후쿠시마 원자력 발전소에서 발생된 방사능 오염수를 인근 해역으로 방류함에 따라 해류를 타고 우리나라에도 영향을 미치고 있어 논란이 야기되고 있다.

이러한 문제는 미국 서북부 공업단지에서 배출된 대기오염 물질이 산성비가 되어 캐나다 산림파괴와 호소의 산성화를 일으켜 국가간 분쟁이 대두되기도 했다.

환경문제의 광역성은 Greenland 빙하 속의 납 농도 증가에서도 확인할 수 있는데, 이러한 국가간 환경분쟁은 국제환경협약을 결성하는 계기가 되었다.

(3) 시차성–시간적 광범위성

시차성은 환경오염의 원인과 피해가 동시에 일어나지 않고 상당시간이 경과 후에 서서히 발생하는 특성이 있다. 환경오염의 원인과 피해가 동시에 일어날 경우 이는 환경오염이라기 보다 환경 사고라 한다. 2007년 12월 7일 충청남도 태안군 앞바다에서 유조선 허베이호에서 원유 유출 사건은 엄밀히 말해서 환경오염이라기 보다 환경사고이며, 환경사고도 시간이 경과함에 따라 생태계 파괴 등 환경오염의 특성을 나타낸다.

대표적인 공해병인 일본의 미나마타병은 질소비료 공장에서 배출된 메탈수은이 오랜 기간 생물농축을 통해 수은 증상을 보이기까지 20년 이상이 소요되었고, 아직도 진행중인 것으로 알려져 있다. 또한 미국의 러브캐널(Love Canal) 사건은 중단된 운하에 화학폐기물을 매립한 후 30~40년이 경과된 후에 염색체 손상, 발암, 생식이상 등 피해가 나타났는데 이를 계기로

1978년 지미카터 대통령은 연방비상지역으로 선포하기에 이르렀다.

특히 환경오염의 시차성은 상당한 시일이 경과된 후에 발생되고 있고, 그 원인도 복잡하고 인과관계 입증이 곤란하여 미국에서는 유해산업폐기물 처리관련법인 Super Fund법을 제정하여 국가 재정으로 피해를 복구하고 있다.

(4) 탄력성과 비가역성

자연환경은 스스로 정화할 수 있는 능력이 있으며, 정화할 수 있는 오염물질 배출량을 환경용량이라 한다. 따라서 환경용량을 초과할 경우 환경오염이 발생되는데, 일단 환경오염이 야기되면 회복이 어렵고, 회복하는데 많은 노력과 시간과 비용이 소요된다.

이러한 특성은 마치 용수철과 같아서 일정 범위로 늘어난 용수철은 원 상태로 복원되는 경향이 있으나 (가역적), 복원한계를 넘어 늘어난 용수철은 복원되지 않는 (비가역적) 특성과 유사하다.

(5) 엔트로피(entropy)의 증가

엔트로피는 열역학과 통계적인 개념이다. 열역학적 개념의 엔트로피는 온도의 함수로서 절대값이 아닌 상대적 변화로 정의하고 있다. 엔트로피 법칙은 에너지 상태를 나타내는 척도로 "모든 에너지는 엔트로피가 증가하는 쪽으로 흐른다."라고 하고 있다.

같은 크기의 열량이라도 고온의 계에 더해졌을 때보다 저온의 계에 더해졌을 경우에 계의 엔트로피가 크게 증가한다. 따라서 엔트로피가 최대일 때 열에너지가 일로 전환될 수 있는 가능성은 최소이고, 반대로 엔트로피가 최소일 때 열에너지가 일로 전환될 수 있는 가능성이 최대가 된다. 실제로 외부적인 일을 할 수 있는 에너지를 '사용가능 에너지(available energy)'이나, 존재하지만 외부적인 일에 쓰일 수 없는 에너지를 '사용불가능 에너지(unavailable energy)'라 한다. 환경오염은 엔트로피의 증가로 인해 사용가능한 에너지의 감소를 의미하며 자원 감소로 변하게 된다. 엔트로피의 통계적 개념은 무질서도인데, 엔트로피가 증가할수록 무질서도가 증가함을 뜻하며, 이는 환경오염이 증가됨을 의미한다.

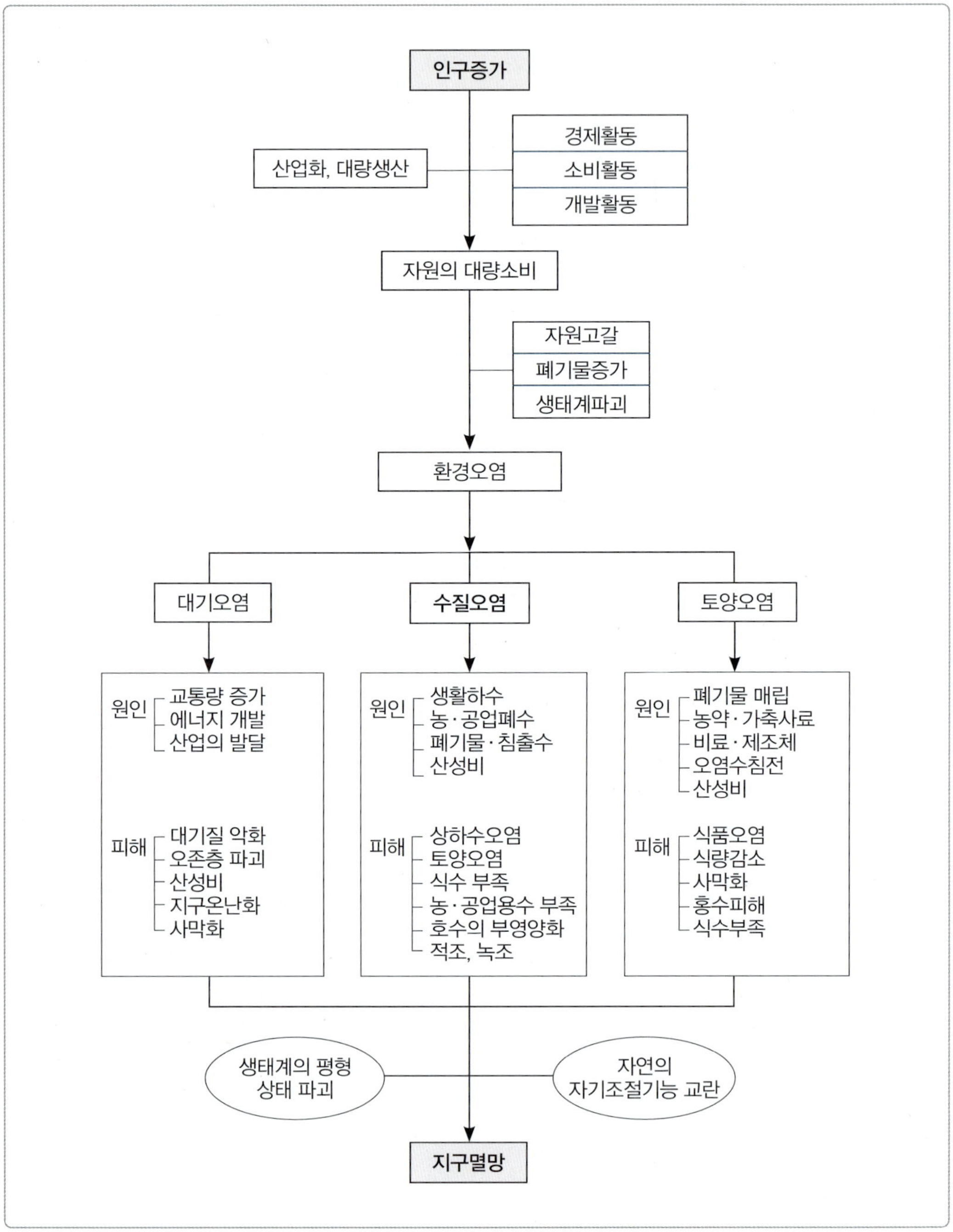

● 그림 1-5. 환경오염의 주원인과 관계

Chapter 02

생태계

2.1 태양의 역할

태양은 모든 생물의 근원으로 생물권을 움직이게 하며 태양열은 생물권에 작용하여 생물이 살아 가도록 따뜻하게 해주고 생물권의 생명유지 체계가 형성되는 여러 가지 물리·화학적 작용이 일어날 수 있도록 에너지를 공급한다.

대기는 태양에너지를 여과시키며 태양으로부터 오는 30%의 태양열을 반사시키고 나머지 태양에너지는 곧 지구로 들어와서 공기와 땅과 물을 데우게 된다. 이와 같은 에너지는 해류와 바람과 기후를 만들어 내며, 지구 구석 구석 흐르게 하는 물의 순환도 가능케 하고, 대기권(성층권)의 오존층은 자외선으로부터 우리를 보호한다.

모든 생물체는 태양으로부터 온 에너지를 먹이연쇄에 의해 다시 사용하게 되며, 이 연쇄는 식물에서 시작되고 식물의 광합성을 통해 태양에너지를 생활물질로 전환시킨다. 광합성은 식물이 흙과 공기로부터 미네랄과 기체 그리고 다른 원료 등을 얻게 되는 과정으로, 이런 물질들은 생활물질이나 유기물질로 전환하기 위해 햇빛을 에너지로 사용하는 것이다. 이와 같은 유기물질은 생물권의 먹이연쇄 중 가장 밑바닥에 위치해 있는 물질이다. 어떤 동물은 식물을 먹고 또 다른 동물은 그 동물을 먹고, 동물이 죽으면 세균과 같은 미생물이 식물이 이용할 수 있는 영양물질로 바꾼다.

그러나 인간은 이런 순환을 파괴시켰다. 과학자들은 인간의 먹이사슬을 붕괴시키는 방법에 관한 근거있는 요인들을 제시했다. 인류가 출현하기 전에 지구 생태계는 매년 150억 톤의 유기물질을 생산할 능력이 있었다고 한다. 그러나 인간이 이미 그 능력의 12%를 파괴했다고 판단하고 있으며, 과학자들은 인류가 전체의 27%를 사용했다고 언급하고 있다. 이것은 하나의 종(種)이 전체 지구 먹이공급의 40%를 차지했으므로 다른 식물과 동물의 종들은 먹이가 없어 죽게 된다는 것을 의미한다.

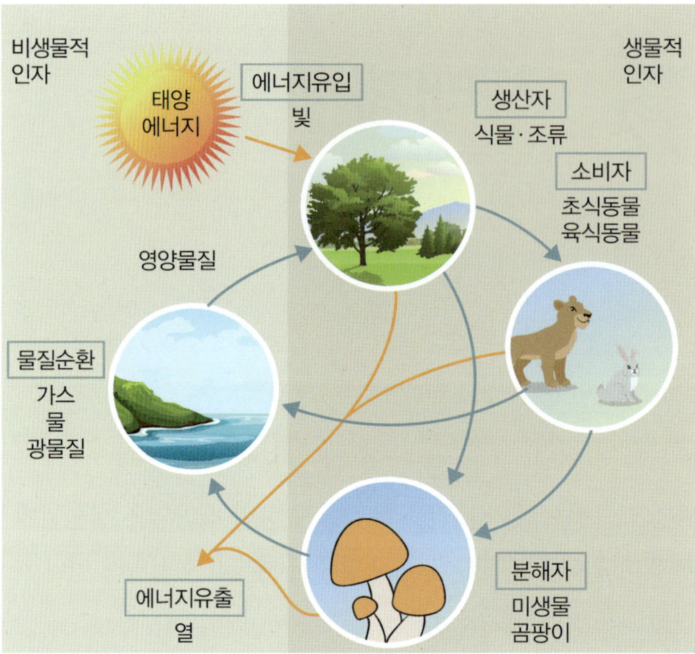

● 그림 1-6. 생태계의 에너지의 흐름

생물권이 살아 남으려면 명백히 이와 같은 파괴와 소비가 계속되지 않아야 될 것이다. 만약 우리가 나무를 자르게 되면 먹이연쇄의 근본을 파괴하는 것이 된다. 즉, 인간을 포함한 먹이연쇄 조직의 위쪽에 속해 있는 개체군들에게 궁극적인 해를 가하게 된다는 것을 의미한다. 인구가 증가하고 자원을 많이 소비함에 따라 인간이 먹이연쇄를 독점하게 되고, 그 결과 마지막에는 파멸에까지 이르게 될 것이다.

우리 인간이 영원히 삶을 유지할 수 있도록 하는 유일한 방법은 자원을 영원히 유지해 나갈 수 있는 수준에서 자원을 소비해야 한다.

2.2 생태계의 개념

소위 세균이라고 부르는 미세한 미생물에서 가장 복잡한 생명체인 인간에 이르기까지 지구상의 모든 생명체는 거대하고 설명할 수 없을 정도로 복잡한 거미줄과 같은 망으로 연결되어 있어서 한 부분을 건드리면 전체가 흔들리게 된다. 즉, 한줄을 자르면 전체가 흔들려 무너질 위험에 놓이는 거미줄 같은 망을 생태계라 한다.

생태계(ecosystem)란 ecology의 eco-와 system의 합성어로서 eco-는 그리스어의 Oikos(집 또는 서식처의 뜻)에서 유래되었으며 Economics의 Eco와 같은 어원으로서 일반적으로 environment, nature, natural habital을 의미하는 것으로써, "어떤 지역의 생물공동체(동·식물과 미생물 등의 군집)와 이것들을 둘러싸고 있는 주위환경(물리적·화학적 환경)이 상호 영향을 주고 받으며 유기적으로 운영되어가는 총합된 생물체의 집단"을 말한다.

생태계는 살아 있는 생명 뿐만 아니라 생명이 없는 무생물과도 관련이 있으며, 빛, 물, 공기, 기체, 미네랄 등 지구상에 존재하고 있는 모든 것들이 생태계에 속하는 무생물인자들이다. 이런 것들은 실제로 눈으로 볼 수 없는 것이 많지만 눈에 보이는 것들의 대부분은 복잡하게 얽혀 있다.

생물과 무생물들은 복잡한 생·화학적 과정을 통해 서로 관련되어 있으며 지질학적, 기후학적 요소들도 관련되어 있다. 이런 모든 과정을 통해 형성된 것을 환경전문가들은 생물권(biosphere) 즉, 공기, 흙, 물, 지구상의 생물들이라고 한다. 외부에서 보면, 생물권은 부서지기 쉬운 얇은 달걀껍질 같이 보이며, 텅 빈 공간과 그 아래에 있는 지구 사이에 위험스럽게 놓여져 있으며, 생물권 안에서 그 층은 매우 크게 나타난다. 지구에서 한 쪽을 쳐다보면 끝없는 육지가 나타나며 또 다른 쪽으로는 넓은 바다가 있고 위를 쳐다보면 무한한 하늘이 보인다.

생물권 안에서 생물과 무생물 사이의 상호의존 관계는 매우 복잡해서 어떤 과학자들은 지구를 유일한 유기체로 본다. 이런 이론을 고대 그리스의 지구의 여신인 가이아의 이름을 따서 가이아가설(Gaia hypothesis)이라고 한다. 그러나 중요한 것은 구성요소 중의 하나를 바꾸면 전체 생물권은 반드시 변환된다는 사실이다.

인간은 수많은 방법을 사용하여 자기 마음대로 생물권을 변화시켜 왔지만 불행하게도 이런 변화는 일반적으로 상태를 악화시켰다. 실질적으로 우리 인류는 지구의 먹이 연쇄를 독점해 왔으며, 수많은 종의 식물과 동물을 멸종시키고, 생태계에 작용하여 여러 방면에 영향을 미쳐왔다. 삼림이 물의 순환을 조절하는 법, 습지가 오염물질을 깨끗하게 정화시키는 방법, 그리고 오존층이 유해한 자외선을 차단하는 방법 등 인간은 생물권으로부터 많은 것을 배웠다. 전체로써 기구 또는 그 안의 생태계를 생각할 때 생물부양능력(carrying capacity)이라는 개념을 명심해야 한다. 생물부양능력이란 동·식물의 서식지가 무한히 지속될 수 있도록 존재할 수 있는 최대의 개체들과 종의 수 등을 의미한다.

그러나, 우리 인간이 저지른 일은 우리가 바로 잡아야만 한다. 그러기 위해서는 중요한 환경이론들을 알아야 하며, 이런 이론들은 결국 모든 생태계에 적용된다. 우선, 우리의 모든 사람이 지구의 자원과 무관하지 않다는 사실을 깨달아야 한다. 이런 자원들은 식물과 동물 또는 생·화학적 과정을 수행하는 미생물과 같이 생물적일 수도 있으며, 공기, 물, 흙, 미네랄과 같은 무생물적일 수도 있다.

모든 동물과 인간은 자원을 소비한다는 사실과 그 자원이 한계가 있다는 것을 명심해야 한다. 이러한 이유 때문에 환경이 처한 어려움을 해결하기 위해서는 인구의 성장을 억제시킬 필요가 있다. 지구의 자원과 재활용 할 수 있는 쓰레기는 한계가 있기 때문에 인구성장을 멈추지 않고서는 문제들을 해결할 수가 없다. 그러나 곡물과 나무와 다른 식물들처럼 어떤 자원들은 계속 재생산될 수 있으며 적절히 조절하면 스스로 살아갈 수 있게 된다. 반면, 석탄, 석유 등 화석연료와 같은 자원들은 재생이 불가능하게 된다. 즉, 그러한 자원들은 다 써서 없어질 수도 있다.

에너지는 중요하며 한정된 자원으로 우리는 식량 즉, 식물이나 동물의 형태로 에너지를 필요로 한다. 그러나 에너지는 난방을 하거나, 공장을 가동시키거나, 자동차를 시동시킬 때처럼 다른 형태로도 필요하게 된다.

지나치게 자원을 많이 소비하거나 세균작용으로 생물 분해를 시킬 수 없는 폐기물과 재활용이 불가능한 폐기물이 배출되면 환경오염 문제가 일어난다. 선진국 사람들은 개발도상국에 비해서 자원을 많이 소비하고 쓰레기를 많이 배출하기 때문에 선진국들을 지구 환경오염의 주범국이라 한다. 그러나 환경오염은 국제적인 문제로 대기오염과 수질오염 같이 한 지역에서 국한되어 발생하지 않는다. 환경오염 문제를 해결하기 위해서는 자원을 소비하는 형태와 쓰레기를 배출하는 방법을 바꾸어야 한다. 즉, 자원이 영원히 없어지지 않는 한도 내에서 자원을 사용하고, 생물권을 해치지 않는 범위 내에서 쓰레기를 배출해야 한다.

2.3 생태계의 구성 요소

생태계는 어느 환경 내에 있는 생물군이 생명을 유지하는 데 관련된 모든 조건과 관계라고 할 수 있으며, 또한 구조와 기능적인 측면에서 생물적인자와 무생물적인자를 포함한 자연을 하나의 계로서 생태계라고 부른다. 생태계의 에너지 근원은 태양에너지로서, 기본적으로 에너지를 태양으로부터 흡수하여 무기물질을 유기물질로 변환시켜 생물체에 고정하여, 생물체는 호흡과 대사 그리고 죽음으로서 다시 에너지를 자연환경으로 되돌리는 일련의 과정을 포함한다.

그래서 생태계를 이루고 있는 기본적 단위를 영양단계별로 무생물적인자(abiotic components)와 생물적인자(biotic components)로 구분할 수 있다.

무생물적인자는 환경을 구성하고 있는 모든 화학적 또는 물리적요소들이며, 여기에는 온도 및 토양의 특성, 영양물질의 이동 가능성, 습도 등이 포함된다. 이러한 무생물인자들은 모든 동식물들이 일정지역 내에서 생존 가능한 생태계의 형태와 구조를 결정한다. 즉, 모든 동·식물들은 그것들이 살고 있는 지역 내의 무생물적인자의 틀에 맞추어 적응하고 필요한 물질을 구해야만 그 지역에서 살 수가 있기 때문이다.

이와 같이 모든 무생물적인자들은 다양한 조합을 구성하여 한 생태계의 구조에 영향을 미친다.

생물적인자 즉, 생물적요소는 생태계 내의 역할에 따라 생산자(producers), 소비자(con-

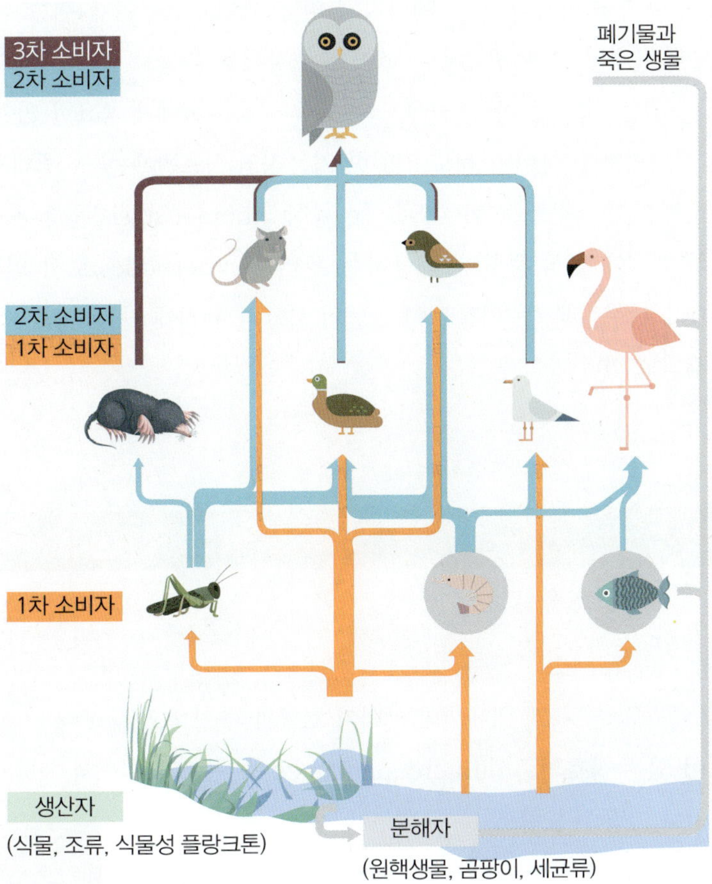

● 그림 1-7. 먹이사슬

sumers) 환원자(reducer) 혹은 분해자(decomposers) 등 세 가지 범주로 구분된다.

첫째, 생산자는 생태계에 따라 다르지만 가장 중요한 생산자는 나무, 선인장, 조류 등 같은 녹색식물들이다. 녹색식물은 다른 모든 생물체가 직접·간접적으로 먹이로 하는 유기물질을 생산하기 때문에 생산자라고 부른다. 생산자인 녹색식물은 빛에너지를 이용하여 환경 내의 무생물적 영양물질, 즉, 무기물질로부터 유기물질을 생산해 낸다.

둘째, 소비자는 생산자인 녹색식물을 직접 또는 간접적으로 먹이로 하는 생물체이다. 소비자는 그들 상호간에 복잡 다양한 관계를 가지고 있으며, 여러 부분 집단으로 구분된다. 즉, 생산자를 먹이로 하는 생물체는 1차 소비자이고, 1차 소비자를 먹이로 하는 생물체는 2차 소비자로서 소비 수준에 따라 3차, 4차 또는 그 이상의 소비자도 있을 수 있다.

셋째, 분해자는 미생물과 곰팡이로써 유기폐기물(생산자나 소비자의 시체)을 썩게 하고 분해하여 흙과 가스로 전환되어 환경에 되돌려 준다. 분해자는 기능적인 면에서 볼 때 특정한 사물 소비자이다. 다른 소비자와 같은 에너지와 영양물질을 그들이 섭취한 유기물질로부터 얻는다. 또한, 생태계 내의 다른 생물체와 같이 분해자들도 그들로 끝나는 것이 아니고 토양이나 물 속에 살고 있는 진드기, 곤충, 벌레, 그리고 원생생물들에게 중요한 먹이가 된다.

위와 같은 각 성분인자들 사이의 서로 긴밀한 기본적인 상호관계는 한 생태계가 계속 기능을 할 수 있도록 기본적인 구조를 이루도록 즉, 항상성(homeostasis)을 유지하는 방향으로 일어난다. 그러나 여기에 잡식 동물에 해당하는 관리자(eybernetics)로서 인간이 등장함으로써 중요한 생태계 평형문제 즉, 인간들이 그들의 사고와 목적에 따라 자연 상태계를 파괴시키는 문제가 발생되고 있다.

2.4 생태계의 특성

2.4.1 상호의존성

생태계의 구조와 기능은 체계 내에서의 에너지 흐름과 구성요소들 간에 모든 것은 다른 모든 것에 관련되어 있는 상호의존성(interdependence)을 가지고 있으며, 이들은 상호순환의 구조를 가지고 있다(그림 1-8 참조).

그림 1-8에서 보는 바와 같이 무기물인 탄산가스와 물은 에너지를 태양으로부터 흡수하여 엽록소(광합성)에 의해 식물에너지인 유기물질로 전환된다. 앞에서 설명한 것처럼 이런 녹색

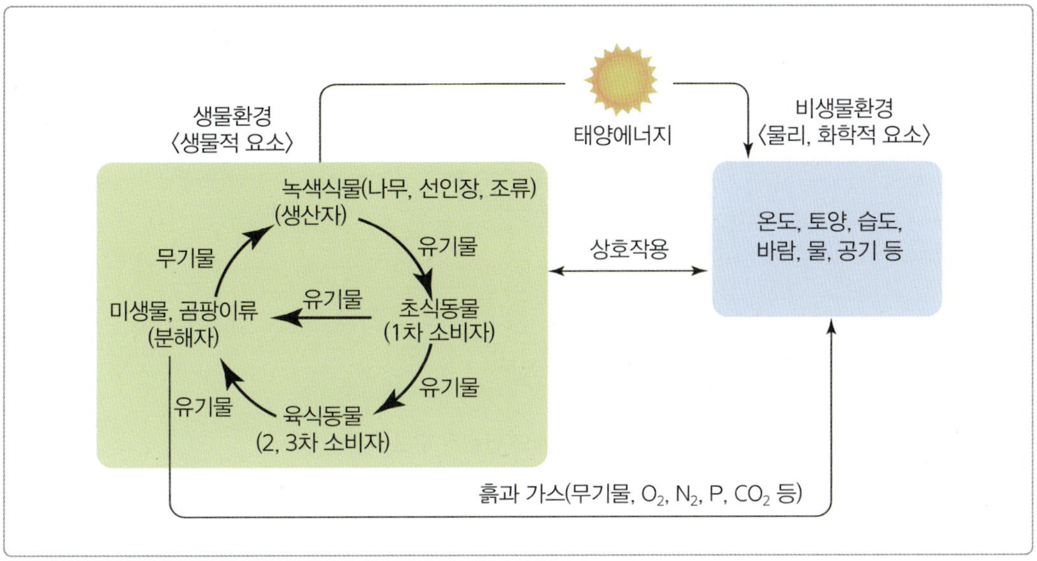

● 그림 1-8. **생태계의 구조**

식물은 소비자인 초식동물의 먹이가 되며, 초식동물은 다시 육식동물에게 먹히고, 육식동물은 그들 사이에 서로의 먹이가 된다. 이러한 연속적인 먹이연쇄에 의해 생태계 내의 생명체는 거미줄 모양으로 연결되어 있다. 이와 같이 생태계 내의 상호관계는 상상할 수 없을 만큼 복잡하며, 복잡하고 미묘한 상호관계의 사슬로 얽혀져 있다.

에너지의 흐름은 일방적인 것으로 생태계의 생물군집을 거치게 되나 일단 거쳐나간 에너지는 되돌아 오지 않는다. 그러나 생활에 필요한 탄소, 산소, 인, 질소 등의 원소나 영양소 등은 태양에너지와 달리 외계에서 지구의 생태계로 유입되지 않고 비생물환경과 생물환경 사이에서의 원활한 순환과정을 통해서 생태계가 유지될 수 있도록 계속 소비되고 또 재생산된다.

2.4.2 자기조절(self regulation)

생태계는 생태계를 구성하고 있는 생물적인자 내에서 뿐만 아니라 생물적인자와 비생물적인자 사이에 항상 균형상태를 유지하려는 성질 즉, 자기조절능력 또는 평형보존능력을 가지고 있다. 이와 같이 평형상태를 유지하려는 생태계의 자기조절기능은 어느 종이든 일정한 수준 이상으로 증식하고 번영하는 것을 허용하지 않는다. 그러나 특정한 어느 종의 증식을 직접적으로 제어하고 있는 조건(예: 기후, 천적, 식물의 양 등) 등이 우연히 약화되는 일이 없다고는 할 수 없는데 그렇게 되면 그 종은 일시적인 폭발적 증식을 일으킨다. 이런 현상은 생물체

● 그림 1-9. 생태계의 안정된 구조

가 환경에 적응하려는 자기조절현상으로 개체, 개체군, 군집 또는 생태계 전체에서 일어난다.

일반적으로 생태계의 구성인자가 서로 완전히 급격히 변하면 나머지 구성인자도 따라서 변하거나 또는 급격히 변하는 구성인자의 변화를 자체적으로 방어하여 원래의 정상적인 변동범위 즉, 안정적 평형상태로 다시 돌아가는 것이 통례이다. 이를 항상성이라 하며, 대체로 생태계는 성숙할수록 복잡해지고, 복잡할수록 안정되며 항상성(homeostasis) 유지정도는 높아진다.

생물군집 사이에는 일반적으로 생산자의 양이 가장 많고 그 다음으로는 1차 소비자, 2차 소비자, 3차 소비자, 4차 소비자가 있고, 끝에는 잡식동물인 사람이 자리잡고 있으며 각 단계를 거치는 동안 (생산자 → 소비자) 에너지 이동이 지속되고, 이동할수록 개체수가 적어진다.

자연계는 스스로 안정성을 지향하고 있는데, 일반적으로 생태계의 안정된 구조는 그림 1-9와 같이 피라미드 구조를 이루고 있다.

인구의 증가도 기후, 식량, 맹수, 감염병 등에 의하여 억제·제어되어 왔으며, 이것은 생태계의 원리에 의하여 안정상태를 유지하기 위한 것이다. 그러나 근세에 와서 급속한 인구증가로 인하여 더 많은 생산자와 1, 2차 소비자를 필요로 하게 되었으나 지구가 생산할 수 있는 생산자의 양에는 한계가 있기 때문에 불안정한 생태계를 형성하게 되었지만 생태계 자체로서는 이러한 불안정한 생태계를 해결할 수 없으므로 인간이 인위적으로 생산자의 양을 늘리게 되어서 결국 생태계를 파괴하기에 이르렀다. 즉, 인간은 생산자의 양을 급격히 증가하기 위해서 많은 농경지를 개발하고, 그리고 생산성을 높이기 위해 농약과 비료를 다량 사용하게 된다. 이러한 행위는 일시적으로 생산성을 증가시켜 생태계는 안정될 수 있지만 결국 삼림의 파괴, 토양, 수질오염 등을 초래하여 장기적으로는 전체적인 생태계를 불안정하게 만드는 요인이 될

● 그림 1-10. **영양단계**

수 있다.

2.4.3 먹이연쇄(food chain)

독립영양생물인 녹색식물을 기점으로 생물 간의 먹고(포식자) 먹힘(피식자)을 이어가는 일련의 생물군의 연계를 먹이연쇄 또는 먹이사슬(food chain)이라고 하며, 실제로는 복잡한 망상구조를 나타내므로 먹이망(food web)이라고 한다(그림 1-7 참조).

이러한 먹이연쇄는 거미줄과 같이 여러 겹으로 복잡하게 얽혀져 있어 개체 중의 어느 한 종의 파괴는 바로 앞 생태계의 불균형을 일으키게 되어 생태계의 안정성을 유지하기 곤란하게 된다. 에너지양은 먹이연쇄의 한 단계에서 다음 단계로 연속해서 전환해가면서 에너지의 양은 줄어든다. 이것을 영양단계(trophic levels)라고 부른다(그림 1-10 참조).

즉, 제1단계는 생산자인 녹색식물이 구성하고, 제2단계는 식물을 소비하는 초식동물 등이 되며, 제3단계는 초식동물을 잡아먹는 육식동물이 된다. 때로는 제4, 제5단계까지 계속될 때도 있다.

식물과 무기영양생물들은 먹이연쇄에서 생산자이며, 먹이연쇄의 제일 밑바닥 단계를 형성하고, 모든 생물이 자라는 기반이 된다.

토끼, 사슴, 소 같은 초식동물들은 식물을 먹고 자라며, 이러한 초식동물들은 식물에서 동물에게로 에너지가 전환되게 하는 역할을 한다.

족제비, 사자, 여우, 올빼미 등의 육식동물들은 초식동물을 잡아 먹고 인간과 같은 잡식동물들은 식물과 동물 모두를 먹는다. 먹이연쇄에는 두 종류의 육식동물 즉, 1차 육식동물과 2

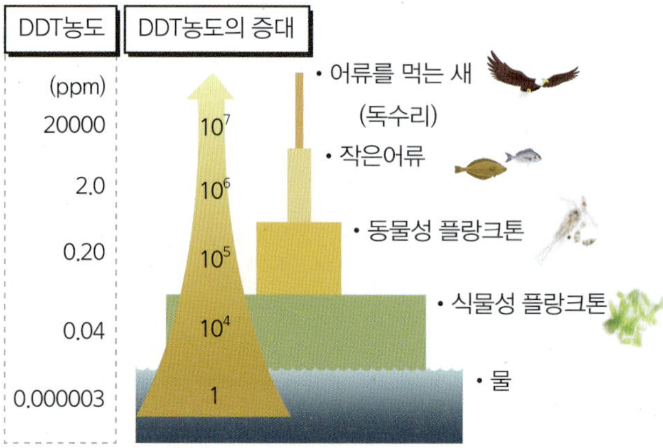

● 그림1-11. 먹이연쇄와 DDT의 농축

차 육식동물들이 있는데 족제비와 같은 1차 육식동물은 토끼와 같은 초식동물들을 잡아 먹고, 살쾡이와 같은 2차 육식동물은 1차 육식동물을 잡아 먹는다.

식물과 육식동물 그리고 다른 동물들이 죽으면 세균이나 곰팡이류 같은 미생물들이 그것을 분해하여 영양분을 얻으며, 이 미생물들은 그 영양분을 흙속으로 되돌려 보내 식물들이 그 영양분을 이용함으로써 다시 먹이연쇄가 시작되도록 한다.

각 영양단계를 거칠 때마다 에너지 약 90% 정도가 감소해서 생물의 물체량(biomass)도 줄어들어 영양단계를 아래쪽에서 위쪽으로 쌓아 올리면 피라미드형이 되는데 이른 엘톤(Elton)의 생태피라미드라고 한다.

먹이의 연쇄관계에 있어서 먹는 쪽의 동물이 먹히는 쪽의 천적이 된다. 그리고 먹이 연쇄를 따라 각 단계와 단계 간에 전달되는 에너지 흐름의 비율을 백분율로 나타낸 것을 생태적 효율(ecological efficiencies)이라고 하며, 이때 각 영양단계는 같은 에너지 단위로 표시되어야 의미가 있다.

또한 생물체 내에서 배설이 잘 되지 않는 디디티(DDT)와 같은 지용성 독성물질은 먹이연쇄를 통하여 계속 농축되는 현상 즉, 먹이연쇄농축(food chain concentration) 또는 생물증폭(biological magnification)이 일어난다(그림 1-11). 이러한 먹이연쇄농축은 먹이사슬을 거쳐 높은 영양단계로 올라갈수록 체내에 농축되는 농도가 높다. 식물플랑크톤 체내의 농도가 바닷물 속의 농도보다 10배, 동물성 플랑크톤은 식물성 플랑크톤의 10배, 이렇게 해서 피라미드 꼭대기에서는 몇 백만 배나 농축이 된다. 이와 같이 먹이사슬의 꼭대기에는 결국 소비자에 속하는 잡식동물인 인간이 존재하며 이들을 섭취하는 인간은 이들 독성물질(예: DDT,

카드뮴, 수은 등)로 인한 먹이연쇄 농축위협에 놓여 있다는 것을 잊지 말아야 한다.

2.5 지구생태계

앞에 기술한 바와 같이 태양은 지구를 조절하는 엔진의 역할을 한다. 태양은 모든 생물의 에너지 근원으로서 생물권을 움직이며 지배한다. 즉, 태양이 방출하는 열과 빛은 태양복사열의 형태로 태양으로부터 약 150만 km에 이르며, 이러한 태양열은 지구를 따뜻하게 함으로써 생물들을 잘 자라도록 해주고, 동시에 생물권의 생명유기체가 형성될 각종 물리·화학적 작용이 일어날 수 있도록 에너지를 공급한다. 이와 같이 태양열은 생명체의 생명유지를 위해 필요한 생화학반응의 원동력이 되며, 생물들은 광합성 작용을 통해 태양에너지를 얻고, 본질적으로 햇빛은 모두 순환된다.

햇빛이 대기층에 도달하면, 약 30%가 반사되어 되돌아가고, 나머지 70% 중에서 햇빛의 약 1/2은 대기와 육지 및 바다에 열을 전달하고, 약 1/4은 물의 순환과 바람 및 해류를 움직이게 한다. 식물들은 광합성을 하기 위해 아주 적은 양인 0.02%의 햇빛 만을 이용하여 광합성 과정을 통해 태양에서 에너지를 얻으며, 토양으로부터는 영양분을 얻고, 공기와 물로부터 산소 등 기체를 얻어서 성장하는 데 필요한 물질로 전환시킨다.

탄산가스와 수증기 그리고 대기 중 다른 기체들은 지구 표면에서 반사되어 온 태양열을 흡수한 후 다시 땅으로 열을 방출하여 지구를 덮어 따뜻하게 한다.

지구에 도달한 태양에너지는 거대한 지구의 물 순환을 돕는다. 즉, 태양은 바다, 호수, 강으로부터 물을 증발시켜 대기 중으로 들어가도록 하여 구름으로 응축된 후 비나 눈으로 되어 강과 호수로 되돌아가거나 땅에 스며들어 땅속의 대수층에 고이게 되고 강과 호수, 대수층에 고인 물은 바다로 흘러 들어가게 되면서 물의 순환은 다시 시작된다.

지구생태계는 태양빛을 받게 되면 지구상의 생물들을 풍성하게 하는 먹이연쇄가 시작된다. 앞에서 서술한 바와 같이 먹이연쇄는 영양단계라 불리는 대부분 4~5단계로 된 피라미드 구조이다. 이 구조의 가장 밑바탕이 되는 단계에는 수많은 작은 유기체들이 존재하고 있다. 단계가 위로 올라갈수록 개체수는 적으나 더 큰 역할을 한다. 에너지는 먹이연쇄 각 단계마다 사용되어 없어지게 된다. 즉, 에너지의 10~20%만 다음 단계에 쓰인다. 따라서 먹이연쇄가 짧으면 짧을수록 더 많은 에너지를 이용할 수 있게 된다(그림 1-10 참조). 육식보다 채식을 하면 자원이 더 적게 필요하다는 사실이 이 때문이다.

2.6 환경오염과 생태계와의 상관성

생태계(ecosystem)란 앞에서 기술한 바와 같이 생물군집(식물과 동물군집) 및 그것들을 둘러싼 자연계의 물리적, 화학적 환경요인이 종합된 물질계를 말한다. 그리고 생태계는 자연환경을 기준으로 하여 육상생태계와 해양생태계 등으로 구별된다. 이러한 생태계의 일부가 인위적으로 변경되거나 파괴되면, 그 생태계 전체의 물질대사회로(metabolic scheme)가 큰 영향을 받게 된다. 인간의 경우, 산업화 이전의 인간은 자연환경의 공생자였지만, 오늘날 공업화의 진전과 함께 자연의 생태계는 먹이사슬(food chanin)이 파괴되어 다른 생태계가 계속 생기고 있다. 그 예로 최근의 인구증가도 생태계 변화의 하나로서 주목해야 할 문제이다.

2.6.1 생태계와 인간사회

지구상의 인류문화와 사회발전에 생물학 및 생태학적 지식이 영향을 미친 것은 다윈의 진화론이 제창된 이후부터라고 하겠으며, 그 파급범위도 매우 광범위함을 알 수 있다. 특히, 이들 생물학·생태학 제반 지식이 끼친 영향의 범위는 인간사회의 사회관과 역사관 및 기술관에 이를 뿐 아니라 생물계의 일원으로서 사람의 인류관과 인간관 등에까지 미치고 있다.

환경문제가 사회문제로 등장한 근년에 이르러서 생태학적 지식은 인간사회의 발전에 더욱 필요한 학문이 되었으며 자원확보 및 그 관리 기술의 밑받침 구실을 하고 있다.

인간사회에서의 환경문제는 흔히 말하는 생산, 소비, 폐기물의 처리라고 하는 3자간의 물질순환계에서의 균형 파괴에 근원을 두고 있다. 이와 같은 생태계의 변화에 대처하기 위하여 환경전문가들로 하여금 새로운 학문분야 즉, 인간사회의 물질순환시스템(recycling system)의 개발과 균형(equilibrium)을 되찾는 연구에 박차를 가하도록 하였다.

최근의 대체에너지의 연구경향을 살펴보면 쉽게 알 수 있듯이 세계 각국에서는 전적으로 의존하던 화력발전 시설을 점차로 태양광과 풍력을 위시하여 지열, 수력, 풍력, 조력 등으로 대체하고 있을 뿐만 아니라, 중수계(重水系) 또는 생물가스(biogas) 등의 개발연구에 박차를 가하고 있으며, 이들은 어느 정도 실용 단계에 있어 그 효과 또한 크게 기대되고 있다. 생물가스의 경우 1982년 UN의 한 보고서에 따르면 중국은 1978년 말 전 중국땅에 크고 작은 생물가스 공장이 700만 개나 가동되고 있다고 한다. 한편, 남미의 브라질과 같이 생물자원이 풍부한 나라에서는 식물성 유기물로 알코올을 생산하여 이것을 휘발유에 10~15% 가량 혼입시켜 가스홀(gashol)을 생산하여 그 사용을 현실화하고 있다.

2.6.2 유한자원을 지니는 생태계

흔히 지구상의 자원은 두 가지 유형으로 나누어진다. 그 중 하나는 오늘날 세계경제를 매우 위태로운 지경으로까지 이끌어온 화석연료의 자원이나 기타 각종의 광물자원과 같은 무기질 자원이며, 또 하나는 생태계에서 생물들이 생산하는 유기물자원이다. 전자는 일명 비생물성 자원이라 하며 지각주변 또는 바다 밑에 저장되어 있으며, 질과 양에 있어서 한계가 있는 유한자원이다. 후자는 태양에너지를 이용하여 생산자가 무기물로부터 유기물을 생산한 것으로 일명 생물성자원이라고 하며, 물질대사의 조건만 갖추어진다면 무한의 양적 증가를 가져올 수 있는 무한자원이다.

성장과 투자의 효율화를 최우선의 정책과제를 삼는 근대 사회는 인구와 산업의 거대화, 집중화 또는 획일화를 초래하였으며 그 결과 경제개발 우선주의의 산물로 환경문제를 일으켰다. 환경문제가 사회문제로 충격을 안겨주며 큰 문제로 제기된 것은 각종 오염물질의 처리문제이며, 또 한 가지는 에너지와 자원의 확보 및 관리의 문제이다. 예를 들면, 화석연료 연소에서의 산소소비량의 증가와 탄산가스의 양적증가로 인하여 대기층에 탄산가스층을 형성함으로써 새로운 형태의 열균형 문제를 초래한다. 또한 화석연료의 연소기에서 발생되는 각종 오염물질로 인해 인체와 식물 및 각종 물질에 영향을 주게 된다. 이처럼 복잡하고 누적되는 환경오염물질의 확산은 마침내 안정성이 비교적 크다고 하는 자연생태계의 시스템을 파괴할 수 있을지도 모르는 상태에 이르렀다.

유한자원은 비단 인간생명을 지속시키는데 필요 불가결의 물질로서 생태학적 시스템에서 재순환되며 피드백(feed back)되는 것에만 한정되어 있는 것은 아니다. 한 도시의 급격한 거대화 현상이 초래된 결과로서 그 속에서 삶을 영위하는 도시민의 식량문제 못지않게 중요한 정신건강상의 문제이다. 이런 경우 자연의 푸르름과 같은 아름다움은 비록 물질에 근거하는 것이지만, 사람의 정신건강에는 또 다른 의미에서의 천연자원이 되는 것이므로 자원의 보존과 관리는 함께 다루어져야 함이 마땅하다.

2.7 생물(지구)화학적 순환(生物(地球)化學的循環: biogeochemical Cycle)

생물권의 모든 생물은 균형과 복잡한 상호 화학적 반응에 의하여 생명을 유지해 간다. 공기 중의 기체를 얻기 위해서 그리고 토양으로부터 영양물질을 얻기 위해 태양의 힘을 이용하고, 그 결과 얻은 에너지와 화학성분은 지구상의 모든 식물과 동물을 통해서 순환을 한다. 이러한 반응을 생물(지구)화학적 순환(biogeochemical cycle)이라고 하며, 이 순환들은 모든 생물체들에게 에너지와 영양분을 공급하고 공기의 조성을 위해 가장 작은 미생물로부터 가장 큰 포유류에까지 영향을 미친다. 질소, 탄소, 산소는 생명유지에 필수적인 요소들이다. 질소는 단백질과 DNA, RNA와 같은 혼합물질의 구성요소이며, 탄소는 탄수화물, 단백질, 지방, 핵산 등의 생물분자를 구성하고 있는 필수적인 요소이다. 산소는 호흡을 위해 필요하며 에너지와 함께 식물과 동물에 공급된다.

그래서 질소순환, 탄소순환, 산소순환이 가장 중요한 생물(지구)화학적 순환이라는 사실이 그리 놀랄 일은 아니다. 질소, 탄소, 산소는 생물권을 끊임없이 순환하며, 광합성은 세 가지 순환에서 모두 중요한 반응이다. 식물은 엽록소와 태양에너지를 광합성 반응을 이용하여 필요한 생활물질로 만드는데 물과 탄산가스의 형태로 공기로부터 얻은 탄소, 산소와 토양 속에 있는 질소 및 기타 물질들이 이 화학반응에 관여하는 중요한 구성요소들이다. 우리는 이 자연적인 순환의 균형을 파괴시켜 좋지 못한 결과를 초래했다. 예를 들면, 질소가 많이 함유된 비료가 강우로 인해 밭에서 씻겨 내려와서 하천, 호수, 강 등에 흘러들어 조류와 세균들을 빨리 자라게 하는데, 이때 세균은 물 속의 산소를 이용하게 되므로 물 속의 산소부족 상태를 일으켜 수중생물이 죽게 된다.

인간이 탄소와 산소 순환을 파괴시킨다는 사실이 더 위험한 일이다. 인류가 석유, 석탄 같은 화석연료를 사용함으로써 연간 약 50 억 톤의 탄산가스를 대기 중으로 방출시킨다. 이 중 일부는 식물성플랑크톤이라고 하는 바다 속의 미생물들에 의해 흡수되지만 대부분은 대기 중에 남아 있게 된다. 특히, 열대우림지역에서 매년 어마 어마한 양의 식물들이 사라지게 되는 것은 이러한 순환을 더욱 악화시키게 된다. 열대우림은 광합성작용을 하는 동안 대기로부터 많은 양의 탄산가스를 흡수하고 산소를 배출한다. 산림이 파괴되면 더 이상 탄산가스를 재순환시킬 수 없으며, 그 결과 지구온난화현상을 유발하는 탄산가스의 양이 증가하게 된다. 우리가 지구의 주인이라고 생각하지만 이러한 화학작용을 피할 수는 없기 때문에 가장 기본적인 지구화학순환에 우리가 어떤 영향을 미치는가를 인식하는 것이 위험에 처한 환경오염문제

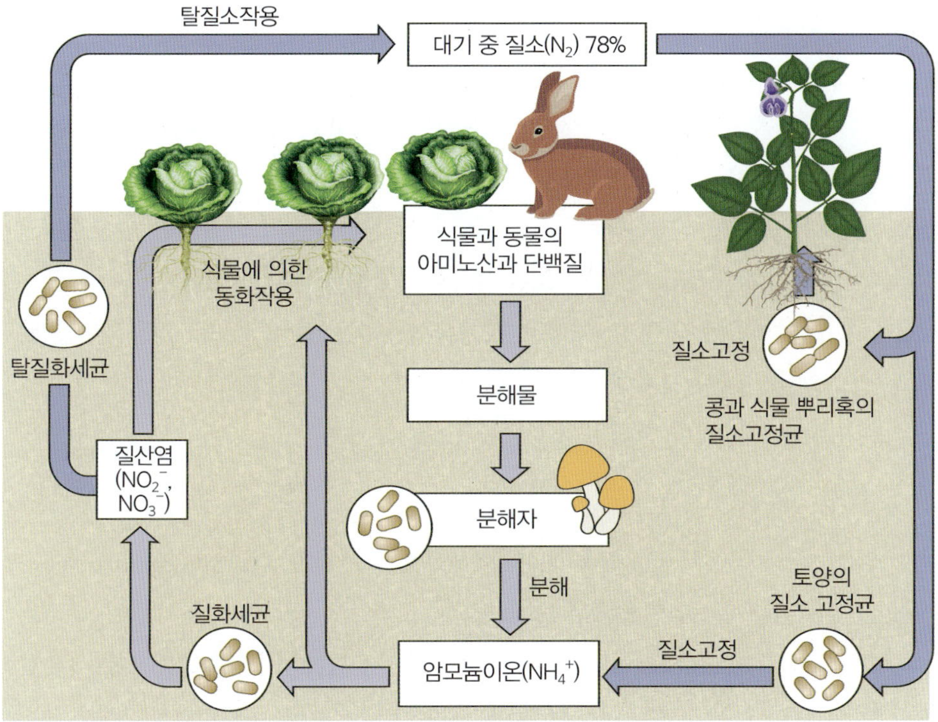

● 그림 1-12. **질소의 순환**

를 해결할 수 있는 방법이다.

2.7.1 질소의 순환

질소는 모든 생명을 유지하는데 필요한 필수물질인 아미노산, 단백질, 핵산(DNA와 RNA) 등의 주성분으로 기여한다. 대기성분 중 78%가 질소이지만 동물과 식물들은 질소를 기체 상태 즉, 질소(N_2)의 분자상태로는 직접적으로 이용할 수가 없어 물에 녹는 수용성 암모늄(NH_4^+)이나 질산염(NO_3^-)의 형태가 되어야 이용이 가능하게 된다.

질소순환의 첫 번째 단계를 토양의 세균 특히, 뿌리혹박테리아(Rhizobium)가 토양 중의 N_2성분을, 그리고 해양의 남조류(blue algae)가 대기로부터 질소를 빨아들여 암모늄으로 화합, 전환되는 과정으로 이때 대기나 토양 중의 N_2를 생물체 내에 도입하여 고정하는데 이것을 질소고정이라고 한다. 여기에 관여하는 세균을 질소고정균이라 하고 이 과정을 질소동화작용이라고 한다.

어떤 식물들은 질소로 암모늄을 직접 이용할 수 있다. 질소고정균은 우선 암모늄이온

(NH_4^+)을 아질산염(NO_2^-)으로 전환시키고 다시 질산염(NO_3^-)으로 전환시킨다. 그리고 식물들은 이것을 단백질과 DNA·RNA와 같은 핵산 등 필수 화합물질로 이용하게 된다.

초식동물은 식물을 섭취하므로 식물에 있는 아미노산과 핵산에 함유된 질소를 흡수하고, 육식동물은 초식동물을 먹음으로써 초식동물에 있는 질소를 이용한다.

식물과 동물이 죽으면 토양 속의 세균은 시체를 분해하여 질소화합물을 탈질소작용(de-nitrification)에 의하여 질소기체(N_2 또는 N_2O)로 환원(NH_4^+에서 $NO_2^- \rightarrow N_2$, $NO_3^- \rightarrow N_2O$)시키고, 다른 세균에 의해 이 기체는 다시 암모늄이온(NH_4^+)으로 전환된다. 이와 같은 방법으로 질소순환은 다시 시작된다.

2.7.2 탄소와 산소의 순환

탄소의 순환은 대기권과 생물권 사이에서 행해지는 과정과 수권(hydosphere)과 암석권(lithosphere) 사이에서 상호연관하여 진행된다.

태양에너지와 엽록소(chlorophyll), 탄산가스(CO_2), 물(H_2O) 및 영양물질을 이용하여 수행되는 광합성 초기 단계에서는 식물이 녹말과 셀룰로오스처럼 당이 많고 탄수화물이 적은 탄소로 바꾸기 위해 물(H_2O)과 탄산가스(CO_2)를 이용한다. 그때, 탄수화물의 에너지를 사용하여 탄소를 산화하고, 다시 탄소를 탄산가스로 전환한다. 이런 호흡과정을 통해 식물은 대기 중의 산소(O_2)를 흡입하고 CO_2를 배출한다($6CO_2 + 12H_2O \xrightarrow{빛} C_6H_{12}O_6 + 6O_2 + 6H_2O$).

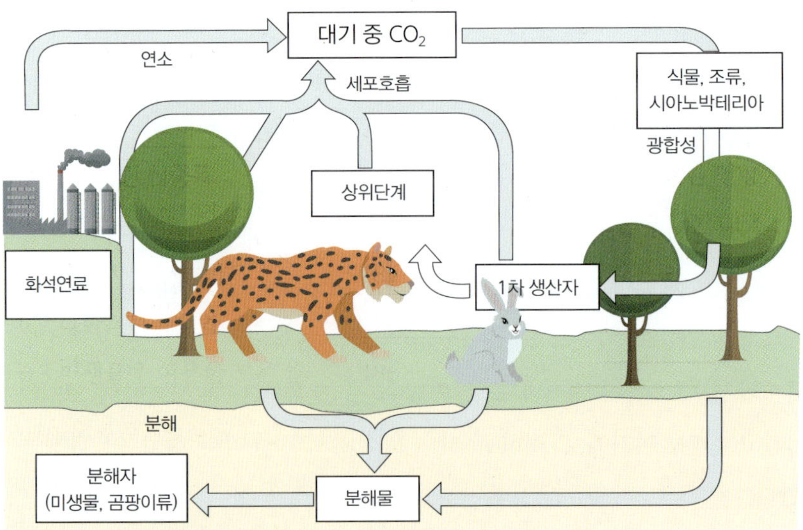

● 그림 1-13. 탄소의 순환

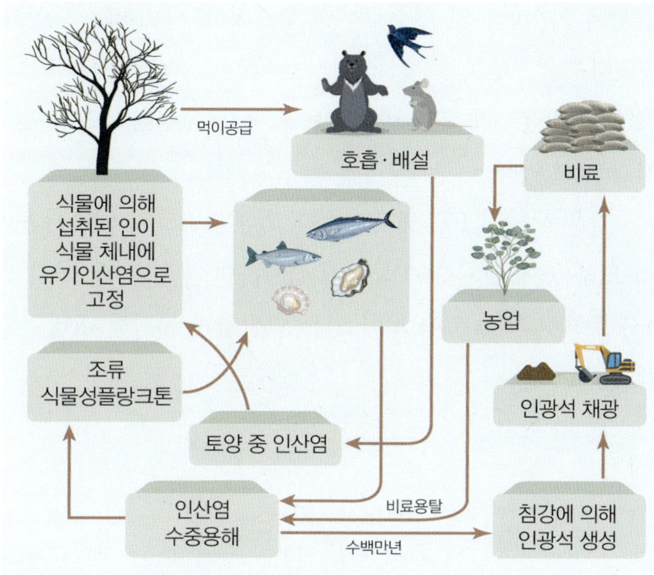

● 그림 1-14. 인의 순환

식물은 광합성을 통해 많은 양의 산소를 대기로 방출하고, 동물은 식물을 먹고 녹말과 당으로 구성된 식물의 탄소를 분해하기 위해 대기로부터 산소를 사용한다. 산소는 동물에게 에너지를 공급하며 동물들은 호흡할 때 탄산가스를 방출하고 식물들은 광합성을 하기 위해 탄산가스를 이용한다. 이외에도, 모든 생물체의 기본인 유기물질이 분해됨으로써 발생되는 메탄가스(CH_4)와 탄산가스(CO_2)로 환원되고, 암석권의 화석연료의 연속작용에 의해 탄산가스(CO_2)가 배출되므로 탄소순환이 이루어진다. 또한, 바다동물은 해수에 용존하는 산소(O_2)를 소비하고 어류가 죽으면 다시 분해하여 탄산가스(CO_2) 상태로 해수 속으로 방출하는 일을 반복한다. 그리고 바다 밑의 석회암 역시 기체상태의 탄산가스(CO_2)를 흡착하여 탄산석회화 하기도 한다. 이런 방법으로 탄소와 산소는 다시 순환하게 된다.

2.7.3 황과 인의 순환

자연적인 황의 순환은 생물적인 변환 외에도 화학적인 변화를 통해 순환되는 비교적 복잡한 과정을 거치게 된다. 생물적인 순환은 주로 토양 이나 물 속의 미생물에 의해 이루어지며, 생물권 내의 황은 궁극적으로 해양에 무기황산염의 형태로 저장되고, 이들 황은 바다 → 육지 → 대기로 순환이 가능하며 이것은 하천이 운반해준다.

자연 생태계에서 황은 약 2/3가 생물적인 변화에 의해 황화수소(H_2S) 형태로 생성되고, 약

1/3이 석탄·석유와 같은 화석연료의 연소로부터 생성되며, 나머지는 자연적인 산불 및 화산 활동의 결과로 생성된다.

인은 대부분이 해양과 기타 수계 환경의 퇴적토 속에 불용성인 인광석 형태로 존재하며 거의 순환이 이루어지지 않고 있다.

인은 DNA와 RNA 같은 핵산, APT, 세포막 등의 기본요소로서 대단히 중요한 것으로서 유기체의 죽음에 따라 토양 중에 잔재하여 식물이 섭취하여 재순환 즉, 다시 생물지구화학순환을 하게 된다. 따라서 토양이나 물 속에 녹아 있는 인산염과 유기체 내에 존재하는 인은 순환이 비교적 활발하게 일어난다.

마오쩌둥(모택동)과 참새

- 모택동이 1958년 농촌 순방 중에 참새를 노려보며 한마디 했다. **"저 새는 해로운 새다."** 식량이 부족한데 참새가 그 귀중한 곡식을 쪼아먹으니 한마디 한 것.
- '참새 섬멸 총 지휘부'가 만들어짐.
- 국영 연구기관은 '참새 1마리가 매년 곡식 2.4kg을 먹어 치운다'고 선동
- 참새만 박멸해도 70만명이 먹을 곡식을 더 수확할 수 있다며 모택동의 혜안에 찬사를 보냄
- 방방곡곡에서 소탕작전이 벌어짐
- 참새가 이리저리 쫓겨 날다가 지쳐서 떨어질 정도로 10억 인구가 냄비와 세숫대야를 두드리며 쫓아다님
- 마오의 명령은 일사문란하게 실행되었고 참새는 멸종 지경에 이름
- 이제 곡식 수확량이 늘어날 일만 남았다고 생각했는데 현실은 정반대
- 참새가 사라지자 메뚜기를 비롯한 해충이 창궐했고 농작물은 초토화
- 인류 최악의 참사라는 중국 대약진 운동때 벌어진 일
- 1958년부터 3년 동안 중국인 3,000만여 명이 굶어 죽음(모택동의 한마디에서 출발한 참화)
- 중요 정책에 대한 전문기관의 검증없이 지도자의 말 한마디에 맹종하는 상황을 보면 모택동과 참새 이야기는 결코 강건너 불로 볼 일이 아니다
- 정말 하나를 얻기 위하여 아홉을 잃게 되는 결과 초래

Chapter 03

생물종의 다양성

Biological Diversity

3.1 생물종다양성의 정의와 종류

생물종다양성협약(Convention Biological Diversity)에 의하면 생물종다양성(生物種多樣性)이란 "육상, 해상 및 수상 생태계 그리고 생태학적 복합체(生態學的 複合體, Ecological Complex)를 포함하는 모든 근원에서의 생물간 변이성(變異性)을 말하며 종내부(種內部), 종간(種間) 및 생태계들의 다양성을 말한다"라고 정의하고 있다.

생물종 다양성의 종류로 ① 종다양성(species diversity)은 통상적인 의미로 군집내에서 출현하는 종의 수와 종류가 풍부함을 의미하며, ② 유전자적 다양성(gene diversity)은 종 또는 개체군 내에서의 유전적 물질의 다양성으로 유전정보를 총칭하며, ③ 생태계 다양성(ecosystem diversity)은 한 지역 또는 지구에서 발견되는 다양한 육상 또는 수중 생태계로 생물종의 군집상과의 상호작용을 의미한다.

3.2 생물종다양성의 중요성

생물종다양성은 크게 두 가지 이유로 유지되어야 한다. 첫째, 생물종의 다양성유지는 식량자원, 일상생활의 원료, 그리고 교육 및 과학기술개발의 도구로서 중요한 자원이다. 즉, 인간생활에 필수적인 생물자원이 된다는 점이다. 둘째, 생태계의 물질순환의 담당자로서 생태계를 구성하는 생물요소인 생산자, 소비자, 분해자의 서식처로서 또한 이들의 기능을 지원하는 환경요소를 갖춤으로써 궁극적으로 인간생활의 터전을 유지하는 역할을 하는 점에서 생물종다양성은 중요시된다.

그러나 현대의 경제체계는 이러한 생물자원을 공유물로 간주하여 누구든 개발할 수 있는 것으로 생각할 뿐만 아니라, 개발하지 않고 자연을 보존함으로써 얻을 수 있는 사회적 이익을 비용과 원인 분석에서 제외시킴으로써 자연자원의 손실을 간과하는 인간의 자연 착취적 경제체계에 의해서 생물종다양성이 파괴되고 있다. 또한 산업혁명 이후 대량생산과 자원의 대량소비에 따른 환경오염발생으로 자연생태계의 파괴가 가속화되고 있어 민감한 종들의 서식환경 피해로 이어져 생물종다양성이 멸종되고 있다.

E.O. 윌슨은 생물종의 다양성에 대한 위협요인으로 H 서식지 파괴(habitat destruction), I 외래종 유입(Invasive species), P 오염(Pollution), P 인구(population), O 과잉 수확(Overharvesting)으로 첫 글자를 따서 HIPPO로 요약하고 있다.

3.3 생물종의 감소와 보호

3.3.1 유전자 변이의 보호

공룡의 멸종처럼 보이는 역사상에서 가장 인상적인 대량멸종을 오늘날 겪고 있다. 매년 수만 종의 동물과 식물, 그리고 곤충들이 사라지고 있다. 생물학자 윌슨(E.O. Wilson)은 지구 생물종 약 175만(추정치: 1천만 종 이상) 종 중 열대우림지대에서 매년 약 2만 7천 종이 사라진다고 했다. 또 다른 생물학자들은 2020년까지 지구에서 생존하고 있는 수천만 종의 생물 중 10~20%까지 사라질 것이라고 한다. 생물 종의 일부는 사냥에 의해 멸종되지만, 대부분이 환경파괴로 인하여 죽는다. 또 한편으로 동물의 먹이사슬이 파괴되면 동물은 멸종하게 된다. 외국의 식물 또는 동물들의 수입으로 인하여 그 나라의 동·식물들이 먹이사슬의 파괴로 멸종될 수가 있다. 오늘날, 생태계 전체에 걸쳐 광범위한 파괴가 일어나서 종종 피해를 일으키고 있다. 원인이 무엇이든 멸종은 지구의 생물종의 다양성을 감소시킨다. 여기서 생물종다양성(biological diversity)이란 앞에서 기술한 바와 같이 "육상, 해상 및 수상생태계, 그리고 생태학적복합체(ecological complexes)를 포함하는 모든 근원에서의 생물간 변이성을 말하며 종내부(within species), 종간(between species) 및 생태계들(of ecosystems)의 다양성을 말한다"라고 정의하고 있다. 생물종의 다양성은 우리 생물권에서 유전적으로 다양한 생물들을 창조한다. 우리가 오늘날 직면한 위기 중에서 수많은 종이 영원히 사라지는 것만이 문제가 되는 것은 아니다. 식물과 동물들은 과거보다 유전적 능력이 떨어졌다는 것이 문제가 된다. 예를 들어, 농부들은 오늘날 재배되는 것보다 훨씬 더 다양한 옥수수와 밀을 과거에 재배하였으나 지금은 오래된 품종들이 많이 사라지게 되었다는 것이며, 이와 같이 대량으로 생물종의 다양성이 감소되는 현상은 심리적으로 느끼는 것보다 훨씬 심각한 영향을 끼친다. 새로운 식물이나 동물이 사라질 때마다 우리는 환경생태계의 위험 속으로 빠져들게 된다. 예를 들어, 식물들은 새로운 약품의 주된 원료가 되고 있는데 항암치료제의 30% 정도가 한 가지 혹은 몇 가지 식물의 추출물에서 만들어지므로 식물의 멸종은 의학의 분야에도 위기를 가져온다. 다시 말해 우리가 단지 몇 종류의 작물에만 의존한다면, 질병이나 곤충에 의해 그 작물이 파괴되면 큰 변화를 맞게 된다. 때로는 생물의 멸종을 막는 방법으로서 생물이 살아가는 환경을 보호하는 방법도 있으며, 또한, 우리가 생물을 보호하기 위해 야생상태를 관리하고 현대기술을 이용하는 방법도 있다. 그것은 현재 선사시대에 북아메리카 하늘을 날았던 캘리포니아 독수리를 보호하는 것과 같다. 그 독수리는 검치호랑이와 마스트돈과 같은 동물의 시체를 먹이로 삼는다. 우리가 독수리와 수백, 수천 종의 다른 식물과 동물을 보호할 수만 있다면 과거에 결론지어진 암울한 인류 미래가 사실은 그렇지 않다는 것이 증명될 것이다. 그리고 생물들이 살 수 있는 환경을 보존함으로써 얻는 이익과 더불어 매우 실용적인 이익을 덤으로 얻게 될 것이다.

● 그림 1-15. 상업적 동물멸종

3.3.2 동물종의 멸종

광범위한 살충제의 사용이 동물을 멸종시키는 주된 요인이 된다. 살충제는 종종 먹이사슬에서 제일 위쪽에 위치하고 있는 동물 특히, 육식동물에게 가장 해를 끼친다. 그것은 먹이사슬에서와 같이 살충제의 농도가 점점 더 축적되기 때문이다. 즉, 육식동물들은 살충제를 배설도 하지만, 몸 속에 살충제가 축적되기도 한다(그림 1-11. 참조). 육식동물들이 살충제에 중독된 동물들을 잡아 먹을수록 결국 자신들에게 살충제가 더욱 더 축적되고, 나쁜 영향을 미치게 된다. 예를 들어 송골매가 멸종 위기에 있었는데 그것은 DDT가 번식능력에 해를 끼쳤기 때문이다. 먹이사슬에서 맨 윗층에 위치하고 있는 포식자는 낮은 곳의 동물보다 100배나 더 많은 살충제를 지니고 있을지 모른다.

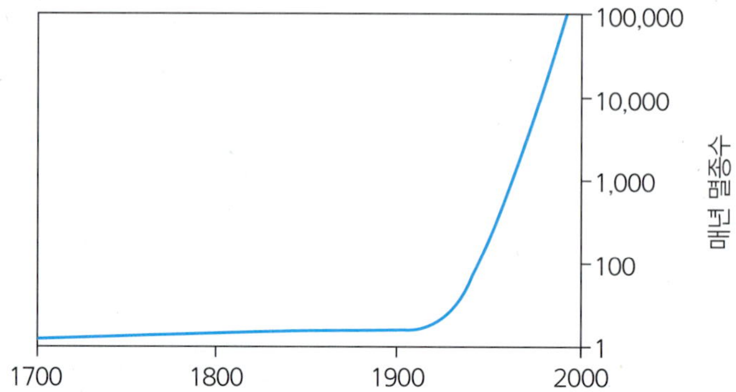

● 그림 1-16. **종의 평균 멸종률 추정(1700~2000)**

※자료출처: Based on Estimates in Norman Myers(ed.) Gaia: An Atlas of Planet Management(Garden City, NY Anchor Books, 1984), p.155

동물들은 종종 경제적 이유 때문에 잡히게 된다. 경제적 이유로 사냥하는 것이 스포츠로서 사냥하는 경우보다 훨씬 많으며 종종 동물에게 위험을 가져다 준다. 구렁이와 악어와 같은 일부 동물들은 가죽을 얻기 위해, 멕시코에선 볼손거북과 같은 동물들이 고기를 얻기 위해, 코끼리는 상아를 얻기 위해 잡혀지고 있다.

일부 동물들은 인간에게 해를 끼치는 것으로 생각되어 의식적으로 죽였다. 예를 들면, 늑대는 농부들에 의해 오랜 기간동안 죽음을 당했고 점차적으로 그 수가 줄어들게 되었다.

찌르레기새와 황소개구리 같은 외래 동물이나 가시박과 단풍잎 돼지풀 같은 외래식물이 한 생태계에 새로 들어올 때, 그 동·식물들은 그 생태계 한계 내에서 적정하게 유지시켜 주는 천적이 없어서 그 새로운 동물들의 수가 증가하여 같은 환경에서 원래 그 지역에 살던 식물이나 동물을 멸종시킬 수도 있다.

● 그림 1-17. **동물의 멸종**

지금까지 어느 한 동물의 습성이 파괴되는 것은 그 동물의 생존에 있어 가장 위협적인 것이다. 단순한 차원에서 이것은 다른 생물이 생존을 위해 한 생물을 멸종시키는 것을 의미한다. 예를 들면 유럽의 말굽박쥐는 먹이인 딱정벌레가 많이 없어졌기 때문에 지난 세기 동안 현저하게 줄었다.

● 그림 1-18. 찌르레기 새

3.3.3 종의 보존능력

생물종의 다양성 유지는 인간생활에 필수적인 생활연료와 식량자원 등 생물자원과 생태계를 구성하는 생물요소인 생산자, 소비자, 분해자의 서식처로서 뿐만 아니라 이들의 기능을 지원하는 환경요소를 만듦으로써 궁극적으로 인간생활의 터전을 유지하는 역할을 하게 된다. 종의 감소는 생태계의 위기를 알리는 가장 확실한 지표가 되며, 이와 같이 멸종 위기에 처해 있는 동식물을 보호하기 위해 1975년 워싱턴에서 85개국의 대표가 모여 야생동물의 무역금지협정(CITES: Washington Convention on International Trad in Endangerous Species of Wild Fauna and Flora)을 체결하였으며, 1992년 6월 UNCED회의에서 지구환경문제가 인류 이외의 종에 대한 중요성과 생물자원에 대한 경제적 가치 인식의 배경 아래 생물종다양성협약이 채택되었다(156개국 서명).

우리나라도 1930년대 이후 개발주도형의 정책을 일관되게 수행함으로써 한반도에서 생태계 파괴를 초래하여 수십만 년 동안 살아온 야생 생물들이 멸종되거나 감소되어 장차 환경재앙의 빌미를 제공하는 동기가 되었지만, 지금이라도 한반도 내에서 멸종위기에 처해 있는 생물들의 실상을 파악하고 그 복원계획을 수립·실현하여 종의 보전에 만전을 기하고 동시에 국제적인 노력에 동참하여 인류의 생활터전 유지에 일조를 해야 할 것이다.

3.3.4 땅의 파괴와 회복

어떤 문화에서는 지구 그 자체를 신선하게 여긴다. 지구를 부정한 용도로 사용하는 것은 죄가 된다. 이런 시각에서 보면 우리는 지구를 함부로 사용했기 때문에 머지않아 엄청난 고통을 받게 되리라는 것은 너무 자명한 결과다. 우리는 삼림을 파괴시키고, 농장을 파괴하고, 도시를 오염시키고, 그리고 다양한 종류의 생활폐기물과 유해폐기물을 배출시켜 신선한 땅을 병들게 했다. 땅이 오염되면 식물과 동물이 죽게 되고 땅의 많은 기능이 중지된다. 예를 들어 우리가 수백만 에이커의 다우림을 잘라 없앨 때, 그 손해는 자연의 일부로서 나무가 잘라 없어지는 그 자체보다 더 크게 된다. 다우림들은 오염된 공기를 정화하고 기후를 조절하며, 대기 중의 탄산가스와 산소 간의 적당한 균형이 이루어지도록 조절한다. 그러므로 다우림들이 사라지게 되면 지구의 균형이 깨어지고, 홍수나 지구의 온도상승이 초래된다. 다우림지역은 생물학적 시각에서 지구에서 동·식물이 가장 풍부한 장소이다. 다우림이 파괴될 때 또한 수만 종의 진귀한 식물과 동물도 사라지게 된다. 숲에 사는 식물과 동물들은 우리들의 산업사회와 관련이 없는 것처럼 보일지 모르지만, 사실 우리 생활의 많은 부분들이 그것들에 의존하다. 많은 암 치료제와 다른 유익한 약들은 다우림에서만 찾을 수 있는 식물에서 발견되었다. 그리고 다우림에서 찾아낸 것은 약 뿐만이 아니다. 즉, 전세계적으로 재배되는 많은 식용 작물들이 다우림에서 기원되었고, 후에 널리 사용되어지기 위해 재배하게 되었다. 다우림은 우리가 필요할 때 변화시킬 수 있는 하나의 유전 창고이다.

그래서 숲이 파괴되면 어떤 일이 일어나겠는가? 우리가 땅을 오염시키면 궁극적으로 피해를 입는 것은 인간들이다. 살충제를 과다하게 사용하면, 새와 물고기 뿐만 아니라 인간들도 고통을 받게 된다. 일년에 수천 명 특히, 농부들이 살충제 중독으로 죽는다. 음식에 남아있는 살충제의 잔류독소에 의해 암이 발생되어 사람들이 죽게 되고, 또한 버려진 위험한 폐기물도 마찬가지로 위험하다. 이런 일은 지구를 오염시키고, 건강에 해를 끼치며, 질병의 원인이 되고 인구 증가 역시 지구 환경에 영향을 미친다. 인구가 성장하면, 사용 가능한 땅은 더욱 줄어들게 될 것이다. 우리가 살 수 있는 땅도 줄어들 뿐만 아니라, 이용가능한 땅 또한 인구증가에 의해 파괴된다. 예를 들어, 인구증가로 인한 식량문제 해결책으로 제3세계 국가들이 농사를 지을 수 없는 땅에도 농사를 짓게 만든다. 그래서 그러한 땅은 결국 사막으로 변하게 된다. 그와 마찬가지로 땔감을 구하기 위해 나무를 베는 것도 사막화 현상을 유발시킨다. 더불어 우리는 폐기물들을 보관하는 데 더 많은 장소를 사용하게 된다. 가장 효율적으로 사용되는 땅 중의 하나인 농지도 환경의 대가를 치르게 된다. 즉, 살충제와 제초제 같은 농업 화학약품들이 땅과 물을 오염시킨다.

이러한 상황에서도 좋은 소식은 우리가 땅을 지혜롭게 개발하는 방법을 찾아서 보존하기 시작했다는 것이다. 땅이 심하게 오염된 곳 즉, 공업국가에서 환경에 대한 인식이 높아지면서 환경오염의 피해를 줄이기 위해 환경 법률(환경영향평가법)을 통과시켰다. 중국과 같은 개발도상국에서는 경제발전이 환경문제보다 우선시된다. 많은 개발도상국들은 선진국들이 과거에 저지른 실수를 반복하고 있다. 반면 또 다른 개발도상국에서는 경제발전과 환경보호정책을 병행하고 있다. 예를 들어 인도네시아에서는 쌀을 재배할 때 많은 살충제를 광범위하게 사용하는 대신에 자연 상태를 이용한 살충관리 방식으로 대체했다. 그 결과 환경이 깨끗해졌을 뿐만 아니라 농부들에게 경제적 이익도 가져다 주었다. 즉, 살충제를 대량으로 뿌리지 않음으로써 농사비용이 적게 들었고, 수익도 더 많이 올리게 되었다.

3.4 우리나라의 생태계 보전 정책

3.4.1 생물다양성의 국제 협약

생물다양성 손실에 대한 범지구적 관심이 높아짐에 따라 1992년 6월 브라질 리우의 국제환경개발회의에서 생물종다양성에 대한 보존 노력을 위해 생물종다양성 협약을 채택하였다. 협약의 주요 내용으로는 ①생물다양성(유전자, 종, 생태계)의 보전 ②생물다양성 구성요소의 지속가능한 이용 ③유전생물자원에 대한 국가의 주권적 권리를 인정하고 생물자원의 이용으로부터 발생되는 이익의 공평한 분배 등이다.

생물다양성 협약의 채택 이전에는 생물유전자원은 인류 공동의 자산으로 인식되어 자유로운 접근과 이용이 가능했다. 2009년 신종플루가 전 지구를 위협하고 있을 때 유일한 치료제인 타미플루를 만든 스위스 제약사 로슈는 막대한 이익을 얻었다. 그러나 타미플루의 원료는 중국 남부지역에서 자라고 있는 재생식물인 팔각회향이었으며, 중국은 원료식물을 제공하였지만 타미플루 판매로 얻은 이익은 공유하지 못하였다. 이러한 예는 음료수 업체에 제공한 오렌지 농가가 판매 이익을 받지 못한 것과 같다. 이와 같은 생물자원과 관련한 분쟁사례들은 표 1-2와 같다.

● 표 1-2. 생물자원 관련 분쟁 사례

사례	생물유전자원	자원 이용자	자원 제공자	결과
신종플루 치료제 타미플루	팔각회향 (중국 자생 식물)	스위스 로슈	중국	타미플루 매출이 2009년 3조 원을 넘었지만 중국에는 이익 공유 전혀 없었음
다이어트제제	후디아(남아공 자생 식물)	영국 파이토팜	남아공 산족	남아공 과학계가 관련 특허 등록 후 실시권을 영국에 허가해 현재까지 약 10만 달러가 산족에 지급됨

천연효소 표백제	극한미생물(케냐 호수에 서식)	영국 레스터대	케냐 정부	케냐는 생물자원 접근에 대한 사전 동의가 없었다며 영국과 이익 공유 협상 진행 중
미백·노화방지 화장품	자무(인도네시아 자생 식물)	일본 시세이도	인도네시아	일본이 1990년 자무 추출물 특허를 출원했지만 인도네시아 정부의 반발로 2002년 자진 철회
유전자 변형 가지	가지 (인도 식물 종자)	마히토 몬산토	인도	다국적 회사가 가지 종자로 유전자 변형 제품을 내놓자 인도는 해당 회사를 기소함

자료출처: 한국생명공학연구원, 2014

인류 식량의 거의 대부분이 동식물이고 의약품, 화장품 등의 실생활에서도 많은 제품들이 동식물로부터 얻고 있다. 그러므로 생물다양성이 줄어든다면 인류의 생존을 위협하는 이유이기도 하다. 2000년 발간된 UN환경프로그램 보고서에 의하면 전 세계 생물종을 1,400만종으로 추정되고 있으며, 이중 약 175만종이 확인되었으나 서식지 감소, 기후변화 등으로 생물종은 급격히 감소하고 있다고 보고하고 있다. 이와 관련하여 UN 제3차 생물다양성 전망보고서에서도 생물종 감소가 자연상태에서 보다 1,000배 이상 빠르게 진행되고 있다고 전망하였다.

생물자원 이용과 관련하여 2010년 일본 나고야에서 개최된 제10차 생물다양성협약 당사국 총회에서 '생물유전자원 이용 시 생물자원 제공국에 정당한 이익을 분배하자'는 나고야 의정서가 채택됨으로서 생물자원전쟁이 본격화되었다. 우리나라에서는 생물종 다양성에 능동적으로 대처하기 위해 2014년 8월 가입하였고, 2014년 우리나라 평창에서 제12차 생물다양성협약 당사국 총회를 개최한 바 있다. 193개국 2만 여명이 참석한 평창대회는 우리나라와 같이 생물자원 수입국에서는 원료가격 상승이 예상되어 이를 최소화할 국가차원의 대응책 마련과 한약재처럼 외국과 경쟁하는 분야에서의 토종 생물자원을 찾아내고 확보함으로서 생물유전자원의 주권 확립이 필요하다.

우리나라 토종식물이나 종자들이 국외로 반출되어 개량된 후 역수입하는 사례가 많은데 사례로 그림 1-19와 같이 미스킴 라일락과 구상나무가 있다. 미스킴 라일락은 미군정청 소속의 미더(Meader)가 도봉산에서 라일락나무의 열매를 채취하여 1947년 미국으로 가져간 후 새로운 품종으로 개량한 것으로 관상용으로 국내로 역수입되고 있다. 한라산과 지리산의 자생식물이었던 구상나무도 1900년대 초반에 유럽으로 반출돼 크리스마스 트리로 역수입되고 있다.

ⓐ 라일락 ⓑ 구상나무

● 그림 1-19. 국외로 반출된 우리나라 자생식물

3.4.2 우리나라의 생태계 보전 정책

1. 자연환경 보전업무

우리나라의 자연환경보전 업무는 크게 자연환경 우수지역 보전을 위한 자연환경보호지역 지정·관리와 자연생태계 유지 및 생물다양성 보전, 이를 뒷받침하기 위한 자연환경조사 및 정보망 구축 등 자연환경보전 기반 구축으로 구분된다. 이러한 자연환경보전에 관한 업무수행을 위해서 여러 부처에서 관장하여 관리하고 있다. 환경부장관이 관장하는 생태경관보전지역, 자연공원, 습지보호지역, 특정도서, 야생생물특별보호구역과 해양수산부장관이 관장하는 (연안)습지보호지역, 해양생태계보호구역, 산림청장이 관장하는 산림유전자원보호구역, 백두대간보호지역, 문화재청장이 관장하는 천연보호구역, 명승지가 있다.

자연생태계 유지 및 생물다양성 보전의 경우 멸종위기 야생생물 등 야생생물 보호업무는 환경부장관, 산림보호·육성업무는 산림청장, 천연기념물 지정관리업무는 문화재청장이 관장하고 있다.

자연환경보전과 관련한 관계 법규 및 주요 내용은 표 1-3과 같다.

● 표 1-3. 자연환경보전 관련 법규

법령	제정	주요내용
자연환경보전법	'91.12	• 자연환경보전원칙, 방침, 계획 수립 • 생태계 보전지역의 지정·관리 • 자연환경의 조사, 생태계·자연도 작성

습지보전법	'99.02	• 습지 · 갯벌조사 및 습지보전계획 수립 • 습지보호지역의 지정 · 관리
독도 등 도서지역의 생태계 보전에 관한 특별법	'99.12	• 생태계 우수 무인도서의 조사 • 특정도서 지정 및 보전계획 수립 · 시행
백두대간 보호에 관한 법률	'03.12	• 백두대간보호 기본계획 수립 · 시행 • 백두대간 보전지역 지정 및 훼손지 복원
야생생물 보호 및 관리에 관한 법률	'04.02	• 야생생물 및 멸종위기 야생생물 보호 • 생물자원 보전 및 수렵관리
자연공원법	'80.01	• 국립 · 도립 · 군립공원의 지정 • 공원계획 수립 및 공원사업 시행
문화유산과 자연환경자산에 관한 국민신탁법	'06.03	• 문화유산 · 자연환경 국민신탁 법인설립 • 문화유산 및 자연환경자산 목록작성 등
남극활동 및 환경보호에 관한 법률	'04.03	• 남극활동의 허가에 관한 사항 • 남극환경보호를 위한 사항 등

법령	제정	주요내용
생물다양성 보전 및 이용에 관한 법률	'12.02	• 생물다양성 및 생물자원의 보전 • 외래생물 및 생태계교란 생물 관리 등
국립생태원의 설립 및 운영에 관한 법률	'13.06	• 국립생태원의 기능 및 운영 • 생태와 생태계에 관한 조사, 연구, 전시, 교육
국립낙동강생물자원관의 설립 및 운영에 관한 법률	'15.01	• 국립낙동강생물자원관의 기능 및 운영 • 생물자원 조사, 발굴에 대한 연구, 전시관 운영 등
동물원 및 수족관의 관리에 관한 법률	'16.05	• 동물원 및 수족관을 운영하려는 자의 요건 등 • 적정한 서식환경 제공, 동물에 대한 금지행위 등
국립공원공단법	'16.05	• 국립공원공단의 사업범위 • 자금의 조달 및 토지의 매입 등
유전자원의 접근 · 이용 및 이익 공유에 관한 법률	'17.01	• 국내 유전자원 등에 대한 접근 신고 • 유전자원 이용으로부터 발생한 이익의 공유 등

※ 자료출처: 2019 환경백서, 환경부, 2020

2. 자연환경보존을 위한 주요정책

(1) 한반도 핵심 생태축 보전

생태축이란 생물다양성을 증진시키고 생태계 기능의 연속성을 위하여 생태적으로 중요한 지역 또는 생태계 기능의 유지가 필요한 지역을 연결하는 생태계 서식공간을 말한다.

한반도 핵심 생태축으로는 백두대간, 비무장지대, 도서 및 연안지역 및 5대강 수생태축을 4대 핵심 생태축으로 설정하고, 전국을 5대 광역 생태축으로 구분하여 보전하고 있다.

(2) 훼손된 자연생태계 복원

훼손된 자연 생태계 복원을 위한 생태계보전협력금(m^2 당 300원, 2020 기준)은 생태계에 미치는 영향이 현저하거나 생물다양성의 감소 등을 초래하는 개발사업에 대해 부과하는 기금으로 생태계 훼손을 최소화하고 복원사업에 사용하기 위함이다.

(3) 자연환경보전 기반 구축

자연환경보전을 위해 자연환경에 대한 전국 규모의 조사 및 연구와 생태·자연도 제작 및 갱신, 생태계 서비스 평가 등에 대한 기반 구축을 하고 있다.

자연환경의 조사내용으로는 ①전국 자연환경조사 ②우수생태계 정밀조사 ③멸종위기 야생동물의 전국분포조사 ④독도 생태계 정밀조사 및 모니터링 등이 있고, 2013년 설립된 국립생태원과 2007년 설립된 국립생물자원관을 주축으로 수행하고 있다. 연구사업으로는 생태계 변화와 생물다양성 보전에 대한 연구와 생물주권 확보를 위한 국가적 차원의 연구를 수행하고 있다. 또한 철새이동연구 및 분포를 조사하여 철새정보서비스를 제공함으로서 철새 보호를 위한 대국민 인식 증진에 기여하고 있다.

(4) 야생생물의 보호 및 관리

'야생생물 보호 및 관리에 관한 법률'을 제정하여 멸종위기 및 보호 야생 동·식물을 지정 관리하고 불법적으로 포획·채취를 금지하고 있다. 2018년 12월 기준 멸종위기 야생 생물은 1급 60종, 2급 207종 등 267종으로 적용범위도 기존 야생 동·식물 외에 균류(버섯 등), 지의류, 박테리아 등 미생물 분류군까지 확대하고 있다.

(5) 자연보호지역의 지정 및 관리

자연보호지역(natural protected area)은 자연생태계를 보전·유지하기 위해 인간의 간섭을 최소화하도록 설정된 특정지역으로 생물다양성의 보전 등 중요한 기능을 가진다. 우리나라의 자연환경 보호 지역은 대상 및 특성에 따라 여러 부처에서 관장, 관리하고 있다. 생태·경관보전지역, 습지보호지역, 독도를 포함한 특정 도서, 국립·도립공원 등은 환경부가, 천연보호림은 산림청, 천연보호구역은 문화재청이 관할하고 있다.

국제적인 보호지역으로 등록 또는 지정된 곳으로는 람사르습지와 유네스코(UNESCO) 생물권보전지역(Biosphere Reserve)이 있다. 2016년에 등록된 동천하구를 비롯하여 대암산 용늪, 우포늪, 제주 1100고지습지 등 총 23개 지역이 지정되었다.

또한 설악산, 제주도, 신안 다도해, 광릉숲, 고창 및 순천의 6개소가 유네스코 생물권보전지역으로 지정되어 있다.

자연보호지역에서는 관리를 위해 건물 신·증축, 토지 형질변경, 야생동물포획 등이 엄격히 제한되며, 필요한 경우 출입을 금지하거나 제한하고 있다. 또한 행위제한 위반자에게는 원상회복 명령과 벌칙을 부과하며, 보호지역 내의 사유지를 국가에서 매입, 관리하고 있다. 이와 함께 보호지역에 대한 체계적인 관리를 위해 생태·경관보전지역과 특정도서에 대한 관리기본계획과 습지보호지역에 대한 습지보전계획을 수립, 시행하고 있다.

Chapter 04

습지

4.1 습지의 정의

습지(wetland)란 일반적으로 토양이 젖어 있거나 그 일부가 얕은 수심으로 이루어진 육상 생태계와 수상 생태계의 경계에 있는 생태계를 말한다. 연중 일정기간 동안 물에 잠겨 있는 지역으로 육상과 수중 생물계를 연결하는 통로 역할을 한다. 습지보전법에서 정의하고 있는 습지란 "담수(淡水: 민물), 기수(汽水: 바닷물과 민물이 섞여 염분이 적은 물) 또는 염수(鹽水: 바닷물)가 영구적 또는 일시적으로 그 표면을 덮고 있는 지역으로서 내륙습지 및 연안습지"를 말한다. 여기서 내륙습지란 "육지 또는 섬에 있는 호수, 못, 늪 또는 하구(河口) 등의 지역"을 말하고, 연안습지란 만조(滿潮) 때 수위선(水位線)과 지면의 경계선으로부터 간조(干潮) 때 수위선과 지면의 경계선까지의 지역을 말한다. 습지보전법에서 정의한 내륙습지는 습지를 말하며 연안습지는 갯벌을 의미한다.

습지보호를 위한 국제협약인 람사르협약(The Ramsar Convention)의 정의에 의하면 "습지란 천연이든 인공이든, 영구적이든 임시적이든, 물이 정체되어 있든 흐르고 있든, 담수이든 기수(沂水)이든 해수이든, 저류(貯溜)시 6m를 초과하지 않는 깊이의 해수지역을 포함하는 늪, 습원, 이탄지(泥炭地) 또는 물로 된 지역들"을 말한다.

일반적으로 습지는 항상 물에 차있거나 습한 상태로 영양물질이 풍부하고 생산성이 높은 생태계로 생물다양성이 매우 높고 다양한 동식물의 서식처이고 산란지로 생태계의 보고로 보존하여야 할 중요한 가치가 있다.

4.2 습지의 종류

(1) 식생형태 및 구조에 의한 분류

습지의 식생형태와 구조에 의해 분류하면 크게 세 가지 종류가 있다. 첫 번째 습지(swamps, 소택지)는 삼림습지라 불리며 나무(관목)가 있는 습지를 말한다. 1년 중 일정 기간은 습하고 나머지 기간은 건조한 곳으로 낙엽송, 니사고무나무, 떡갈나무와 졸참나무류의 오크, 오리나무와 버드나무 등이 자라고 있다. 그러나 너무 습하면 이런 나무들은 잘 자라지 못한다.

두 번째 습지(marshes, 습지대)는 1년 내내 습한 곳으로 그곳에서 자라는 나무는 없으나 대신 풀과 속새, 갈대, 수련과 그와 비슷한 식물들이 자란다. 세 번째 습지(bogs, 이탄습지)는 항상 물로 덮여 있지는 않으나 얕은 물이 있고, 땅은 축축하고 물에 흠뻑 젖은 상태로 물이끼로 덮여 있으며 이탄을 얻을 수 있다. 이탄은 축적되고 부패되지 않는 식생의 깊은 층을 의미하며 비료로 사용되거나 연료로 쓰인다. 이탄습지에는 끈끈이 주걱, 벌레잡이 식물과 같이 양분을 토양으로 얻기 보다는 곤충을 포집하여 생존하는 특이한 종들이 서식하기도 한다.

이 외에도 이탄습지와 유사한 습지이나 지하수를 포함하고 있는 습지(fen, 소택지)가 있는데 무기물이 풍부해 특별하게 적응된 식물종을 가지고 있다.

(2) 람사르협약에 의한 분류

람사르협약에 의한 습지의 분류기준은 지리적 위치와 자연적으로 형성된 것인지, 인공적으로 이루어진 것인지에 따라 구분한다. 이와 같은 기준으로 람사르 습지의 분류체계는 내륙습지, 연안습지, 인공습지 등 3가지로 분류하고 있는데, 구체적인 내용은 다음과 같다.

(1) 연안습지

연안습지 범위는 갯벌 뿐만 아니라 해수욕장이나 작은 자갈로 이루어진 해변가까지 해안습지의 한 형태로 본다. 그리고 민물과 썰물 작용이 이루어지는 해안습지의 범위는 밀물이 육지쪽으로 올라오는 최대거리까지를 의미한다.

(2) 하구습지

강이나 하천에서 흘러가는 담수가 해안지역으로 가서 바다의 염분수와 혼합되는 지역에서 형성되는 습지이다. 하구습지의 범위는 1년 평균 염분 농도가 0.5%를 넘지 않는 기수 부분이다.

(3) 하천형 습지

하천형 습지는 수로(channel)안에 있는 모든 습지를 일컫는다. 다만 수로 내에 있는 습지라도 교목이나 관목, 수생식물이나 이끼류 등이 우점하는 지역과 염분 농도가 0.5%가 넘는 지역은 제외한다. 또한 수로 중 자연적인 수로 또는 인공적인 수로 중 인공적인 수로는 제외한다.

(4) 호수형 습지

호수형 습지는 물이 고여 있는 지역이지만 소택형 습지와 다른 것은 그 넓이가 8ha를 초과하는 지역이다. 즉, 상대적으로 넓은 면적의 물을 담고 있는 습지를 호수형 습지로 보고 있다. 이러한 곳에는 교목과 관목, 수생식물이나 이끼류와 같은 식생이 잘 발달하지 않는 특성이 있다. 이것은 물의 깊이에 영향을 받은 것으로 볼 수 있을 것이다.

(5) 소택형 습지

소택형 습지는 호수형 습지와는 달리 상대적으로 작은 면적에 비교적 낮은 수심을 가진 곳으로서 일년 중 일정 기간 동안은 말라있는 경우도 있다. 그리고 수심이 낮기 때문에 다양한 식생이 발달할 수 있고 파동도 잘 일어나지 않는다.

예를 들면 산성습원(bog), 소택지(swamp), 늪원(marsh), 알칼리성 습원(fen) 등이 소택형 습지에 해당된다.

(6) 인공 습지

미국의 국가습지조사(NWI)에서 제시하고 있는 분류체계에서는 나타나지 않으나 람사협약의 분류체계에서는 인공습지를 하나의 습지 유형으로 구분하고 있다. 인공습지의 여러 가지 유형들을 살펴보면 우선, 양식장이나 수중생물을 배양하는 연못(aquaculture ponds)도 일반적으로 연못으로 볼 수 있다. 일반적인 연못에는 농작물 경작을 위한 연못이나 가축을 기르기 위한 연못, 작은 물탱크 등을 포함하는 데 일반적으로 8ha를 넘지 않아야 한다.

그리고 관개 지역(irrigated land)으로 여기에는 관개수로나 논을 포함하고 있다. 따라서 우리나라의 대표적인 습지인 논은 인공습지로 분류할 수 있다.

4.3 습지의 구성요소 및 특성

4.3.1 습지의 구성요소

습지를 이루는 구성요소로는 습지에 흐르거나 고여 있는 물, 습지의 바닥을 이루는 흙, 그리고 습지에서 자라는 식물들이 있다. 습지를 이루는 토양은 습윤 토양이라고 하며, 습지에 살기 적합하도록 적응된 식물을 수생식물(물풀)이라 한다.

특히, 수생식물이 습지에서 하는 역할은 꽃을 피우는 여러 식물들로 인하여 습지를 아름답게 하며, 오염된 물을 정화하고 수변부의 침식을 억제하며, 어류와 조류에게 안전한 서식처를 제공할 뿐만 아니라 먹이로도 이용되고 있다.

수생식물 뿌리는 물에 의해 공기와의 접촉이 단절된 습지토양에 산소를 확산시켜 산화층을 형성함으로서 주위환경에 산소를 공급하는 역할을 한다.

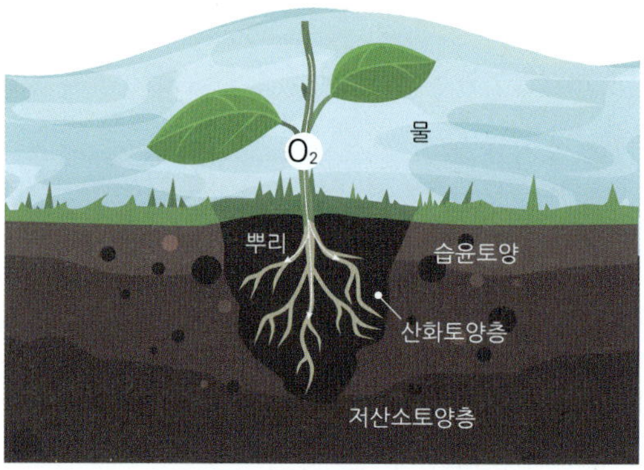

● 그림 1-20. 수생식물의 뿌리가 있는 저토의 단면
※ 자료출처: 습지의 이해, 국립환경연구원, 2001

4.3.2 습지 구성요소의 특성

(1) 습지수문의 특성

습지수문(wetland hydrology)는 주로 식물이 자라는 시기에 주기적으로 물로 덮여 있거나 젖은 상태가 될 정도의 환경조건을 말한다. 습지에서 물이 유입되는 물의 형태와 수량 그리고 유입된 물이 침수되거나 유출되는 과정은 습지 토양과 식생에 많은 영향을 준다.

습지의 물은 빗물, 지표수, 지하수 등을 물 공급원으로 하며 유입된 물은 습지 표면으로 흐르거나 지하로 침투된다. 습지로서 기능을 유지하려면 기본적으로 물 유입과 유출이 지속적으로 이루어지거나 또는 주기적으로 이루어져서 지표면이 침수되거나 포화상태가 되어야 한다.

하천습지, 호소습지, 연안습지, 인공습지 등 습지형태에 따라 수문의 특성과 여건은 다르다.

(2) 습윤토양

습윤토양(hydric soil)은 배수가 잘 안되는 습한 토양으로 일반토양과 달리 물빠짐이 좋지 않아 장기간 물에 잠긴 상태에서 산소가 아주 부족한 환경을 유지한다. 물을 포함하고 있는 토양이라고 해서 모든 토양이 습지의 토양이 아니며, 식생이 자라고 습지의 특성을 지닌 물이 있는 곳만이 습지 토양이라고 할 수 있다. 산소가 부족한 환경에서 유기물 분해 작용이 거의 이루어지지 않고 오랜 세월동안 축적된 결과 이탄층이 형성된다. 지하수위가 낮아지면 산화층이 발달하여 이탄층의 분해가 촉진된다. 이러한 습윤 토양이 조성되기까지는 상당한 시간이 걸리며 규칙적이고 지속적인 침수작용 등이 필요하다.

(3) 습지식생

습지식생(hydrophyte)은 물 속에 잠기거나 물로 포화된 무산소 환경에서도 살 수 있도록 적응된 식생으로서 특수하게 변형된 구조를 가지고 있다. 수생식물은 생태환경에 따라 다음의 네가지로 분류한다.

① 정수식물(추수식물)로서 예를 들면, 갈대와 애기부들 등이다. 이와 같은 수생식물의 특징은 뿌리를 토양에 내리고 줄기를 물 위로 내놓아 대기 중에 잎을 펼친다.

② 부엽식물로서 예를 들면, 수련과 어리연꽃 등이다. 그 특징은 뿌리를 토양에 내리고 잎을 수면에 띄운다.

③ 침수식물로서 그 예는 말즘과 검정말 등이다. 특징을 보면 뿌리를 토양에 내리고 물속에서 생육한다.

④ 부수식물(부유식물)은 개구리밥과 생이가래 등이 있고 특징은 물위에 자유롭게 떠서 사는 식물이다.

4.4 습지의 중요성

습지, 늪, 수렁, 이 단어는 민물이 흐르는 습지를 설명할 때 쓰는 말로 본질적으로 쓸모 없고 왠지 불쾌한 곳으로 여겨져 왔다.

그러나 1970년대에 이르러 전세계적으로 습지가 다양한 생태계와 풍부한 환경용량을 가진 매우 중요한 생태계의 보고로 인정되기 시작하여 이제는 자연자산으로서 그 경제적·환경적 가치를 인정받고 있다. 특히, 습지가 가지고 있는 다양한 생태자원으로 인해 자연자원의 원천(source of natural products), 또는 유전자은행(gene bank)이라고 불리고 있다.

4.4.1 습지의 환경생태학적 역할

습지는 야생동물과 자연에 아주 중요한 생태학적인 역할을 제공한다. 많은 물고기와 조개, 양서류와 물새 그리고 포유류와 셀 수 없는 여러 동물들의 산란지이며, 여러 동·식물의 서식지이기도 하다.

그러나 습지는 산란지와 서식지 이상의 기능을 가진다. 홍수를 막고 가뭄시에 물 부족을 해결할 수 있는 많은 양의 물을 저장한다. 그리고 오염물질을 여과하는 자연 정화조의 기능을 갖고 있다.

습지는 농경지로 이용하거나 개발하면 파괴된다. 최근 습지 보호운동은 한때 오염된 환경을 보호하는 데 효과가 있었지만 이것으로는 불충분하다. 지금도 우리나라를 비롯해 개발이라는 미명 아래 늪은 여전히 파괴되고 있다. 늪이 지니는 중요한 환경적 역할이 널리 인식되기 전에는 이러한 파괴는 계속될 것이다.

● 그림 1-21. 제주 제주시 동백산 습지

4.4.2 습지의 환경적 기능 역할

습지는 환경적 가치가 대단한데 대표적 환경적 기능으로 수자원의 공급, 유량조절, 염수침입방지, 자연재해예방, 퇴적물보유, 영양물질보유, 유기물분해, 독성물질제거 등 역할을 수행한다.

● 그림 1-22. 전남 순천 순천만

4.4.3 갯벌

1. 갯벌의 종류

연안습지를 우리말로는 갯벌 또는 개펄이라고 한다. 즉, 바닷물이 드나드는 개흙 땅을 말하는데 이는 대표적인 습지로서 최고의 가치를 지니고 있어 경제적 가치로는 농경지의 70배를 능가한다고도 한다. 갯벌 또는 조간대(潮間帶, intertidal zone)의 모체는 주로 조수나 파랑의 흐름에 의한 입자의 이동, 침식 및 퇴적 등의 퇴적 작용이 반복되어 형성된 것이다. 연안에 분포하는 다양한 형태의 갯벌은 간만의 차(조차)와 지형 등에 따라 분류를 할 수 있다.

(1) 조차에 의한 분류

연안의 퇴적작용과 지형은 조수간만의 차이에 의한 영향을 가장 많이 받는다. 조간대란 밀물(만조) 때의 해안선과 썰물(간조) 때의 해안선 사이의 부분을 말하는데 해안선의 차이에 따라 ①대조차(조차 〉 4m) ②중조차(조차, 2~4m) ③소조차(조차 〈 2m) 지역으로 나눌 수 있다. 대조차 지역의 연안은 넓게 발달한 갯벌 환경이 특징적이며 서해안이 좋은 예라 할 수 있다. 중조차는 남해안이 소조차는 동해안이 이에 속한다.

(2) 지형에 의한 분류

연안의 지형 특성에 따라 갯벌을 ①개방형 ②하구형 ③폐쇄형(만입형) 및 ④반폐쇄형 갯벌로 나눌 수 있다.

개방형 갯벌은 북해나 미국 동부해안에서처럼 바닷물결 작용으로 해안선과 거의 평행을 이루며 형성된 좁고 긴 모래와 자갈로 이루어진 퇴적 지형인 연안사주(barrier island)에 의해 보호되는 전형적인 갯벌과 비교하여 한국의 서남해안처럼 연안사주의 존재 없이 외해를 향하여 열린 상태로 발달한 갯벌을 말한다. 서해안에서는 주로 연안이나 섬의 서쪽과 북쪽에 분포하는 갯벌에서 이러한 형태를 보이고 있다. 개방형 갯벌은 조류의 영향은 물론 파랑의 영향도 매우 강하게 받음으로 모래 갯벌이 매우 우세하게 발달하는 특징을 보이고 있으며, 서해안에 형성되어 있는 대부분의 해수욕장이 개방형 갯벌에 해당된다. 남해안에서는 주로 남쪽면에 형성되어 있는 갯벌이 개방형 갯벌에 해당된다.

하구형 갯벌은 비교적 규모가 큰 하천이 유입하는 연안에 형성된 갯벌을 말하며 한강 하구인 강화도 남단에 대규모로 발달한 갯벌, 새만금하구에 발달한 갯벌이 대표적이다. 하구형 갯벌은 특성상 하구를 향하여 길게 발달하며 갯벌로 노출이 되지 않는 경우도 있지만 대부분 하구 입구에 사주섬을 형성하고 있는 형태를 갖는다.

폐쇄형 갯벌은 만입형 갯벌로도 불리는데 만의 입구가 좁아서 파랑으로부터 보호를 받는 만의 내측에 발달하는 갯벌로 대부분 펄질 갯벌이 우세하게 발달하고 있다. 그러나 만의 형태 및 방향에 따라 만의 일부에서는 모래갯벌이 상당히 넓게 발달하기도 한다. 서남해안의 많은 만들이 거의 대부분 폐쇄형 갯벌이 매우 광범위하게 발달하였던 것으로 보이나 오랜 간척사업의 결과 상당히 많은 폐쇄형 갯벌이 사라지고 있다.

반폐쇄형은 만의 입구가 넓어서 만의 입구 쪽에서는 파랑의 영향이 강하나 만의 안쪽으로 들어가면서 상대적으로 파랑에 비해 조류의 영향이 증가하여 전체적으로는 만의 입구에서 만의 안쪽으로 점차 세립해지는 경향을 보이는 갯벌을 전형적인 반폐쇄형 갯벌로 정의하고 있다. 곰소만이나 가로림만 갯벌이 전형적인 형태를 보이고 있다. 특히 남해안의 육지와 섬 사이 또는 섬과 섬 사이에 분포하는 갯벌들은 모두 반폐쇄형 갯벌로 분류할 수 있다.

2. 갯벌의 중요성

우리나라 서해안의 갯벌은 간만의 차가 8~9m에 이르고 수심이 얕으며 해안선의 굴곡이 심하면서 경사가 완만하고 외해로부터 해안이 보호되고 있는 등 갯벌로서 유리한 조건을 두루 갖추고 있어 유럽의 북부연안과 미국 남동부 연안의 갯벌과 함께 세계적인 갯벌로 알려져 있다. 특히 서해안 갯벌은 유럽북부 연안, 미국 동부 조지아 연안과 함께 세계 3대 갯벌로 꼽히고 있다.

갯벌은 지구 생태계 면적의 0.3%에 불과하지만 단위 면적당 생태적 가치는 숲의 10배에 달하는 것으로 추산하고 있다. 이러한 갯벌의 중요성을 살펴보면 첫째로 경제적 가치가 높다. 갯벌의 생산성은 육상의 생산성보다 9배, 농경지에 비해 70배 정도 높은 가치를 가지고 있는 것으로 알려져 있다. 또한 갯벌의 어류 생산성이 에이커 당 10톤이라는 연구결과 외에도 의학과 식량생산 등에 이용될 수 있는 유전자원의 보고이기도 하다.

두 번째로는 다양한 생물의 서식처로 생물다양성의 보고이다. 갯벌은 하천으로부터 육지의 영양물질이 끊임없이 공급되어 영양이 풍부하며, 수천 종에 이르는 동·식물의 중요한 서식지로서 지구상에 존재하는 생물의 20% 가량이 서식하고 있다. 많은 동물들이 갯벌에 알을 낳고 여기서 어린 시절을 보내다 성체가 되면 바다로 나간다. 또한 철새의 서식처이기도 하다. 우리나라 서해안 갯벌에는 연간 20만 마리의 철새들이 중간 기착지로 긴 여행의 중간에 힘을 재충전하고, 먹이와 번식 장소를 제공하고 있다.

세 번째로는 육지에서 유입된 오염물질을 정화한다. 육지에서 강을 통해 배출된 오염물질은 갯벌에 쌓이고 갯벌 속의 박테리아와 원생생물, 갯지렁이 등 다양한 생물들에 의해 섭취되고 분해되는데, 보통 갯벌 $1km^2$는 1일 10만톤의 오수를 정화하는 능력이 있는 것으로 알려져 있다. 또한 비료 성분이나 각종 중금속 등을 흡착시켜 침전함으로서 바닷물이 오염되는 것을 막아주는 역할도 한다.

네 번째로는 육상과 해상의 완충지로의 역할을 한다. 갯벌은 태풍이나 해일이 발생할 때 방파제 역할을 하는 등 육지의 주변부로서 해안을 보호한다.

그러나 우리나라에서는 이러한 갯벌이 매립되어 농경지와 공업단지로 조성됨으로서 어업과 양식업의 위축은 물론 지역사회의 사회·경제적인 변화와 공동체 문화의식에 중대한 영향을 끼쳤다. 뿐만 아니라 새로이 조성된 공단으로부터 배출되는 오염물질은 생업과 생활환경을 크게 훼손하고 있다. '시화호의 담수호 포기선언'으로 간척사업의 실패를 인정한 시화호 사건과 그 전철을 밟는 것으로 비판받고 있는 전북의 새만금간척사업은 세계적으로 가치의 극대성이 인정되고 있는 갯벌에 대한 우리의 무지 또는 무식을 드러내는 것이 아닌가 매우 염려스럽다.

최근에는 하구나 바다에 쌓은 제방을 열어 간척 이전의 자연 상태로 되돌리는 재자원화 사업인 역간척 사업이 논의되거나 진행되고 있어 고무적이다. 역간척은 하구·연안과 갯벌의 가치가 농경지보다 훨씬 크고, 간척으로 훼손된 자연환경을 복원하는 유일한 대안이라는 점에서 국내는 물론 독일·네덜란드 등 유럽국가에서 확산되고 있는 추세이다. 갯벌의 일부를 막거나 밀물 때 바닷물이 육지로 들어올 수 있도록 수로를 파서 만든 염전이 채산성이 악화되면서 역간척화한 사례가 있다. 또한 하구 담수호가 오염되면서 하구 방조제를 허물고 해수 유통을 하자는 주장이 힘을 얻고 있어 본격적인 역간척 사업이 진행될 것으로 예상되고 있다.

4.5 람사르 협약 및 우리나라의 습지보호 정책

4.5.1 람사르 협약(Ramsar Convention)

1. 협약 목적 및 내용

농경지 확장, 제방건설, 갯벌 매립 등으로 습지가 지속적으로 감소하여 전 세계적으로 50% 이상의 습지가 소실되고 있는 상황에서, 습지는 생태학적으로 중요하며 인간에게 유용한 환경 자원이라는 인식하에 습지에 관한 국제협약의 필요성이 대두되었다. 따라서 람사르 협약은 생태·사회·경제·문화적으로 커다란 가치를 지니고 있는 습지를 보전하고 현명한 이용을 유도함으로써 자연 생태계로서의 습지를 인류와 환경을 위하여 체계적으로 보전하고자 하는 것이 목적이다.

이란의 람사르(Ramsar)에서 개최된 람사르 협약은 물새 서식 습지대를 국제적으로 보호하기 위한 것으로 원래의 명칭은 '물새 서식지로서 특히 국제적으로 중요한 습지에 관한 협약'(The convention on wetlands of international importance especially as waterfowl Habitat)이나 이를 줄여서 습지협약 또는 람사르 협약으로 부르고 있다.

람사르 협약은 전문 및 본문 12개조 구성되어 있으며 주요내용은 다음과 같다.

① 체약국은 협약가입 시 람사르 습지목록에 포함될 적어도 1개 이상의 습지를 지정해야 한다.(제2조)

② 국내적으로 람사르 습지목록 포함여부에 관계없이 국내습지에 자연보호구를 설치한다.(제4조)

③ 상설사무국은 당사국 총회를 소집하고 람사르 습지목록을 유지관리하며 관련 정보를 각 체약국과 상호 교환한다.(제8조)

④ 비준서 기탁 후 4개월이 경과하면 발효(제10조), 발효 후 5년 기간 후 체약당사국이 수탁소에 서면통고하면 폐기가능하다.(제11조)

람사르 습지 선정 기준은 특이한 생물지리학적 특성을 가졌거나 희귀 동식물 종의 서식지이거나 또는 물새서식지로서의 중요성을 가진 습지가 선정 대상이 된다.

람사르 협약은 1971년 2월 2일 이란의 람사르에서 채택되었고 1975년 12월에 발효되었으며, 우리나라는 1997년 7월 28일 101번째로 람사르 협약에 가입하였다. 2018년 기준 가입국은 170개국으로 지정습지는 2,314개소, 245,614,112 ha에 달하고 있다. 현재 람사르 사무국

● 그림 1-23. 주요 람사르 습지 현황

관장기구는 스위스 글래드에 있는 IUCN(세계자연보전연맹)에서 하고 있다(www.ramsar.org).

2. 우리나라의 람사르 습지 현황

람사르 습지의 등록 절차는 습지조사 → 등록계획 수립 → 시·도지사 및 지역주민 의견수렴 → 관계부처 협의 → 등록신청(환경부→람사르사무국) → 람사르 등록 심의(람사르 사무국) → 등록 확인서 교부(람사르사무국→환경부)으로 이루어지고 있다.

2020년 기준으로 우리나라는 23개의 습지(면적은 19,931.2 ha)가 지정되어 있다. 2008년 10월 말 경남 창원에서 제 10차 람사르 협약 당사국 총회가 열린 바 있으며, 주요 습지로는 그림 1-23과 같다.

4.5.2 우리나라의 습지보호정책

환경부장관, 해양수산부장관 또는 시·도지사는 습지 중 특별히 보전할 가치가 있는 지역을 습지보호지역으로 지정하고, 그 주변지역을 습지주변관리지역으로 지정할 수 있다. 습지보호지역으로 지정할 수 있는 조건으로는 다음 사항들이 있다.

① 자연 상태가 원시성을 유지하고 있거나 생물다양성이 풍부한 지역

② 희귀하거나 멸종위기에 처한 야생 동식물이 서식하거나 나타나는 지역

③ 특이한 경관적, 지형적 또는 지질학적 가치를 지닌 지역

또한 습지보호지역 중 습지가 심하게 훼손되었거나 훼손이 심화될 우려가 있는 지역이나 습지생태계의 보전 상태가 불량한 지역 중 인위적인 관리 등을 통하여 개선할 가치가 있는 지역은 습지개선지역으로 지정할 수 있다. 여기서 훼손된 습지란 배수(排水), 매립 또는 준설 등의 방법으로 습지 원래의 형질을 변경하거나 습지에 시설이나 구조물을 설치하는 등의 방법으로 습지를 보전 목적 외의 용도로 사용하는 것을 말한다.

습지보전법(8조)에 의한 습지 지정절차로는 습지조사 → 지정계획 수립 → 시도지사 및 지역주민 의견수렴 → 관계부처 협의 → 지정·고시이다.

PART 02

생활환경

Chapter 01

공기

Air

1.1 공기의 조성

공기는 영어로 에어(air)이며 에어(air)가 통상 옥외(outdoor)에 있으면 대기 또는 공기라고 하고, 옥내(indoor)에 있으면 실내공기라고 한다.

우리가 살아가는 데 절대적으로 필요한 공기는 지구를 둘러싸고 있는 대기권의 하층 부분으로 평균 지상으로부터 11km 높이까지의 대류권을 말하며 이 대류권 내의 공기는 다음 표 2-1과 같이 조성되어 있다.

이 표상의 공기 조성도는 어디까지나 표준상태의 공기 조성도이다. 그러나 일반적으로 지역적 조건, 인구밀도, 교통기관의 배출가스, 산업지대의 매연과 각종 먼지 등으로 공기는 크게 오염되어 공중보건상 극히 해로운 지역이 많아 여러 가지 환경질환을 일으키고 있다.

물론 대기의 자정작용에 의해서 어느 정도 오염된 공기는 정화되는 것이 사실이지만 일단 공기가 오염된 지역에서는 집단질환의 발생 가능성으로 크게 문제시되고 있다. 수질이 오염된 경우는 오염수질을 사용 않으면 크게 문제시 될 일이 없으나 공기는 누구나 한시간에 약 500L가 필요하므로 멀리 그 오염지역을 떠나지 않는 한 환경질환을 벗어날 수 없는 일이다.

이러한 오염공기도 허용기준을 초과하지 않으면 대기의 자정작용에 의해 정화되어 인간활동 영역에 해를 끼치지 않는다.

대기의 자정작용(自淨作用, self-purification)이란 대기의 화학조성은 여러 가지 환경 요인에 의하여 변화되고 있으나 대기 스스로 자체정화작용이 부단히 계속되어 대기가 스스로 맑아지는 현상을 말하고 화학조성에 큰 변화를 초래하지 않으며, 이에 관여하는 인자는 바람에 의한 공기희석작용, 강우와 강설에 의한 유해성 가스 및 먼지의 세정작용, 산소나 오존, 과산화수소 등에 의한 산화작용, 자외선(ultraviolet ray) 등 햇빛에 의한 살균작용, 식물에 의한 탄소동화작용 등이 있다.

그리고 공기 중에는 공기이온(+, −)이 대전하고 있으며 여기에는 유리전자, 원자이온, 경이온, 중간이온, 중이온 등 5종류가 있다. 이 중에서 경이온의 양은 공기오염도에 반비례하기 때문에 실내공기 위생면에서 문제되는 이온이며, 양이온은 자극작용, 음이온은 진정작용이 있다.

● 표 2-1. 건조한 대기의 화학적 구성

구성물질	부피분율	부피ppm	무게분율
N_2	0.7809	780,900	0.7552
O_2	0.2095	209,500	0.2315
Ar	0.0093	9,300	0.0128
CO_2	0.0003	300	0.005
Ne		18.18±0.04	
He		5.24±0.004	
Kr		1.14±0.01	
Xe		0.087±0.001	
H_2		0.5	
CH_4		2	
N_2O		0.5±0.1	
NO		0.5	
O_3		0.01~0.04	
Air	1.0000	1,000,000	1.0000

1.2 실내공기의 변화

1.2.1 군집독(群集毒, crowd poisoning)

다수인이 밀집한 실내공기는 물리·화학적 조성의 변화를 초래해서 불쾌감, 두통, 권태, 현기증, 구기, 구토, 식욕부진 등을 일으키는 현상을 말하며, 발생시기는 여름철 환기시설이 불량한 만원극장이나 겨울철 밀폐된 실내에 다수인이 밀집되어 있을 때 발생된다. 이에 관여하는 유해 인자는 냄새, 온도, 습도, 기류, 연소가스(CO, CO_2, SO_2), 이온, 먼지 등이고 예방 및 치료법으로는 환기시키는 법이 이용되고 있다.

1. 냄새(odor)

군집독은 흡기 중에 탄산가스(CO_2)나 유해물질이 너무 많이 함유되고 동시에 공기의 물리·화학적 조성의 변화와 더불어 입냄새와 몸냄새가 혼합되어 발생된다.

2. 실내온도(room temperature)

평상시 인간의 체표온도는 36.5℃이다. 체온의 정상범위는 36.1~37.2℃로 42℃ 이상에서는 신경조직이 마비되어 기능마비가 일어나서 사망하고, 30℃ 이하에서는 회복 불능상태에 빠진다. 따라서 인간이 가장 생활하기 알맞은 실내온도는 인체의 신진대사에 의해서 다량의 열에너지가 생산(주로 근육에서 생산)과 방출(주로 피부를 통하여)의 평형상태를 이루었을 때는 생리작용이 순조로워지고 동시에 쾌감마저 느낄 수 있는 온도로 이를 쾌감온도, 쾌적온도 또는 보건학적온도라고 하며 18±2℃(건구온도)이다.

3. 실내습도(room humidity)

밀폐된 실내에 다수인이 모이게 되면 습도가 상승하게 된다. 실내에서 쾌감습도 즉, 보건학적 습도는 40~70%이다.

4. 실내기류(air movement)

실내에서는 인간이 감지하거나 감지하지 못할 정도의 바람이 항상 일어나고 있다. 그 종류를 보면 0.2~0.5m/sec 기류를 불감기류, 0.1m/sec 이하를 무풍이라고 하고, 쾌적한 기류는 실내에서 0.2~0.3m/sec, 외기 중에서는 1m/sec 전·후의 기류가 최적기류이다. 가장 쾌감을 주는 기류는 무풍 안정시 보통 착의 상태일 때다.

5. 산소(O_2)

정상 성인이 안정상태에서 1일 호흡하는 공기의 양은 12~13kL이며, 체내에서 소실되는 산소는 약 5%이므로 1시간에 필요한 공기량은 약 500L이고, 이 중 성인의 1일 산소 요구량은 약 600L$\left(500L \times \frac{5}{100} \times 24\right) = 600L$ 이다. 공기 중의 산소변동범위는 15~27%(일반적으로 21%)이나, 일반적으로 공기 중 산소농도가 18% 미만이 되면 산소결핍상태 즉, 저산소증을 초래하며 가장 먼저 영향을 받는 것이 뇌세포이다. 고농도 산소에서는 산소중독이 온다. 만약 실내산소량이 10%이면 호흡곤란이 오고, 7% 이하면 질식사의 위험이 초래된다.

● 표 2-2. 호흡시의 공기조성

호흡 \ 공기	산소(%)	탄산가스(%)	질소(%)	수증기
흡기	20.93	0.03	78.10	대기와 동일
호기	16.00	4.00	79.00	포화상태

6. 일산화탄소(CO)

일산화탄소가스의 발생은 물체가 연소할 때 불완전연소시 주로 발생한다. 발생시기는 연소 초기와 말기 즉, 타기 시작할 때와 꺼질 때 많이 발생한다.

일산화탄소가스는 무색, 무미, 무취, 무자극성이며 헤모글로빈(Hb)과 결합능력(친화력)이 산소에 비해 250~300배(또는 약 210배)나 강하여 일산화탄소의 2중작용을 일으켜 인간의 목숨을 빼앗아 간다.

일산화탄소의 2중작용(二重作用)이란 일산화탄소는 헤모글로빈(Hb)에 대한 결합력이 산소에 비해 강해서 헤모글로빈(Hb)이 산소와 결합하는 것을 방해하여 혈중의 산소농도를 저하시킴으로써 조직세포에 공급할 산소의 부족(저산소증)을 초래하게 되는데, 이를 일산화탄소의 2중작용이라고 한다.

일산화헤모글로빈(HbCO)양과 중독 증상을 살펴보면 일산화헤모글로빈 농도가 10% 이하에서는 무증상, 20% 이상에서는 임상증상출현, 40~50%이면 두통·허탈, 60~70%이면 의식상실, 80% 이상이면 사망을 초래하게 된다.

일산화탄소 중독은 특히, 산소부족에 대하여 저항력이 약한 심장·뇌·신경 조직에 작용하여 신경증상, 시야협소 등이 나타나 치료 후에도 후유증이 심하다.

중독환자가 발생하면 현재로서는 고압산소요법(CO 가스와 Hb 해리 촉진법: HbCO → Hb + CO)이 가장 좋은 치료방법인데, 이때 5% 탄산가스(CO_2)를 함유한 산소를 흡입시키는 것이 가장 효과적이다.

7. 탄산가스(CO_2)

사람과 동·식물의 호흡이나 연료가 탈 때 발생하며, 환기가 불량한 실내에 다수인이 모일 때 탄산가스 농도는 증가하게 된다.

탄산가스는 무색·무취인 가스로 약산성을 나타내며 소화제(消化劑), 청량음료, 드라이아이스(dry-ice) 등에 사용되고 실내공기오염의 지표 또는 환기상태(良·否)를 결정하는 척도가 된다. 탄산가스가 공기 중 3% 이상에선 불쾌감, 5% 이상이면 호흡수 증가, 7% 이상이면 호흡곤란, 10% 이상이면 사망을 초래하며 실내공기질의 유지기준은 1,000ppm 이하다.

또한, 탄산가스는 산소독성과 질소마취작용을 증가시켜 관절장애(bends) 현상을 일으키며 대기 중에 증가하게 되면 온실효과를 일으켜 기온상승을 초래한다는 설도 있다.

8. 질소(N_2)

질소는 공기 중에 약 78%를 차지하고 있으며, 호흡할 때 단순히 기도를 출입할 뿐 생리적으로는 불활성인 기체이다. 그러므로 인체에 대하여 직접적인 영향은 주지 않지만 산소농도에 다소간 관여하고 있을 뿐이다.

그러나 이상기압일 때 발생하는 급격한 기압강하로 발생하는 급격기압강하증(rapid decompression sickness)이나 고기압상태에서 정상기압으로 갑자기 복귀할 때 체액 및 지방조직에 발생되는 질소가스가 주원인이 되어 발생되는 잠함병(caisson disease) 등을 발생시킬 수도 있다. 특히, 이 잠함병을 예방하기 위해서는 적성검사, 신체이상자 등을 미리 조사하여 예방하여야 하며, 주증상으로 동통성관절장애를 일으킨다. 또한, 질소는 이상고기압하에서 인체에 영향을 미치는데 3기압에서 자극작용을 일으키고, 4기압 이상이 되면 마취작용이 시작되며, 10기압 이상에서는 전신기능이 손상되어 사망하게 된다.

9. 오존(ozone, O_3)

지상 11km 이상의 성층권에는 오존층이 지구를 감싸고 있어 태양에서 강하게 내려 쬐는 자외선(ultraviolet ray)를 막아주고 있으므로 지구상에 존재하는 모든 생물들의 생명을 보호하고 있다. 오존은 해상이나 삼림의 공기 중에 비교적 많이 존재하나 그 양은 0.7ppm에 지나지 않으며 정상적일 때는 도시나 주택가의 공기 중에서 존재하지 않아야 함이 원칙이다.

오존은 어떤 특별한 경우에 한하여 유효할 경우도 있겠지만 산화작용(광화학적 산화물, photochemical oxidant)이 심한 까닭에 자극성이 크며 1.0ppm인 미량에서도 기침과 권태감을 느끼게 한다. 특히, 상기도에 손상을 주어 폐렴(pneumonia)을 유발시킬 수가 있으며 고농도오염에서는 폐충혈이나 폐기종을 유발시키기도 한다.

또한, 오존은 탈취 및 살균효과(20ppm, 2시간 이상)가 큰 반면에 이러한 효과를 나타낼 정도의 오존 농도는 오히려 인체에 대하여 극히 해로운 농도이므로 실제로 거실의 살균이나 탈취용으로 이용되지 않고 있다.

10. 공기이온(air ion)

공기이온이라 함은 앞에서 기술한 바와 같이 부유입자상물질 중에서 (+) 혹은 (–)로 대전되어 있는 것을 총칭하는 것으로서 지표에 가까운 대기중에는 경이온과 중이온이 존재한다고 보는 것이다.

도시공기 중의 경이온은 부유먼지나 연기 등에 흡착되어 감소되며 운동의 정도가 작은 중이온의 형태로 남게 된다. 즉, 신선하고 부유입자상 물질이 적은 공기일수록 경이온이 많아지며, 반대로 오염된 공기에서 적어지는 경향이 있다.

한편, 실내에서는 의복에 흡착하거나 호흡에 의해 감소된다. 이 현상은 실내온도 및 습도의 상승, 탄산가스 등의 증가보다도 예민하므로 실내공기오염의 지표가 될 수 있는 것이다. 다시 말해서 경이온의 양은 공기오염도에 역비례하기 때문에 공기위생면에서 문제시 되는 것은 역시 경이온이라고 하겠다.

공기이온의 생리작용으로서 (+)이온은 자율신경계의 교감신경에 대하여 자극작용을 하며 때로는 불면증, 두통, 불쾌감, 혈압항진 등의 작용이 일어나는 한편, (–)이온은 반대로 부교감신경에 작용하여 대체로 진정작용을 함으로써 최면, 진통, 진해 및 혈압강하 등의 작용을 하기 때문에 (–)이온은 (+)·(–) 이온이 모두 소실될 때에는 신체에 대하여 (+)이온의 작용과 비슷한 나쁜 영향을 미친다.

11. 먼지

1) 먼지의 정의

지상의 물체가 외력에 의해서 파쇄되어 생긴 미립자로서 1μm 이하의 미세한 입자로부터 육안으로 볼 수 있는 500μm 정도까지 달하는 것을 말한다. 공중에 부유하는 먼지는 호흡기로 침입하여 폐에 침착하여 진폐증을 일으키거나, 흡수되어 중독증을 일으키거나 그 밖의 병변을 나타낸다.

2) 먼지의 종류

(1) 진폐증성 먼지: 5μm 이하의 먼지로 폐에 들어가 섬유증식·결절형성의 증상을 나타내며 폐의 산소섭취능력을 방해하여 폐결핵증을 병발하기도 한다(유리규산, 석면, 활석, 흑연 등 광산지대의 먼지).

(2) 알레르기성 먼지: 알레르기성 천식이나 피부병을 일으킨다(꽃가루, 나무가루, 작은 털 등 삼림지대 및 전원도시의 먼지).

(3) 중독성 먼지: 중추신경계통, 콩팥이나 조혈장기 등에 작용하여 갑자기 급만성장해를 일으킨다(납, 수은, 카드뮴, 안티몬, 망간, 베릴륨 등의 금속성먼지와 비소, 인, 셀레늄, 유황 등의 화합물 등 주로 산업장에서 일어나는 먼지).

(4) 자극성 먼지: 눈, 호흡기, 소화기 등의 점막과 피부 등을 자극하고 염증 또는 궤양을 형성하고 치아 등을 부식시킨다(산, 알카리, 불화물, 크롬산 등의 생산·사용지역의 먼지).

(5) 불활성 먼지: 다량의 입자를 흡입하지 않는 한 특별한 유해작용이 일어나지 않는다(석탄, 석회선, 시멘트 등을 생산하는 광산지대의 먼지).

3) 먼지의 크기

호흡기로 흡입되는 먼지의 양은 주로 그 크기에 달려 있으나 밀도, 모양 및 습도의 영향에도 크게 받는다.

폐포에 들어가 축적되는 먼지의 크기는 미세먼지(PM10)와 초미세먼지(PM2.5)로 그 입경이 대부분 0.1~10μm인데 특히, 폐포침착률이 높은 것은 0.5~5.0μm이다.

4) 진폐증의 종류

(1) 규폐증(silicosis)

규폐증은 유리규산(SiO_2)의 먼지흡입으로 폐에 만성섬유증식을 일으키는 대표적인 진폐증이다. 규폐증은 서서히 장애 의식없이 진행되어 폐의 기능장애를 일으키는 질환으로 납중독, 벤젠 중독과 함께 3대 직업병 중의 하나이다. 이 질병은 금속광산, 금속제련소, 탄광, 토석재취업 등 광산관계업종에서 수십년의 폭로로 발병하며 보통 3년 이상에서 발병한다. 진폐증의 일반적인 예방대책으로 설비개선 및 시설의 개량과 노무 및 의무관리를 철저히 하는 것이 필요하다.

(2) 석면폐증(asbestosis)

소화용제, 절연체, 내화직물 등에 사용되는 석면을 다루는 근로자에게 석면폐가 발생하며, 근무 4~5년이면 발생된다고 한다. 석면의 크기가 2~5μm인 석면섬유가 가장 유해하며, 작고 미세한 기관지에 부착하여 그 부위의 섬유증식이 생긴다. 증상은 규폐증과 비슷하며 초기에 체중감소가 나타난다.

(3) 활석폐증(talc phneumoconiosis)

활석채굴, 도료, 리놀륨, 고무, 화장품제조 등의 활석분사용 작업장 근로자에게 발생되며 증상은 석면폐증과 비슷하다.

(4) 기타 진폐

위 세 가지 이외에도 만성육아종과 섬유증식을 일으키는 베릴륨(berylium) 폐증과 석탄광부폐증, 흑연폐증 등의 진폐증이 있다.

(5) 금속열(metal fume fever)

아연(Zn), 구리(Cu), 마그네슘(Mg), 납(Pb), 망간(Mn) 등 금속산화물의 증기를 다량 흡입했을 때 일시적인 발열이 생기는데 이 발열현상을 금속열이라 한다. 흡입 후 2~8시간에 발열하며 오한과 전율을 수반하고 백혈구증가증(leucocytosis)이 발생하여 해열 후까지도 계속된다.

5) 먼지 흡입에 대한 인체의 방어 기전

호흡기를 통하여 인체 내에 흡입된 먼지는 코 및 상기도 점막에서 분비되는 점액에 포착되며, 이 점액은 소기관지에 이르기까지 기관지의 섬모운동에 의해 위쪽으로 운반(3~4cm/h)되어 밖으로 배출되거나 위 속까지 삼켜버린다. 먼지의 흡입량이나 점액의 분비량이 너무 많을 때에는 소기관지의 연동과 기침 또는 재채기 반사작용에 의하여 밖으로 배출된다. 폐포에까지 이른 먼지는 대식세포에 먹혀서 림프선으로 운반된다.

6) 먼지의 허용 농도

건강한 근로자가 30~40년 간 매일 반복해서 먼지를 들여 마시면서 일하는 경우 근로자의 1% 정도가 진폐증에 걸리게 되는 것을 기준으로 정한 먼지량이다. 세계 각국에서 나름대로 허용농도를 규정하고 있지만 미국의 산업위생전문가협의회(ACGIH)의 TLV(threshold limit values)가 가장 많이 사용되고 있다. 우리나라는 대기환경기준과 실내공기질유지기준에서 미세먼지와 초미세기준을 규정하여 관리하고 있다.

1.2.2 건물증후군(SBS: Sick Building Syndrome)

사람이 일하고 있는 건물 안의 공기로 인하여 질병에 감염될 수도 있다. 최근 밀폐된 건물이나 학교교사 및 신축아파트와 주택에서 근무하거나 생활하는 사람들에게 발생되는 신종 실내공기오염질환으로 건물증후군(Sick Building Syndrome: SBS), 학교건물증후군(Sick School Syndrome: SSS)과 새집증후군(Sick House Syndrome: SHS) 등이 중요한 사회문제화되고 있다. 미국환경보호청(EPA)은 실내공기오염은 인간이 처한 환경오염문제 중의 하나라고 밝혔다. 1970년대 석유산유국(OPEC)이 석유수출을 금지하며 미국을 배척했을 때, 석유가격은 폭등하게 되고 모든 국가들이 에너지를 구할 방법을 모색하게 되었는데, 그 중에 한 방법이 겨울에는 열이 보존되고 여름에는 시원한 공기가 유지되는 밀폐된 건물을 건설하는 것이었다. 이런 빌딩들은 건물의 내부와 바깥 사이로 공기가 통할 수 없어 합성물질로 된 카페트나 건축자재 등에서 나오는 폼알데하이드와 같은 오염물질이 건물 안에서 발생되었으나 밖으로 방출될 수 없어서 건물 안에 쌓이게 되었다.

그 결과 외부공기와 내부공기가 순환되지 않자 에어컨이나 공기정화기 속에 더 많은 곰팡이류가 발생되었고 이러한 곰팡이류는 알레르기반응과 건초열과 같은 증상을 유발하게 되었다.

또한, 오염된 건물에서 일하는 사람들은 실내에 살고 있는 해충을 죽이기 위해 살충제를 살포하면 환기가 잘 이루어지지 않으므로 살충제가스는 건물 내에 남게 되어 위험에 빠지게 된다.

대체로 건물이 오염되면 그곳에서 일하는 사람들에게서 여러 증상들이 발생되는데 주 증상으로 하부기도감염, 상부호흡기도·눈·코의 자극과 건초열, 두통, 구토, 피로, 만성질병, 시각장애, 두드러기 등 증상이 나타나며, 건물을 오염시키는 화학물질에 장기간 노출되었을 때 암과 같은 질병 발생이 우려되고 있다.

이러한 증후군은 치료보다는 예방이 최선책이다. 즉, 난방, 에어컨 등 환기 장치를 적당하게 가동하면서, 깨끗한 공기가 건물 안으로 충분히 공급되도록 하는 것이 건물의 실내공기를 오염시키지 않는 가장 확실한 방법이다. 또한, 습도조절기와 에어컨을 정기적으로 청소하면 곰팡이를 없앨 수 있으며, 건물의 실내공기가 오염되었을 때 합성카페트와 같은 오염물질을 없애는 방법도 문제 해결책의 하나이다.

1. 건물증후군의 정의

건물증후군(Sick Building Syndrome: SBS)이란 건물 내의 오염물질과 자극물질 등 원인물질들이 눈, 코, 목구멍을 자극하거나 메스꺼움, 알레르기반응, 감기 등을 유발시키는 증상이다.

2. 건물증후군의 발생원인

1970년대 이후의 건물은 에너지절약을 위해 밀폐식으로 건물을 지었고, 열과 냉난방 장치에 이용된 공기는 건물 안에 갇히게 되었다. 이로인해 건물이나 주택 안의 실내오염물질은 밖으로 방출될 방법이 없고, 실내에 습기가 차면서 곰팡이류가 자라게 되는데 이것들이 알레르기반응을 일으키는 원인이 된다.

3. 원인물질과 피해

1) 폼알데하이드와 유기화합물

합성물질로 만든 새로운 카페트는 폼알데하이드 가스를 방출한다. 이외에도 가구나 실내장식품 및 단열재에도 폼알데하이드와 유기화합물(벤젠, 톨루엔, 에틸벤젠, 자일렌, 스티렌 등)이 방출된다. 이 가스는 눈, 코, 목구멍을 자극하여 기침, 가려움증, 알레르기 반응 등을 일으킨다. 동물에게 폼알데하이드는 암을 유발시킬 수 있으나 인간에게 암을 유발시키는 것에 대해서는 분명하지 않다.

2) 세균, 곰팡이류

습도조절기나 공기정화기의 기능이 나쁘면, 세균, 곰팡이류가 카페트에서 자라게 된다. 세균은 질병을 유발하고, 곰팡이류는 알레르기반응의 주 원인균이다.

욕실 바닥을 검게 만드는 미생물인 흑균균(Aspergillus niger) 곰팡이류는 냉난방 장치의 도관을 감염시켜서 건물증후군을 일으킨다. 이 미생물은 작은 포자를 만들면서 번식하며 호흡할 때 폐 속으로 들어간다. 사람이 이런 포자에 자주 접하게 되면 감수성이 예민해지거나 히스타민이라는 화합물질이 체내에 생성하게 되며, 히스타민은 상기도의 충혈, 콧물흘림, 건초열 등의 증상을 일으키는 원인이 된다.

3) 담배연기

담배연기는 실내공기오염의 주범으로 연기가 건물 밖으로 빠져 나갈 수 없는 밀폐된 건물에서 더욱 심하며 건물증후군 발생을 가중시킨다. 담배연기 속에는 폼알데하이드, 암모니아, 톨루엔, 아황산가스, 페놀 등 독성물질 및 발암물질과 염색체 손상을 일으키는 돌연변이성 물질이 약 5,000개에 이르는 화합물이 들어 있다. 담배연기를 비흡연자가 흡입하게 되면 폐암이 유발되기도 하며, 심장질환의 위험한 원인이 되기도 하고, 어린이들은 폐렴이나 기관지염에 잘 걸리게 된다.

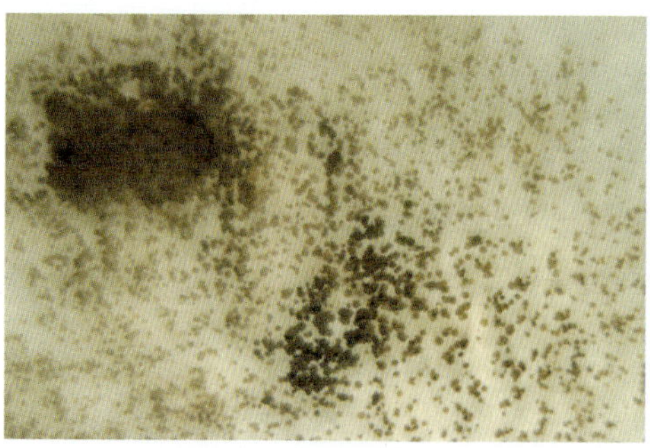

● 그림 2-1. 욕실의 흑균균(Aspergillus niger)

4) 농업용 화학물질

살충제나 농업용 화학물질은 농부에게만 영향을 미치는 것이 아니라 가정에서도 살충제에 의해 사람들이 중독될 수 있다. 미국의 환경보호청에 의하면 매년 6,500톤의 살충제가 미국의 가정과 정원에 사용되었다고 한다. 살충제는 단기간에 질병을 일으키며 암 이외의 건강문제와도 관련이 있다.

5) 가정용품

가정에서 쓰는 많은 물건들 즉, 오븐세척제, 화장실과 배수구세척제, 가구광택제, 식기세척제, 누수방지제 등에는 많은 종류의 유해물질들이 함유되어 있다. 그 예로서 페인트에 들어있는 화학물질 중의 하나인 "염화메틸렌은 위험한 발암물질"이라고 미국의 소비자안전위원회(U.S Consumer Product Safety Commission)가 밝혔다.

6) 라돈

라돈은 무색이고 공기보다 무거운 방사능 기체인 위험한 가정오염물질로, 담배연기 다음으로 간접적으로 폐암을 유발하는 물질이다. 라돈은 암석과 흙 속에 매장되어 있으며, 화강암과 흑혈암에 많이 들어있으므로 미국 북동부와 같이 이런 암석이 많은 지역이 라돈에 오염되기 쉽다. 건물 지하의 바위 틈새로부터 라돈이 들어가서 방출되어지므로 지하에서부터 실내로까지 스며들어 간다.

7) 석면

석면은 1~5μm 정도로 호흡기를 통하여 흡입되어 악성중피종이나 폐암을 일으키는 발암물질로 알려져 있으며, 자동차부품(브레이크라이닝 등), 건축물의 단열재나 천장과 바닥등에 많이 사용된다. 석면이 단열재로 사용되면 미세한 섬유 상태로 공기와 혼합되므로 폐에 들어가 폐암을 일으킬 수 있다. 그러므로 사용되어진 석면의 해체 작업시에는 캡슐에 넣어 처리해야만 공기로 배출되지 않는다.

8) 납

오래된 집을 단장할 때 사용되는 페인트와 낡은 배관, 구리관 등에 사용되는 납땜에는 독성을 지닌 금속납이 함유되어 있다. 수도관의 납땜이 물에 의하여 부식되면 납이 물 속에 녹게 되어 음용시 납중독이 되는데, 경수보다 미네랄이 적게 녹아 있는 연수에서 더 잘 발생된다.

9) 화석연료의 연소물질

집을 오염시키는 주 오염물질 즉, 황산화물, 질소산화물, 탄화수소 등은 난로를 잘못 사용하거나 가정집 차고에서 차 시동을 걸 때 배출되며 이 오염물질은 눈, 코, 목구멍을 자극하고 두통, 무기력, 현기증 등을 일으킨다. 일산화탄소의 농도가 높아지면 매우 위험하게 되며, 매년 많은 한국인이 일산화탄소 중독에 의해 사망한다.

1.2.3 실내공기오염

● 그림 2-2. 실내 난로의 연소

도시의 인구집중과 토지이용의 극대화를 위한 지하역사, 지하도상가 등 지하시설이 날로 확대 증가하는 추세에 있어, 이들 지하생활공간에서의 공기오염이 사회문제로 대두되었다. 우리나라는 1989년 9월에 미국, 일본 등 선진국의 실내공간관련기준을 참고하여 각 지하시설별 즉, 지하역사, 지하도 상가, 터널 등으로 구분하여 먼지 등 항목에 대한 지하공간 환경기군권고치를 마련하였다.

그러나 이들 환경기준권고치만으로는 지하공간공기질의 적정관리가 어렵고, 현행법에서 정하는 관리대상기준의 차이 등 제도상의 미비점과 공기질관리업무의 체계적 관리의 어려움 외에도 각 시·도별 지하생활공간의 시설관리 실태조사결과 조사대상 시설의 약 20%가 지하공간 환경기준권고치를 초과하는 등의 문제점이 제기됨에 따라 1996. 12. 30 지하생활공기질관리법이, 2004. 5. 30 다중이용시설 등의 실내공기질관리법이, 2005. 12. 30에는 새집증후군의 주요원인 물질인 폼알데하이드, 휘발성유기화합물 등에 대한 합리적인 실내공기질권고기준인 신축공동주택의실내공기질 권고기준이 제정되어 100세대 이상 규모의 신축공동주택 대상으로 2006. 1. 1부터 시행하므로 본격적인 지하생활공간공기질관리가 가능하게 되었다.

표 2-3. 실내공기질 유지기준

시행일: 2019.7.1

<table>
<tr><th>오염물질 항목
다중이용시설</th><th>미세먼지
(PM-10)
($\mu g/m^3$)</th><th>미세먼지
(PM-2.5)
($\mu g/m^3$)</th><th>이산화
탄소
(ppm)</th><th>폼알데
하이드
($\mu g/m^3$)</th><th>총
부유세균
(CFU/m^3)</th><th>일산화
탄소
(ppm)</th></tr>
<tr><td>가. 지하역사, 지하도상가, 철도역사의 대합실, 여객자동차터미널의 대합실, 항만시설 중 대합실, 공항시설 중 여객터미널, 도서관·박물관 및 미술관, 대규모 점포, 장례식장, 영화상영관, 학원, 전시시설, 인터넷컴퓨터게임시설제공업의 영업시설, 목욕장업의 영업시설</td><td>100
이하</td><td>50
이하</td><td rowspan="3">1,000
이하</td><td>100
이하</td><td>–</td><td rowspan="2">10
이하</td></tr>
<tr><td>나. 의료기관, 산후조리원, 노인요양시설, 어린이집</td><td>75
이하</td><td>35
이하</td><td>80
이하</td><td>800
이하</td></tr>
<tr><td>다. 실내주차장</td><td>200
이하</td><td>–</td><td>100
이하</td><td>–</td><td>25
이하</td></tr>
<tr><td>라. 실내 체육시설, 실내 공연장, 업무시설, 둘 이상의 용도에 사용되는 건축물</td><td>200
이하</td><td>–</td><td>–</td><td>–</td><td>–</td><td>–</td></tr>
</table>

비고

1. 도서관, 영화상영관, 학원, 인터넷컴퓨터게임시설제공업 영업시설 중 자연환기가 불가능하여 자연환기설비 또는 기계환기설비를 이용하는 경우에는 이산화탄소의 기준을 1,500ppm 이하로 한다.
2. 실내 체육시설, 실내 공연장, 업무시설 또는 둘 이상의 용도에 사용되는 건축물로서 실내미세먼지의 양이 200$\mu g/m^2$에 근접하여 기준을 초과할 우려가 있는 경우에는 실내공기질의 유지를 위하여 다음 각 목의 실내공기정화시설(덕트) 및 설비를 교체 또는 청소하여야 한다.
   가. 공기정화기와 이에 연결된 급·배기관(급·배기구를 포함한다)
   나. 중앙집중식 냉·난방시설의 급·배기구
   다. 실내공기의 단순배기관
   라. 화장실용 배기관
   마. 조리용 배기관

표 2-4. 실내공기질 권고기준

<table>
<tr><th>오염물질 항목
다중이용시설</th><th>이산화질소
(ppm)</th><th>라돈
(Bq/m^3)</th><th>총휘발성
유기화합물
($\mu g/m^3$)</th><th>곰팡이
(CFU/m^3)</th></tr>
<tr><td>가. 지하역사, 지하도상가, 철도역사의 대합실, 여객자동차터미널의 대합실, 항만시설 중 대합실, 공항시설 중 여객터미널, 도서관·박물관 및 미술관, 대규모 점포, 장례식장, 영화상영관, 학원, 전시시설, 인터넷컴퓨터게임시설제공업의 영업시설, 목욕장업의 영업시설</td><td>0.1
이하</td><td rowspan="3">148
이하</td><td>500
이하</td><td>–</td></tr>
<tr><td>나. 의료기관, 산후조리원, 노인요양시설, 어린이집, 실내 어린이놀이시설</td><td>0.05
이하</td><td>400
이하</td><td>500
이하</td></tr>
<tr><td>다. 실내주차장</td><td>0.30
이하</td><td>1,000
이하</td><td>–</td></tr>
</table>

● 표 2-5. 신축공동주택실내공기질 권고기준

오염물질 항목	폼알데하이드	벤젠	톨루엔	에틸벤젠	자일렌	스티렌	라돈
100세대 이상 신축 공동주택	210 $\mu g/m^3$ 이하	30 $\mu g/m^3$ 이하	1,000 $\mu g/m^3$ 이하	360 $\mu g/m^3$ 이하	700 $\mu g/m^3$ 이하	300 $\mu g/m^3$ 이하	148 Bq/m^3 이하

● 표 2-6. 대중교통차량의 실내공기질 권고기준

(1) 이산화탄소

대중교통차량	권고기준		비고
	비혼잡시간대	혼잡시간대	
도시철도	2,000 ppm 이하	2,500 ppm 이하	노선 1회 운행시 평균값으로 평가
철도, 시외버스	2,000 ppm 이하	2,500 ppm 이하	

(2) 미세먼지

대중교통차량	권고기준	비고
도시철도	200 $\mu g/m^3$	노선 1회 운행시 평균값으로 평가
철도, 시외버스	150 $\mu g/m^3$	

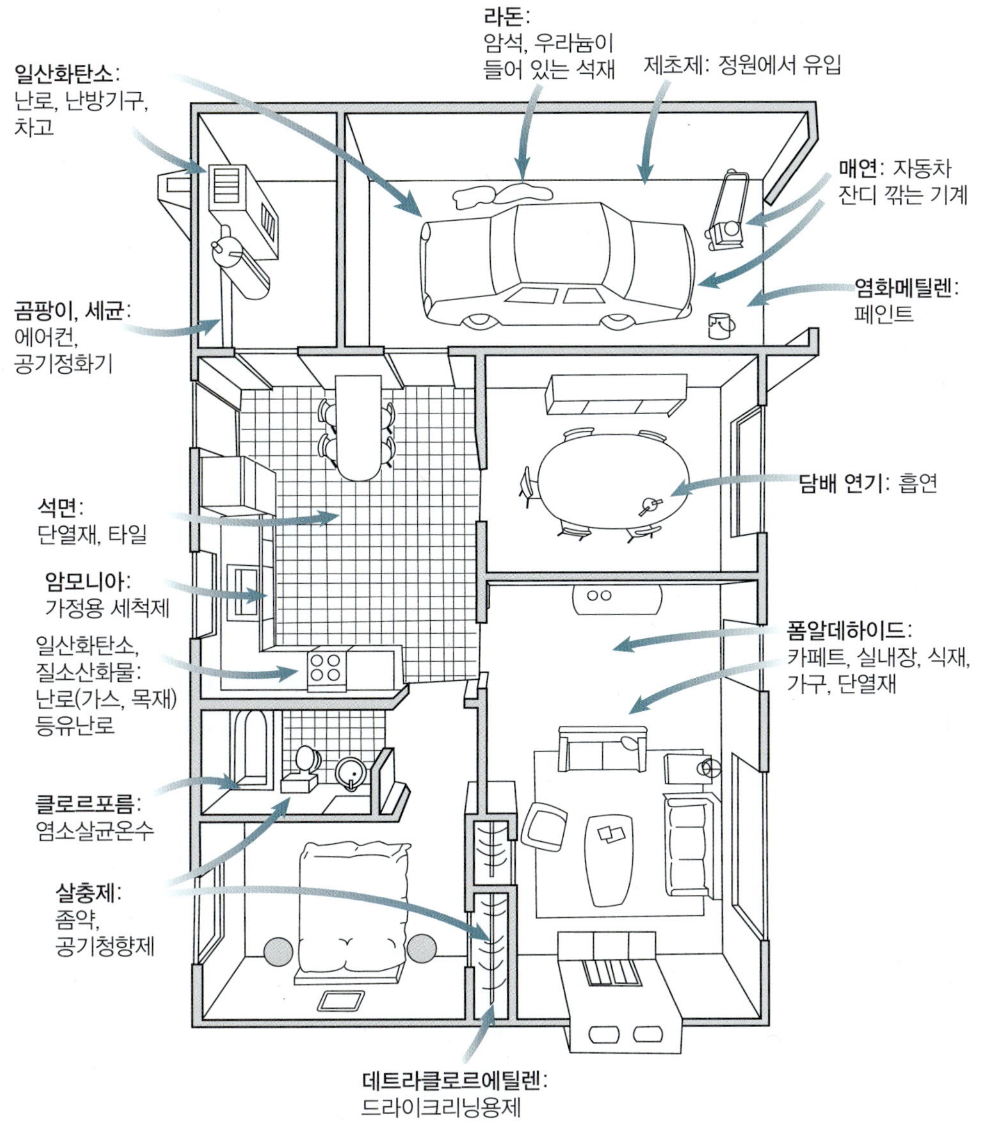

● 그림 2-3. 발생원별 실내공기오염물질

Chapter 02

기후와 유해광선

Climate and harmful light

2.1 기후변화

2.1.1 기후의 분류 및 특성

우리가 일상생활에서 경험하는 대기상태 즉, 기온, 바람, 비·눈 등과 같은 것을 날씨라고 하며 수십년 동안 한 지역의 날씨를 평균한 것을 기후라고 한다. 이와 같이 자연적 요인(태양활동, 대기, 해양, 빙하, 화산폭발 등), 인위적 요인(화석연료 사용에 따른 탄산가스 증가, 삼림의 파괴 등), 국지적 요인(열섬효과에 의한 도시기후)으로 수십 년 이상 지속되는 기후나 기후의 변동성이 지구생태계에 변화를 일으킬 때 기후변화라고 한다.

1970년 이후 급속한 공업의 발달로 인하여 화석연료 사용의 증가로 야기되는 지구온난화와 기상이변, 엘리뇨와 라니냐에 의한 기상이변 등이 인간의 생활환경을 위협하고 있다.

그리고 기후의 성질에 따라서 대륙성기후(continental climate), 해양성기후(oceanic climate), 사막성기후(mountain climate) 등으로 구별할 수도 있다. 또한, 태양복사량에 따라서 같은 기후현상이 나타나는 연속지역을 구별하여 기후대(climate zone)라고 하는데, 여기에는 지구면적의 40%를 차지하고 평균온도 20℃ 이상인 열대(torrid zone)와 0~20℃인 면적 52%의 온대(temperate zone) 그리고 8% 면적에 해당하는 0℃ 이하인 한대(frigid zone)가 존재하고 있다.

사람에 따라 다소 차이는 있지만 기후가 좋고 나쁨에 따라서 기분이나 쾌적감도 달라지기 마련이다. 그리고 여름에는 이질, 장티푸스, 일본뇌염, 콜레라, 폴리오 및 결핵 등이 많이 발생되어 감염되기 쉬우며, 가을에서 겨울에 걸쳐서 디프테리아, 성홍열, 봄에는 천연두, 감기 등의 감염이 많다.

한편, 사망률(mortality)의 월별 변동을 보면 여름에는 사망률이 적어지고 겨울에 많아지

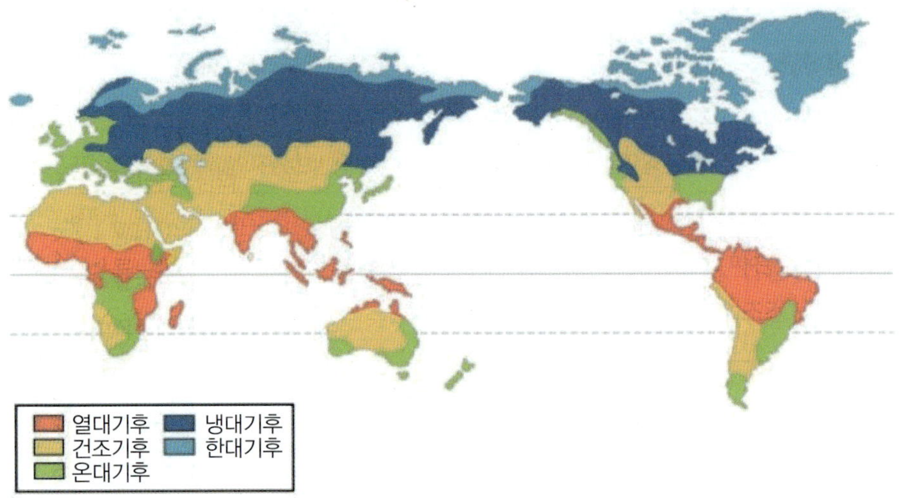

● 그림 2-4. 쾨펜의 기후 구분도

는 경향이 있으나, 최근에는 그러한 계절적 차이도 줄어들고 있는 경향이 있는 반면에 중추신경계의 혈관손상과 심장질환 및 고혈압, 폐렴, 기관지염 및 위장염 등이 많이 발생되는 추세이다.

2.1.2 열섬효과(heat island effect)

도시에서는 인구가 밀집되어 있으며 공장, 자동차, 냉·난방 등으로 인한 열 생산이 많고, 태양광선도 열로서 건축물에 흡수되거나 도로 포장률이 높아 반사된다. 또한, 대기오염물질은 도시를 돔(dome)과 같이 덮어 자외선을 차단하고 열 방산을 방해한다. 빗물은 수목 또는 땅에 흡수되어 있지 않고 대부분 하수관으로 흘러 들어가 멀리 강이나 바다로 들어간다. 이 때문에 도시에서는 불규칙한 지표로 인하여 공기의 이동이 적어 시골에 비해 바람이 적은 대신 공장, 화력발전소, 주택, 자동차 등에서의 열 방출량이 크고 또한, 태양복사열도 지붕이나 도로 등에서 반사되는 율이 크므로 주위의 시골보다 기온이 2~5℃나 높고 비가 많이 오며, 안개가 자주 생기게 된다. 이러한 도시의 고온현상을 소위 열섬효과(heat island effect) 또는 먼지지붕효과(dust dome effect)라고 하며 특히, 직경 10km 이상의 도시에서 잘 나타나는 현상이다.

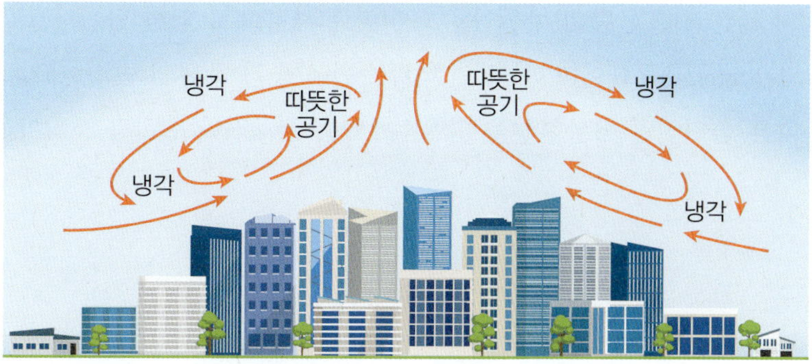

● 그림 2-5. 도시에서의 열섬현상

2.2 기후와 인체 적응

인간과 동·식물을 포함한 모든 생물은 외부환경 주로 기후(기후의 4요소: 기온, 기습, 기류, 기압)의 변동에 대하여 각 생물체 자신의 내부환경을 유지하려는 항상성(homeostasis)을 가지고 있다. 항상성은 크게 두 가지 형태에 의해서 유지되며, 환경변동에 대한 인체의 적응형태(adaptation)와 주위환경에 대한 인체의 순화형태(acclimatization)이다.

전자는 일시현상으로 환경변동이 미미하거나 일시적일 경우에 이에 따른 체내의 변화를 보였다가 원상으로 복귀하여 항상성을 찾는다. 순환형태의 경우는 외부환경변화가 장기간 지속되는 상황에서 일어나는 현상으로 고원지대에 사는 원주민에서 볼 수 있다. 일반적으로 고원지대는 산소가 희박하여 호흡곤란을 느끼게 되므로 이런 생활환경에 알맞도록 체내변화를 일으킨다. 즉, 폐활량이 커진다든가, 적혈구수가 많아져서 산소이용률이 높아지고 체내의 산소운반능력도 높여준다. 이 순화형태는 설령 그런 환경에서 벗어난다 해도 곧 사라지는 것은 아니고 장기간 지속된다.

2.3 우리나라의 기후

우리나라 평균기온은 1904년(기상관측시작) 이후 100년 동안 1.5℃ 상승한 것으로 나타났다. 기후변화와 지구온난화에 따른 기온상승으로 1990년대는 1920년에 비해 겨울이 약 1개월 정도 짧아지는 반면 여름과 봄은 그만큼 길어짐으로써 감염증가와 농수산물의 피해가 가중되었다. 이와 같은 기온상승의 주원인은 화석연료 사용으로 인한 탄산가스(CO_2)의 증가에 의해서 발생되는 지구온난화이며, 이로 인한 해수면 상승과 해류의 변화, 대기순환의 혼란 등 기상이변에 따른 극단적인 이상현상을 막을 수 있는 국제적인 협력과 노력이 절실히 필요한 때이다.

2.4 엘리뇨(El Nino)와 라니냐(La Nina) 현상

2.4.1 엘리뇨(El Nino) 현상

1. 엘리뇨의 정의

엘리뇨란 원래 "엘리뇨 드 나비다드"라는 스페인어로서 아기예수(The Child)라는 뜻으로 남미의 페루 등에서 크리스마스를 전후해서 주로 발생하기 때문에 붙여진 이름이다. 엘리뇨는 열대 태평양 남미 해안으로부터 중태평양에 이르는 넓은 범위 즉, 동태평양의 적도부근 해역에서 해수면의 온도가 평년보다 2~10℃ 높은 상태로 지속되는 현상이 6개월~1년 반 정도 이어지는 것을 말하는 것으로, 기상학적으로 해수면 온도가 0.5℃ 이상 높은 상태가 6개월 이상 지속될 때를 엘리뇨라고 한다.

2. 엘리뇨의 발생원인

엘리뇨가 발생하는 이유는 태평양 적도 부근에서 동태평양의 따뜻한 바닷물을 서쪽으로

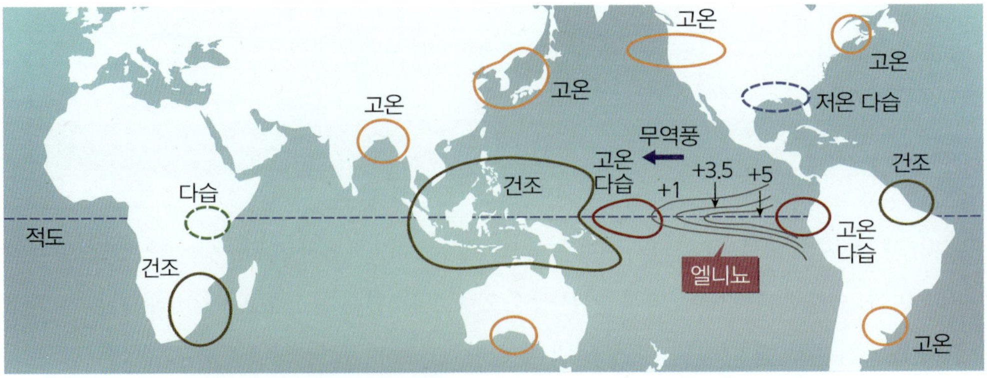

● 그림 2-6. 엘리뇨로 인한 기상이변

밀어내는 무역풍이 불지 않거나 불어도 아주 약하게 불기 때문이며, 그밖에 동쪽으로 이동하는 해류에 의한 에너지 전달 등도 중요한 원인이 되고 있다.

여기서 무역풍이 약해지는 이유에 관해서는 지금까지 확실하게 밝혀진 것은 없으나 적도에서 발생하는 열순환 메카니즘이 2~7년 주기로 변동하기 때문으로 생각되고 있다. 엘리뇨현상의 평균지속기간은 12~15개월이며, 9월에서 다음해 3월경에 세력이 강해진다.

3. 엘리뇨로 인한 현상

엘리뇨가 발생하게 되면 무역풍의 위력이 약해져 동태평양에는 따뜻한 바닷물이 머물러 있게 되며 동남아시아 지역의 해수는 평소보다 낮은 온도를 보이게 된다. 정상적인 경우에는 따뜻한 물이 옮겨와서 동남아시아의 해수면에서 고온다습한 상승기류가 형성되어 장마를 형성하게 되지만 엘리뇨가 발생하면 일반적으로 필리핀이나 인도네시아 등 동남아시아 지역과 호주 북부 등 서태평양 적도 연안 지역에서는 강수량이 평년보다 적어 오히려 가뭄이 발생한다. 반면, 대만과 일본 남부 등 아열대지역과 적도 태평양 중부, 멕시코 북부와 미국 남부, 남미 대륙 중부에서는 고온다습한 기류가 형성되어 홍수가 발생하게 되고, 알레스카와 캐나다 서부에 걸쳐 고온현상이 일어나며 미국 남동부는 저온현상이 일어나게 된다. 즉, 엘리뇨가 발생하게 되면 태평양 상의 에너지 분포가 변경되고 대기의 흐름을 변화시켜 페루 등 남미지역과 태평양을 둘러싼 열대, 아열대지역 등에서 이상기상을 일으키는 뚜렷한 경향이 나타난다.

4. 엘리뇨로 인한 피해

1) 생태계에 미치는 피해

엘리뇨는 전세계에 폭우와 이상가뭄 등 기상이변을 일으켜 생태계에 큰 피해를 일으켰다. 즉, 캘리포니아의 연안은 엘리뇨 영향으로 동태평양에 폭우가 발생하여 이 지역에 서식하던 바다코끼리 암컷과 새끼들이 1m 이상 높아진 바다 수위로 인하여 해변이 좁아져서 피신처를 구하지 못해 약 75%가 사망하였으며, 풍부한 해양자원으로 인해 해양국립공원으로 지정된 페루의 파라카스공원은 엘리뇨현상이 발생할 때마다 이 지역의 펠리칸의 수가 약 2,800만 마리에서 2,000만 마리로 감소되었다. 또한, 동남아시아에서도 엘리뇨로 인한 가뭄현상으로 원시림의 소멸과 이로 인한 야생동·식물의 서식지를 파괴하는 등 생태계의 변화, 희귀생물의 멸종과 위기, 감염병 발생 등 생태학적 큰 피해를 입혔다.

2) 경제적인 피해

엘리뇨로 인한 기상이변으로 농산물의 흉작, 어획량 감소, 가옥파괴 및 도로유실 등 막대한 경제적 손실을 야기했다. 특히, 기후에 민감한 농작물의 생산에 큰 피해를 입혔는데 즉, 세계 중요 농산물 생산지역인 태평양연안국에 집중되어 있어 농산물 생산이 크게 감축되었다. 최근 열대 동태평양에서는 엘리뇨 감시구역의 해수면 온도가 평년보다 다소 높은 분포를 보이고 있으나 적도 태평양지역의 무역풍과 해면기압 등 대기상태는 평년과 비슷한 상태를 나타내고 있다.

우리나라도 이상고온과 여름철의 집중호우 및 이상 저온현상으로 인해 많은 인명과 재산피해가 발생하고 있다.

2.4.2 라니냐(La Nina)현상

1. 라니냐의 정의

라니냐는 엘리뇨의 정반대 현상으로 스페인어로 여자아이(The girl)라는 뜻을 가지고 있다. 라니냐는 적도무역풍이 평년보다 강해지며 서태평양 해수면과 수온이 평년보다 상승하게 되고 찬 해수의 용승현상 때문에 적도 동태평양에서 수온은 낮아지고 서태평양의 수온은 높아지는 상태가 지속되는 현상이다. 즉, 해수면의 온도가 6개월 이상 평균수온보다 0.5℃ 이상 높은 때는 엘니뇨, 반면 0.5℃ 이상 낮을 때는 라니냐라고 한다.

보통 라니냐는 엘리뇨가 시작되기 전 또는 끝난 뒤에 찾아오는 경향이 있으며 열대 태평양을 가로 지르는 대기바람의 대규모 변화의 특징적인 현상이다.

2. 라니냐의 영향

동태평양을 가로 지르는 대기 하층에서 편동풍이 증가하고, 열대 동태평양의 대류권 권계면 부근의 대기 상승에서는 편서풍이 증가한다. 또한, 엘리뇨와는 반대로 무역풍이 평소보다 강해지면서 페루 앞바다의 동태평양의 수온이 내려가 해수온도가 낮아지게 된다.

라니냐 현상은 앞에 기술한 바와 같이 해수순환이 엘리뇨현상과 반대로 나타나므로 라니냐가 발생하면 엘리뇨 때 가뭄이 드는 동남아시아(인도네시아 등), 호주 북부 등에는 홍수가 발생하며 반대로 홍수가 나타나는 미국남부와 남미대륙(페루, 칠레), 일본 등에는 비가 적게 내려 가뭄이 든다. 또한, 알래스카와 캐나다 서부에는 저온현상이, 미국 남동부에는 고온현상이 나타난다.

그러나 라니냐는 엘리뇨 때문에 따뜻해졌던 태평양의 갑작스런 냉각현상은 날씨에 영향을 미쳐 일시적이나마 온실효과를 감소시키기도 한다. 라니냐로 집중호우가 발생하는 지역에서는 숲의 성장을 촉진함으로써 대기 중 탄산가스 증가를 억제하여 전세계 탄산가스 방출량의 약 40%를 감축하는 역할을 한다는 보고서도 있다.

2.5 기후가 인체에 미치는 영향

사람은 항상 폭넓은 온열조건 하에서 생활하고 있으며, 항온동물(homeothermal animal)로서 4계절을 통하여 주위환경의 온열조건의 현저한 변화에도 불구하고 항상 체내에 일정한 열을 생산하거나 체외로 열을 방산하여 체온조절(regulation of body temperature)을 함으로써 36.5℃의 평균체온을 일정하게 유지하고 있다.

따라서 기온, 기습, 기류, 복사열 등의 4인자로 이루어지는 외계 환경조건은 이학적인 체온조절로서 방열반응에 영향을 미치고 있다. 이들 네 가지 인자를 총칭하여 온열요소 또는 온열인자(thermal factor)라고 하며, 이들 온열인자에 의해 형성되는 것을 온열상태 또는 온열조건(thermal condition)이라고 한다.

이상적인 온열조건을 최적온도(optimum temperature)라고 하며 여름은 21~22℃, 겨울은 18~21℃인데, 겨울의 최적온도가 낮은 이유는 인체의 순화(順化)현상 때문이다. 그런데 온열조건이 변화해도 체온이 유지되는 이유는 체온조절 현상 때문이다.

2.5.1 기온(temperature)

대기온도를 기온이라고 하며, 우리가 보통 기온이라고 하면 실내에서는 지상 1.5m, 실외에서는 1.2~1.5m 높이에서의 건구온도(dry bulb temperature)를 말하며, 하루의 최저기온은 아침 해뜨기 전에, 최고기온은 오후 2시경이고, 습도는 오후 2시경이 가장 낮다.

일반온도 측정에는 수은온도계(측정 시간 2분), 이상저온 측정에는 알코올(alcohol) 온도계(3분간 측정), 측정장소의 접근이 곤란할 때는 구부가 큰 온도계로 15분 이상 측정하며, 측정회수는 보통 1일 6회(오전 2시·6시·10시·오후 2시·6시·10시)이나 1일 3회(오전 6시·오후 2시 및 10시) 혹은 1일 1회(오전 10시) 측정하는 수도 있다.

그리고 실제기온을 측정하는 데는 아스만(Assman) 통풍온도계를 사용한다.

1. 이상고온에 의한 영향

평균기온보다 높은 주거환경이나 작업환경 하에서는 이상고온으로 인하여 이상증상이 나타나는 건강장해의 총칭을 열중증 또는 온열질환이라고 하며 다음과 같은 종류가 있다.

1) 열중증의 정의

고온 또는 고습환경 내에서 활동하는 경우에 환경의 영향을 심하게 받으면 열방산이 적은 조건 하에서 비교적 급격하게 활동능력이 소모되고, 심하면 졸도하게 되는 건강장해의 총칭을 말한다.

2) 열중증의 원인

열중증은 첫째, 고열, 고습, 무풍, 복사열에 기인하며 체온조절의 부조화, 순환기계 기능이상, 식염·수분상실 등 장해를 일으키고, 둘째로 작업자의 체질과 예비적 조건에 기인하는데 수면부족, 위장장애, 과로 등이 나타난다.

3) 종류

(1) 열성발진(heat rash): 습한 기후대에 머물거나 끊임없이 고온다습한 대기에 폭로될 때 발생한다.

(2) 열경련(heat cramps): 장시간의 고온환경 폭로 후에 오며, 체내수분과 대량의 염분 상실을 동반한 발한 과다 때문에 발생하고 주로 사용한 근육에 호발한다.

(3) 열피로(heat exhaustion) 혹은 열허탈증(heat collapse) 또는 열소모증: 고온환경에서 육체노동에 종사할 때 순환기계 기능이상 즉, 주로 말초순환기계이상으로 허탈상태에 빠지는 것을 말하며 신규채용자 및 미경험자에게 호발한다.

(4) 열사병(heat stroke) 혹은 울열증(heat retension): 체온조절의 부조화 때문에 생기는 중추신경마비를 말하며 어지러움, 오심, 두통이 있고 발한정지로 피부는 고온건조상태가 되며 체온은 42℃ 이상으로 계속 상승한다.

(5) 열쇠약(heat prostration): 고열에 의한 만성 체력소모 즉, 만성 울열상태를 말하며 특히, 고온작업에 의한 비타민 B_1의 결핍이 중요 원인의 하나인 만성열중증이다.

2. 이상저온에 의한 영향

기온이 평상기온보다 떨어지면 공기냉각력이 커지고, 이러한 외계에 노출된 인체는 자연히 외계환경으로 인하여 많은 열을 빼앗기게 된다. 이에 따라 인체는 상온을 유지하기 위하여 화학·물리적 변화를 일으키게 되는데 체내의 산화를 왕성하게 한다든가, 사지를 위축시켜 체표면적을 적게 하여 체내의 열 생산을 왕성하게 하기 위한 생리적 반응을 보인다. 저기온은 체내 불필요한 에너지의 손실을 가져오기 때문에 말초신경이 마비되어 신체일부가 동상을 입게 되고, 심할 경우 동사하게 된다.

증상으로는 류마티스, 신경염, 말단 체표부위의 신경마비 등이 나타나며, 여성의 경우 월경장애를 수반하기도 하는데 겨울철의 옥외작업과 냉동작업근로자에게서 자주 발생한다.

1) 전신체온강하(general hypothermia)

장시간 한냉폭로와 체열상실에 따라 발생하는 급성 중증장해이며, 진정제 복용과 음주는 체온하강의 위험을 더욱 증대시킨다.

2) 동상(frostbite)

동상은 실제로 조직이 동결되어 세포구조에 기계적 파탄이 일어나기 때문에 발생하며, 증상은 3도로 분류되는데 1도는 발적, 2도는 수포형성, 3도는 조직괴사가 일어난다.

3) 침수족(immersion foot), 참호족(trench foot)

직접 동결상태에 이르지 않더라도 오랫동안 지속적으로 습하고 차가운 곳에 노출되어 나타나는 현상으로, 침수족은 동결온도 이상의 찬물에 노출되어 발생되고, 참호족은 동결온도 또는 그 부근의 찬공기에 장기간 접하거나 물에 잠겨서 발생한다.

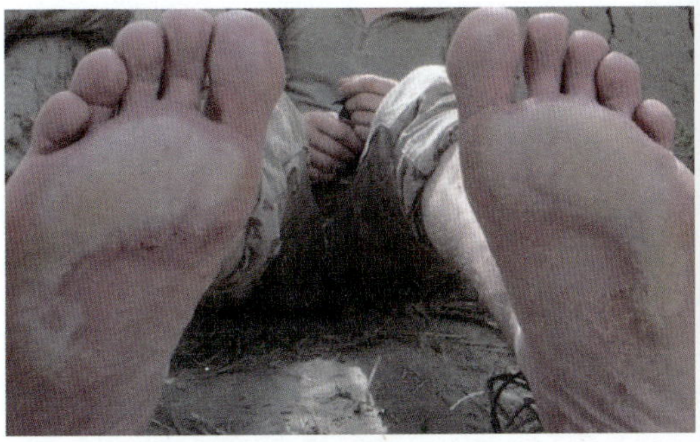

침수족

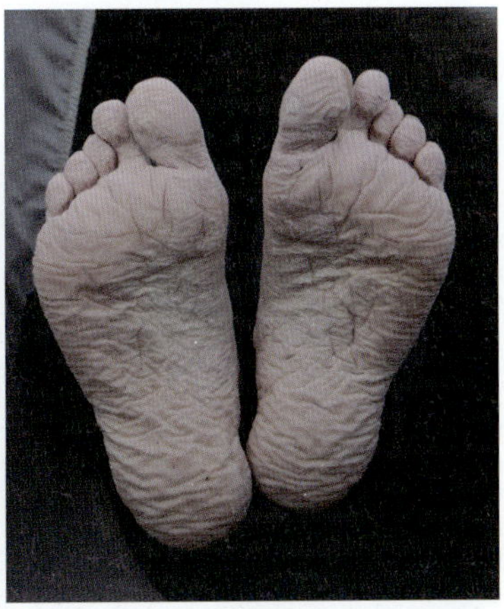

참호족

● 그림 2-7. 침수족, 참호족

2.5.2 기습(air humidity)

기습이란 일정온도의 공기 중에 포함될 수 있는 수증기상태를 말하며 포화습도, 절대습도, 비교습도 등이 있다. 포화습도는 일정 공기가 함유할 수 있는 한계를 넘어선 그 때의 수증기량(g) 또는 수증기장력(mmHg)이고, 절대습도는 현재 공기 $1m^3$ 증기에 함유된 수증기량 또는 수증기장력이며, 비교습도$\left(\frac{\text{절대습도}}{\text{포화습도}}\right) \times 100$ 는 현재 공기 $1m^3$가 포화상태에서 함유할 수 있는 수증기량의 비를 %로 표시한 것이다. 절대습도는 비교습도의 상승에 비례하고, 비교습도는 그 지방의 기온 변화에 반비례한다. 적당한 온도에서 실내외의 쾌감습도(보건적 습도)는 40~70%이다. 즉, 15℃에서는 70%, 18~20℃에서는 60%, 21~23℃에서는 50%, 24℃ 이상에서는 40%에서 쾌적감을 느낀다.

2.5.3 기류(air movement)

우리가 감지하지 못하는 0.5m/sec 이하의 기류를 불감기류(insensible air movement)라하며 실내와 의복 내의 불감기류는 방열작용을 도와 신진대사를 촉진시킨다. 기류의 강도를 풍속 또는 풍력이라 하며, m/sec 또는 feet/sec로 표시한다. 풍속계로는 Dines tube anemograph, Robinsons's aneomometer, Vane anemometer 등이 있으며, 실내기류처럼 풍향이 일정하지 않고 풍속이 1.4m/sec 이하일 경우에는 카타(Kata) 한란계로 측정(측정범위 0.06~1.5m/sec)한다.

2.5.4 복사열(radiation heat)

복사열은 곧 적외선에 의한 열이라고 보며, 태양에너지의 약 50%를 차지한다.

복사열의 영향범위는 거리의 제곱에 비례해서 온감이 감소한다. 일반적으로 발열체 주위에 가까이 있을 때는 실제온도보다 온감을 더 느낀다. 복사열을 측정하는 기구로는 흑구온도계(globe thermometer), 열전퇴 또는 열전추식복사계(thermopile radiometer)가 있다.

2.5.5 감각온도(effective temperature)

Houghton과 Yaglou(1923)에 의해서 고안되었으며 피검자들에 의해 그들이 느끼는 기온, 기습, 기류의 3인자가 종합적으로 인체에 작용하여 얻어지는 온열감각을 기초로 하여 얻어지는 온감을 그 공기의 감각온도(effective tepmerature) 또는 등감온도, 실효온도라고 말하며 기온 t°F, 기습 100%, 무풍상태를 기본으로 하고 기류의 여러 가지 조합상태에서 이와 똑같은 온도감각을 주는 상태를 감각온도(t°F)로 정하였다. 예를 들면 대기환경의 기온이 18℃라면 습도 100%의 무풍일 때 그 감각온도는 18℃이다.

우리가 체온을 일정하게 유지하려면 열생산과 발산이 균형을 유지하여야 가장 적당한 온감과 쾌적감을 느낀다. 이것을 최호적감각온도라 하는데 겨울에는 60~71°F, 여름에는 64~76°F로 다소 틀리나, 대체적으로 안정·보통 복장시 가장 쾌적한 쾌감대는 66°F(겨울: 19℃)~71°F(여름: 21.7℃)의 범위이다.

2.5.6 불쾌지수(不快指數, discomfortable index)

원래 기후변화에 따른 공장과 사무실 등에서 전력소모를 알기 위하여 사용했던 것이 E. C. Tham에 의하여 제창되어, 1959년 이후 미국에서 불쾌지수로 이용되었다. 불쾌지수(DI)는 습도와 온도의 영향에 의하여 인체가 느끼는 불쾌감을 숫자로 표시한 것인데, 기류 및 복사열이 고려되어 있지 않아 감각온도에 차이가 있을 수 있는 모순점이 있기 때문에 실내에만 적용된다.

DI ≧ 70: 10% 주민이 불쾌감
DI ≧ 75: 50% 이상 주민이 불쾌감
DI ≧ 80: 거의 모든 사람이 불쾌감
DI ≧ 85: 93%의 사람이 불쾌감
DI ≧ 86: 견딜 수 없는 상태

2.6 이상기압 환경

2.6.1 이상기압 환경

지구표면의 공기압력은 평균 1kg/cm^2(14.71bs/in^2)이며, 이를 가리켜 1기압(atmosphere absolute rate) 또는 1대기압이라고 한다. 이는 수은주로 환산하여 760mm, 또는 760 Torr에 해당하며, 제곱센티미터당 1킬로그램이상 또는 미만 기압을 이상기압이라 한다.

수면 아래에서 압력은 10m 깊어질 때마다 1기압씩 더 높아져, 수심 30m의 수중에서 작업할 때는 대기압 1기압을 더해 4기압의 압력을 받게 된다. 대기압을 포함한 압력을 절대압, 대기압을 포함하지 않은 압력을 작용압이라고 한다. 고압작업에서는 통상 게이지(gauge)압으로 그 장소의 기압을 표시한다.

해발 5,600m 고도에서 기압은 해면 높이에서 대기압의 약 1/2, 10,000m에서 약 1/4, 16,000m에서는 1/10 정도로 감소한다.

공기 중에서는 땅 속에 들어갈수록 압력이 증가한다. 따라서 광산갱내, 해저작업, 터널작업 시에는 고기압현상을 받게 된다.

이상기압 특히, 고기압에서 정상기압상태(또는 저기압)로 갑자기 복귀할 때는 감압병에 걸리기 쉽다.

해발 3,000m 이상 지대에서는 저기압현상이 일어나며, 산소가 희박하므로 인간이 살 수 있는 최고높이는 해발 5,000~5,500m이다.

2.6.2 이상기압의 인체작용

인간은 실질적으로 어떤 기압의 상태에서 생활하고 있지만 이 기압을 여러 방향에서 받기 때문에 이를 감지하지 못할 따름이다. 그러나 이상기압의 상황에 처하게 되면 인체에 여러 가지 영향이 미친다. 여러 상황과 환경에서 어떤 영향이 미치는가 알아보기로 하자.

1. 고압환경(high pressure environment)

고압작업을 하는 근로자에게 고압환경은 인체에 커다란 작용을 한다. 생체 내의 공기와 환경과의 사이에 기압 차이로 인한 기계적 작용인 1차적 가압현상(primary pressure phenomenon, 또는 기계적장해라고도 함)과 대기 중에 있는 각종 가스독성 때문에 일어나는 현상인 2차적 가압현상(secondary pressure phenomenon, 또는 화학적장해라고도 함)으로 나눌 수 있다.

특히, 2차적 가압현상은 다음 원소별로 각각 다른 반응을 일으킨다.

(1) 질소

4기압 이상의 공기에서는 질소가스가 마취작용을 일으키기 때문에 작업능력저하와 기분변환 등의 현상을 일으키며, 10기압 이상에는 마치 알코올중독과 같은 증상인 질소취증(窒素醉症, nitrogen narcosis)을 나타낸다.

(2) 산소

산소분압이 2기압을 넘을 경우 산소중독증상을 일으켜서 손발마비, 시력장애, 환청, 정신혼란, 안면경련, 오심, 어지러움 등의 증상을 보이며 심할 경우 간질증상을 보이기도 한다. 그러나 고압가스의 폭로상태가 중지되면 다시 원상을 회복하는 특징이 있다.

(3) 탄산가스

산소의 독성과 질소의 마취작용을 증가시켜 동통성관절장애(감압통: bends) 현상을 발생시킨다.

이 외에도 고기압 폭로시에 질소에 의한 장해를 예방할 목적으로 이산화헬륨(HeO_2)이 사용됨으로써 어지러움, 구토감, 구토 등의 증후군이 생기는데 이것을 고압신경증후군(high pressure nervous syndrome)이라고 한다.

2. 감압환경(decompression environment)

폐가 압박을 받는 경우와 이와 반대로 물 속이나 감압실에서 나올 때 느끼는 폐 속의 공기가 팽창하는 환경이다. 특히, 고기압에서 저기압으로 감압할 때 체액 및 지방조직의 질소기포 형성은 순환기장애와 조직장애를 일으켜서 잠함병 또는 감압병(decompression sickness) 증상을 나타내기도 한다.

감압에 따른 기포 형성량은 조직에 용해된 가스량, 혈류변화, 감압속도에 따라 영향을 받는다. 감압병은 터널굴착, 교각건설, 건물기초·댐건설, 잠수작업 등에 종사하는 사람에게 다발하며, 주 증상으로 관절 및 근육동통(bends), 피부소양감, 흉통 및 호흡곤란, 중추신경장애 등이 나타난다.

3. 저압환경(low pressure environment)

고압환경의 반대 개념이며 고공증상과 폐부종(pulmonary edema) 현상이 나타난다. 전자는 해발 5,000m 이상의 고공에서 일어나는 산소부족현상(저산소증, hypoxia)으로 의식을 잃게 되며 신경장애, 공기전색, 항공치통, 항공중이염, 항공부비강염, 고산병 등이 일어날 수 있다. 후자는 어른보다 아이들에게 많이 나타나는 현상으로 기침과 호흡곤란 등의 증상이 나타나든지, 폐동맥혈압상승 증상이 나타나고 반복 증상이 나타나는 것이 특징이며 정상환경에 폭로되면 정상을 되찾는다.

2.6.3 감압병 예방대책

적성검사를 실시하여 부적합자를 가려내야 하며, 감압시에는 서서히 감압시키고 고압환경에서 작업시간을 제한한다. 감압이 끝날 무렵 순수산소를 흡입시켜 예방효과와 감압시간을 단축(약 25%)시키고, 고압환경에서 작업할 때 질소를 헬륨으로 대치한 공기를 호흡시킨다.

2.6.4 저압환경 또는 고고도(高高度)대책

압력을 가함과 동시에 산소를 흡입시키며, 가압량은 기내 고도(cabin altitude)에 따라 다르다.

2.6.5 이상기압에 대한 종합예방대책

잠함작업시에 반드시 기기(콤프레서, 송기관, 공기청정기, 압력계 등)를 점검하고, 잠수시에도 기기(콤프레서, 공기통로, 공기청정기, 유량계 등)를 점검해야만 하며, 가압환경과 감압환경을 신중히 고려하여 반드시 작업시간규정을 지켜야 한다. 그리고 작업시에 장해발생 예상자(20세 이하 청소년, 50세 이상자, 여자, 비만자, 고막 이상자 등)를 제외시켜야 하며, 연 2회 정기건강진단을 실시하여야 하고 이상기압 환경에서 작업할 때는 만일사태에 대비할 증빙서(성명, 직종 등이 기재된 증명서)를 언제나 휴대하여야 한다.

2.7 유해광선

지구상의 전 생물체가 생존하기 위한 에너지의 근원은 모두 태양광선에너지이다. 태양광선 작용은 그 파장에 따라 다르다. 즉, 380nm(3,800Å) 이하의 자외선은 화학작용을 하고, 약 380~750nm의 가시광선은 시각작용, 750nm 이상의 적외선은 열작용을 한다.

최근 전자공학과 광화학의 급속한 발달로 인하여 인체가 유해광선에 폭로될 기회가 상대적으로 급격히 많아졌다. 따라서 유해광선으로 인한 질환은 앞으로 커다란 공중질환의 문제로 대두될 것으로 사료된다.

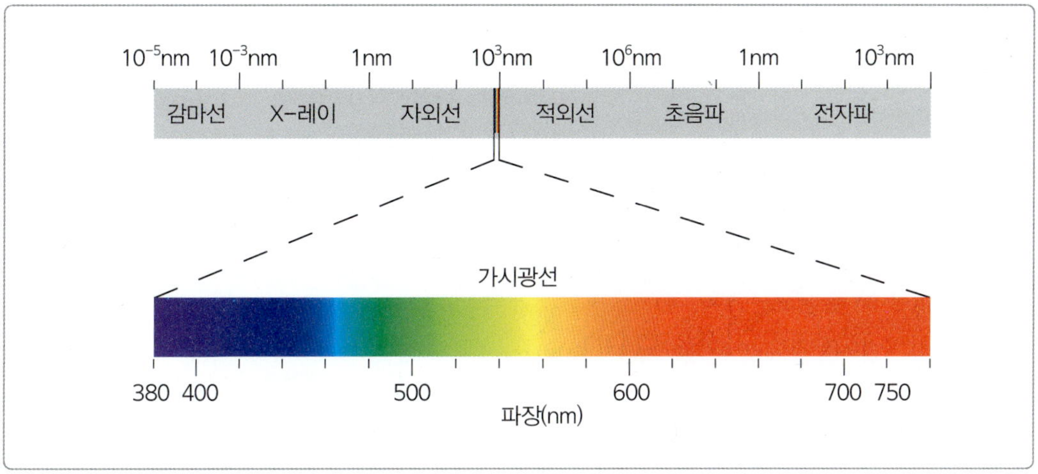

● 그림 2-8. 전자기스펙트럼

2.7.1 방사선

1. 전리방사선(Ionined rays)

1) 전리방사선의 성질

방사성원소가 파괴될 때 방출되는 초고속의 입자 또는 방사에너지를 전리방사선이라고 하며, 이는 물질을 이온화하는 특성을 지니고 있다. 전리방사선의 상대적, 생물학적 효과는 표 2-7과 같다.

● 표 2-7. 전리방사선의 상대적·생물학적 효과

상대적	본태	주된 선원	투과력	상대적·생물학적 효과
α선	고속의 helium핵	방사선원자핵	매우 쉽게 흡수	10
ß선	고속의 전자	방사선원자핵	쉽게 흡수	1
γ선	전자파(광자)	방사선원자핵	비교적 투과력 있음	1
X-선	전자파(광자)	X-선관	비교적 투과력 있음	1
중성자	중성입자	핵분열·핵 변환반응	매우 강한 투과력	10

2) 전리방사선의 생체작용

인체에 미치는 영향은 투과력, 전리작용, 피폭방법, 피폭선량, 조직감수성에 따라 다르며, 투과력의 크기 순서는 X-선, or $\gamma > \beta > \alpha$이고, 전리 작용은 X-선 or $\gamma < \beta < \alpha$이다.

피폭방법에는 체외피폭(전자선; x선, γ선), 표면오염, 체내피폭(입자선; α선, β선) 세 종류

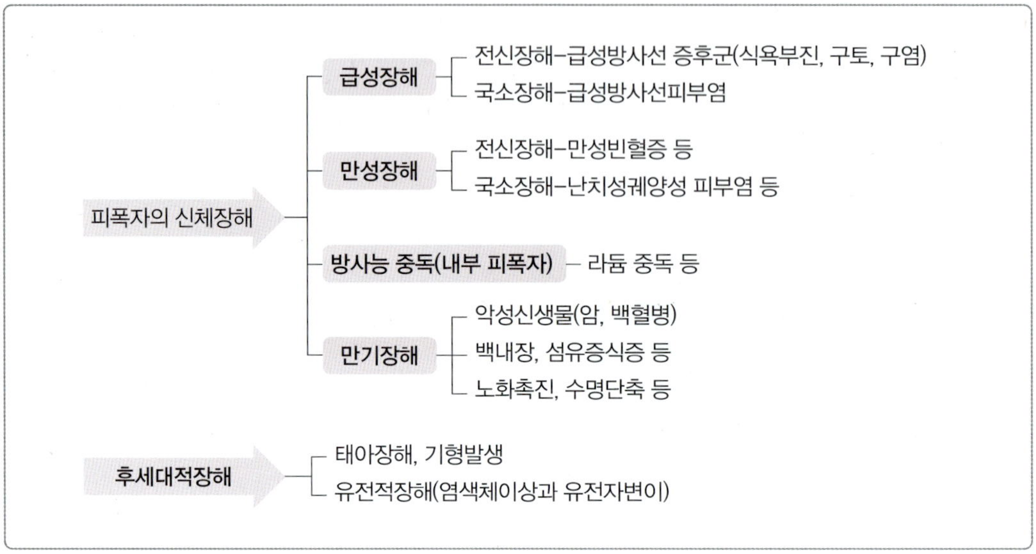

● 그림 2–9. **방사선 장해**

가 있고, 피폭선량은 일시에 그 선량을 받을 경우보다 분할해서 받는 쪽이 영향이 나타나기 어렵다.

그리고 전리방사선에 대한 신체조직의 감수성이 큰 조직의 순서는 골수, 림프조직, 생식세포(600~3,000rad 조사로 파괴), 타액선, 피부 및 위·장관의 상피세포(6,000~3,000rad 조사로 파괴) 골, 연골, 신경, 콩팥(3,000rad 이상 조사로 파괴)이다.

방사선은 그림 2–9와 같은 장해를 일으킨다.

2. 비전리 방사선(nonioned rays)

흔히 유해광선으로 알려져 있으며, 그 에너지 범위는 자외선 영역을 포함하여 이보다 에너지가 낮은 전자파를 총칭한다.

1) 자외선(ultraviolet rays)

(1) 자외선의 성질

태양으로부터 지구에 도달하는 자외선의 파장은 2,920~3,800Å이며 파장에 따라 진공자외선(1,600Å 이하), 원자외선(2,800Å 이하), 중자외선(2,800~3,200Å), 근자외선(3,200~3,800Å)으로 구분하고 특히, 2,800~3,150Å 파장을 가진 자외선을 도르노선(Dornoray)이라고 한다.

Dorno선은 일명 건강선이라고도 일컬으며 이는 소독작용, 비타민 D의 형성, 피부의 색소

침착 등의 작용을 하기도 한다.

(2) 자외선의 생물학적 작용

① 광화학적작용: 공기 중의 이산화질소(NO_2)와 올레핀(olefin)계 탄화수소와 광화학적 반응을 일으켜 오존과 같은 광화학적 산화물질을 발생시키고, 염화탄화수소(chlorinated hydrocarbon)에 작용하여 독성이 강한 포스겐(phosgene: $COCl_2$)을 생성시킨다.

② 생물학적작용: 2,800~ 3,200Å 파장의 자외선은 홍반유발, 일광화상, 피부암(DNA손상)을 발생시킬 우려와 피부비후·노화, 색소침착(피부색을 검게 만듦) 등을 일으 킨다.

2,950Å 파장 이하의 자외선이 각막이나 결막에 흡수될 경우 눈물이 흐르고 결막염을 일으키기도 하며, 햇빛이 비치는 설원(雪原)이면 설맹·설안염으로 되고, 전기용접의 불꽃을 직접적으로 보고 있으면 전기(광)성 안염이 된다. 심할 경우에는 궤양·혼탁·수포형성·결막이나 안막부종을 일으키기도 한다.

오랜 동안 자외선을 조사하면 적혈구, 백혈구, 혈소판이 증가하며, 심할 경우 두통, 흥분, 피로, 불면, 체온상승 등의 2차적 현상이 일어나기도 한다. 그러나 비타민 D(Vitamin D)를 형성하여 구루병을 예방하거나 살균작용이 있어 수술실·중환자실 등 소독용으로도 이용되고 있다. 이외 2,000Å 이하에서 오존이 발생하며 1,849Å에서 살균·탈취작용을 한다.

2) 가시광선(visible rays)

(1) 가시광선의 성질

가시광선은 표 2-8에서 보는 바와 같이 380~750nm(3,800~7,500Å)의 파장을 갖는 전자

표 2-8. 복사선의 파장 비교표

종류	파장(Angstrom, Å)
자외선	3,790 이하
가시광선	3,800~7,500
자색	4,000~5,000
청색	4,500~5,000
녹색	5,000~5,700
황색	5,700~5,900
적색	6,100~7,500
적외선	7,500 이상

파이며 망막을 자극해서 광각(光角)을 일으킨다. 지표에 도달하는 가시광선의 강도는 지리적 조건 이외에 시각, 계절, 일기, 대기오염에 따라 달라진다.

(2) 가시광선의 생체 작용

중요한 가시광선 장해는 조명부족과 조명과잉으로 일어나는데, 조명부족으로 인한 장해시 근시, 안정피로, 안구진탕증 등과 조명과잉으로 인한 장해로서 시력장해, 시야협착, 망막변성과 황반부변성, 암순응의 저하와 광시(光視) 등이 있다.

(3) 조명의 기준

작업을 원활하게 진행시킬 수 있는 데에 충분한 조도이면 안전 기준에 맞는 조명이라고 할 수 있으며 초정밀작업, 정밀작업, 보통작업, 기타작업의 조명기준은 각각 750lux, 300lux, 150lux, 75lux로 정해져 있다.

3) 적외선(infrared rays)

(1) 적외선의 성질

복사선 중에서 광파장이 가장 긴 것으로서 표 2-8에서 보는 바와 같이 750~12,000nm (7500~120,000Å)의 파장을 가진 전자파로서 절대온도 이상의 모든 물체는 온도에 비례해서 적외선을 복사한다.

적외선의 인체에 대한 작용은 가시광선에 비하면 조직의 심부로까지 침투하는 힘이 강하기 때문에 복사선 중에서 제일 강하고, 더욱이 파장이 짧을수록 그 피해는 심해진다. 이 복사선은 자외선과 달리 피부색소나 유리(초자) 등에 흡수되지 않고 심부조직에 흡수되어 열을 발생함으로써 국소부위를 뜨겁게 하여 혈관의 확장 및 충혈을 유발함으로써 혈액순환이 촉진되어 신진대사 작용이 왕성해진다. 따라서 이 원리에 의해 혈액순환작용을 왕성케하여 상처(wound)에 대한 치유적 작용을 하는 반면에 지나칠 때에는 피부에 색소침착을 일으킨다.

그와 반대로 인체에 대한 유해작용으로서 적외선이 뇌조직에 흡수되기 쉽기 때문에 강렬한 직사광선에 폭로되었을 때 일사병에 걸리기 쉬운 이유의 하나가 곧 적외선의 뇌조직 침투에서 오는 상승작용(synergism)에 기인된다고 보는 것이 옳을 것이다.

(2) 적외선의 생체작용

① 피부장해

적외선의 피부 투과성이 제일 강할 때 파장은 7,000~7,500Å이며 피부장해로는 충혈, 혈관확장, 괴사를 일으킨다.

② 안구장해

140nm(1,400Å) 이상의 장파장 적외선은 각막 손상을 일으키며, 만성 폭로로 적외선 백내장(초자공 백내장)을 일으킨다. 백내장은 강한 적외선에 쪼이면서 일하는 유리공, 용광로의 화부들에게 후극성 백내장을 일으킨다.

③ 두부장해

두통, 어지러움, 자극 작용이 있으며 강력한 적외선은 열사병을 일으켜 사망에 이른다.

4) 레이저광선(laser rays)

(1) 레이저광선의 성질

레이저(LASER)는 "유도방출에 의한 광선의 증폭(Light amplification by stimulated emission of radiation)"의 약자이다. 즉, 원자와 분자가 지니는 특수 성질을 살려 순수한 광선을 방출하는 장치로부터 방출하는 전자이며 보통 광선과는 달리 단일파장이고 강력하면서도 예리한 지향성을 가지고 있다.

(2) 레이저의 중요 용도

통신이용, 재료·가공·물질구조의 연구, 의학·생물학적 이용, 우주선 추적, 지면의 융기상태 조사, 다이아몬드의 절단 등 여러방면에 활용되고 있다.

(3) 레이저광선의 생체작용

가장 민감한 표적기관은 눈으로 각막염을 일으키기도 하며(400nm 이하의 짧은 자외선, 1,400nm의 적외선), 백내장을 일으키기도 하고(700~1,400nm의 적외선, 300~400nm의 자외선), 고출력의 레이저는 열응고·괴사·탄화 등의 피부화상을 일으키기도 한다.

(4) 레이저광선에 대한 대책

레이저광선의 취급장치에 대해서는 격리, 차단, 차폐 등의 공학적 관리를 철저히 하여야 하며 특히, 출력이 강한 발생장치가 있는 위치에서는 반드시 경고 표시를 하여야 한다.

5) 마이크로파와 라디오파(microwave and radio frequency rays)

(1) 마이크로파와 라디오파의 성질

마이크로파는 10~300,000MHz의 전자파를 총칭하며 이를 가리켜 무선주파 또는 극초단파/RF라 하고 TV, 라디오, 일반 및 군용 레이더에 광범위하게 사용되서 피폭 인구가 많은 그 생체효과는 아직도 확실하게 알려져 있지 않다.

특히, 마이크로파와 라디오파를 다루는 근로자(자동차중공업, 식료품제조, 가죽제조, 목공, 그라스화이바공, 지류제조, 플라스틱 열접착, 고무제품제조종사자, 섬유제조업종사자, RF/마이크로파 응용장치 조작자 등)는 주기적인 체크를 받아야 한다.

(2) 마이크로파와 라디오파의 생체 작용

인체에 150~1,000MHz가 조사되면 열을 발생시키며 백내장과 중추신경장해(300~1,200MHz에서 민감)을 일으켜 두통, 불안, 불면, 피로증상이 나타나고 지적능력도 저하시킨다. 또한 백혈구증가, 망상적혈구출혈, 혈소판 감소 등 혈액변화와 생식기능저하, 다운증후군 발생, 유전 및 생식기능 장해 등을 일으킨다.

(3) 허용기준

ACGIH(American Conference of Governmental Industrial Hygienists, 미국정부산업위생전문가협의회)의 허용기준에 위하면 최대허용폭로량이 10 milliwatt/cm^2이며 전피폭 시간이 1일 8시간으로 제한하고, 10 milliwatt/cm^2에서는 전피폭 시간 8시간 중 매시간 마다 10분보다 길지 않도록 조절하며, 25 milliwatt/cm^2를 초과할 때는 피폭을 허용치 않는 것으로 되어 있다.

2.7.2 전자기장

1. 전기의 성질

전기손상의 정도는 전류종류, 통신시간, 신체 내부의 전기통로에 따라 달라진다.

교류는 직류보다 4배나 위험하며 주파수는 50~80Hz 경우가 치명상을 초래하기 쉽다. 전압은 220~250V에서 가장 많이 중상을 일으키고, 생체의 전기저항은 주로 피부에 의한 것이며, 습기와 부위에 따라 1,000~100,000Ω 정도로 일정하다.

2. 생체에 주는 장해

1) 질식사: 전류가 지각을 자극하는 열치는 1mA 정도다.
2) 지속성 호흡정지: 전류가 호흡 중추를 통해서 흐를 때에만 일어난다.
3) 심실세동: 심실이 확장기에 들어설 때 전기가 통하는 경우에만 일어난다.
4) 전격화상: 쥴(Joule) 화상이라고도 하며 전류가 전도체를 통과할 때 열이 발산되는 원리와 같으며 가장 흔한 수상부위는 수지이다.
5) 섬광화상: 핵무기 폭발시 열복사선에 의해 노출된 피부가 과도하게 받아서 일어나는 화상이다.
6) 이차적 장해: 전기성 협심증, 전기성 백내장, 색소 단백뇨, 신경학적 속발증 등이 발생한다.

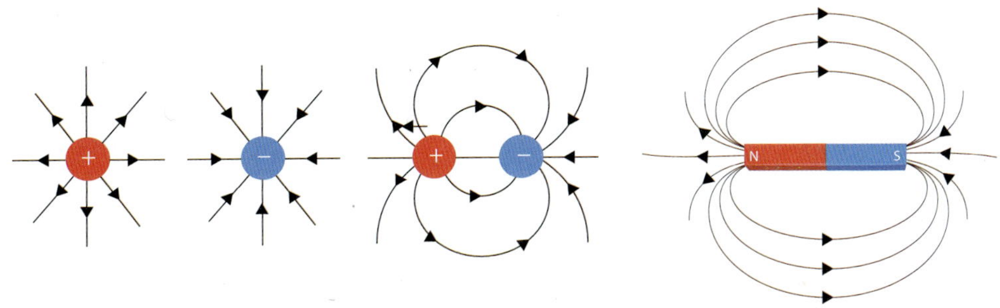

● 그림 2-10. 전자기장(전기장 + 자기장)

3. 전자기장(electromagnetic field)

1) 생활환경에 노출된 전자기장

인간은 전기에 둘러싸여 있다. 사람이 사는 집, 일하는 건물, 어느 곳이던 보이지 않는 전류가 기계, 전구, 동력선을 타고 흐른다. 이런 전기는 전류가 방향을 바꾸거나 1초 동안 몇 번을 교류하기 때문에 교류 또는 AC 전류라 하며 1초 동안 60번 방향을 바꿀 때를 60헤르츠(Hz)라 하고, 이것은 낮은 주파수이다.

모든 전류는 전자기장(전기장과 자기장을 총칭하는 말)을 형성한다. 사람들이 가정에서 사용하는 전기는 극히 낮은 주파수의 전자기장(ELF)으로 전류가 매우 약해서 전기기구에서 몇 미터(m)만 떨어져도 사라진다. 그래서 이런 전자기장에는 계속 노출되지도 않으며 에너지도 거의 없다.

그러나 전자기장(ELF)이 매우 강한 고전압선이나 변전소에서는 강력한 전자기장을 형성한다.

학교나 집이 고압선이나 변전소 근처에 위치하는 경우 학교의 학생들이나 집에 있는 사람들은 일정시간 이상을 강한 전자기장에 노출되게 되어 문제가 발생된다.

이런 고전압선과 변전소 근처의 학교나 그 부근에는 뇌암이나 백혈병 그리고 여러 종류의 암이 발생되는 빈도가 다른 지역보다 많다. 미국 코네티커트주의 길포드의 변전소 근처에는 뇌암환자의 발병률이 높다는 보고가 있다.

몬테시토와 캘리포니아에 걸쳐 있는 학교의 많은 어린이들이 백혈병이나 림프종이 많이 나타났는데, 원인은 학교 근처에 변전소의 동력선이 매립되어 있었다.

어떤 과학자와 발전소의 관계자들은 이런 일이 발생하는 것은 자연스러운 것이며, 통계적으로 보면 반드시 일어나는 현상이라고 말한다. 전자기장(ELF)이 질병을 유발한다고 증명할 방법은 없지만 학부모들과 이웃의 주민들과 어떤 과학자들은 전기선과 변전소로 인해 질병이 발생된다고 믿고 있다. 그들은 전자기장이 뇌의 화학반응을 바꾸고, 종양을 유발시켜서 신체의 면역체계가 떨어진다고 주장한다.

2) 전자기장이 일으킬 수 있는 위험

전자기장이 암, 백혈병 같은 질병을 유발시키는 것에 관하여 활발히 연구되고 있다. 이온방사선은 암을 유발한다고 알려져 있지만 전기에 의해 전자방사선이 나오는지는 확실치 않지만 수많은 연구가 그것과 관련이 있는 것을 입증하고 있다.

전자기장은 전선이나 회로를 통해 전기가 흐르는 어느 곳에서나 존재한다. 가정용 전기기구에는 그 근처에 전기가 흐르기 때문에 전자기장이 있으나 전자기기에 흐르는 전류가 매우 적어서 전자기장은 매우 약하다.

발전소에서 전기가 만들어지면 가정으로 송출되는데 이때 저압전기보다 고압전기가 먼거리를 보다 효율적으로 이동할 수 있기 때문에 변압기의 전압이 높아 올라간다.

고압동력선은 가정의 저압의 전자기기보다 더 강력한 전자기장을 만들어 낸다.

그러므로 고압선 근처의 전자기장은 특히, 강력하다. 또 변전소 근처는 전기의 전압이 높아질 때마다 강한 전자기장이 생기기 때문에 전자기장도 강하다. 그러나 전봇대의 변압기 근처의 전자기장은 강하지 않다.

동력선의 높은 전압은 가정에서 사용할 110 볼트로 전환되어야 한다. 변전소에 있는 전압기는 높은 전압을 가정으로 보내기 위해 낮은 전압으로 바꾼다. 그러나 낮아진 전압은 여전히 가정에서 사용하기에는 너무 높으므로 전봇대의 변압기가 가정에서 사용할 수 있도록 되도록이면 110볼트의 전기로 바꾼다.

Chapter 03 물

3.1 물의 개념

3.1.1 물과 인류

물은 산소와 함께 인간을 비롯한 모든 생물체의 생존에 가장 중요한 물질로 인간은 물을 떠나서는 잠시도 살 수가 없다. 특히, 인체의 70% 정도가 물로 구성되어 있으며, 이중 1~3%가 부족하면 심한 갈증을, 5% 부족하면 혼수상태, 12% 부족하면 사망하게 되므로 물은 생명의 근원이자 생명 그 자체라고 할 수 있다. 성인의 경우 1일 약 2.0~3.0L 정도의 물을 마셔야 하고 또, 같은 양의 물을 배출함으로써 세포의 형태를 유지하고 대사작용을 도우며, 혈액과 조직액의 원활한 순환과 각종 영양소를 용해 및 이를 흡수·운반하여 세포로 공급해주고, 체내의 불필요한 노폐물의 체외배설 그리고 혈액을 중성 내지 알칼리성으로 유지시킬 뿐만 아니라 체내의 열을 발산시켜 체온을 조절하는 등의 생명 유지에 필요한 중요한 역할을 한다.

그러므로 좋은 물을 마셔야 한다. 좋은 물이란 사용용도에 따라 차이가 있으며 획일적으로 정의하기는 어렵지만 기본적으로 깨끗한 물 즉, 다른 이물질이 포함되지 않은 자연 그대로 오염되지 않은 순수한 물로서 물이 함유하고 있는 각종 성분뿐만 아니라 그 구조와도 관련이 있다. 자연에 존재하는 물은 5각형이나 6각형 고리형 또는 사슬모양의 분자결합으로 존재하는데, 그 중 6각형 고리모양의 물이 가장 좋은 물로서 육각수라고도 약칭해 부르기도 한다.

요컨대, 순수한 물은 체세포 주변의 체액처럼 약알칼리성이며 화학구조상 그림 2-11에서 보듯이 6각형 고리형, 5각형 고리형 및 5각 사슬형의 3가지 형태를 가진다. 대체로 인체의 물은 6각형 고리형이 62%, 5각형 고리형이 24%, 사슬형이 14%를 차지한다고 하는데, 인체는 6각형 고리형을 가장 좋아한다고 한다. 대체로 4℃ 전후에서는 6각형 고리형으로 존재한다. 가열함으로써 6각고리형(ring form) 구조는 5개사슬형(chain form)이나 5각형고리형으로

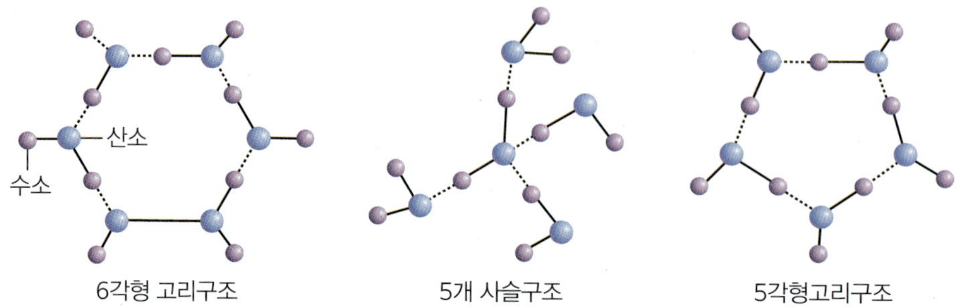

● 그림 2-11. 물의 화학구조

변하고, 따뜻한 물을 냉각시키면 다시 6각고리형 물로 되돌아간다.

"육각수"는 열용량이 크고, DNA나 RNA와 같은 생체 세포분자와의 친화성이 강하여 생명기능을 향상시키는데 활용되지만, 반대로 병변(病變)된 세포액에는 6각고리형으로 구조화되지 못한 5개 사슬형이나 5각고리형 등의 물로 채워져 있음이 증명되고 있다. 따라서 육각수를 마시기 위해서는 물을 냉장고에 넣어 차게 마시는 것이 성인병예방에 효과가 있다고 한다.

3.1.2 물의 특성

1. 물의 구조

물 분자는 그림 2-12와 같이 2개의 수소원자와 1개의 산소원자가 전자를 공유하는 형태로 결합하고 있으며, 2개의 전자 고립쌍은 산소와 수소가 결합하고 있는 전자들을 서로 반발하여 산소와 수소가 직선상이 아닌 104.5°로 굽은 형의 극성구조를 갖고 있다. 이러한 구조로 인해 수소는 부분적인 양전하를, 산소는 부분적인 음전하를 갖게 된다. 이런 구조는 서로 다른 전하를 잡아 당김으로서 물의 형태가 형성된다. 이러한 결합을 수소결합이라 하는데 수소결합 에너지는 공유결합 에너지보다 약 1/10 정도 작지만 반데르발스(van der Waals)힘보다는 크다.

물은 상온, 상압에서 기체, 액체, 고체의 3상으로 존재하는 유일한 물질로, 존재상태에 따라 분자결합상태가 달라진다. 즉, 기체상태인 경우에는 독립된 분자로, 고체상태인 얼음의 경우는 수소결합에 의한 육각결정구조를, 액체인 물에서는 공유결합과 수소결합의 특성을 가진 분자특성을 가지고 있다.

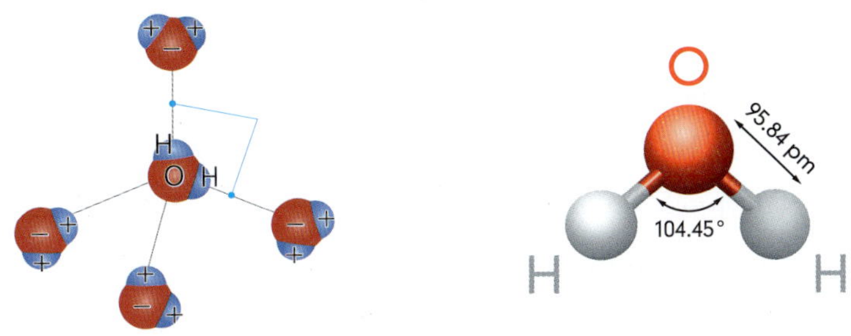

● 그림 2-12. 물의 구조

2. 물의 물리적 특성

1) 물의 용해성

물은 이 세상에 존재하는 물질 중에서 가장 우수한 용매라 할 수 있다. 용매란 용질을 용해시키는 물질을 말하는 것으로서, 우수한 용매성으로 인해 물 속에는 많은 물질들이 녹아있게 되어 생명체들은 생명을 유지하기 위해 물 속에 녹아있는 물질을 이용하기도 하나, 이러한 특성이 수질오염을 유발하기도 한다.

물이 모든 물질을 다 녹일 수 있는 것은 아니지만 대부분의 물질들이 아주 적은 양이나마 물에 녹으며 이렇게 물이 모든 물질의 용매로 작용할 수 있는 것은 물이 극성분자이기 때문이다. 그러므로 극성을 갖는 공유결합 물질이나 이온결합 물질들은 비극성 물질보다 쉽게 물에 녹게 된다.

토양이나 지하수에는 많은 양의 칼슘, 마그네슘과 같은 미네랄 성분이 많이 들어 있는데 이는 빗물이 땅 속으로 스며드는 동안 토양 속에 들어 있는 미네랄 물질들을 물이 용매로 작용하여 녹여 들어간 까닭으로 식물체의 영양 공급원이 된다.

2) 온도에 따른 밀도의 변화

밀도란 단위부피당 질량(g/cm^3)을 말하며 물질의 조밀도를 나타내는 지표이다. 거의 모든 물질들은 가열하면 일반적으로 팽창하게 되므로 밀도는 온도가 높을수록 감소하게 된다. 그 이유는 질량의 변화가 없이 부피가 변하기 때문이다. 그러나 물은 다른 액체상태의 물질과는 달리 4℃에서 밀도가 가장 크며, 4℃를 벗어나면 점점 감소한다.

물이 얼음으로 변할 때 그 분자들은 빈틈이 있는 육각형의 벌집구조의 수소결합을 하게 되고, 온도가 올라감에 따라 벌집 모양의 구조가 깨지면서 4℃까지 부피가 감소하다가 그 이상의 온도에서는 점차 분자운동이 활발해져서 부피가 증가한다. 이와 같이 액체상태의 물분자가 고체상태의 얼음으로 될 때 더 많은 공간을 점유하게 되어 부피가 증가하며, 반대로 밀도는 감소하게 된다.

이러한 물의 특성으로 나타나는 현상들을 우리는 일상에서 종종 보게 되는데 남극 바다에 둥둥 떠다니는 얼음 덩어리나 겨울이 되면 얼음이 강 표면에서부터 얼기 시작하는 것 등이 이러한 이유 때문이다. 만약 고체인 얼음이 액체인 물보다 밀도가 크다면 겨울철 영하 온도에서 물 표면의 물이 얼게 되면 가라앉게 되어 바닥부터 얼음이 쌓이게 되므로 물고기가 생존할 수가 없게 된다. 또한 수표면의 얼음은 단열층이 되어 겨울철에 수생태계 보호 역할을 한다.

정체수역인 호수나 저수지의 경우 여름에 호수의 물은 밑으로 갈수록 온도가 낮아 안정화되어 있으나, 가을에서 겨울로 가는 사이에 호수 표면의 물의 온도가 점점 낮아져 4℃가 되면 물이 무거워져서 표면의 물들은 호수 바닥으로 움직이고 반대로 바닥의 물들이 상대적으로 가벼워져 표면으로 올라오는 물의 수직순환이 일어난다. 이러한 현상을 전도(turn over)라 하며, 정체수역에서의 물의 자정작용의 한 예이기도 하다. 여름철에도 수심에 따른 온도가 다르므로 온도에 따라 물의 밀도가 달라 물이 층상 구조를 갖게 되는데 이를 물의 밀도 성층(stratification) 또는 온도 성층이라 한다.

3) 높은 비열과 기화열로 인한 기온 조절

비열이란 물질 1g을 14.5℃에서 15.5℃까지 1℃ 높이는 데 필요한 열량(J/g·℃)으로서 비열이 큰 물질일수록 같은 온도만큼 높이는 데 더 많은 열이 필요하고, 온도가 낮아지면 더 많은 열을 방출한다. 물의 비열은 4.21J/g·℃로 대부분의 금속은 1J/g·℃로 물보다 낮고, 다른 액체의 경우도 1~2J/g·℃로 물에 비해 월등히 낮다.

0℃의 얼음이 녹아 0℃ 물이 되는 과정을 융해라 하며, 반대로 액체가 열을 빼앗겨서 얼음이 되는 과정을 응고라 하는데 물의 융해열과 응고열은 같으며 80cal/g이다. 또한 액체가 같은 물질의 기체로 되는 현상을 기화라 하고 액체 표면에서의 기화를 증발, 액체 내부에서 일어나는 기화를 비등이라 한다. 반대로 기체와 같은 물질이 액체로 되는 것을 액화라 한다. 기화열이나 액화열은 같으며 물의 경우는 539cal/g이다.

이와 같이 물은 큰 열용량으로 인해 생물들이 좁은 온도범위에서 체온을 유지할 수 있게 해주며, 태양의 복사 에너지를 흡수함으로써 지구상의 기온변화를 완충해 주는 역할을 한다. 더운 여름날 도로에 물을 뿌려 온도를 낮추는 것도 기화열로 주위 온도를 흡수하게 하는 것이다.

4) 무색, 무취하고 투명함

투명도란 호수나 바닷물의 투명한 정도를 나타내는 값으로 태양광이 투과할 수 있는 물의 깊이를 나타내는 척도이다.

대체로 깨끗한 물은 무색, 무취하여 태양광이 쉽게 투과할 수 있으나 물이 부유물질 등으로 오염이 되면 투과도는 감소한다. 물의 표층의 태양광량의 1%가 되는 투과깊이를 보상심도(compensation depth)라 하는데, 수중 식물이 광합성을 하는 깊이가 된다.

대체로 물 속에 부유물질이 거의 없는 매우 맑은 상태이면 빛이 180m까지 투과하나 대부분의 광합성은 수심 2~3m에서 이루어진다. 이러한 물의 투명성은 수중 식물들이 물 속에서 광합성을 할 수 있으며, 수중 생물들이 생존할 수 있는 서식처를 제공하기도 한다.

5) 물의 응집력과 부착력

만유인력이란 물질간의 잡아 당기는 힘을 말한다. 물도 물분자 사이에서 물분자끼리 모든 방향에서 서로 끌어당기는데 이 힘을 응집력이라 하며 물분자와 다른 분자 사이에 당기는 힘을 부착력이라 한다. 그러나 물의 응집력과 부착력은 같지 않기 때문에 이 힘의 차이로 생기는 힘이 표면장력(Surface tension)이다. 표면장력은 액체 표면에서 수직인 방향으로 액체 안쪽으로 끌어당기는 힘으로서, 액체는 표면장력에 의해 그 표면을 가능한 작게 만들려는 경향이 있다.

이른 아침 나뭇잎에 이슬방울이 맺혀있는 것을 종종 볼 수 있다. 이슬방울이 동글동글한 것은 물분자 사이에 당기는 힘인 응집력과 물분자와 공기분자가 당기는 힘인 부착력 중 응집력이 훨씬 크기 때문이다. 하늘에서 떨어지는 빗물이나 물 위로 튀어오르는 물방울이 다 같은 성질 때문이다. 그런데 물이 담긴 그릇에 쇠못을 담그었다가 위로 당기면 물이 못에 달라붙는데 이러한 현상도 표면장력 때문에 생기는 것이다. 따라서 물과 공기 사이의 표면장력은 본질적으로 물 단독의 성질이 되는 셈이다.

표면장력과 관련한 물의 또 다른 성질로는 모세관 현상(capillary phenomenon)이 있다. 물 속에 가느다란 관을 세워 놓아보면 관 속으로 물이 따라 올라가는 것을 볼 수 있는데 이것은 관 속에 들어 있는 물의 무게보다 관 표면과 물분자 사이에 발생하는 부착력이 크기 때문에 생기는 현상이다. 이와 같은 현상으로 인해 식물 뿌리로부터 높은 곳의 나뭇잎으로까지 물이 올라가는 이유이다.

3.1.3 물의 순환과 분포

1. 물의 순환

물은 바다에서 하늘로, 육지로, 그리고 다시 바다로 끝없이 순환한다. 이렇게 물이 순환될 때 식물과 동물 및 인간은 생명유지에 필수적인 생물학적 과정에 물을 이용하고, 농업과 제조업 등에도 물을 이용한다. 바다로부터 증발된 물이 구름을 형성하면서 물의 순환은 시작된다.

우리가 사용하는 물은 새로 만들어지거나 소멸되는 것이 아니라 지구가 생성과정에서 만들어진 물을 순환하여 사용하는 것이다. 물의 순환의 원동력은 태양에너지이다. 바다와 육지의 물은 태양에너지에 의해 증발과 증발된 수증기나 비나 눈의 형태로 지구상으로 되돌아온다(그림 2-13 참조).

지구 표면의 약 71%를 차지하는 바닷물은 물의 순환이 시작되는 곳이다. 태양이 바다를 데우면 물은 공기중으로 해마다 약 4.47×10^{18}톤씩 증발(소금은 증발되지 않음)하며, 그 물은 구름으로 응축되고 구름이 이동하면서 비, 눈, 다른 강우가 되어 내리는데 이 중 약 90%의 강수는 바다로 되돌아오고 나머지 10%는 땅 위에 머물게 된다.

땅 위에 있는 수분은 공기 중이나 구름 속으로 이동하며, 이는 호수, 강, 개울에 있는 물이 증발되거나 식물들이 공기 중으로 수분을 발산하기 때문에 일어나고, 대략 6.7×10^{17}톤의 물이 이런 방법으로 매년 공기 중으로 이동한다.

비 또는 눈이 땅 위에 내리면, 토양은 물을 흡수하여 저장하고, 그 물을 식물이 광합성을 하는 데에도 필요하므로, 잎의 표면으로 물이 이동하게 되고 다시 대기 중으로 발산한다. 호수나 하천에 내린 물은 최종적으로 바다로 되돌아간다.

식물이 사용하지 않거나 강이나 하천으로 흘러들어가지 않는 물은 땅속으로 스며드는데 물이 땅속으로 스며드는 동안 많은 오염물질이 제거된다. 사암과 같은 투과성 바위로 스며든 물은 땅속에서 대수층이라 불리는 큰 저수지를 형성하며, 그런 저수지가 위치한 층을 지하수라고 하고, 깊은 땅 속에서 대수층에 저장된 물도 천천히 바다로 다시 흘러 들어간다.

삼림이나 식물이 없는 땅에 비가 내리면 땅 표면의 흙이 씻겨 내려가는데, 이것은 땅 속의 물을 흡수하여 저장할 수 있는 나무 뿌리가 없기 때문이며, 또한, 뿌리는 흙이 유실되지 않게 하기 위해 토양을 고정시킨다. 홍수는 폭우 때문에 일어나며, 강 또는 하천으로 씻겨 들어간 흙이 강이나 하천의 흐름을 막게 되므로 더 큰 홍수가 발생된다.

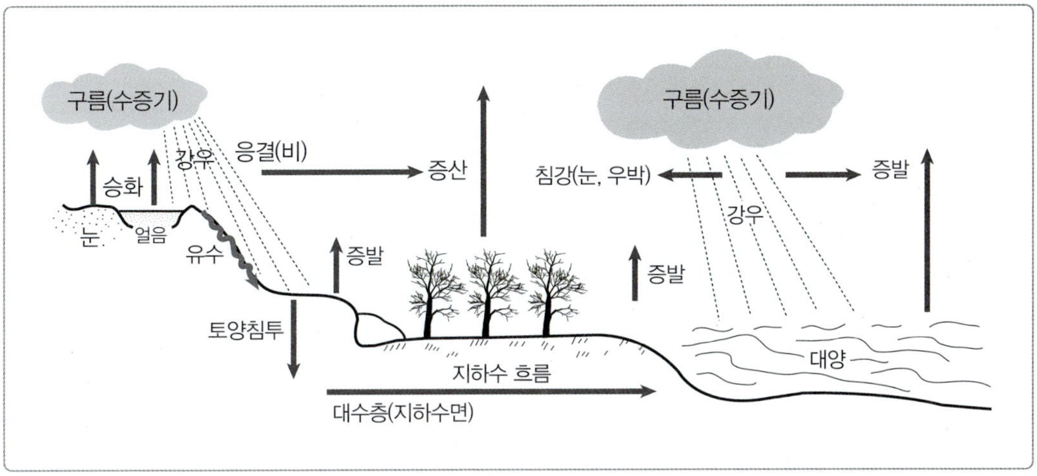

● 그림 2-13. 물의 순환

2. 물의 분포

지구상의 수자원 총량은 그림 2-14에서와 같이 약 $1.4 \times 10^{18}m^3$으로 지구표면적의 71%를 차지하는 바닷물은 전체의 97.4%정도로 대부분을 차지하고 있고 나머지 2.6% 중 1.74%가 빙설로 되어 있어 사람이 실제로 이용할 수 있는 담수는 극히 일부이다.

지구상의 물은 약 13.9억km^3로 추정하고 있으며, 이 중 2.6%인 약 3,600만km^3가 담수이다. 담수 중 68.7% 정도인 2,400만km^3은 빙산, 빙하 형태로 존재하며, 지하수는 30.15%인 1,000만km^3 정도이고, 나머지 1.15%인 100만km^3가 호수, 늪, 하천 등 지표수와 대기중에 존재한다.

지구의 총 수량 13.9억km^3을 지구의 표면적인 5.1억km^2로 나눌 경우 지구의 평균 수심이 약 2.7km로 지구(地球)라기 보다 수구(水球)라 할 정도로 물이 풍부하다. 또한 빙산이나 빙하가 모두 녹는다고 가정할 경우 평균 수위는 47m 정도로서 지구온난화로 인한 극지방의 빙하가 10% 정도 녹을 경우 해수면 수위는 6.6m 정도 상승할 것으로 예측된다.

3.1.4 물의 분류

물은 그 존재 근원별로 분류하면 천수, 지표수, 지하수, 복류수(伏流水)와 해수로 구분된다.

천수(rain water)는 지표수와 해수가 태양에너지에 의해 증발된 후 응결된 것으로 증류수처럼 깨끗하며, 다른 자연수에 비해 무기염류의 함량이 적고 단물(연수: soft water)이 특징이다.

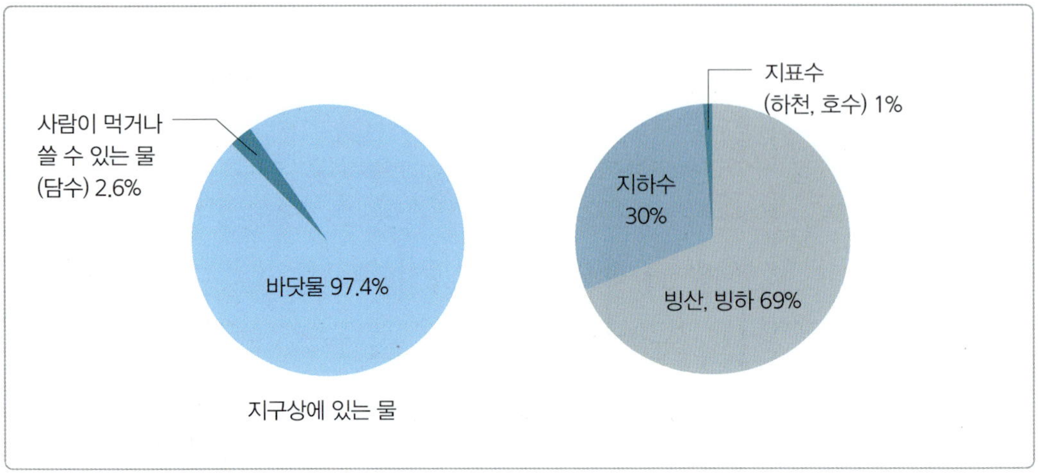

● 그림 2-14. 지구상의 물의 부존량

지표수(surface water)는 하천, 하수, 저수지 등에 존재하는 물이며 상수원수, 농업용수, 공업용수 등으로 사용되고 있고 수질이 계절이나 홍수, 갈수기에 따라 차이가 크며 지하수보다 알칼리도와 경도가 낮다.

지하수(subsurface water)는 빗물이나 지표수가 토양층을 1년에 약 2m씩 침투, 여과하면서 흙 속에 함유된 미네랄을 함유한 물로서 비교적 깨끗해 정수처리없이 먹는물로 사용되어 왔으며 먹는물, 먹는샘물, 농업용수, 공업용수 등 유용하게 사용되고 있다.

복류수(underground water)는 해수나 지표수의 주변에 위치한 모래, 자갈층을 통과할 때 이들의 여과와 이온교환능력에 의해서 깨끗하게 정화된 물이며 강변여과수(예: 잠실의 서호나 동호) 등이 있다.

해수(sea water)는 수산업과 수산양식업에 대단히 중요하며, 물의 순환에 크게 기여하고 있고, 물질순환계에서 물의 공급원이자 모든 생태계가 지구촌에서 생존할 수 있게 기후 조건을 안정하게 조절해 주는 역할을 한다. 해수는 염분(NaCl) 등 각종 용해성 성분이 다량 함유되어 있으나 현재 지표수 부족시 증류, 역삼투압 정수시스템 등으로 담수화하여 생활용수와 공업용수로 이용되고 있다.

또한, 물을 특성별로 상수, 하수, 중수, 폐수로 분류하며, 용도별로는 생활용수, 공업용수, 농업용수 및 하천유지용수 등이 있다.

3.1.5 수자원 현황 및 특성

1. 수자원 현황 및 전망

우리가 사용할 수 있는 물은 빗물로서 바다가 아닌 육지에 내리는 빗물을 이용하나, 용수가 부족할 경우는 해수를 담수화하여 사용하기도 한다. 한 국가의 연간 수자원 부존량이란 국토 면적에 연간 강수량을 곱한 량을 말하며 지역에 따라 이용가능량이 다르다.

향후 계속되는 기후변화로 인해 많은 건조 및 반건조 지역에서는 물부족 현상이 심화될 것으로 예측되고 있다. 지금 세계의 많은 인구가 물부족 국가에 거주하고 있으며 앞으로 인구증가율을 감안하면 2025년에는 약 50억 인구가 물부족에 직면하고 특히, 중앙아시아, 남아프리카, 지중해연안국가 등에서 물부족 심화현상이 예상되고 있다. 기후변화는 생활용수와 산업용수의 수요보다는 관개용수의 수요 증가에 큰 영향을 미칠 것으로 예상된다.

국제인구행동 단체(PAI, Population Action International)에서는 1993년에 「지속적인 물 : 인구와 재생성 가능한 물 공급의 미래(Sustaining Water : Population and the Future Renewable Water Supplies)」란 보고서를 발표한 이후 2000년에 수정·발표하였다. 이 보고서에 의하면 1990년에는 28개국, 3억 3천 5백만 명이 물 기근 내지는 물 부족 국가에 포함되었으나, 2025년이 되면 물 부족 내지는 물 기근 국가의 인구는 24억 내지 32억 정도로 예측하고 있다. PAI는 이 보고서를 통해 물 순환을 통해 매년 재생성 가능한 수자원량(단기적으로 재생성이 불가능한 지하수는 제외)과 인구의 관계로부터 세계 각국의 연간 1인당 가용한 수자원량을 산정하고 이에 따라 물 기근(water-scarcity), 물 부족(water-stressed) 및 물 풍요(relative sufficiency) 국가들을 분류하여 발표하였으며, 이와 같은 분류기준이 이미 전 세계적으로 수자원 기술자와 계획자들에 의해 벤치마크로 활용되고 있다.

PAI 기준에 의하면 표 2-9에서와 같이

- 물 기근 국가: 1인당 확보된 연간 담수량이 매년 1,000m^3 미만인 나라로서 만성적인 물 부족을 경험하되, 그 결과 경제발전 및 국민 복지·보건에 영향을 주는 국가들로 알제리 등 18개국이 속하고 있다.
- 물 부족 국가: 1인당 확보된 연간 담수량이 매년 1,700m^3 미만인 나라로서 주기적인 물 압박을 경험한 나라로 우리나라를 포함하는 12개국이 속하고 있다.
- 물 풍요 국가: 1인당 확보된 연간 담수량이 매년 1,700m^3 이상인 나라로서 지역적 또는 특수한 물 문제만을 경험한 나라로 미국, 일본 등을 포함한 131개국이 속하고 있다.

PAI의 1993년 보고서에서는 우리나라 국민 1인당 연간 가용 수자원량이 153개국 중 129위로 물 스트레스 국가로 분류했다.

● 표 2-9. 국민 1인당 확보된 연간 담수량을 기준으로 본 국가분류

물 기근 국가군	매년 1,000m³ 미만 (만성적인 물 부족 경험)	알제리, 바레인, 바베이도스, 부룬디, 카포베르데, 이집트, 이스라엘, 요르단, 쿠웨이트, 리비아, 몰타, 오만, 카타르, 사우디아라비아, 싱가폴, 튀니지, 아랍에미레이트연방, 예멘
물 부족 국가군	매년 1,700m³ 미만 (주기적인 물 부족 경험)	벨기에, 코모로스, 키프러스, 아이티, 케냐, 모로코, 폴란드, 르완다, 소말리아, 남아프리카공화국, 영국, 한국
물 풍요 국가군	매년 1,700m³ 이상 (지역적 물 문제만 경험)	미국, 일본, 캐나다 등 131개국

국제인구행동연구소(PAI)

그림 2-15는 전 세계적으로 물 스트레스 정도를 나타낸 지도이다.

그러나 PAI는 사설연구소로 몇 년 뒤 UN 인구국이 발간한 보고서에서 이 수치를 인용되었지만 이 연구소는 인구문제 해결에 관심을 둔 미국의 사설연구소일 뿐 UN과는 아무 관련이 없는 단체이나 물 부족에 대한 경각심을 높였다는 점에서 의의가 있다고 볼 수 있다.

PAI 보고서는 인구증가에 따른 물 부족 현상을 경계하기 위하여 국토면적과 인구밀도, 강우량만 반영하였을 뿐이며 수도 보급률이나 수질, 물 이용 효율, 운영기술 등은 반영되지 않은 단순한 지표를 기준삼았다는 비판이 존재하기도 한다. 2006년 세계물포럼에서 발표한 각국의 물 빈곤지수(WPI: Water Poverty Index)에 따르면, 한국은 147개국 가운데 43위로

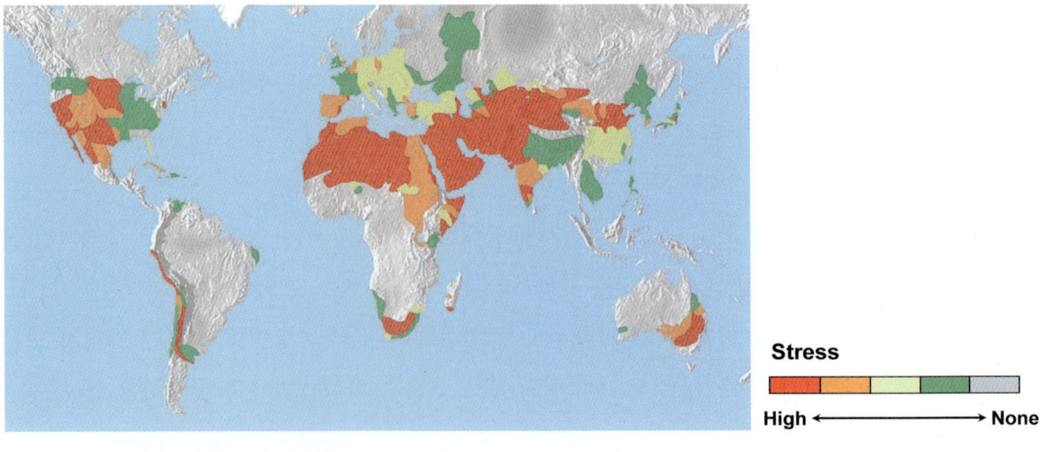

● 그림 2-15. 물 스트레스 국가들

물 사정이 비교적 양호한 편에 속하며, UN이 2012년 발표한 물부족 국가 지도에 따르면 한국은 '물 부족이 아닌 국가'에 해당하나, 산업이 발전하면서 물 스트레스는 지속적으로 진행될 것으로 전망하고 있다.

● 그림 2-16. 아프리카 지역의 물기근현상

2. 우리나라의 수자원 특성

우리나라의 평균 강우량은 다소 편차가 있지만 대체로 평균 1,300mm(1991년~2020년 평균 1,306mm임)로 세계 평균인 807mm의 약 1.6배 정도로 많은 편이다. 그러나 1인당 연간 물의 양은 1,452m³(2007년 기준)으로 세계 평균의 1/6배 정도이다. 이는 좁은 국토면적에 비해 인구밀도가 높은데 있다. 영국의 경우 강수량은 우리나라와 비슷하지만, 인구밀도가 우리나라의 절반수준이기 때문에 1인당 이용가능한 수자원량은 2,400m³ 정도로 우리나라보다 훨씬 높다. 또한 우리나라 산업구조가 철강, 자동차, 반도체, 섬유산업 등 물을 다량 소요하는 산업이 많아 앞으로도 지속적인 물 스트레스에 직면할 것이다.

세계 물의 날(World Water Day)

- 유엔은 1992년 6월 브라질 리우데자네이루에서 열린 리우회의에서 물의 소중함을 되새기고 경각심을 일깨우기 위하여 '수자원의 질과 공급 보호' 권고를 받아들여 그해 12월 22일 '세계 물의 날 준수 결의안'을 채택한다.
- 이듬해인 1993년부터 3월 22일을 세계 물의 날로 정해 매년 기념하고 있다. 우리나라는 1990년 7월 1일을 '물의 날'로 정해 자체 행사를 벌여오다가 유엔에서 세계 물의 날에 동참할 것을 요청해오자 1995년부터 3월 22일로 조정했다.
- 주요 활동으로는 물문제 해결을 위한 세계 물포럼 개최 외에도 수자원 보전과 식수공급의 중요성에 대한 인식 증대, 대중매체를 이용한 교육 프로그램, 물 절약 캠페인, 하천 정화운동, 학생을 대상으로 한 홍보 등 다양한 행사를 하고 있다.

우리나라의 경우 강우 패턴은 계절별, 지역별로 큰 차이를 보이고 있다. 계절별로는 여름철인 6~9월 사이에 연중 강우량의 2/3가 집중되고 10~3월에는 1/5 수준으로 여름에는 집중호우로 홍수가 자주 발생하게 되고, 겨울과 봄은 가뭄으로 강수부족을 자주 겪고 있다.

지역적으로도 한강, 영산강, 섬진강 유역과 남해안 및 제주도에서는 상대적으로 비가 많이 내리지만 낙동강 유역과 내륙지방에서는 비교적 비가 적게 내린다.

그러나 한강 수계와 낙동강 수계의 경우 홍수나 가뭄이 양 수계에 동시에 발생하는 경우가 드물어 이명박 정권때 한강 운하를 건설하여 한강과 낙동강을 연결하여 강물을 이동함으로서 홍수와 가뭄을 조절하려고 한 것도 지역간, 계절간 불균형을 완화하려 한 점이 아닌가 평가된다.

또한 수자원의 계절별 불균형을 완화하기 위해 여름철 홍수기의 물을 저장하기 위해서는 댐 건설이 필연적으로 현재 전국에 크고 작은 댐과 저수지가 건설 및 운영되고 있으나, 지속적인 물 수요 증가에 대한 대안으로는 댐 건설 외에 다양한 방식의 수자원 확보노력이 필요하다.

3. 우리나라의 수자원 현황

우리나라 수자원 총량은 강수량에 따라 다르지만 연중으로 볼 경우 큰 차이는 없다. 이는

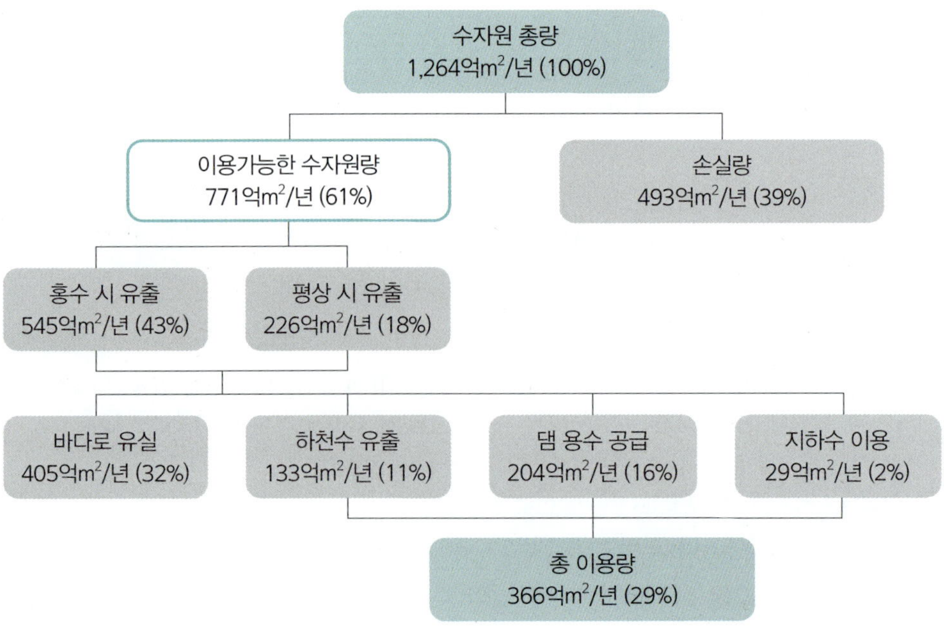

● 그림 2-17. 우리나라 수자원 현황(2022년)

태양에너지에 기인되는 것으로 시기적, 지역적으로 차이는 있으나 연중 일정 범위이다. 환경부에서 매년 발간하는 환경백서(2023년)에 의하면 연중 수자원 총량은 그림 2-17에서와 같이 1,264억톤으로 증발산량 등 손실량을 제외한 이용가능량은 전체 61%인 771억톤이고, 홍수시 바다로 유실된 양을 제외한 순수 이용량은 29%인 366억톤이었다.

이 중에서 바다로 유실된 405억톤의 물을 제대로 이용할 수 있다면 물 부족 문제를 상당량 해결할 수 있을 것이다.

우리나라 수자원의 총이용량 중 수원별 공급능력은 댐(55.7%)이 가장 많고, 하천수(36.3%), 지하수(7.9%)순이며, 용수 목적별로는 농업용수(44.1%), 하천 유지용수(33.3%), 생활용수(20.2%), 공업용수(4.4%)이었다(그림 2-18참조).

4. 수질 기준

환경관련 분야에는 여러 기준들이 있어 관리부서에 따라 제정 및 운영하고 있다. 이러한 환경기준들은 크게 2가지 범주에서 운영된다.

하나는 강제적인 기준으로 위반시 행정적인 조치가 수반되는 기준이고, 다른 하나는 강제성은 없으나 쾌적한 환경보전을 위해 장래 도달하기 위한 바람직한 수준의 환경기준이다. 전자는 기준(standard)이라 하여 반드시 준수하여야 하는 기준으로 위반시 과태료, 벌금, 조업중지, 사업장 폐쇄 등 행정제재가 가해지는 것으로 폐수배출 허용기준, 하수종말처리 시설의 방류수 수질기준, 먹는물 수질기준, 대기오염물질 배출허용기준 등이 있다.

그러나 후자의 경우는 목표(goal)라 하여 전자와 같이 강제성은 없으나 이 목표치에 도달하

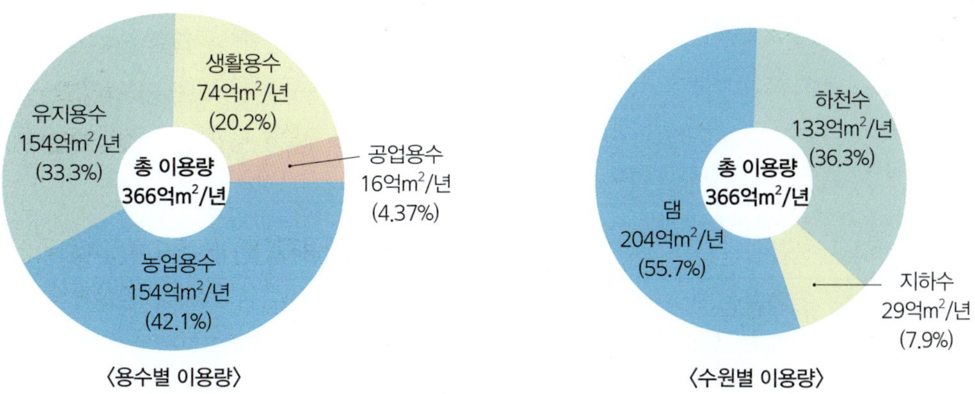

● 그림 2-18. 우리나라 수자원의 이용현황(2022년)
(자료: 제1차 국가물관리기본계획(2021~2030))

기 위해 노력하여야 하는 행정 목표치로서 이 목표 기준이 달성되면 다시 상위의 환경기준을 설정하는 것이 보통이다. 이러한 목표치는 주로 행정부서에서 관리하고 있으며, 수질 및 수생태계 환경기준, 대기환경 기준 등이 있다.

행정 목표치인 수질 및 수생태계 환경기준은 표 2-10과 같다. 이 기준은 하천과 호소로 구분하여 수질상태에 따라 여러 등급으로 구분하여 수질항목별로 규정하고 있고, 하천이나 호소에 대하 지역별로 등급을 지정고시하고 이를 달성하기 위한 하수종말처리장 건설 등 환경기본계획 수립과 여러 행정적 조치를 하고 있다.

표 2-10. 수질 및 수생태계 환경기준

가. 하천

(1) 사람의 건강보호기준(하천, 호소 동일)

항목	기준값(mg/L)
카드뮴(Cd)	0.005 이하
비소(As)	0.05 이하
시안(CN)	검출되어서는 안됨(검출한계 0.01)
수은(Hg)	검출되어서는 안됨(검출한계 0.001)
유기인	검출되어서는 안됨(검출한계 0.0005)
폴리클로리네이티드비페닐(PCB)	검출되어서는 안됨(검출한계 0.0005)
납(Pb)	0.05 이하
6가크롬(Cr^{6+})	0.05 이하
음이온계면활성제(ABS)	0.5 이하
사염화탄소	0.004 이하
1.2-디클로로에탄	0.03 이하
테트라클로로에틸렌(PCE)	0.04 이하
디클로로메탄	0.02 이하
벤젠	0.01 이하
클로로포름	0.08 이하
디에틸헥실프탈레이트(DEHP)	0.008 이하
안티몬	0.02 이하
1.4-다이옥세인	0.05 이하
폼알데하이드	0.5 이하
헥사클로로벤젠	0.00004 이하

(2) 생활환경기준

등급		기준								
		수소이온 농도 (pH)	생물화학적 산소요구량 (BOD) (mg/L)	화학적 산소요구량 (COD) (mg/L)	총유기 탄소량 (TOC) (mg/L)	부유 물질량 (SS) (mg/L))	용존 산소량 (DO) (mg/L)	총인 (T-P) (mg/L)	대장균군 (군수/100mL)	
									총대장균군	분원성 대장균군
매우 좋음	Ⅰa	6.5~8.5	1 이하	2 이하	2 이하	25 이하	7.5 이상	0.02 이하	50 이하	10 이하
좋음	Ⅰb	6.5~8.5	2 이하	4 이하	3 이하	25 이하	5.0 이상	0.04 이하	500 이하	100 이하
약간 좋음	Ⅱ	6.5~8.5	3 이하	5 이하	4 이하	25 이하	5.0 이상	0.1 이하	1,000 이하	200 이하
보통	Ⅲ	6.5~8.5	5 이하	7 이하	5 이하	25 이하	5.0 이상	0.2 이하	5,000 이하	1,000 이하
약간 나쁨	Ⅳ	6.0~8.5	8 이하	9 이하	6 이하	100 이하	2.0 이상	0.3 이하	–	–
나쁨	Ⅴ	6.0~8.5	10 이하	11 이하	8 이하	쓰레기 등이 떠있지 아니할 것	2.0 이상	0.5 이하	–	–
매우 나쁨	Ⅵ	–	10 초과	11 초과	8 초과	–	2.0 미만	0.5 초과	–	–

※ 비고

1. 등급별 수질 및 수생태계 상태

가. 매우 좋음: 용존산소가 풍부하고 오염물질이 없는 청정상태의 생태계로 여과·살균 등 간단한 정수처리 후 생활용수로 사용할 수 있음.

나. 좋음: 용존산소가 많은 편이고 오염물질이 거의 없는 청정상태에 근접한 생태계로 여과·침전·살균 등 일반적인 정수처리 후 생활용수로 사용할 수 있음.

다. 약간좋음: 약간의 오염물질은 있으나 용존산소가 많은 상태의 다소 좋은 생태계로 여과·침전·살균 등 일반적인 정수처리 후 생활용수 또는 수영용수로 사용할 수 있음.

라. 보통: 보통의 오염물질로 인하여 용존산소가 소모되는 일반 생태계로 여과, 침전, 활성탄 투입, 살균 등 고도의 정수처리 후 생활용수로 이용하거나 일반적 정수처리 후 공업용수로 사용할 수 있음.

마. 약간나쁨: 상당량의 오염물질로 인하여 용존산소가 소모되는 생태계로 농업용수로 사용하거나, 여과, 침전, 활성탄 투입, 살균 등 고도의 정수처리 후 공업용수로 사용할 수 있음.

바. 나쁨: 다량의 오염물질로 인하여 용존산소가 소모되는 생태계로 산책 등 국민의 일상생활에 불쾌감을 유발하지 아니하며, 활성탄 투입, 역삼투압 공법 등 특수한 정수처리 후 공업용수로 사용할 수 있음.

사. 매우나쁨: 용존산소가 거의 없는 오염된 물로 물고기가 살기 어려움.

아. 용수는 당해 등급보다 낮은 등급의 용도로 사용할 수 있음.

자. 수소이온농도(pH) 등 각 기준항목에 대한 오염도 현황, 용수처리방법 등을 종합적으로 검토하여 그에 맞는 처리방법에 따라 용수를 처리하는 경우에는 당해 등급보다 높은 등급의 용도로도 사용할 수 있음.

2. 수질 및 수생태계 상태별 생물학적 특성 이해표

생물등급	생물지표종		서식지 및 생물 특성
	저서(底棲)생물	어류	
매우 좋음 ~ 좋음	옆새우, 가재, 뿔하루살이, 민하루살이, 강도래, 물날도래, 광택날도래, 띠무늬우묵날도래, 바수염날도래	산천어, 금강모치, 열목어, 버들치 등 서식	- 물이 매우 맑으며, 유속은 빠른 편임 - 바닥은 주로 바위와 자갈로 구성됨 - 부착조류가 매우 적음
좋음 ~ 보통	다슬기, 넓적거머리, 강하루살이, 동양하루살이, 등줄하루살이, 등딱지하루살이, 물삿갓벌레, 큰줄날도래	쉬리, 갈겨니, 은어, 쏘가리 등 서식	- 물이 맑으며, 유속은 약간 빠르거나 보통임 - 바닥은 주로 자갈과 모래로 구성됨 - 부착조류가 약간 있음
보통 ~ 약간 나쁨	물달팽이, 턱거머리, 물벌레, 밀잠자리	파라미, 끄리, 모래무지, 참붕어 등 서식	- 물이 약간 혼탁하며, 유속은 약간 느린 편임 - 바닥은 주로 잔자갈과 모래로 구성됨 - 부착조류가 녹색을 띠며 많음
약간 나쁨 ~ 매우 나쁨	왼돌이물달팽이, 실지렁이, 붉은깔다구, 나방파리, 꽃등에	붕어, 잉어, 미꾸라지, 메기 등 서식	- 물이 매우 혼탁하며, 유속은 느린 편임 - 바닥은 주로 모래와 실트로 구성되며, 대체로 검은색을 띰 - 부착조류가 갈색 혹은 회색을 띠며 매우 많음

나. 호소

(1) 사람의 건강보호기준

가목(1)의 사람의 건강보호기준과 같다.

(2) 생활환경기준

등급		기준									
		수소이온 농도 (pH)	화학적 산소 요구량 (COD) (mg/L)	총유기 탄소량 (TOC) (mg/L)	부유 물질량 (SS) (mg/L)	용존 산소량 (DO) (mg/L)	총인 (T-P) (mg/L)	총질소 (T-N) (mg/L)	클로로필-a (Chi-a) (mg/m)	대장균군 (군수/100mL) 총대장균군	대장균군 (군수/100mL) 분원성 대장균군
매우 좋음	I_a	6.5~8.5	2 이하	2 이하	1 이하	7.5 이상	0.01 이하	0.2 이하	5 이하	50 이하	10 이하
좋음	I_b	6.5~8.5	3 이하	3 이하	5 이하	5.0 이상	0.02 이하	0.3 이하	9 이하	500 이하	100 이하
약간 좋음	Ⅱ	6.5~8.5	4 이하	4 이하	5 이하	5.0 이상	0.03 이하	0.4 이하	14 이하	1,000 이하	200 이하
보통	Ⅲ	6.5~8.5	5 이하	5 이하	15 이하	5.0 이상	0.05 이하	0.6 이하	20 이하	5,000 이하	1,000 이하
약간 나쁨	Ⅳ	6.0~8.5	8 이하	6 이하	15 이하	2.0 이상	0.10 이하	1.0 이하	35 이하	-	-
나쁨	Ⅴ	6.0~8.5	10 이하	8 이하	쓰레기 등이 떠 있지 아니할 것	2.0 이상	0.15 이하	1.5 이하	70 이하	-	-
매우 나쁨	Ⅵ	-	10 초과	8 초과	-	2.0 미만	0.15 초과	1.5 초과	70 초과	-	-

※ 비고
1. 총인, 총질소의 경우 총인에 대한 총질소의 농도비율이 7미만일 경우에는 총인의 기준을 적용하지 아니하며, 그 비율이 16 이상일 경우에는 총질소의 기준을 적용하지 아니한다.

다. 지하수

지하수환경기준항목 및 수질기준은 「먹는물관리법」 제5조 및 「수도법」 제26조에 따라 환경부령이 정하는 수질기준을 적용한다. 다만, 환경부장관이 고시하는 지역 및 항목은 적용하지 아니한다.

라. 해역

(1) 생활환경

항목	수소이온농도(pH)	총대장균군 (총대장균군수/100mL)	용매추출유분(mg/L)
기준	6.5~8.5	1,000 이하	0.01 이하

(2) 생태기반 해수수질기준

등급	수질평가지수값(Water Quality Index)
Ⅰ(매우 좋음)	23 이하
Ⅱ(좋음)	24~33
Ⅲ(보통)	34~46
Ⅳ(나쁨)	47~59
Ⅴ(아주 나쁨)	60 이상

(3) 해양생태계 보호기준(단위: μg/L)

중금속류	구리	납	아연	비소	카드뮴	크롬(6가)
단기기준*	3.0	7.6	34	9.4	19	200
장기기준*	1.2	1.6	11	3.4	2.2	2.8

*단기기준: 1회성 관측값과 비교 적용
**장기기준: 연간평균값(최소 사계절 동안 조사한 자료)과 비교적용

(4) 사람의 건강보호

등급	항목	기준 (mg/L)	등급	항목	기준 (mg/L)
전수역	6가크롬(Cr^{6+})	0.05	전수역	다이아지논	0.02
	비소(As)	0.05		파라티온	0.06
	카드뮴(Cd)	0.01		말라티온	0.25
	납(Pb)	0.05		1.1.1-트리클로로에탄	0.1
	아연(Zn)	0.1		테트라클로로에틸렌	0.01
	구리(Cu)	0.02		트리클로로에틸렌	0.03
	시안(CN)	0.01		다클로로메탄	0.02
	수은(Hg)	0.0005		벤젠	0.01
	폴리클로리네이티드비페닐(PCB)	0.0005		페놀	0.005
				음이온계면활성제(ABS)	0.5

3.2 상수도와 먹는물

우리가 일상적으로 사용하는 먹는물의 수원으로는 크게 지하수와 지표수로 나눌 수 있다. 심층부의 지하수는 오염도가 낮아 먹는물로 사용할 수 있으나, 지표수는 토양과 수질오염에 의해 바로 먹는물로 사용할 수 없다. 특히, 도시지역에서는 여러 가지 여건상 오염되지 않은 지하수를 구할 수 없어서 경제적 손실을 감수하면서도 지표수를 인공정화하여 먹는물로 사용할 수 밖에 없다.

3.2.1 상수도

1. 물과 환경위생

18세기 중엽에서 19세기 중엽에 걸쳐 영국을 중심으로 일어난 산업혁명(대체로 1760년~1840년 사이)은 도시로 인구 집중이 시작되었고 이로 인해 심각한 공해문제와 함께 콜레라, 장티푸스 등 수인성전염병이 만연하였다.

이 당시에는 정수처리 개념이 없는 시기라 먹는물을 하천수나 우물에 거의 의존하였으며 이로 인해 수인성전염병이 자주 발생한 시기이기도 하다.

분뇨를 영어사전에서 찾아보면 다양한 단어가 나오는데 이 중 night soil이 일반적으로 상용되는 단어이다. 하수도 시설이 발달되지 않는 시기라 사람들이 모아두었던 분뇨를 저녁에 몰래 공터에 버림으로서 밤에 생기는 토양이란 의미로 만들어진 용어이다. 그런데 비가 오면 분뇨가 하천이나 지하로 스며들어 심각한 전염병을 야기하였다. 여성들이 신는 굽높은 신발인 하이힐(high heel)도 오염수를 피하기 위해 발 뒷꿈치를 들고 다니기 위해 만들어졌다는 설도 있다.

1893년 미국의 Mills는 메사추세츠(Massachusetts)주 Lawrence시에서 수돗물을 여과하여 급수한 결과 장티푸스, 이질, 기생충 감염 등의 환자와 사망자가 현저히 감소함을 발견하였고, 같은 해 독일의 Reincke는 Hambrug시의 Elbe 강물을 여과하여 공급한 결과 같은 효과가 있음을 발표하였다.

이러한 현상은 Sedwick, MacNut 등에 의해서도 발견되었는데 이를 'Mills-Reincke Effect'라 명명하였다. 즉, 음용수를 정화하여 급수하면 이질, 장티푸스, 파라티푸스 등과 같은 수인성전염병에 의한 사망률이 현저히 감소하는 현상으로 환경위생의 기본 개념이 되었다.

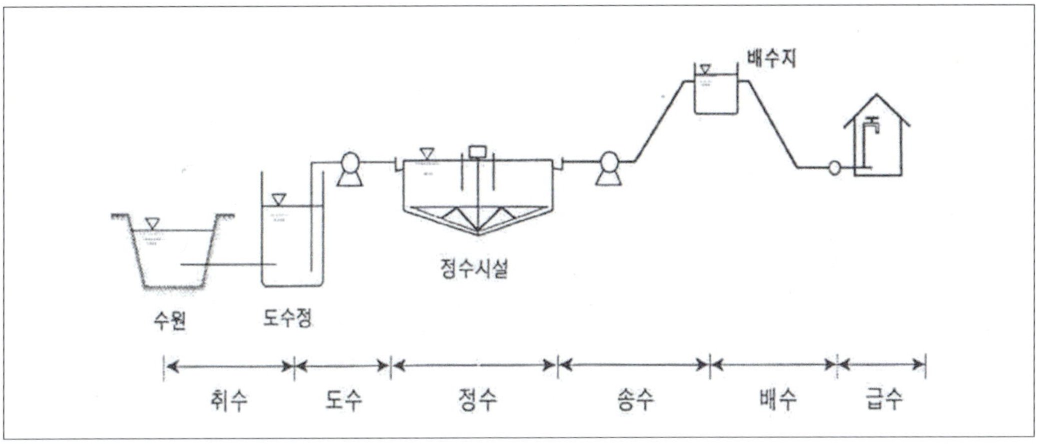

● 그림 2-19. 상수도 급수계통

2. 상수도 급수계통

상수도 급수계통은 그림 2-19에서와 같이 수원→취수→도수→정수→송수→배수→급수→수요자 순서로 구성된다. 수원(水源)은 하천이나 저수지, 지하수와 같이 원수를 의미하며, 도수시설은 수원지에서 정수장까지 물을 공급하는 관로이다. 정수시설은 수돗물을 생산하는 시설이고, 송수시설은 배수지까지, 배수시설과 급수시설은 소비처로 물을 공급하는 관로시설을 말한다.

상수도 공급계통은 그림 2-20에서와 같이 크게 지방상수도와 광역상수도가 있다. 지방상

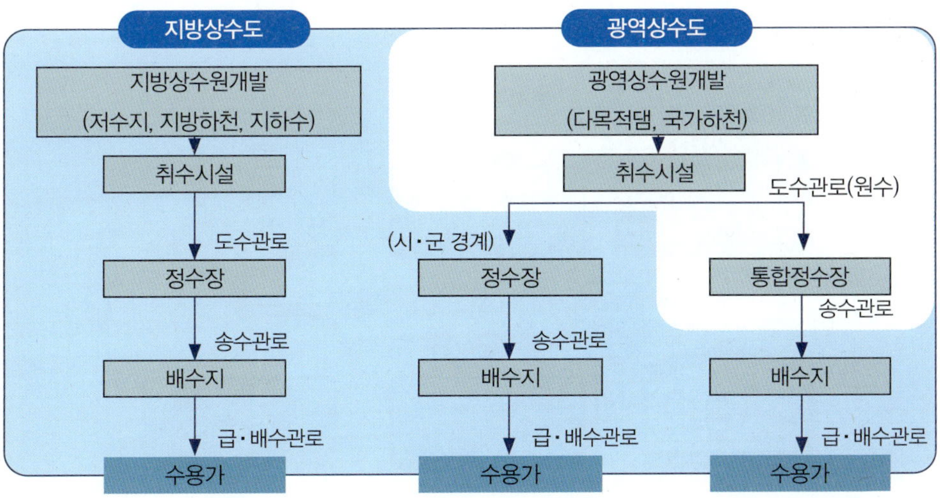

● 그림 2-20. 상수도 공급 체계도

수도는 지방자치단체가 관할지역 주민에게 원수 또는 정수를 공급하는 수도이며, 광역상수도는 국가, 지방자치단체, 수자원공사 등이 2개 이상의 지방자치단체에 원수 또는 정수를 공급하는 수도로 주로 수자원공사가 대행하고 있다.

3. 정수처리

도시지역에서 먹는물로 사용하는 물의 정수법(water treatment)은 크게 침전(sedimentation)·여과(filtration)·소독(disinfection)의 3단계를 거쳐 각 가정에 공급된다.

이를 자세히 살펴보면, 지표수를 취수탑이나 취수구에서 모아 도수관을 통하여 정수장으로 보낸다. 착수정으로 유입된 물은 유속의 조정과 황산알루미늄 등의 응집제를 사용하여 침전이 용이한 플록을 만든 후 침전지에서 침전시켜서 여과지로 보낸다. 여과지에서는 침전지에서 침전시키지 못한 미세 입자물질을 여과시킨다. 물을 걸러서 먹는 여과법은 아주 옛날부터 있어 왔던 방법이지만, 근대적인 여과방법은 1893년경에 Mills와 Reincke에 의해 정립되었다. 이처럼 여과시킨 물은 여과과정까지 거치는 동안 완전히 제거하지 못한 세균을 액체염소, 차아염소산나트륨, 표백분 등을 사용하여 염소소독시켜서 정수지로 보내며, 정수지로 보내진 물은 배수지 및 배수 펌프로 보내져서 각 가정에서 먹는물로 사용하게 된다.

일반적인 정수공정은 그림 2-21의 모식도와 같이 착수정→플록형성지→침전지→여과지→소독조→정수지로 이루어지고 있다.

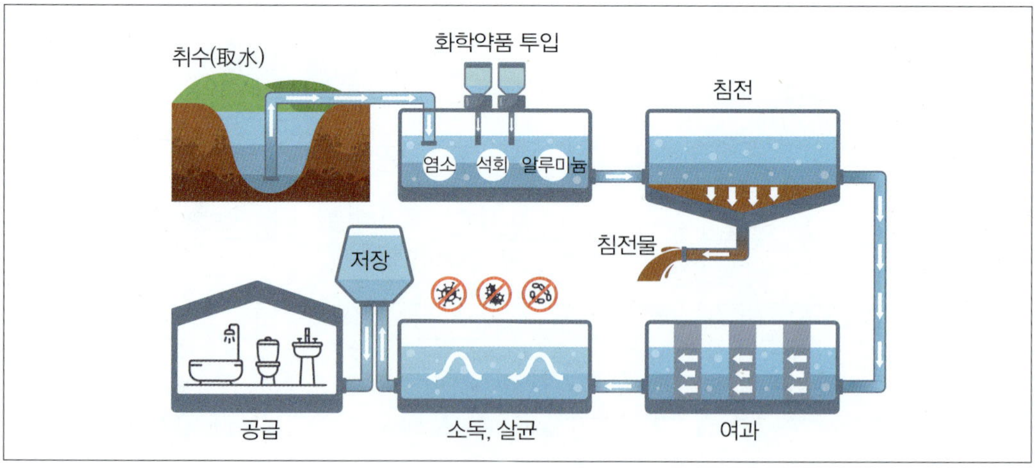

● 그림 2-21. 정수처리공정 모식도

1) 침전(sedimentation)

침전에는 응집제를 가하지 않고 수중 미세입자의 중력을 이용한 보통침전(plain edimentation)과 화학적 응집제(황산알루미늄 $Al_2(SO_4)_3$; 명반 $Al_2(SO_4)_3 \cdot K_2SO_4$, $24H_2O$)를 이용하여 응집한 후에 침전하는 약품침전(chemical sedimentation)이 있다. 보통침전은 침전 시간이 많이 소요되는 반면에 약품침전은 시간이 짧으므로 대도시에서는 주로 약품침전이 이용된다. 약품침전시 황산알루미늄은 일반적으로 5~35ppm을 사용하며 침전시간은 2~5시간이다.

2) 여과(filtration)

미세입자와 미생물을 제거하기 위하여 모래를 이용하여 걸러주는 방식으로 주로 완속여과법과 급속여과법을 이용한다.

(1) 완속여과법(slow sand filtration)

영국식 여과법이라고도 하는 이 방법은 탁도가 300ppm 이하인 원수(row water)에 대하여 응집제를 사용하지 않고 충분히 여과할 수 있으며, 넓은 여과면적이 필요하다. 이 여과법에 의하면 유기물, 암모니아, 아질산 등이 감소되고, 98~99%의 높은 세균 제거율을 나타낸다.

(2) 급속여과법(rapid sand filtration)

미국식 여과법이라고도 하는 이 방법은 응집제를 사용하여 급속히 여과시키는 방법을 말한다. 응집제로는 황산알루미늄(황산반토)과 폴리염화알루미늄 등을 사용한다.

3) 소독(disinfection)

소독(disinfection)이란 물 속에 존재하는 병원균을 멸살하기 위한 방법을 말한다.

상수도 정수시 사용되는 여과층에서는 병원체를 완전히 제거할 수 없다. 비록 우물물 일지라도 여과함으로써 물의 탁도나 부유물질은 제거할 수 있어도 병원체 만은 완전 제거가 불가능하다. 따라서 외견상 깨끗해 보이는 물이라도 안전하다고 말할 수 없기 때문에 모든 음료수는 급수되기 전에 되도록 완전한 소독을 거쳐야 한다.

물을 소독하는데는 가열법, 오존법, 자외선법, 염소처리법 등이 사용되나 이들 중 가장 흔히 사용되는 것은 소규모의 가열법과 대규모의 염소 처리법이다.

3.2.2 먹는 물

먹는물관리법에서 먹는물이란 먹는데에 통상사용하는 자연상태의 물, 자연상태의 물을 먹기에 적합하도록 처리한 수돗물, 먹는샘물, 먹는염지하수, 먹는해양심층수 등을 말한다.

인구의 도시집중화 현상으로 날이 갈수록 수돗물을 먹는물로 이용하는 인구가 증가추세에 있다고 하지만 아직도 상수도 시설이 갖춰지지 않은 산간지방이나 농어촌에서는 샘물이나 펌프수를 먹는물로 사용하고 있다. 따라서 날로 수질이 오염되어 가는 마당에 있어 먹는샘물(샘물을 먹기에 적합하도록 물리적 처리하는 등 방법으로 제조한 물)을 먹는물로 사용하는 주민을 제외한 대부분의 주민이 약수터, 샘터, 우물 및 펌프수를 이용하고 있어 수인성감염병 질환에 걸릴 소지를 근본적으로 안고 있다 하겠다.

먹는물은 수질과 위생을 합리적으로 관리하기 위하여 수질기준을 정하여 관리하고 있다.

먹는물의 수질기준은 인체에 미치는 영향을 고려하여 안전한 수준의 함량을 설정한 것으로 우리나라는 "먹는물 수질기준 및 검사 등에 관한 규칙"에서 항목별 수질기준을 설정하여 관리하고 있다. 먹는물의 수질기준을 초과하였다 하더라도 단기간 내에 건강상 영향을 미치는 것은 아니나 기준을 초과할 경우 수도사업자로 하여금 정수처리 등의 시정조치를 취하거나 다른 물을 대신 공급하는 등의 조치를 취하도록 하는 의미를 가진다고 할 수 있다.

산업의 발달에 따라 상수 원수 중에 존재할 수 있는 미량유해물질의 종류가 많아지고 농도 또한, 높아질 우려가 있다. 이에 따라, 유해물질은 물론 바이러스 등 병원성 미생물을 안전한 수준까지 처리하여야 할 필요성이 증가하고 있어 이에 적합하도록 지속적으로 정수처리기준을 개정·운영하고 있다. 표 2-11은 먹는물의 수질기준이다.

● 표 2-11. 먹는물 수질기준

구분	수 질 항 목		수돗물	먹는샘물	먹는해양심층수	샘물	먹는물공동시설(약수터 등)
미생물	일반세균	저온일반세균(21℃)	-	100CFU/mL	100CFU/mL	20CFU/mL	-
		중온일반세균(35℃)	100CFU/mL	20CFU/mL	20CFU/mL	5CFU/mL	100CFU/mL
	총대장균군		ND/100mL	ND/250mL	ND/250mL	ND/250mL	ND/100mL
	분원성연쇄상구균		-	ND/250mL	ND/250mL	ND/250mL	-
	녹농균		-	ND/250mL	ND/250mL	ND/250mL	-
	아황산환원혐기성포자형성균		-	ND/50mL	ND/50mL	ND/50mL	-
	살모넬라		-	ND/250mL	ND/250mL	ND/250mL	-
	쉬겔라		-	ND/250mL	ND/250mL	ND/250mL	-
	분원성대장균군		ND/100mL	-	-	-	ND/100mL
	대장균		ND/100mL	-	-	-	ND/100mL
	여시니아균		-	-	-	-	ND/2L

건강상 유해영향 무기물질	납	0.01mg/L	0.01mg/L	0.01mg/L	0.01mg/L	0.01mg/L
	불소	1.5mg/L	2.0mg/L	2.0mg/L	2.0mg/L	1.5mg/L
	비소	0.01mg/L	0.01mg/L	0.01mg/L	0.05mg/L	0.01mg/L
	셀레늄	0.01mg/L	0.01mg/L	0.01mg/L	0.01mg/L	0.01mg/L
	수은	0.001mg/L	0.001mg/L	0.001mg/L	0.001mg/L	0.001mg/L
	시안	0.01mg/L	0.01mg/L	0.01mg/L	0.01mg/L	0.01mg/L
	크롬	0.05mg/L	0.05mg/L	0.05mg/L	0.05mg/L	0.05mg/L
	암모니아성 질소	0.5mg/L	0.5mg/L	0.5mg/L	0.5mg/L	0.5mg/L
	질산성 질소	10mg/L	10mg/L	10mg/L	10mg/L	10mg/L
	카드뮴	0.005mg/L	0.005mg/L	0.005mg/L	0.005mg/L	0.005mg/L
	붕소	1.0mg/L	1.0mg/L	1.0mg/L	1.0mg/L	1.0mg/L
	브롬산염	0.01mg/L	0.01mg/L	0.01mg/L	-	-
	스트론튬	-	-	4mg/L	-	-
	우라늄	0.03mg/L	0.03mg/L	-	0.03mg/L	0.03mg/L
	페놀	0.005mg/L	0.005mg/L	0.005mg/L	0.005mg/L	0.005mg/L
	1.1.1-트리클로로에탄	0.1mg/L	0.1mg/L	0.1mg/L	0.1mg/L	0.1mg/L
	테트라클로로에틸렌	0.01mg/L	0.01mg/L	0.01mg/L	0.01mg/L	0.01mg/L
	트리클로로에틸렌	0.03mg/L	0.03mg/L	0.03mg/L	0.03mg/L	0.03mg/L
	디클로로메탄	0.02mg/L	0.02mg/L	0.02mg/L	0.02mg/L	0.02mg/L
	벤젠	0.01mg/L	0.01mg/L	0.01mg/L	0.01mg/L	0.01mg/L
	톨루엔	0.7mg/L	0.7mg/L	0.7mg/L	0.7mg/L	0.7mg/L
	에틸벤젠	0.3mg/L	0.3mg/L	0.3mg/L	0.3mg/L	0.3mg/L
	크실렌	0.5mg/L	0.5mg/L	0.5mg/L	0.5mg/L	0.5mg/L
	1.1디클로로에틸렌	0.03mg/L	0.03mg/L	0.03mg/L	0.03mg/L	0.03mg/L
	사염화탄소	0.002mg/L	0.002mg/L	0.002mg/L	0.002mg/L	0.002mg/L
	1,4-다이옥산	0.05mg/L	0.05mg/L	0.05mg/L	0.05mg/L	0.05mg/L
	다이아지논	0.02mg/L	0.02mg/L	0.02mg/L	0.02mg/L	0.02mg/L
	파라티온	0.06mg/L	0.06mg/L	0.06mg/L	0.06mg/L	0.06mg/L
	페니트로티온	0.04mg/L	0.04mg/L	0.04mg/L	0.04mg/L	0.04mg/L
	카바릴	0.07mg/L	0.07mg/L	0.07mg/L	0.07mg/L	0.07mg/L
	1,2-디브로모-3-클로로프로판	0.003mg/L	0.003mg/L	0.003mg/L	0.003mg/L	0.003mg/L

구분	수 질 항 목	수돗물	먹는샘물	먹 는 해양심층수	샘물	먹는물공동시설 (약수터 등)
소독제 및 소독부산물	유리잔류염소	4.0mg/L	-	-	-	-
	총트리할로메탄	0.1mg/L	-	-	-	-
	브로모디클로로메탄	0.03mg/L	-	-	-	-
	디브로모클로로메탄	0.1mg/L	-	-	-	-
	클로로포름	0.08mg/L	-	-	-	-
	클로랄하이드레이트	0.03mg/L	-	-	-	-
	디브로모아세토니트릴	0.1mg/L	-	-	-	-
	디클로로아세토니트릴	0.09mg/L	-	-	-	-
	트리클로로아세토니트릴	0.004mg/L	-	-	-	-
	할로아세틱에시드	0.1mg/L	-	-	-	-
	포름알데히드	0.5mg/L	-	-	-	-

심미적 영향물질	경도	300mg/L	1,000mg/L	1,200mg/L	-	1,000mg/L
	과망간산칼륨소비량	10mg/L	10mg/L	10mg/L	10mg/L	10mg/L
	냄새(소독외의 맛)	없음	없음	없음	없음	없음
	맛(소독이외의 맛)	없음	-	없음	-	-
	동	1mg/L	1mg/L	1mg/L	1mg/L	1mg/L
	색도	5	5	5	5	5
	세제(음이온계면활성제)	0.5mg/L	불검출	불검출	불검출	0.5mg/L
	수소이온농도	5.8-8.5	4.5-9.5	5.8-8.5	4.5-9.5	4.5-9.5
	아연	3mg/L	3mg/L	3mg/L	3mg/L	3mg/L
	염소이온	250mg/L	250mg/L	250mg/L	250mg/L	250mg/L
	증발잔류물	500mg/L	-	500mg/L	-	-
	철	0.3mg/L	0.3mg/L	0.3mg/L	-	0.3mg/L
	망간	0.05mg/L	0.3mg/L	0.3mg/L	-	0.3mg/L
	탁도	0.5	1	1	1	1
	황산이온	200mg/L	250mg/L	200mg/L	250mg/L	250mg/L
	알루미늄	0.2mg/L	0.2mg/L	0.2mg/L	0.2mg/L	0.2mg/L

※ 자료출처: 2021 환경백서

3.2.3 지하수

1. 지하수의 정의와 구성

지하수란 지하의 지층이나 암석 사이의 빈틈을 채우고 있거나 흐르는 물 즉, 생수를 말한다. 땅속의 토양 입자는 지표에 내린 빗물 등이 중력에 의해 땅속으로 침투하게 되면 그 물의 일부를 토양 입자가 보유하고 남은 물은 지표면 아래로 이동하게 된다. 이와 같이 이동한 물은 물을 통과시키지 않는 불투수층 위에 모여 수평 방향으로 이동하게 되는데 이러한 물을 지하수라 한다. 따라서 지하수의 근원은 강수이고, 지구의 물의 순환(hydrologic cycle)의 한부분이다.

지하수는 지층속에 존재하는 형태와 흐름에 따라 여러 가지로 구분할 수 있다.

일반적으로 지하수는 그림 2-22에서와 같이 토양입자 사이의 빈 공간을 채우고 있는데 이와 같이 지하수로 채워진 부분을 포화대(zone of saturation)라 부른다. 포화대 윗부분의 토립자 공극은 공기와 물로 차 있는데 이러한 부분은 공기가 통한다하여 통기대(zone of aeration)이라 한다.

포화대와 통기대 사이의 경계면을 지하수면(ground water table)이라 하고, 포화대 중 제1불투수층 위의 지하수를 자유수면 지하수 또는 비피압 지하수라 하고 불투수층 사이의 지하수를 피압면 지하수 또는 심층수라 한다.

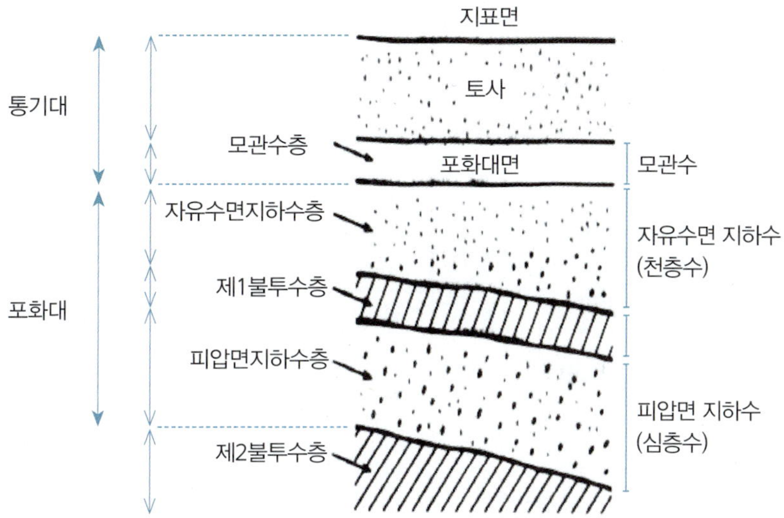

● 그림 2-22. 지하수 구성

2. 지하수 수질기준과 수질특성

(1) 지하수 수질기준

지하수 수질기준은 표 2-12와 같이 지하수 이용 목적에 따라 지하수를 관리하기 위하여 총 20개 항목(일반오염물질 4개, 특정 오염물질 16개)이 설정되어 있다.

● 표 2-12. 지하수의 수질기준

1. 지하수를 음용수로 이용하는 경우: 「먹는물관리법」 제5조에 따른 먹는물의 수질기준(소독제 및 소독제 부산물질에 관한 기준은 제외한다)
2. 지하수를 생활용수, 농·어업용수, 공업용수로 이용하는 경우

(단위: mg/L)

항목 \ 이용목적별		생활용수	농·어업용수	공업용수
일반 오염 물질 (4개)	수소이온농도(pH)	5.8~8.5	6.0~8.5	5.0~9.0
	총대장균군	5,000 이하 (군수/100mL)	–	–
	질산성질소	20 이하	20 이하	40 이하
	염소이온	250 이하	250 이하	500 이하

항목 \ 이용목적별		생활용수	농·어업용수	공업용수
특정 유해 물질 (16개)	카드뮴	0.01 이하	0.01 이하	0.02 이하
	비소	0.05 이하	0.05 이하	0.1 이하
	시안	0.01 이하	0.01 이하	0.2 이하
	수은	0.001 이하	0.001 이하	0.001 이하
	다이아지논	0.02 이하	0.02 이하	0.02 이하
	파라티온	0.06 이하	0.06 이하	0.06 이하
	페놀	0.005 이하	0.005 이하	0.01 이하
	납	0.1 이하	0.1 이하	0.2 이하
	6가크롬	0.05 이하	0.05 이하	0.1 이하
	트리클로로에틸렌	0.03 이하	0.03 이하	0.06 이하
	테트라클로로에틸렌	0.01 이하	0.01 이하	0.02 이하
	1.1.1-트리클로로에탄	0.15 이하	0.3 이하	0.5 이하
	벤젠	0.015 이하		
	톨루엔	1 이하		
	에틸벤젠	0.45 이하		
	크실렌	0.75 이하		

비고

1. 다음 각 목의 어느 하나에 해당하는 경우에는 염소이온기준을 적용하지 아니한 수 있다.
   가. 어업용수
   나. 지하수의 이용 목적상 염소이온의 농도가 인체에 해가 되지 아니하는 경우
   다. 해수침입 등으로 인하여 일시적으로 염소이온 농도가 증가한 경우
2. 농·어업용수 및 공업용수가 생활용수의 목적으로도 이용되는 경우에는 생활용수의 수질기준을 적용한다.

※ 자료출처: 지하수법, 시행규칙 별표 9)

(2) 지하수 수질특성

우리가 사용하고 있는 수원을 크게 하천수, 호수와 지하수로 구분한다면 물을 구성하고 있는 주성분은 거의 흡사하다. 그러나 강우나 하천수가 지하로 유입되면서 여러 가지 다른 특징을 보이는데 지표수와 비교하여 지하수의 특성을 열거하면 다음과 같다.

① 지하수는 국지적 조건에 영향을 크게 받기 쉽다.

② 하천수는 대기와 접하고 있기 때문에 항상 대기와 평형을 이루고 있으나 지하수는 대기와 접촉이 제한 또는 차단되어 있기 때문에 환원상태로 존재하는 경우가 많다.

③ 지하수는 태양광선을 차단당하고 있으므로 광합성 반응이 일어나지 않으며, 세균에 의한 유기물의 분해가 주된 생물작용이 되어 있다.

④ 지하수의 연평균 수온 변화는 지표수에 비해 현저히 작고, 일반적으로 약 2℃ 내외이나,

심층의 물은 거의 일정하다.

⑤ 특정성분에 대해 양이온 교환 반응이나 황산환원 반응을 보여 한쪽 성분이 증가하면 다른쪽 성분이 감소함을 보인다. 예를 들면 양이온 교환반응으로 Ca^{2+}가 감소하면 Na^{+}가 증가하며, 황산 환원 반응으로 SO_4^{2-}가 감소하면 HCO_3^{-}증가를 가져온다.

3. 수질 특성에 따른 지하수의 분류

1) 광천수(mineral water)

광천수란 특정 고형물질이나 가스상 물질, 또는 기타 특수한 화학성분을 다량 함유한 지하수로 통상 광물성 물질의 함유량이 1g/L 이상 또는 방사성 물질이 규정치 이상 함유한 것을 말한다.

상수도에 대한 불신이 커지고 건강에 대한 인식이 높아진 요즈음 천연의 상쾌한 물을 찾는 수요가 증가됨에 따라 광천수의 수요가 증가하고 있는 실정이다. 광천수에는 천연광천수를 이용한 것과 상수도 물에서 염소를 제거해서 적당한 염류를 첨가하여 만든 인공 광천수가 있다.

① 온도에 따른 분류

광천수는 수온과는 무관하나 통상 25℃ 이상을 온천(hot spring), 그 이하를 냉천(cold spring)이라 한다.

온천을 수온에 따라 좀더 세분하면 25~34℃ 사이인 경우를 미온천, 34~42℃ 사이일 경우 온천, 42℃ 이상일 때를 고온천 또는 열천이라 한다.

② 수소이온 농도에 따른 분류

물의 pH범위에 따라 광천을 분류한 것으로 pH에 따라 산성천, 중성천, 알카리천으로 구분한다. 만약 어느 온천인 경우 pH가 9이고 온도가 43℃인 경우를 알카리성 고온천으로 분류한다.

③ 화학성분에 따른 분류

광천수에 포함된 특유한 화학성분에 따라 여러 가지로 분류하는데 탄산 함량에 따라 단순천, 단순탄산천, 중탄산천이 있고, 그 외에 식염천, 황산염천, 유황천 및 방사능천 등이 있다.

2) 약수

약수도 광천수의 일종이나, 특히 유리탄산, 철분 등 어떤 물질이 많이 들어 있어 마시면 효과가 있는 광천수를 구분하여 말한다.

초정 약수는 청주시 상당구 내수읍 초정리에 있는 약수로서 청주시 동쪽 10여km 지점에 위치하고 있다. 라듐 성분이 다량 함유된 천연 탄산수로서 발견된 것은 600여년전이며, 중국 여지승람과 조선왕조실록 등에 세종대왕이 이곳에 60일 동안 머물며 눈병을 고쳤고 세조도 이 곳 약수로 심한 피부병을 고쳤다는 기록이 있다.

세계 광천학계에서는 초정 약수를 세계 3대 광천인 미국의 샤스터, 영국의 나포리나스(이는 독일의 아폴리나스가 잘못 알려졌다는 논쟁이 있음)의 하나로 꼽고 있다. 초정약수는 지하 100m의 석회암층에서 솟아오르는 단순탄산천은 용출량도 풍부하여 이를 가공하여 천연사이다로 상품화하기에까지 이를 만큼 널리 알려진 약수이다.

4. 지하수 수질오염의 특성

지하수 오염은 대기 오염이나 지표수의 오염과 같이 오염 원인 물질에 의해 직접적으로 일어난다고 하기보다는 어떠한 행위의 간접적인 영향에 의해 발생된다. 다시 말하면 쓰레기의 매립지나, 광산 폐기물의 방치, 농산물의 경작에 따른 비료나 농약이 지표수를 오염시키고, 이것이 최종적으로 지하수를 오염시키는 등 2차적인 영향으로 오염되는 경우가 많다. 이러한 지하수 오염은 지표수의 오염에 대해 다음과 같은 특징을 가지고 있다.

① 흐름이 느리다.

② 오염원과 오염경로가 다양하다.

③ 조사 관측이 어렵다.

④ 원상복구가 어렵다.

5. 지하수 개발의 문제점과 관리방안

1) 지하수 개발로 발생하는 문제점

우리가 이용할 지표수의 수원이 절대적으로 부족한 요사이 지하수는 장차 부족한 용수원을 충당할 수 있는 천연의 지하자원이다. 특히 최근 들어 지하수의 개발이 증가하고 있는데, 지하수 개발로 발생될 수 있는 문제점은 지하수 적정 채수량 이상으로 과잉 양수할 경우와 지하수 수질관리를 잘못하여 오염물질이 유입으로 인한 수질오염문제로 나누어 생각해 볼 수 있다.

지하수를 과잉 양수시 문제로는 지하수위의 저하나 해안 인접지역에서의 염수의 침투로 인한 염수화 등이 우려되며, 오폐수에 의한 수질오염은 지하수의 적정 이용에 제한을 받게 된다. 이러한 문제점들은 그림 2-23에 정리하였다.

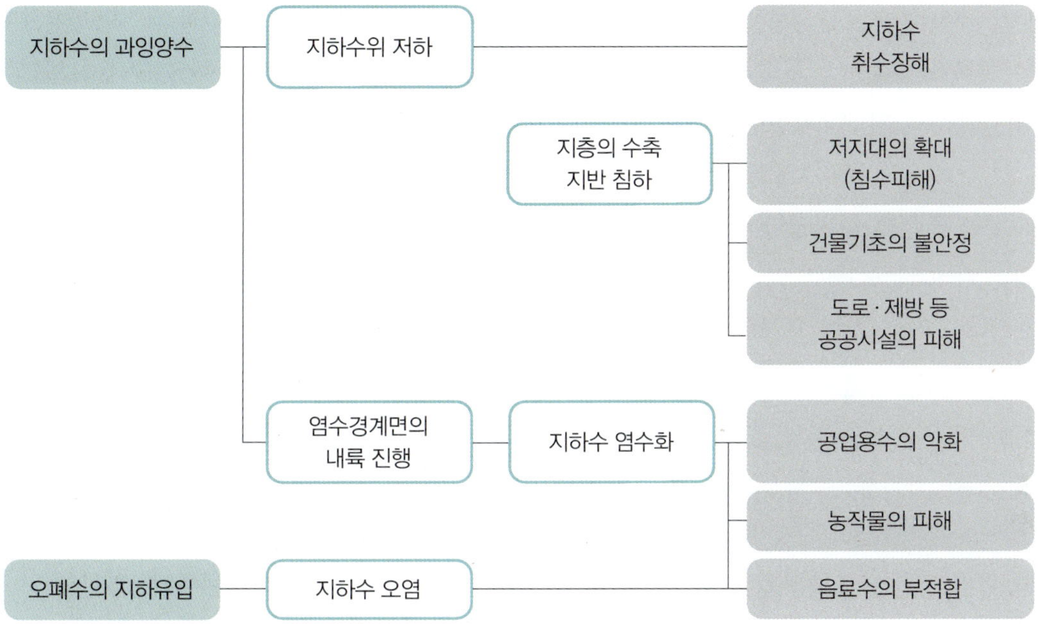

● 그림 2-23. 지하수 개발로 인한 문제점들

특히 지하수가 오염되어 확산이 되면 장시간에 걸쳐 영향을 미치며, 정화할 수 있는 방법이 거의 없고 또 하려고 해도 막대한 예산이 소요되므로 사전에 문제점이 발생되지 않도록 관리하는 것이 최선의 방법이라 할 수 있다.

2) 지하수 개발에 대한 장단점

(1) 개발시 유리한 점

용수원으로서 지하수 개발시 기대할 수 있는 잇점들은 많이 있으나 그중 대표적인 것을 열거하면 다음과 같다.

① 지표수에 비해 수질오염이 적다.

② 수온과 수량이 비교적 안정되어 있다.

③ 수원 개발에 있어 개발 단가가 저렴하다.

(2) 개발에 따른 문제점

지하수는 지표수에 비해 수자원 이용면에서 여러 가지 유리한 점이 있지만 적절한 수질과 수자원 관리를 하지 않을 경우 다음과 같은 문제점이 야기될 수 있다.

① 좁은 지역에서 무분별하게 많은 양의 지하수를 개발하여 이용할 경우 지하수는 흐름이 극히 느리므로 지역적으로 지하수가 고갈될 수 있다.

② 지하수 함유량은 한정되어 있으므로 댐호나 저수지와 같이 다량의 수자원 공급에는 한계가 있다.

③ 해수의 침입이나 오염물질의 유입으로 수질이 오염될 경우 수질 회복이 어렵고, 회복하는데 장시간이 소요된다.

④ 직접 눈으로 확인할 수 없고, 또 지층에 있기 때문에 지하수 탐사나 개발에 어려움이 많다.

3) 지하수 관리방안

최근 생수의 시판이 허가됨에 따라 지하수의 위생관리가 무엇보다 중요하다. 지하수의 적절한 개발·이용과 효율적인 보관·관리에 관한 사항을 정함으로써 공공의 복리증진과 국민경제의 발전에 이바지 할 목적으로 국가에서는 지하수 시설의 설치기준과 허용기준에 대해 지하수법으로 정하였다.

생수(生水)에는 물 고유의 생명요소(生命要素)인 각종 "미네랄"과 용존산소(DO)를 비롯하여 미생물을 함유하고 있다. 따라서 생수를 끓이면 유해세균을 살균할 수 있는 장점은 있어도 우리의 생명력에 유리한 "미네랄"이나 용존산소마저도 제거되고 만다. 뿐만 아니라 물속에 용해되어 있던 불순물인 무기물질, 화학적 오염물질 및 그밖의 불쾌한 맛이나 냄새 등은 오히려 응축되기 마련이고, 이러한 물을 먹게 되면 체세포 내로 흡수되어 중추신경계에 축적하게 되며 위장장애, 신장결석, 백내장 및 동맥경화 등의 병해를 초래한다. 뿐만 아니라 죽은 세균들은 또다른 미생물(세균)들의 영양분으로 재활용되어 번식을 증대시키게 된다. 그러므로 먹는물로서는 끓인 물보다는 냉수(冷水)가 생리기능상 더 좋다는 결론이 된다.

Chapter 04

소음·진동·악취

4.1 소음(Noise)

4.1.1 소음의 정의

소음이라 함은 일반적으로 "원치 않는 음" 혹은 "바람직하지 않는 음", "불유쾌하게 느껴지는 음"으로 그리고 소음·진동규제법에서는 소음·진동에 대한 정의를 각각 기계, 기구, 시설 기타 물체의 사용으로 인하여 발생하는 강한 소리와 강한 흔들림으로 한정하여 규제 범위를 정하고 있다.

소음에 대한 용어의 정의를 보면 다음과 같다.

1. 암소음

한 장소에 있어서 특정음을 대상으로 생각할 경우 대상소음이 없을 때 그 장소의 소음을 대상소음에 대해서 암소음이라 한다.

2. 대상소음

암소음 이외에 측정하고자 하는 특정소음을 말한다.

3. 정상소음

시간적으로 변동하지 아니하거나 또는 변동폭이 작은소음을 말한다.

4. 변동소음

시간에 따라 소음도 변화폭이 크게 변하는 소음을 말한다.

5. 소음도

소음계의 청감 보정회로를 통하여 측정된 지시치를 말한다.

6. 측정소음도

공정시험법의 측정방법으로 측정한 소음도 및 등가소음도 등을 말한다.

7. 대상소음도

측정소음도에 암소음을 보정한 후 얻어진 소음도를 말한다.

8. 등가소음도

임의의 측정시간 동안 발생한 변동소음이 총에너지를 동시간 내의 정상소음 에너지로 등가하여 얻어진 소음도를 말한다.

9. 평가소음도

대상소음도에 충격음, 관련시간대에 측정소음 발생시간의 백분율, 시간별·지역별 등의 보정치를 보정한 후 얻어진 소음도를 말한다.

그리고 보통 언어를 구성하고 있는 주파수는 250~3,000Hz이고 젊은사람의 가청범위는 20~20,000Hz이다.

10. 환경소음

공장 또는 교통기관과 각종 건설공사에서 발생되는 소음은 주위주민의 생활을 방해하고 건강에도 영향을 미친다. 소음은 공해진정건수 중 가장 많은 부분이며, 지역별 환경기준이 정해져 있으나 잘 지켜지지 않고 있는 현실이다.

4.1.2 소음의 단위

1. 주파수(frequency)

소리는 공기와 같은 매체를 통하여 전달되는 소밀파 또는 압력파이다. 이 압력파는 음압변화에 따라 변하며 압력이 제일 높은 곳(마루)과 다음의 제일 높은곳(마루) 간의 거리를 파장 λ(m)라고 하며, 1초 동안에 발생하는 공기의 압력변화의 수 즉, 통과하는 마루 또는 골의 평

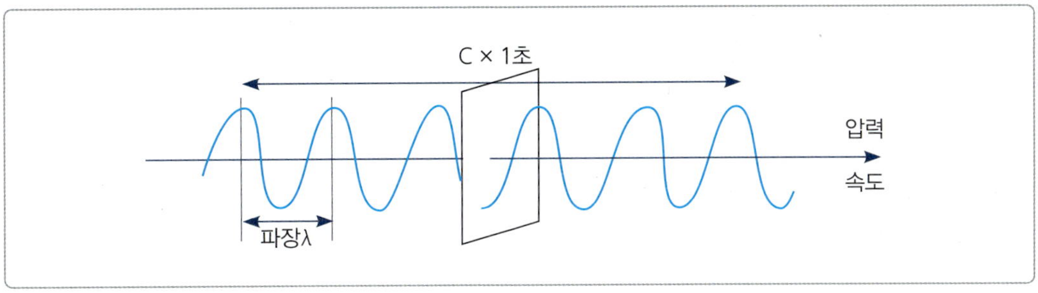

● 그림 2-24. 소리의 주파수

균수를 그 소리의 주파수라고 부른다.

이 주파수의 단위는 헤르츠(Hz: Cycle/sec)이다. 주파수 f는 다음과 같은 식으로 나타낼 수 있다.

$f = c / \lambda [Hz]$

여기서 c: 음속(m/sec), λ: 파장(m)

음속 c(m/sec) = 331.5 + 0.61 T(공기)

= 331.5 + 1500 T(물) – 공기의 약 4배

T: 온도

섭씨 15도일 경우 공기속도 c=340m/sec (Mach No)

2. 음압(Sound pressure)

일반적으로 소리가 들린다는 것은 공기의 압력변화가 인간의 귀고막에 가해졌을 때 소리가 들린다고 한다. 이와 같은 압력은 음압(sound pressure)이라고 하며, 표기기호는 P, 단위는 N/m^2이다. 인간이 소리라고 감지할 수 있는 가장 작은 소리의 음압은 $2 \times 10^{-5}(N/m^2)$ 또는 $0.0002(dyne/cm^2)$이다.

3. 음의 세기(sound intensity)

음의 세기는 음의 진행방향에 직각인 단위면적을 통하여 단위시간에 흐르는 음에너지를 말하며, 그 표기기호는 I, 단위는 W/m^2이다. 음의 세기기준값은 $10^{-12}W/m^2$이다.

4. 데시벨(dB: decibel)

소음크기 등을 나타내는 단위로서 주파수와 우리 인간의 청각기관의 특성을 고려하여 만

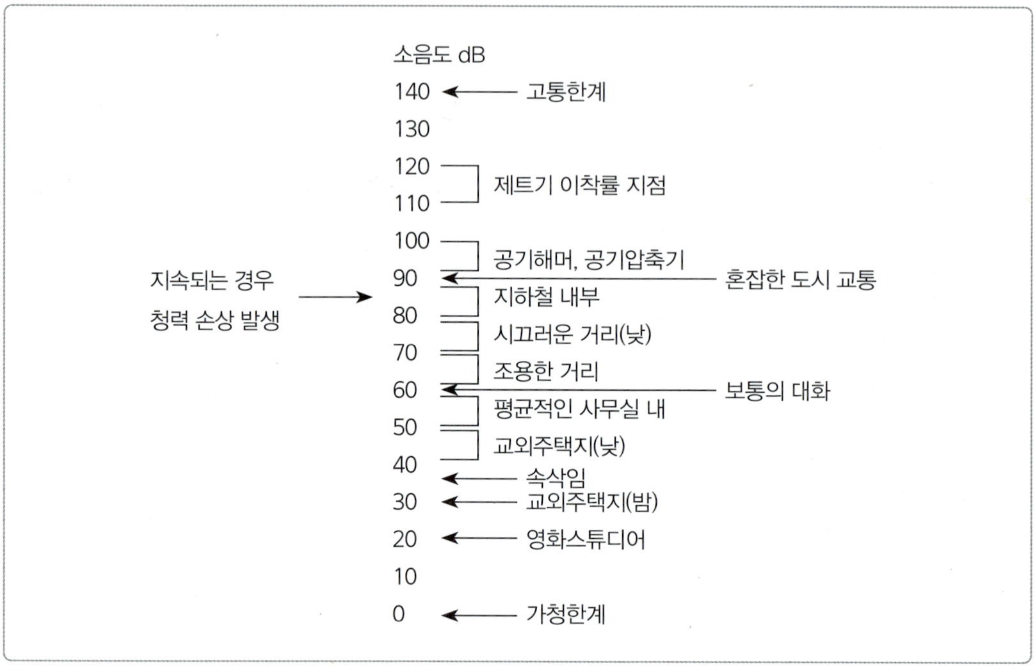

● 그림 2-25. **소음의 예**

든 것이다. 우리 인간의 청각기관은 1,000Hz에 대한 강도와 그 이하의 주파수 그리고 그 이상의 주파수 영역에서 동일한 소리의 크기에 대한 느낌이 다르다. 다시 말하면, 1,000Hz의 소리보다 그 이하와 그 이상의 주파수의 소리는 약간 작게 들린다.

따라서 소음을 평가할 때 소리크기에 대하여 이와 같은 성질을 고려한 값에 의해 평가하여야 하기 때문에 소음측정기 내에서 특별한 회로 중 청감보정회로를 넣어 인간의 귀로 느끼는 소음크기를 소음측정기가 지시하도록 한 값의 단위가 dB(A)이다.

5. 음의 세기레벨(sound intensity level: SIL)

$$SIL = 10\log\left(\frac{I}{I_0}\right) dB$$

여기서 I_0 : 정상청력을 가진 사람의 최소가청음의 세기(10^{-12} W/m^2)

I : 대상음의 세기

6. 음압레벨(sound pressure level: SPL)

$$SIL = 20\log\left(\frac{P}{P_0}\right) dB$$

여기서 P_0 : 정상청력을 가진 사람이 1,000(Hz)에서 가청할 수 있는 최소 음압 실효치(2×10^{-5} N/m^2)

P : 대상음의 음압실효치

7. 음향파워레벨(sound power level: PWL)

$$PWL = 10 \log \left(\frac{P}{P_0}\right) dB$$

여기서 W_0 : 기준음향파워(10^{-12} W)

W : 대상음원의 음향파워

8. 음의 크기레벨(loudness level: LL)

감각적인 음의 크기를 나타내는 양으로 임의의 음에 대한 음의 크기레벨인 폰(phon)이란 그 음을 1,000Hz 순음의 크기와 평균적으로 같은 크기로 느끼는 1,000Hz 순음의 음의 세기레벨로 나타낸 것이다.

1,000Hz 순음에 대한 음의 세기레벨(또는 음압레벨)은 폰(phon)치와 같으며 그 표기 기호는 LL, 단위는 phon이다.

9. 음의 크기(soundness: S)

1,000Hz 순음의 음세기레벨 40dB음의 크기를 1손(sone) 즉, 1,000Hz순음 40phon을 1손(sone)으로 정의하며 그 표기기호는 S, 단위는 sone이다. 인간의 감각에서 대체로 10phon 크기가 되면 소리의 크기는 2배가 된 것으로 느껴지므로 감각에 맞춤 손(sone) 척도가 고안되었다. Phon 수를 P라 하면 다음 식으로 sone수 S를 구할 수 있다.

$$S = 2^{(P-40)/10}(sone)$$

10. 청감보정회로(weighting network)

임의 종류의 소음이 발생하고 있을 때 그 소리에 대하여 인간의 감각적인 크기를 측정한다는 것은 어렵다. 그러나 등감곡선에 가까운 보정회로를 사용한 소음계로서 측정하면 근사적으로 소리의 감각적인 크기를 알 수 있다. 실제로 소음계에는 40, 70, 85(phon)의 등감곡선에 유사한 감도를 나타내도록 주파수 특성이 보정되어 있어 이것을 각각 순대로 A, B, C 특성이라고 부른다. 소음측정은 일반적으로 A특성을 사용한다. 우리 귀의 감각량과 아주 가까운 것은 A특성이며 주로 소음규제법에서 채용되고 있다. C특성은 거의 평탄한 주파수 특성임으로 주파수 분석을 할 때 사용한다.

4.1.3 소음 발생원

소음종류는 크게 공장소음, 교통소음, 생활소음 그리고 건설소음으로 분류할 수 있다.

1. 공장소음

공장에 설치되어 있는 소음배출시설은 고정소음으로 특성상 한번 설치되면 소음원이 없어지지 않아 한 배출시설로부터 발생되는 소음이 인근지역에 지속적으로 피해를 줄 수 있다.

공장소음피해는 국지적인 점을 감안하여 1993년에 배출시설의 설치허가등에 관한 업무를 환경부장관에서 시·도지사의 고유 업무로 전환하는 한편, 산업단지, 전용공업단지 등 기타 대통령령으로 정하는 공장에 대해서는 배출시설설치허가 대상에서 제외하였고, 1977년 3월 7일부터는 소음·진동규제법을 개정하여 정온을 요하는 학교, 종합병원, 공공도서관, 공동주택의 주변지역 및 주거지역, 취락지역에 한하여 허가제를 존속시키고 나머지는 신고제로 전환하였다.

공장 및 건설소음은 여러 가지 기계장비 즉, 압축기와 송풍기, 디젤파일햄머, 분쇄기(파쇄기 및 마쇄기), 단조기, 절단기, 변속기, 인쇄기, 사출성형기, 목재 가공시설, 도정시설, 발전기 등을 사용함으로써 소음이 발생한다.

2. 교통소음

교통소음은 그 배출원이 자동차, 기차 등으로서 발생소음도가 매우 클 뿐만 아니라 그 피해지역도 광범위하다. 특히, 자동차는 도로망이 확장되고 차량대수가 급격히 증가하고 있어 대도시 소음원으로서 주목받고 있다.

대체로 우리나라의 도로교통 소음의 양상은 도시의 경우 상·공업지역은 물론 주거지역까지 교통소음의 영향권에 있으며 특히, 고속도로 등 각종 도로망의 확장으로 농촌에 이르기까지 교통소음의 영향권은 확대되고 있는 실정이다.

교통소음원은 소음원 자체가 이동하기 때문에 소음저감대책의 시행이 매우 어려우며 많은 재원이 요구된다. 자동차처럼 엔진구조와 주행상태, 정비여부, 적재량, 타이어 종류형태, 도로구조 등 소음발생원이 복합적인 것이 특징이다.

3. 생활소음

생활소음 배출원은 확성기소음, 건설공사장의 작업소음, 소규모공장의 작업소음, 유흥업소 심야소음, 층간소음 등 매우 다양하다.

최근 인구증가와 더불어 도시화, 산업화 등에 따라 생활소음 배출원수는 급격히 증가하고 있으며, 국민들의 생활수준이 향상되어감에 따라 조용한 생활환경에 대한 욕구가 날로 증대되어 가고 있어 이에 대한 대책이 중요한 현안과제로 대두되고 있다.

4. 항공기소음

최근 항공기의 운항항로 신설 및 운항횟수의 급격한 증가에 따라 항공기 소음피해는 사회적 문제로 대두되고 있다.

이에 따라 환경부에서는 항공기 소음대책 수립을 위한 기초자료 확보를 위하여 1989년 11월부터 항공기소음 자동측정망을 설치(김포, 제주, 김해)하고 항공기 소음도를 상시 측정하고 있는데 항공기 소음대책이 요구되는 항공기소음영향도(WECPNL) 80이 넘는 지역은 김포공항 2km 이내, 제주와 김해공항은 1km 이내에 지역이 대부분 해당된다. 항공기소음 자동측정망은 항공기의 항로, 민원발생지역 등을 고려하여 측정지점을 선정하고 24시간 상시 측정하고있다. 또 공항주변의 소음 현황 측정망이 설치되지 않은 군용공항 등에는 이동 측정 장비로 측정하고 있다.

4.1.4 소음의 기준과 생체작용

● 표 2-13. 소음환경기준

(단위: Leg dB(A))

지역구분	적용 대상지역	기준	
		낮(06:00~22:00)	밤(22:00~06:00)
일반지역	"가"지역	50	40
	"나"지역	55	45
	"다"지역	65	55
	"라"지역	70	65
도로변지역	"가" 및 "나"지역	65	55
	"다"지역	70	60
	"라"지역	75	70

비고

1. 지역구분별 적용 대상지역의 구분은 다음과 같다.

가. "가"지역
 1) 「국토의 계획 및 이용에 관한 법률」 제36조 제1항 제1호 라목에 따른 녹지지역
 2) 「국토의 계획 및 이용에 관한 법률」 제36조 제1항 제2호 가목에 따른 보전관리지역
 3) 「국토의 계획 및 이용에 관한 법률」 제36조 제1항 제3호 및 제4호에 따른 농림지역 및 자연환경보전지역
 4) 「국토의 계획 및 이용에 관한 법률 시행령」 제30조 제1호 가목에 따른 전용주거지역
 5) 「의료법」 제3조 제2항 제3호 마목에 따른 종하병원의 부지경계로부터 50미터 이내의 지역
 6) 「초·중등교육법」 제2호 및 「고등교육법」 제2조에 다른 학교의 부지경계로부터 50미터 이내의 지역
 7) 「도서관법」 제2조 제4호에 따른 공공도서관의 부지경계로부터 50미터 이내의 지역

나. "나"지역
 1) 「국토의 계획 및 이용에 관한 법률」 제36조 제1항 제2호 가목에 따른 생산관리지역
 2) 「국토의 계획 및 이용에 관한 법률 시행령」 제30조 제1호 나목 및 다목에 따른 일반주거지역 및 준주거지역

다. "다"지역
 1) 「국토의 계획 및 이용에 관한 법률」 제36조 제1항 제1호 나목에 따른 산업지역 및 같은 항 제2호 다목에 따른 계획관리지역
 2) 「국토의 계획 및 이용에 관한 법률 시행령」 제30조 제3호 다목에 따른 준공업지역

라. "라"지역
 「국토의 계획 및 이용에 관한 법률 시행령」 제30조 제3호 가목 및 나목에 따른 전용공업지역 및 일반공업지역

2. "도로"란 자동차(2륜자동차는 제외한다)가 한줄로 안전하고 원활하게 주행하는 데에 필요한 일정 폭의 차선이 2개 이상 있는 도로를 말한다.
3. 이 소음환경기준은 항공기소음, 철도소음 및 건설작업 소음에는 적용하지 않는다.

1. 청력에 대한 장해

소음에 의한 청력장해 요인은 소음의 음압수준, 주파수, 폭로시간, 하루의 폭로 회수, 소음작업장에서 근속기간, 개인 감수성에 따라 달리 나타난다.

1) 일시적 청력장해

전형적인 공장소음의 경우에는 4,000~6,000Hz에서 일시적 난청이 발생하며, 청력손실의 대부분은 폭로된 지 2시간부터 발생하여 작업이 끝날 무렵 20~30dB(A) 손실을 초래하고 회복된다.

2) 영구적 청력장해

소음작업자의 영구적 청력손실은 3,000~6,000Hz의 범위에서 나타나고 4,000Hz에서 가장 심하며 이를 직업성 난청 또는 C_5dip현상이라고 부른다. C_5dip이란 소음난청자의 청력검사시에 5번째의 주파수(4,096Hz) 부근에서 청력저하가 심하게 나타남을 의미한다. 100dB(A) 이상의 직업성 소음 폭로에 따른 청력손실은 4,000Hz에서 5~10년 후에 최고치를 보이며 그 이후에 있어서 청력손실의 정도는 연령에 의한 생리적 손실에 달려 있다. 일반적으로 하루 8시간 85dB(A)이상 10년 이상 장기간 계속 소음에 폭로될 때 직업성 난청이 발생된다.

2. 대화방해

500Hz 이상의 소음성분이 주로 대화를 방해하며 이는 소음의 음폐현상에서 비롯되고, 음

폐현상이란 어느 두 가지 음이 서로 방해가 되어 대화가 듣기가 어려운 현상을 말한다.

3. 일반생리적 기능장해

혈압·맥박·발한증가, 전신근육긴장, 소화장해 등이 일어나며 50~60dB에 폭로되면 위액분비가 감소된다.

4. 불쾌감

회의실 30dB(A), 사무실과 가정 50dB(A), 옥외는 배경음보다 10dB(A) 이상이면 불쾌감을 초래한다. 듣는 사람의 여러 조건과 상황에 따라 달라지므로 물리적 측정치를 산출하기 어렵지만 단속음과 불쾌한 음색을 가진 소음일수록 더욱 불쾌감을 준다.

5. 작업능률저하

소음 때문에 주의력이 떨어져 작업능률저하라는 2차적 장해를 초래한다.

6. 수면방해

야간 소음은 피로감과 불쾌감을 유발하며 급기야는 수면을 방해(40~60pone 이상)하여 불면증을 일으키기도 한다.

4.1.5 소음관리

일반적인 소음방지기술은 음원대책과 소음전파방지대책으로 크게 나눌 수 있다.

음원대책은 다음 세 가지로 분류되며 그 개요 및 효과를 살펴보면 다음과 같다.

첫째, 소음발생을 저감시키는 방법

둘째, 소음기(消音器)를 사용하는 방법

셋째, 차음 및 흡음에 의해 소음원을 밀폐하는 방법

전파방지대책은 다음과 같다.

첫째, 음원과 거리를 크게 할 것

둘째, 소음방향을 변하게 할 것

셋째, 울타리를 세울 것

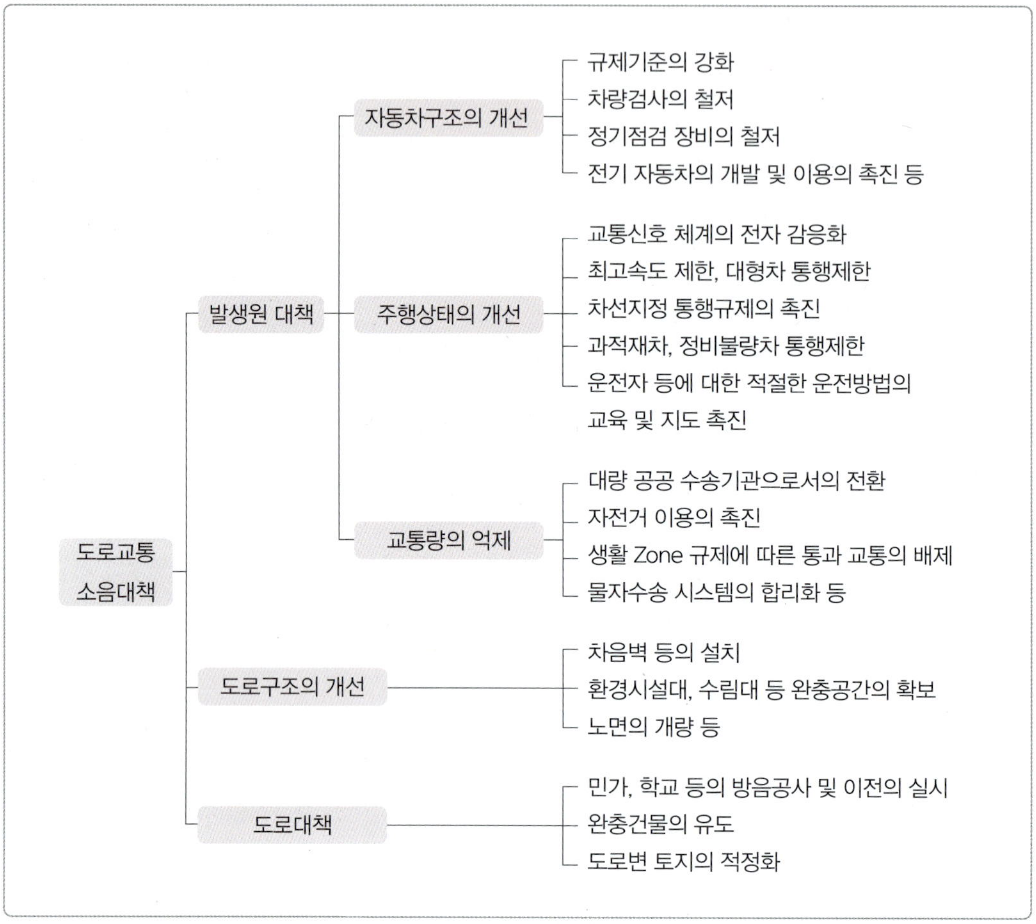

● 그림 2-26. **교통소음저감대책**

넷째, 수목은 원거리일 때 약간 효과가 있음

편의상 소음원별로 크게 구분하여 공장소음, 교통소음, 생활소음, 항공기소음으로 분류하여 이에 대한 저감대책을 살펴보면 다음과 같다.

1. 공장소음 저감대책

공장소음을 근본적으로 해결하기 위해서는 토지 이용의 적정화를 통한 소음배출원과 주거지역의 분리가 이루어져야 한다. 또한, 저소음기계류의 개발과 소음방지시설의 기술개발 및 투자확충 등도 활발히 이루어지도록 노력하여야 할 것이다.

정온을 필요로 하는 지역에 설치되어 있는 공장에 대하여는 배출시설의 허가를 받고 가동할 수 있도록 하는 한편, 소음배출허용기준을 준수하도록 지도·단속을 강화해야 한다. 특히, 민원대상이 되고 있는 주택가의 공장에 대하여는 철저한 소음방지시설을 설치하도록 하는 등 다각적인 대책을 추진한다.

2. 교통소음 저감대책

자동차 및 철도 등 교통량의 급격한 증가로 소음문제가 날로 심각해지고 있다. 이에 따라 교통기관으로 인하여 발생하는 소음을 규제할 필요가 있는 지역을 교통소음규제지역으로 지정하고, 규제지역 내에서는 자동차 경음기의 사용금지, 속도제한, 우회명령 등 필요한 조치를 취할 수 있도록 해야 한다.

또한, 자동차소음을 저감시키기 위하여 철저한 정비와 함께 자동차 제작사로 하여금 저소음자동차 개발을 위해 자체기술개발 및 선진기술을 도입하도록 유도한다. 자동차 소음허용기준을 자동차종류에 따라 단계적으로 강화한다.

3. 생활소음 저감대책

생활소음은 우리의 생활영역에 다양하게 분포되어 있는 소음원에 기원된 것으로서 어느 분야보다 대국민 홍보가 필요한 분야이다. 따라서 대도시지역의 정온한 생활환경을 조성하기 위하여 확성기, 소규모공장 및 건설공사장 등을 규제하며 규제기준 초과시 소음방지시설 설치, 작업시간 조정 등 소음 저감대책을 강구해야 한다.

또한, 굴삭기, 브레이커, 항타기 등 10종의 특정공사장비를 사용하는 건설 공사장의 소음·진동을 규제하기 위해 건설공사 전에 소음저감대책을 마련하여 사전 신고하도록 함으로써 건설공사로 인한 소음피해를 줄인다.

4. 항공기소음대책

항공기는 이착륙 시 많은 동력이 소요되며, 기기의 운전부하량 변화가 많아 소음이 배출되어 인근지역에 심한 소음피해를 가져다준다. 이에 따라 일반주민이 상주하는 공항주변지역의 항공기소음 현황을 파악하기 위하여 김포공항 등 국내 주요 5개 공항에 항공기 소음측정망을 설치하여 지속적으로 소음도를 측정하고, 그 자료를 국토교통부 등 관계기간에 송부하여 항공소음정책의 기본 자료로 활용해야한다. 또한, 환경부는 소음대책이 미미한 국내선 공항 및 군용항공기지에 대한 소음개선 대책이 마련되어야 한다.

● **표 2-14. 생활소음 규제기준**

대상 지역	소음원 (시간대별)		아침, 저녁 (05:00~07:00, 18:00~22:00)	주간 (07:00~18:00)	야간 (22:00~05:00)
가. 주거지역, 녹지지역, 관리지역 중 취락지구·주거개발진흥지구 및 관광·휴양개발진흥지구, 자연환경보전지역, 그밖의 지역에 있는 학교·종합병원·공공도서관	확성기	옥외설치	70 이하	80 이하	60 이하
		옥내에서 옥외로 소음이 나오는 경우	50 이하	55 이하	45 이하
	공장		50 이하	55 이하	45 이하
	사업장	동일건물	45 이하	50 이하	40 이하
		기타	50 이하	55 이하	45 이하
	공사장		60 이하	65 이하	50 이하
나. 그 밖의 지역	확성기	옥외설치	70 이하	80 이하	60 이하
		옥내에서 옥외로 소음이 나오는 경우	60 이하	65 이하	55 이하
	공장		60 이하	65 이하	55 이하
	사업장	동일건물	50 이하	55 이하	45 이하
		기타	60 이하	65 이하	55 이하
	공사장		65 이하	70 이하	50 이하

비고

1. 소음의 측정 및 평가기준은 「환경분야 시험·검사 등에 관한 법률」 제6조 제1항제2호에 해당하는 분야에 따른 환경오염공정시험기준에서 정하는 바에 따른다.
2. 대상 지역의 구분은 「국토의 계획 및 이용에 관한 법률」에 따른다.
3. 규제기준치는 생활소음의 영향이 미치는 대상 지역을 기준으로 하여 적용한다.
4. 공사장 소음규제기준은 주간의 경우 특정공사 사전신고 대상 기계·장비를 사용하는 작업시간이 1일 3시간 이하일 때는 +10dB을, 3시간 초과 6시간 이하일 때는 +5dB을 규제기준치에 보정한다.
5. 발파소음의 경우 주간에만 규제기준치(광산의 경우 사업장 규제기준)에 +10dB을 보정한다.
6. 2010년 12월 31일까지는 발파작업 및 브레이커·항타기·항발기·천공기·굴삭기(브레이커 작업에 한한다)를 사용하는 공사작업이 있는 공사장에 대하여는 주간에만 규제기준치(발파소음의 경우 비고 제6호에 따라 보정된 규제기준치)에 +3dB을 보정한다.
7. 공사장의 규제기준 중 다음 지역은 공휴일에만 －5dB을 규제기준치에 보정한다.
   가. 주거지역
   나. 「의료법」에 따른 종합병원, 「초·중등교육법」 및 「고등교육법」에 따른 학교, 「도서관법」에 따른 공공도서관의 부지경계로부터 직선거리 50m 이내의 지역
8. "동일 건물"이란 「건축법」 제2조에 따른 건축물로서 지붕과 기둥 또는 벽이 일체로 되어 있는 건물을 말하며, 동일 건물에 대한 생활소음 규제기준은 다음 각 목에 해당하는 영업을 행하는 사업장에만 적용한다.
   가. 「체육시설의 설치·이용에 관한 법률」 제10조제1항제2호에 따른 체력단련장업, 체육도장업, 무도학원업 및 무도장업
   나. 「학원의 설립·운영 및 과외교습에 관한 법률」 제2조에 따른 학원 및 교습소 중 음악교습을 위한 학원 및 교습소
   다. 「식품위생법 시행령」 제21조제8호다목 및 라목에 다른 단란주점영업 및 유흥주점영업
   라. 「음악산업진흥에 관한 법률」 제2조제13호에 따른 노래연습장업
   마. 「다중이용업소 안전관리에 관한 특별법 시행규칙」 제2조제4호에 따른 콜라텍업

5. 층간소음대책

층간소음이란 건물 위층 아래층간 또는 옆집간의 벽이나 바닥을 통하여 공기로 전파되는 소음이다. 층간소음이 문제되는 이유는 일방적으로 피해를 보는 입장을 가해자는 모르는 경우가 많으며, 법적으로 해결하려고 해도 현재로서는 정책상으로 해결하기 어려운 측면이 있기 때문에 날이 갈수록 문제는 더욱 심화되고 있다. 층간소음은 누구나 피해자 및 가해자가 될 수 있기 때문에 이웃간 서로의 이해와 배려, 노력이 무엇보다 중요하다. 아울러 환경부에서 정책적으로 근본적으로 해결할 수 있는 법적 방안 등을 강구해야 한다.

4.2 진동

4.2.1 진동의 정의

진동(振動)이라 함은 소음·진동규제법상 정의에 의하면 "기계, 기구, 시설, 기타 물체의 사용으로 인하여 발생하는 강한 흔들림"을 말한다. 이것은 인위적인 기계와 기구류의 사용으로 인하여 지반이나 건축물이 전후, 상하, 좌우방향으로 흔들리는 것을 말하는데, 주로 공기의 진동을 매체로 하여 전달되는 것과 지반진동(地盤振動)을 매체로 하여 전달되는 것이 주된 것으로 소음을 수반하는 것이 보통이다. 이러한 진동을 인간이 느낄 수 있는 주파수의 범위는 약 0.1~500Hz인데, 인체에 악영향을 주는 공해로서 문제가 되는 주파수 범위는 1~90Hz의 진동이다.

문제가 되는 진동은 전신진동의 경우 2~1,000Hz, 국소진동의 경우 8~500Hz이며, 공명은 외부에서 발생한 진동에 맞춰서 생체가 진동하는 성질로서 상체는 5Hz, 두부와 견부는 20~30Hz, 안구는 60~90Hz에 공명한다.

4.2.2 진동의 단위

진동가속도레벨(vibration acceleration level: VAL)을 다음 식으로 나타낸다.

단위는 데시벨(dB)이다.

$$VAL = 20\ log_{10}\frac{a}{a_0}$$

여기서, a : 가속도진폭의 실효치(m/sec^2)　a_0 : 기준가속도진폭의 실효치(10^{-5}m/sec^2)

일반적으로 진동표준은 인간이 겨우 느낄 정도 즉, 진동가속도 레벨이 60(dB)이 되는 양으로서 기준치를 설정하고 있다.

4.2.3 진동의 발생원

진동은 기계, 기구의 사용으로 인한 강한 흔들림을 의미하며 주로 지반을 통하여 건축물에 전파되어 건물내에 2차소음을 발생시키는 것이 보통이다.

진동을 발생원별로 살펴보면 공장진동(왕복기계, 회전기계, 충격력발생기계), 교통진동(대형차량, 기차, 항공기, 불량도로), 건설작업진동(발파작업, 지반개량작업, 항타작업) 등으로 크게 나누어 볼 수 있다.

4.2.4 진동의 생체작용

● 표 2-15. 생활진동규제기준

(단위: dB(A))

해당지역 / 시간대별	주간 (06:00~22:00)	심야 (22:00~06:00)
주거지역, 녹지지역, 준도시지역 중 취락지구 및 운동·휴양지구, 자연환경보전지역, 기타 지역 안에 소재한 학교·병원·공공도서관	65 이하	60 이하
기타 지역	70 이하	65 이하

비고
1. 공사장의 진동규제기준은 주간의 경우 1일 최대 작업시간이 2시간 이하일 경우는 +10dB을, 2시간 초과 4시간 이하일 때는 +5dB을 규제기준치에 보정한다.
5. 발파진동의 경우 주간에만 규제기준치에 +10dB를 보정한다.

1. 진동의 장해

1) 전신진동의 장해

자율신경장해, 말초혈관수축, 혈압상승, 맥박증가, 피부의 전기저항저하, 내분비계영향(17-ketosteroid 배설감소), 월경장해, 위장장해, 내장하수증, 척추이상 등을 초래한다.

2) 국소진동의 장해

주로 손가락과 손에 나타나며 자동톱, 공기햄머, 전동식연마기를 사용할 때에 특히, 추운 환경에서 레이노병 또는 레이노 현상(Raynaud's Disease or Raynaud's phenomenon)이 일어난다.

Raynaud's phenomenon(레이노 현상)이란 압축공기를 이용한 여러 가지 전동공구를 사용하는 근로자들의 손가락이 창백해지는 현상으로 일명 손가락이 죽어 가는 증상(dead finger) 또는 백납(지)병(백색수지증, white finger disease)이라고도 한다. 이 현상은 추위에 폭로되면 더욱 악화되며 공구 사용법, 공구의 진동속도, 폭로시간, 개인의 체질 등이 문제된다. 이외에도 뼈 및 관절의 장해와 내분비계 및 기타 장해를 일으키기도 한다.

진동에 대한 평가는 소음진동규제법에 따라 1Hz 이하의 진동에 폭로될 때는 누구나 불쾌감을 느끼고, 100Hz 이상의 진동은 피부에 작용되므로 작용 부위에 국소 장해를 초래한다고 한다.

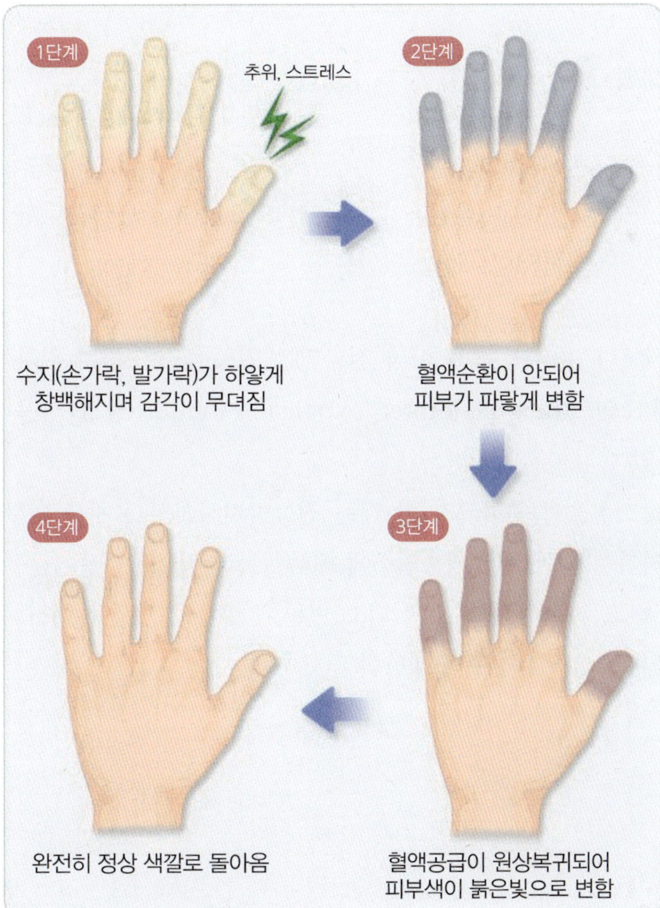

● 그림 2-27. 레이노병(현상)의 증상

4.2.5 진동 방지대책

진동 방지책은 발생원 대책과 전파방지대책으로 크게 구분할 수 있다.

1. 발생원 대책

1) 탄성지지시설 설치

단조기, 프레스 등의 충격진동 발생원에 탄성을 지닌 스프링, 고무계통의 재질을 사용하여 지지대를 설치하여 진동을 완충시키는 방법이다.

2) 진동방지시설 설치

기계의 카바, 닥트 등 진동을 전파시키는 면적이 넓고 엷은 판상의 부분에 방진재료(고무, 아스팔트)를 도포(塗布) 또는 접착하여 진동을 제어하여 음의 방사를 감소시키는 방법이다.

2. 전파방지대책

1) 방진구(防振溝) 시설설치

진동의 지면파를 감쇄하기 위하여 도중에 도랑이나 지중벽, 파일 등 방진구 시설을 설치하는 방법이다.

2) 배관진동 절연장치설치

설비기계의 닥트나 파이프 등을 따라 전파되는 진동을 방지하기 위하여 기계와의 저복부 또는 배관 등에 조인트(fiexible jointer, expansion jointer) 등을 사용하여 진동전달을 방지하는 방법이 있다.

이외 진동배출시설을 설치하고자 할 때는 진동방지시설의 설치를 의무화해야 한다. 또한, 배출시설설치 허가를 받는 진동배출업소에 대하여는 진동배출허용기준을 준수하도록 지도·단속을 철저히 하고 특히, 민원대상이 되고 있는 주택가의 공장에 대하여는 진동방지시설을 설치하도록 하는 등 대책을 강구해야 한다.

4.3 악취

4.3.1 악취의 개념

악취는 감각적 공해이며, 후각을 통하여 느끼는 좋은 것과 나쁜 것을 모두 포함하는 냄새 중에서 불쾌감을 주는 냄새를 악취라고 지칭한다. 우리나라는 2004년 2월에 악취방지법을 제정하여 "황화수소, 메르캅탄류, 아민류 기타 자극성 있는 기체상 물질이 사람의 후각을 자극하여 불쾌감과 혐오감을 주는 냄새"로 정의하고 있다.

이러한 악취물질은 여러 가지 성분이 혼합된 상태로 존재하면서 사람의 후각을 자극하여 사람의 쾌적한 정서생활과 나아가 건강에 피해를 주는 나쁜 냄새를 의미한다.

악취물질이 사람에게 미치는 일반적인 특성에는 강도(intensity), 질(quality), 인용성(acceptability)으로 정의되어진다.

표 2-16. 최소감지농도

화학물질명	농도(단위 : ppm)	화학물질명	농도(단위: ppm)
Ammonia	0.1	Acetone	42
Methyl mercaptane	0.0001	Formaldehyde	0.50
Hydrogen sulfide	0.0005	Methanol	0.52
Dimethyl sulfide	0.0001	Acetic acid	0.0057
Dimethyl disulfide	0.0003	Benzene	2.7
Trimethylamine	0.0001	Phenol	0.00028
Acetaldehyde	0.002	Indole	0.00030
Toluene	0.9	Skatole	0.0000056
Stylene	0.03	Ethanol	0.094

표 2-17. 악취 판정표(관능법)

악취도	악취감도 구분	
0	무취(취기를 전혀 감지하지 못함)	None
1	감지취기(약간의 취기를 감지)	Threshold
2	보통 취기(보통 정도의 취기를 감지)	Moderate
3	강한 취기(강한 취기를 감지)	strong
4	극심한 취기(아주 강한 취기를 감지)	Very strong
5	참기 어려운 취기(견딜 수 없는 취기)	Over strong

● 표 2-18. 악취배출허용기준 및 엄격한 배출허용기준의 설정범위

1. 복합악취

구분	배출허용기준 (희석배수)		엄격한 배출허용기준의 범위 (희석배수)	
	공업지역	기타 지역	공업지역	기타 지역
배출구	1,000 이하	500 이하	500 ~ 1,000	300 ~ 500
부지경계선	20 이하	15 이하	15 ~ 20	10 ~ 15

2. 지정악취물질

구분	배출허용기준 (ppm)		엄격한 배출허용기준의 범위(ppm)	적용시기
	공업지역	기타 지역	공업지역	
암모니아	2 이하	1 이하	1 ~ 2	2005년 2월 10일 부터
메틸메르캅탄	0.004 이하	0.002 이하	0.002 ~ 0.004	
황화수소	0.06 이하	0.02 이하	0.02 ~ 0.06	
다이메틸설파이드	0.05 이하	0.01 이하	0.01 ~ 0.05	
다이메틸다이설파이드	0.03 이하	0.009 이하	0.009 ~ 0.03	
트라이메틸아민	0.02 이하	0.005 이하	0.005 ~ 0.02	
아세트알데하이드	0.1 이하	0.05 이하	0.05 ~ 0.1	
스타이렌	0.8 이하	0.4 이하	0.4 ~ 0.8	
프로피온알데하이드	0.1 이하	0.05 이하	0.05 ~ 0.1	
뷰틸알데하이드	0.1 이하	0.029 이하	0.029 ~ 0.1	
n-발레르알데하이드	0.02 이하	0.009 이하	0.009 ~ 0.02	
i-발레르알데하이드	0.006 이하	0.003 이하	0.003 ~ 0.006	
톨루엔	30 이하	10 이하	10 ~ 30	2008년 1월 1일 부터
자일렌	2 이하	1 이하	1 ~ 2	
메틸에틸케톤	35 이하	13 이하	13 ~ 35	
메틸아이소뷰틸케톤	3 이하	1 이하	1 ~ 3	
뷰틸아세테이트	4 이하	1 이하	1 ~ 4	
프로피온산	0.07 이하	0.03 이하	0.03 ~ 0.07	2010년 1월 1일 부터
n-뷰틸산	0.002 이하	0.001 이하	0.001 ~ 0.002	
n-발레르산	0.002 이하	0.0009 이하	0.0009 ~ 0.002	
i-발레르산	0.004 이하	0.001 이하	0.001 ~ 0.004	
i-뷰틸알코올	4.0 이하	0.9 이하	0.9 ~ 4.0	

비고
1. 배출허용기준의 측정은 복합악취를 측정하는 것을 원칙으로 한다. 다만, 사업자의 악취물질 배출 여부를 확인할 필요가 있는 경우에는 지정악취물질을 측정할 수 있다. 이 경우 어느 하나의 측정방법에 따라 측정한 결과 기준을 초과하였을 때에는 배출허용기준을 초과한 것으로 본다.
2. 복합악취는 「환경분야 시험·검사 등에 관한 법률」 제6조제1항제4호에 따른 환경오염공정시험기준의 공기희석관능법(空氣稀釋官能法)을 적용하여 측정하고, 지정악취물질은 기기분석법(機器分析法)을 적용하여 측정한다.
3. 복합악취의 시료는 다음과 같이 구분하여 채취한다.
   가. 사업장 안에 지면으로부터 높이 5m 이상의 일정한 악취배출구와 다른 악취발생원이 섞여 있는 경우에는 부지경계선 및 배출구에서 각각 채취한다.
   나. 사업장 안에 지면으로부터 높이 5m 이상의 일정한 악취배출구 외에 다른 악취발생원이 없는 경우에는 일정한 배출구에서 채취한다.
   다. 가목 및 나목 외의 경우에는 부지경계선에서 채취한다.
4. 지정악취물질의 시료는 부지경계선에서 채취한다.
5. "희석배수"란 채취한 시료를 냄새가 없는 공기로 단계적으로 희석시켜 냄새를 느낄 수 없을 때까지 최대로 희석한 배수를 말한다.
6. "배출구"란 악취를 송풍기 등 기계장치 등을 통하여 강제로 배출하는 통로(자연 환기가 되는 창문·통기관 등은 제외한다)를 말한다.
7. "공업지역"이란 다음 각 호의 어느 하나에 해당하는 지역을 말한다.
   가. 「산업입지 및 개발에 관한 법률」 제6조·제7조·제7조의2 및 제8조에 따른 국가산업단지·일반산업단지·도시첨단산업단지 및 농공단지
   나. 「국토의 계획 및 이용에 관한 법률 시행령」 제30조제3호가목에 따른 전용공업지역
   다. 「국토의 계획 및 이용에 관한 법률 시행령」 제30조제3호나목에 따른 일반공업지역(「자유무역지역의 지정 및 운영에 관한 법률」 제4조에 따른 자유무역지역만 해당한다)

또한 악취는 원인물질이 다양하고 복합적이며 국지적·순간적으로 발생·소멸하는 특성으로 인하여 오염방지에 있어서 가장 다루기 어려운 것으로 알려져 있다. 현재 냄새를 가장 잘 측정할 수 있는 것은 사람의 후각인데 기계와 같이 믿을만하지 못한 것이 결점이다. 약 1ppm 정도의 미량도 냄새를 맡을 수 있는 사람이 있고 그렇지 못한 사람도 있다. 또 사람에 따라 특정한 냄새가 악취일 수도 있고 그렇지 않을 수도 있다.

그뿐만 아니라 익숙하지 않은 냄새는 익숙한 냄새보다 더 쉽게 감지되어 불평을 사는 경우가 많으며, 충분히 시간이 지나면 한 냄새에 익숙해져 그 세기가 변할 때에만 감지할 수 있게 된다. 냄새를 내는 물질의 화학적 조성 및 분자구조에 따라 냄새를 구분하는 연구도 현재로서는 만족하게 되어 있지 않다. 그러나 물질의 물리적 성질에 비추어 냄새를 파악하고자 하는 연구는 약간 진전되어 있다고 할 수 있다.

심리적으로 냄새는 장소와 시간에 따라 다른 효과를 준다. 즉, 직장에서는 견딜 수 있는 냄새도 자기 집에서는 싫게 되는 수가 있으며, 갓 구운 빵의 냄새는 좋아도 제빵공장 근처에 사는 사람이 24시간 그 냄새를 맡기 싫어하는 경우도 있다. 악취는 주로 기분을 나쁘게 하는 심리적 효과를 주지만 때로는 구역질과 같은 육체적 고통을 주기도 한다.

즉, 한 물질에 관하여 증기압, 용해도, 자외선의 흡수, 자외선에 대한 반응, 라만 효과 및 흡착 등의 정도로서 냄새를 구분하는 것인데 예외의 물질이 항상 존재하기 때문에 절대 척도라

할 수는 없다.

물질에 따라 그 냄새가 사람의 후각에 감지되는 농도는 크게 다르다. 이러한 최소감지농도는 악취처리의 정도를 추정하는 척도가 된다. 예를 들어, 아세톤의 경우에는 최소감지농도가 100ppm이므로 30ppm은 사람의 후각에 감지되지 않을 것이며, 황화수소의 경우는 최소감지농도가 0.0005ppm이므로 0.0008ppm이라도 감지되어 악취문제를 일으킬 것이다(표 2-16 참조).

악취를 측정하는 방법으로 우리나라에서는 공기희석관능법, 기기분석법의 2가지 방법이 있다.

공기희석관능법은 사람이 쉽게 판별할 수 있도록 6단계로 구분하며, 배출원의 부지경계선 또는 피해지점에서 건강한 후각을 지닌 5인 이상의 판정원 중 다수가 감지한 악취도를 기준으로 3도 이상일 경우를 배출허용기준 초과로 규제하고 있다(표 2-17 참조).

기기분석법은 22개 지정 악취물질을 분석기기를 이용하여 악취를 측정하는 방법이다.

4.3.2 악취의 발생원

악취발생원은 자연발생적인 것과 인위발생적인 것으로 대별할 수 있다.

1. 자연적 발생원

자연발생적인 것은 미생물에 의한 단백질분해 등으로 그 양은 상당한 것으로 알려져 있다. 로빈슨(Robinson)의 추정에 의하면, 황화수소의 자연발생량은 연간 1억톤에서 3억톤까지 추정하고 있으나 자연농도는 0.2ppb 정도라고 한다. 또한 암모니아는 3.7×10^9톤으로 추정되고 있다.

2. 인위적 발생원

인위적 발생원으로는 동물성을 주원료로 하는 어골처리장, 도살장, 양돈장, 피혁공장, 동물성 사료제조 공장, 분뇨처리장, 동물성 유지공장, 수산가공 공장, 식품공장 등이고 화학적 발생원으로는 펄프공장, 석유정제공장, 석유화학공장, 고무공장, 유기합성공장, 도장공장, 인쇄공장 등이 있다. 이외에도 공장이라고 말하기에 아주 작은 식품가공업, 요식업 등도 자주 발생원이 되기도 하며 연료의 종류와 연소방법에 따라서도 악취물질이 발생하는 수가 있다. 표 2-19에 주요 악취물질의 종류와 냄새를 나타내었다.

● 표 2-19. 업종별 악취발생 가능물질

고무공장	• 용제(톨루엔, toluene) • 이황화물 • 메르켑탄류 • 아세트알데하이드(acetaldehyde)	• 신나 냄새 • 자극취 • 자극취 • 역겨운 냄새 • 석유공장에서 배출되는 냄새
합판제조	• 포르말린(formalin) • 신나(thinner) • 본드	• 자극취 • 신나 냄새 • 신나 냄새 • 생고무 냄새
어분사료 제조	• 트리메틸아민(trimethyl amine)	• 생선 썩는 냄새(물고기 냄새) • 시궁창 냄새 • 건어물 냄새
그라비아 인쇄	• 잉크 중의 휘발성분 • 신나(thinner)	• 신나 냄새 • 신나 냄새
페놀수지가공	• 페놀(phenol)	• 의약품 냄새
호마이카제조	• 스티렌(styrene)	• 양파 섞는 냄새
페인트 제조	• 스티렌 • 유기용제 크시렌(xylene) • 톨루엔(toluene)	• 양파 섞는 냄새 • 양파 섞는 냄새 • 신나 냄새
알루미늄 가공	• 황산 mist • 신나(thinner) • 수산 mist	• 자극취 • 신나 냄새 • 산(酸) 냄새
펄프제조	• 황화수소(hydrogen sulfide) • 메틸메르캡탄(methyl mercaptan)	• 달걀 썩는 냄새 • 양배추 썩는 냄새
카렌다 (인쇄시설 포함)	• 메틸에틸케논(MEK) • 암모니아(ammonia)	• 방향성 자극취 • 자극취
주물(특수주물)	• 페놀(phenol) • 포름알데하이드(formaldehyde) • 암모니아(ammonia)	• 의약품 냄새 • 불쾌한 냄새 • 자극취
석유정제	• 황화수소(hydrogen sulfide) • 메틸메르캡탄(methyl mercaptan)	• 달걀 썩는 냄새 • 양배추 썩는 냄새
도장(塗裝) 공업	• 유기용제 톨루엔(toluene) 크시렌(xylene) 벤젠(benzene) 등	• 신나 냄새 • 신나 냄새 • 자극취
소오다 비료 공업	• 염화수소(hydrogen chloride) • 염소(cholrine) • 암모니아(ammonia)	• 자극취 • 자극취 • 자극취

한편 동물의 분뇨가 혐기성 소화할 때는 급속히 소화박테리아가 발생하여 간단한 유기물질인 알코올, 지방산, 아미노산과 수소, 탄산가스, 암모니아가 생기며, 이때 단백질의 분해로 황화수소와 유기성 악취인 스카톨, 인돌, 메르캅탄 등의 발생으로 심한 악취가 발생한다. 표 2-20에 분뇨 중 28가지의 악취요인이 되는 화합물을 요약·정리하였다.

● 표 2-20. 분뇨 중의 방향성 화합물(악취성분)

분류	화학식	명칭		ppm	냄새
	H_2S NH_3 $(NH_4)S$	황화수소 암모니아 황화암모니아	hydrogen sulfide ammonia ammonium sulfide	0.13 55.0	계란썩은 냄새 자극취 분뇨취
메르캡탄류	$CH_3 \cdot SH$ $C_2H_5 \cdot SH$ $(CH_3)_2CH \cdot SH$	메틸메르캡탄 에틸메르캡탄 디메틸메르캡탄	methyl mercaptan ethyl mercaptan dimethyl mercaptan	0.041 0.00026	양파 썩은 냄새 양배추 썩은 냄새 불쾌취
설파이트류	$(CH_3)_2 \cdot S$ $(C_2H5) \cdot S$ $(C_3H7)_2 \cdot S$	디메틸설파이드 디에틸설파이드 디부틸설파이드	dimethyl sulfite diethyl sulfite dibuthyl sulfite	0.0037 0.0028 0.0011	양배추 썩은 냄새 마늘치 마늘치
알데하이드류	$H \cdot CHO$ $CH_3 \cdot CHO$ $C_2H_5 \cdot CHO$ $C_3H_5 \cdot CHO$	포르말린 아세트알데하이드 프로피온알데하이드 크로톤알데하이드	formaline acetaldehyde propion aldehyde croton aldehyde	 0.066 1.0 0.062	자극취 자극취 자극취 자극취
인돌류	C_9H_9N	스카톨	skatole aldehyde	0.019	분변취
지방산류	$H \cdot COOH$ $CH_3 \cdot COOH$ $C_2H_5 \cdot COOH$ $C_3H_9 \cdot COOH$	개미산 초산(醋酸) 프로피온산 낙산(酪酸)	formic acid acetic acid propionic acid utyric acid	 2.6 0.15 0.00056	자극취 자극취 불쾌취 땀냄새
케톤류	$CH_3 \cdot CONH_2$	아세트아미드	acetamide		생선냄새
아민류	$CH_3 \cdot NH_2$ $C_2H_5 \cdot NH_2$ $(C_2H_5)_2 \cdot NH$ $(C_2H_5)_3 \cdot N$	메틸아민 에틸아민 디에틸아민 트리에틸아민	methyl amine ethyl amine diethyl amine triethyl amine	0.021 0.047	쥐오줌냄새 암모니아냄새 생선썩은냄새 생선썩은냄새
페놀류	$C_6H_5 \cdot OH$ $C_6H_5 \cdot SH$ $(C_6H_5)_2 \cdot S$	페놀 티오페놀 디티오페놀	phenol thio phenol diethyl phenol	0.047	불쾌취 불쾌취 -
알코올류	$C_4H_9 \cdot OH$ $C_5H_{11} \cdot OH$	부틸알코올 아밀알코올	buthyl alcohol amyl alcohol		불쾌한 자극취 불쾌한 자극취

4.3.3 악취의 영향

악취물질이 인체에 얼마나 위해성을 가졌는지 정확히 밝혀지지는 않았다. 다만, 사람들이 악취에 노출 될 경우 그 즉시 질병이나 질환이 발생하지 않지만, 장기간 노출 될 경우에는 두통, 호흡 곤란, 구토, 메스꺼움, 알레르기 반응 촉진 및 감각기관의 자극, 그리고 짜증, 불안과 불편함, 정신적인 스트레스를 유발하는 것으로 알려져 있다.

이외에도 식물의 발육불량이라든지 고사 등의 식물피해, 금속도장의 부식, 고무의 노화, 세탁물의 오염 등이며 특히, 사회적으로 그 지역사회 주민의 자존심을 상하게 하고 대인관계를 악화시켜 사회·경제적인 상태를 악화시키므로 지역사회의 평가를 저하시킨다. 뿐만 아니라 그 지역 내의 식당, 숙박영업 등 서비스업의 부진 등으로 경제적 손실이 초래되어 그 지역의 발전을 억제시킨다.

악취에 대한 국내 배출허용 기준은 악취방지법 시행규칙에서 배출 허용기준이 명시되어 있음에도 불구하고, 여러 가지 이유와 국민소득 증가 등으로 인하여 2005년도에 약 4,300건, 2010년 약 7,300건, 2012년 약 10,000건, 2015년에는 약 13,000건으로 급속도로 민원이 증가하고 있는 것을 알 수 있다.

4.3.4 악취의 방지대책

악취를 제거 또는 저감하기 위해서는 목표로 하는 기준농도와 악취 성분의 구성 등을 사전에 정확히 조사하여 가장 적합한 악취 제거 방식을 선정하는 것이 중요하다. 악취방지기술에는 물리적, 화학적, 생물학적 방식이 있으며 가장 흔히 사용되는 방식은 약액 세정법으로 악취 성분과 약품액의 주성분과의 사이에 비가역적인 화학반응에 의해서 탈취하는 방식이다.

따라서 방지시설의 설계 시 반드시 악취에 대한 측정이나 모델링하는 것이 필요하며, 악취 성분에 적합한 탈취방식을 복합적으로 설치하는 것이 중요하다(그림 2-28 참조).

1. 통풍 및 희석법

악취가 나는 공기를 통풍시설을 통하여 수집한 후 높은 굴뚝을 통하여 방출시킴으로써 대기 중에서 악취가 분산 희석되도록 하는 방법이다. 이때 지상에서의 악취농도에 유의하여야 하며 특히, 악취는 보통 기체오염물과는 달리 먼지나 기타 물체에 잘 달라붙어 장기간 지속될 수 있다는 점을 고려하여야 한다. 또 대기 중에서의 자연적 희석이 만족스럽지 않을 때에는 다른 방법을 강구하여야 한다. 또한 주변의 건물과 바람의 영향을 받지 않도록 굴뚝높이를

- **물리적 방법**
  - 수세방식 – 물, 활성현탁액
  - 흡착방식 – 활성탄, zeolite
  - 냉각응축방식 – 수냉, 공냉
  - 희석방식 – 공기, 대기확산
- **화학적 방법**
  - 약용액 흡수방식
    - 산화흡수법 – 기상산화제(O_3, Cl_2, ClO_2)
      액상산화제($NaClO$, $NaBrO$, $KMnO_4$, H_2O_2 등)
    - 산, 알칼리 – 산(H_2SO_4, HCl 등)
      흡수법 – 알칼리($NaOH$, CaO 등)
  - 화학흡착방식 – 이온교환수지, 염기성가스흡착제(설폰화탄, 산첨착탄)
  - 산성가스흡착제(염화철, 수산화철, 염기첨착탄) 등에 의한 방식
  - 연소방식 – 직접연소법, 촉매산화법
  - 중화제 – masking제, 중화제(식물정유)
- **생물학적 방법**
  - 토양흡착방식 – soil filter
  - 활성슬러지방식 – 활성슬러지
  - 효소첨가방법 – 소화촉진제

● 그림 2-28. 악취처리방법

건물의 2.5배 이상으로 높여야 한다.

2. 흡착법

물리흡착이 주로 이용되며 악취 제거를 위하여 흡착제 표면과 악취물질이 잘 접촉하도록 할 필요가 있다. 일반적으로 모세관의 작용이 크고 넓은 내부표면적을 갖는 다공질의 흡착제가 사용되는데 그 중에서도 활성탄이 가장 일반적으로 사용되며 용제나 취기를 가진 분자에 대하여 우수한 흡착능력을 갖는다. 또한, 활성탄은 비교적 무극성이므로 수분이 존재하여도 유기분자의 흡착성능이 약간 저하할 뿐이다.

3. 흡수법

흡수에 의하여 제거되는 가스상 오염물질은 세정액에 잘 녹아야만 한다. 경제성, 부식성, 휘발성, 점성처리의 용이성 때문에 세정액으로서는 물이 가장 적당하다. 일반적으로 황화수소(H_2S)와 같은 산은 알칼리수용액에, 암모니아와 같은 알카리성은 산성 수용액에 잘 흡수된다.

● 표 2-21. 악취물질 제거방법

	약액세정	오존산화	미생물탈취	활성탄흡착	직접연소
공정개요	-액체의 기체용해성을 이용하여 악취성분을 산·알칼리 등의 반응에 의해 화학적으로 흡수시켜 탈취하는 방법	-오존에 의한 악취 성분을 산화·분해하여 오존 자체가 악취를 제거하는 방식	-악취를 미생물층에 통과시키는 악취 제거 방식	-활성탄의 흡착성을 이용하여 악취 등을 제거하는 방법	-악취물질을 보일러 연소용 공기로 공급하여 800℃에서 연소시켜 분해
단점	-난용해성 악취가 존재할 경우 약품 사용량 증가($NaOCl$, O_3, $NaOH$) -설치 부피/높이 큼	-악취물질 양에 대한 오존첨가량의 적절한 제거 필요 -잔류 오존에 대한 대책이 필요 -배출된 세정수의 처리시설이 필요	-높은 초기투자비 -생물학적 반응에 의한 시설로 동절기 효율 저하 우려(히터 등 동절기 대비용 부대 시설 필요) -설치부지가 많이 소요되고, 부대설비가 많음	-고온, 다습한 악취처리에 효과가 미약 -고가의 활성탄 교체비	-탈취기 운영은 24시간 운전으로 보일러 가동을 위한 연료비가 과다하게 필요 -전처리 설비 필요(수분, 먼지, 유분 제거)
처리특징	-난분해성 물질제거 -H_2S 처리에 효과적(알칼리세정) -$H_2S + NaOH \leftrightharpoons Na_2S + H_2O$	-고농도에 적합	-모든 발생 악취 처리에 효과적 -VOCs 등 처리 효과적	-VOCs 등 처리 효과적	-고농도의 VOCs 처리 효과적

4. 응축법

냄새를 가진 가스를 응결 혹은 냉각시켜서 응축시키는 처리법으로 가스의 직접냉각인 접촉응결법과 표면응결법 등이 있다. 유기용제를 비교적 고농도로 함유하는(200g/Sm^3 이상) 배출가스에 적용되며, 혼합기체를 노점 이하로 냉각하여 용제 증기만을 액체화시키고 회수하는 방법이다.

5. 연소산화법

많은 대기오염 문제에 있어서 가스 중의 가연성분은 연소범위의 하한보다도 낮기 때문에 완전연소하기 위해서는 충분한 반응시간이 필요하다. 또한, 충분한 보조연료도 필요하게 되며 부분적인 산화는 가스 중에서 허용되지만 유해성분을 생성시키게 된다. 연소온도는 일반적으로 650~820℃가 적당하며 효과적인 소각을 위해서는 산소가 충분히 공급되어야 하고 혼합이 잘되고, 연소온도가 적당하고, 접촉시간이 적당해야 한다.

6. 촉매산화법

고온연소법에 대하여 백금이나 금속산화물 등의 산화촉매를 이용하여 배출가스 중의 유기물을 260~350℃ 정도의 낮은 온도에서 산화 처리하는 방법이다. 이 방법에서는 연료비가 25~40% 절약되며 또한, 재료의 부식성이 적은 장점이 있으나 높은 연소관리를 필요로 한다. 만약, 온도가 낮으면 불완전연소를 일으키고, 반대로 너무 높으면 열화를 초래한다. 기름 중에 금속이 함유되어 있다면 촉매독이 되어서 기능이 저하되는 경향이 있다.

7. 화학적 산화법

산화력이 강한 오존(O_3), 과망간산칼륨($KMnO_4$) 등의 산화제를 사용하여 악취물질을 화학적으로 산화시켜 제거한다. 오존은 알데하이드, 케톤을 유기산으로 산화시킬 수 있으나 사람이 없는 곳에서 제거해야 한다. 과망간산칼륨은 황화물, 아민, 페놀, 스털렌, 아크로레인 등의 제거에 효과적이다. 메르캅탄(CH_3SH)을 산화시켜 아황산가스, 탄산가스, 물이 생성되어 1ppm 정도의 냄새가 난다.

8. 위장법

소극적인 방법으로서는 좋은 냄새를 풍기는 향료 등으로 악취를 위장시킬 수 있는 방법이다. 이 방법은 고대로부터 채택되었다. 보통 화장실에는 나프탈렌, 장뇌 등이 사용되고 이외 레몬유, 각종 수지 알코올, 향수 등이 이용되고 있다.

9. 기타 방법

폐수처리장에서 폐수나 슬러지를 잘못 처리하면 혐기성 상태가 되어 악취가 발생할 수 있다. 이런 경우에는 처리장 부하를 줄이고 산소공급을 충분히 하여 호기성화시킨다. 폐수처리용 산화지가 혐기성이 되면 악취가 발생하는데, 여기에 질산나트륨($NaNO_3$)을 뿌려주면 냄새가 제거된다.

Chapter 05

식품위생

5.1 식품위생의 정의

5.1.1 WHO의 정의

식품위생의 정의에 대해서는 1955년 제네바에서 개최된 WHO의 환경위생전문위원회(Expert Committee on Environment Sanitation)에서 식품위생에 대한 보고서가 작성되었다.

즉, 식품위생이란 식품의 재배, 생산, 제조에서 최종적으로 사람에게 섭취될 때 까지의 모든 단계에서 식품의 안전성, 건전성 및 완전무결성을 위해 필요한 모든 수단을 말한다라고 정의하고 있다.

식품위생은 환경보건학과 세균학, 그리고 광범위한 보건행정의 조직을 필요로 하며, 이를 뒷받침하기 위하여 우리나라에서는 식품으로 인한 위생상의 위해방지 및 식품영양의 질적 향상을 도모함으로써 국민조건을 향상시킬 목적으로 식품위생법이 제정되었다.

5.1.2 한국법상 정의

우리나라의 식품위생법(1962.1.20. 공포)에 의하면 제2조(정의)에서 "식품위생이라함은 식품, 첨가물, 기구 또는 용기·포장을 대상으로 하는 음식에 관한 위생을 말한다"라고 정의하고 있다.

5.1.3 식품과 감염병

식품을 통해서 경구적으로 인간에게 감염될 수 있는 대표적인 감염병은 소화기계 감염병이다. 경구감염병 중 세균성감염병에는 장티푸스, 콜레라, 이질, 파라티푸스 등이 대표적인 것이며 바이러스에 의한 감염병으로는 유행성간염, 폴리오, 감염성설사증 등이 있고 그밖에 연쇄상구균과 디프테리아 등도 음식물을 통한 경구감염을 일으킨다. 경구감염병은 계절적으로 여름철에 많이 발생되며 지역별로도 감염병의 종류에 따라서 특성이 다르다. 장티푸스의 발생은 환경이 불량한 지역에 많으며 이질은 농촌에서 많이 발생하고, 연령별로 보면 이질은 유년층에 많고, 장티푸스는 장년층에 많이 발생한다.

식품을 통한 감염병 중에는 인축에 공통으로 감염되는 인수공통감염병(zoonosis) 즉, 결핵, 탄저, 브루셀라(brucellosis)증, 야토병 등이 있다.

5.2 식중독

식중독(Food Poisoning)이라 함은 식중독은 병원성 미생물이나 독성 화학물질이 함유되었거나 혹은 오염된 식품을 경구적으로 섭취한 후 단시간 내에 갑작스럽게 발생되는 위장 증상을 총칭한 것으로, 식중독의 진단은 임상적 결과와 역학적 조사의 결과가 병합됨으로써 이루어질 수 있다.

식중독을 분류하는 방법은 많으나 여기서는 편의상 원인물질에 따른 분류를 해보면 표 2-22와 같다.

5.2.1 세균성식중독

세균성식중독(bacterial food poisoning)에는 식중독의 발생근원과 그 기전 여하에 따라 독소형(toxic type)과 감염형(infectious type)의 두 가지로 크게 구분하는데, 전자는 먹기 전에 세균이 이미 식품을 오염시켜 이열성균체외독소(thermolabile exotoxin)를 함유케 된 것을 섭취했을 때 발생할 수는 있으나, 후자는 오염된 식품을 일단 섭취한 뒤에 인체 내에서 발육증진한 세균이 산출하는 내열성균체내독소(thermostable endotoxin)로 식중독증상을 나타내는 동시에 그 원인식품으로 인하여 다른 사람에게까지 동일한 식중독 증상을 발병케 하는 것이 앞의 식중독과 차이가 있다. 이상에서 언급한 독소는 모두 사람의 장염(enteritis)의 원인이 독소이므로 장염독(enterotoxin)이라 부르고 있다.

여기서는 알아보기 쉽게 편의상 표 2-23과 같이 세균성 식중독을 구별해 본다.

● 표 2-22. 식중독의 원인물질별 분류

구별	식중독형	원인물질
세균성식중독	감염형식중독 독소형식중독	살모넬라균, 장염비브리오균 등 포도상구균, 보툴리누스균 등
화학적식중독	과실로 혼입된 유해물질에 의한 식중독 유해한 착색료에 의한 식중독 유해방부제에 의한 식중독 유해인공감미료에 의한 식중독 기타물질에 의한 식중독 조리기구·포장 등에 의한 식중독	농약, 수은, 카드뮴 등 auramine, genitian violet 등 붕산, 포르말린 등 dulcin, cyclamate, toludine 등 methanol, 간수 등 산화구리, 납, 비소 등
자연독식중독	동물성식중독에 의한 식중독 식물성자연독에 의한 식중독 곰팡이독에 의한 식중독	복어독, 조개독 등 감자독, 버섯독 등 맥각독, aflatoxin 등
알러지식중독	식품의 변질, 부패 등에 의한 식중독	ptomine 중독 등

● 표 2-23. 세균성 식중독의 분류

형별	세균속(genus)	세균종(species)	소재
독소형	Clostridium Staphylococcus	Cl. botulinum A, B 및 E형 Cl. perfringens A 및 F형 Staph. aureus(phage Ⅲ형)	토양, 식품 토양, 하수, 분변 화농병소, 코·목구멍
감염형	Salmonella Arizona Escherichia Morganella Vibrio	Sal. enteritidis 외 10여 종 Paracolobacterium arizona E. coli(병원성 대장균류의 일종) Proteus morganii Vibrio parahaemolyticus	사람, 개, 고양이, 가금류의 알, 소, 돼지, 쥐 등 사람, 조류, 도마뱀, 뱀 척추동물의 장관내 척추동물의 장관내 어육, 분변

1. 독소형

1) 보툴리누스식중독(Botulism)

소시지(sausage)나 햄(ham)이 원인식품이며, 초기에는 소시지중독이라고도 하였으나 근래에 와서는 총칭 보툴리누스식중독(Botulism)으로 통한다.

이 식중독의 높은 발생비율별 원인 식품명을 순서대로 들어보면 강낭콩, 옥수수, 시금치, 아스파라가스 등의 통조림과 육제품 및 어패류와 그 가공제품의 순이다.

원인식품 중에서도 우리나라에서 흔히 발생할 가능성이 많은 것은 어패류로 보는데 특히, 젓갈류의 처리과정 중에 토양이나 생선내장 속에 존재했던 보툴리누스균에 오염되어 식중독 원인이 되는 경우가 있을 것이다.

보툴리누스균독소에 의한 식중독은 마비증상을 일으켜 사망하는 경우가 많으므로 세균성중독 중에서 가장 무서운 것으로 인정하고 있다. 식중독은 원인식품을 먹은 후 12~36시간(때로는 72시간)의 잠복기(latent period)를 거친 다음에 발병하며, 처음에는 위장염 증상으로 시작하였다가 증상이 소실되면서부터 2차적으로 특징적인 신경마비증상을 일으킨다. 따라서 증상의 주된 소견으로는 시력장애, 복시(diplopia), 동공확대 및 빛에 대한 반사작용 둔화 등을 보였다. 더욱 심해지면 실성증(失聲症), 연하곤란, 변비, 복부팽창 및 호흡곤란 등을 일으켜서 결국 사망하게 되며 특징은 체온상승(발열)이 없고 사망률은 40% 정도이다.

식중독균의 오염원은 주로 토양과 보균동물의 분변이라고 보기 때문에 식품을 처리할 때에 어패류의 창자 내용물을 오염되지 않게 하고, 야채류인 경우는 충분히 물로 세척하여 흙에 의한 오염이 없게 할 필요가 있다. 특히, 원인균은 아포형성균이고, 독소생산균임을 감안하여 섭취하기 전에는 반드시 가열처리를 해야 한다.

2) 포도상구균식중독(staphylococal food poisoning)

식중독 중에서 가장 발생률이 많은 독소형식중독증으로서, 모든 식중독증상 중에서 마치 화학물질에 의한 중독증인 때와도 같이 2시간이란 짧은 잠복기를 갖는 것이 특징이다. 병원균은 무아포성이며 저항력이 비교적 강한 호기성세균이므로 자연계에 널리 분포되어 식품을 오염시킬 기회를 많이 갖고 있으며 식중독증상은 이른바 세균이 산출하는 장염독(腸炎毒, enterotoxin)에 기인된다.

원인균은 본래 인축에서 화농성염증의 원인균이며 1930년 닥크(Dack)에 의해서 처음으로 포도상구균식중독이 발생된 예가 보고된 이후부터 그 역사가 시작된다.

원인식품은 과자류나 복합조리식품 등이며, 팥을 가미해서 가공한 빵과 떡도 높은 발병률을 나타낸다. 과자류 중에서도 크림을 사용해서 만든 슈크림, 크림빵 및 크림과자 등에 의해 발생된 예가 많지만 어패류에 의한 포도상구균성식중독이 발생된 예는 매우 낮다. 위생학적으로 특별히 주의해야 할 일은 조리한 다음에 오랫동안 시간이 경과한 후에 섭취하게 되는 김밥이라든가 또는 도시락과 같이 주로 손이 많이 가면서도 복합된 조리방식이 취해진 식품에 의한 식중독 발생이 높다는 점이다.

식중독의 특징은 다른 독소형식중독과 달리 1~6시간(평균 3시간)의 잠복기를 갖는다는 점인데, 빠를 때에는 식후 30분만에 발병될 때도 있다.

주증상은 급성위장염으로서 처음에는 타액분비가 많으며 두통, 설사, 구토가 나타나고 두통이 반드시 수반되는 것이 특징이다.

병원균은 자연계에 널리 분포되어 있으므로 단지 식품을 깨끗이 하는 것만으로는 장염독에 의한 식중독을 예방하기에는 부족하다. 따라서 장염독이 산출될 수 없는 냉장온도(4~5℃)에서 보존하는 일이 가장 안전한 예방법이라고 하겠으며, 더욱 주의해야 할 일은 화농병소를 손에 지닌 사람이 호텔이나 대중음식점의 조리사로 종사하는 일을 금지하는 것도 중요하고 한편, 유방염(mastitis)에 걸린 젖소에서 얻은 우유로서 식품조리를 하지 않는 일도 잊어서는 안 된다. 또한 복합된 조리식품일수록 제조 후 장기간에 걸쳐 보존하거나 소비하는 일도 피해야 한다.

3) 웰치식중독(Clostriduim perfringens poisoning)

웰치식중독은 감염형인지 독소형인지 현재까지 확실하지 않으며, 닭고기 전골이나 오징어 요리로 기인된 식중독이 보고되어 있다.

원인식품으로는 어패류와 그 가공제품에 기인되는 일이 90% 정도이나 쇠고기, 돼지고기, 토끼고기, 닭고기 등이나 그 가공식품 등도 문제가 된다. 원인균은 CI. perfringens이나 혹은 웰치(CI. welchii) 간균이라고도 부르기 때문에 웰치식중독이란 말을 사용한다.

웰치식중독의 발생은 5~9월에 발생이 많고 10월부터 4월까지 사이에는 거의 발생된다.

웰치균은 본래 토양균(soil bacteria)이지만 인축의 장관 내에서도 존재하므로 보균자, 쥐 및 곤충 등에 의해서 식품이 오염되는 일이 보통이다.

독소의 형에 따라 잠복기와 증상에 차이가 있다. 즉, A형균에 의한 식중독은 8~20시간의 잠복기를 거친 다음 심한 물설사와 복통으로 시작되나 구토증세와 발열이 없이 경과하다가 24~48시간만에 치유된다. 그러나 F형균에 의한 식중독증은 잠복기가 2~3시간으로 A형에서 보다 짧고, 구토가 있으며 하복부의 격심한 통증과 설사로 시작하여 탈수증상이 나타나고 더 심해지면 허탈상태로 되어 사망하게 된다. 사망률은 보툴리누스식중독과 동일하다.

웰치식중독의 원인균의 열에 대한 저항력은 보툴리누스균의 아포보다 약하지만 100℃에서 1시간 이상 가열하여도 견디어 내는 수가 있으므로 오염식품의 가열처리는 안심할 수 없고 따라서 조리한 식품을 오랫동안 방치하는 일이 없이 5℃ 저온에 보존하는 일만이 식중독 예방의 한 수단이라고 하겠다.

2. 감염형

1) 살모넬라식중독(Salmonellosis: Salmonella food poisoning)

감염형식중독의 대부분을 차지하며, 장내세균의 일종인 10여종의 살모넬라균 속에 의해서 동물에서는 장티푸스성이나 패혈성(septicemica) 질병이 발생하고 사람에게는 그런 동물을 매개로 하여 식품을 통한 급성위장염(acute enteritis)을 일으키는 인수공통감염병인 식중독이다.

식중독의 주된 원인균은 장염균(salmonella enteritidis), 쥐티푸스균(Sal. typhimurium), 돈콜레라균(Sal. cholerae susis) 외에도 많은 살모넬라균종들이 원인균으로 작용한다.

살모넬라식중독은 6~9월(여름~가을)에 걸쳐 발생이 많은 것은 다른 세균독소형식중독과 유사하다. 원인식품은 주로 식육이나 계란이 가장 높은 감염원이 될 수 있으며 2차 오염이 가능한 샐러드나 마요네즈 등의 조리에 기인되는 일도 많고 또한, 장기보존에 기인되는 바퀴나 파리에 의한 식육오염에 기인되어 식중독이 발생하는 일이 많다. 특히, 우리나라 사람들이 즐겨먹는 날계란에 의한 살모넬라식중독은 흔한 일이면서도 모르고 넘어가는 일이 많으므로 주의를 요한다.

잠복기는 비교적 길어서 대략 12~48(평균 20시간)시간 정도이지만 식중독균의 독력이나 균량 내지는 감수성자의 저항력 등에 따라 잠복기의 기간에 차이가 생길 수 있다.

주된 증상은 급성위장염으로서 구역질, 구토, 설사, 복통, 두통 및 38~40℃의 발열이 2~5일간 지속되는 일이 다른 식중독과 차이가 있다. 발병되면 대체로 예후는 좋아 1~3일 경과하면 자연회복되는 일이 많으며 치사율(사망률)은 0.3~1.0%로 매우 낮다.

식중독 발생의 주된 원인은 앞에서 기술한 바와 같이 매개동물(쥐)이나 곤충류 등에 의해 기인되는 일이 많으므로 우선 조리장, 주방, 찬장, 창고 등 식품을 보관하는 장소에는 반드시 방충 및 방서설비를 갖추어야 하며, 원인식품에 오염된 병원균이 장기간 보존하는 과정에서 증식하는 일이 없도록 조리 후에 반드시 냉장온도에 보존해야하며, 섭취 전에 재가열 처리해서 먹어야 하고 조리한 후 장기간의 보존을 피하고 날계란을 섭취하지 않는 일이 중요하다.

2) 장염비브리오식중독(Vibrio parahaemolyticus food poisoning)

우리나라에서 장염비브리오식중독이 발생된 예는 1969년에 처음으로 보고된 바 있으며, 오염식품으로 인한 환자의 분변이나 구토물 중에서 원인균(Pasteurella parahaemolytica)을 분리동정한 것이 시초가 된다. 따라서 여름철에 어육의 조리나 생식에 각별한 주의를 요한다.

병원균은 해수세균의 일종으로서 호염성이므로 이로 오염된 해수 중의 전갱이(일명 아지) 건포물에 의한 식중독이나 바닷물로 절인 오이절임 등도 원인식품으로 인정될 수 있다. 그러나 우리나라에서 가장 흔한 원인식품으로 볼 수 있는 것은 낙지나 오징어를 비롯한 어육생선회와 이것들을 원료로 회덮밥과 초밥 등도 문제가 될 수 있다.

잠복기는 보통 14~20시간의 경우가 많으며 발병하면 설사와 복통은 반드시 일어나고 37~

38℃의 발열을 하여 오한, 구토, 권태감 및 두통 등의 증상도 있다. 1~3일이 지나면 회복되나 탈수증으로 인한 허탈상태로까지 진전될 수도 있다.

여름철에서 가을철에 걸쳐 이 식중독 발생이 많으므로 이 시기의 해삼이나 어패류의 생식에 주의해야한다. 또한, 균체가 열에 대해 약한 점을 이용해서 열처리 후에 섭취해야하며, 호염성이므로 민물(수돗물)에 오래 담가 잘 씻어서 요리를 하면 안전하고 특히, 오염 가능성이 많은 조리기구나 행주 등의 소독과 청결을 철저히 하는 일도 중요하다.

3) 병원성대장균식중독(Pathogenic E. coli food poisoning)

본래 대장균은 동물의 장내에 존재하는 대장균 속에 속하지만 병원성대장균(pathogenic E. coli)은 사람에게는 일시적으로 장내에 존재하는 외래성인 병원균인 반면에 동물에게는 정상대장균의 일종이므로 동물성식품이 식중독의 원인식품이 될 가능성이 많은 이유가 된다.

병원성대장균은 주로 Escherichia coli로 그람 음성으로 편모를 갖는 간균에 속하며 혈청학적으로는 항원구조에 따라, O, H 및 K 항원의 세 가지를 가지고 있는데 특히, O-124, O-136 및 O-112a, O-112c 등은 성인에서 자연감염원이 되고 있다. 그러나 영유아의 설사증은 O-111: B_4, O-55: B_5, O-26: B_6, O-86: L 등이 관계한다. 특히, 1996년 초여름 일본 초등학교 급식아동에게 광범위하게 식중독을 일으킨 O-157은 사회문제화로 대두되게 되었으며, 우리나라도 이 식중독에 각별한 주의를 기울여야 할 것이다.

이 식중독은 보균자의 오줌(尿)이나 분변에 의한 오염으로 소화기계통을 통해 감염이 된다. 동물의 장내 상재균인 병원성대장균은 우유를 통하여 유유아의 설사원인이 된다. 발생은 연중내내 일어나지만 봄에서 여름철에 걸쳐 더 많이 발생하는 경향이 많으므로 고아원, 탁아소 및 유치원 등에서의 병원성대장균식중독에 주의를 요한다.

성인 식중독의 잠복기간은 10~30시간으로 평균 12시간인 때가 보통이지만 영유아의 식중독 때는 일반적으로 잠복기가 짧으며 증상이 심하다. 주된 증상은 설사로써 마치 이질과 비슷한 증상을 나타내는 것이 특징으로 배변하는 횟수도 1일에 2~10회 가량 되며, 발열상태는 최고로 40℃가 되는 경우도 있겠으나 대체로 열이 없는 상태로 경과할 때도 있다. 영유아의 설사증 말고 소년~성인에게 발병된 예에서는 그 예후가 비교적 좋은 편으로서 수일간이면 쉽게 회복하고 특히, 항생물질(항생제, antibiotics)의 사용은 매우 유효하다.

동물의 장내에 늘 존재하는 장내세균임을 감안하여 이균으로 오염되지 않도록 각종 요리기구를 관리하고, 항상 가열식품을 섭취하는 습관이 필요하며 특히, 밀집된 장소에서 놀던 어린이들의 손에 의한 경구감염에 주의할 필요가 있다.

4) 아리조나식중독

병원체는 Paracolobacterium arizona로서 척추동물의 장관 내에 존재하는 세균이므로 돼지, 닭, 칠면조, 오리 및 꿩을 비롯한 수육과 조류육이 원인식품이 될 수 있을 뿐만 아니라 곤충류와 관련된 식품 등은 모두 아리조나식중독의 원인이 될 소지가 다분히 많다.

잠복기는 비교적 긴 편으로서 6~40시간이며, 주된 증상으로서는 복통과 설사증이고 38~40℃의 발열이 있으나 구토증이 없는 것이 다른 장내 세균성식중독과 다른 점이다. 대체로 1~2일 경과하면 자연회복되는 일이 보통이다.

5) 모르가넬라식중독

병원체는 Proteus morganil로 병원성과 장의 감염성여부는 아직 확인된 바 없지만 여름철 어린이 설사증의 한 예로서 밝혀졌다. 그리고 발병기전에 대해서는 알러지성식중독에 관계되는 프토마인(ptomain)중독이나 이 균이 생산하는 히스타민(histamine)과도 관계가 있는 것으로 추정하고 있을 따름이다.

5.2.2 노로바이러스(norovirus)에 의한 식중독

노로바이러스(norovirus)는 사람에게 장염을 일으키는 바이러스그룹으로 노로바이러스라는 공식명명이 최근 승인되었다. 노로바이러스는 Normalk-like viruses(NLVs), calici-viruses, small round structured viruses로도 불린다. 이 바이러스는 크기가 매우 작고 항생제로 치료가 되지 않으며 사람의 체외에서는 생장할 수 없는 등 세균이나 기생충과는 매우 다르다.

국내에선 2004년 제주도 수학여행 중 지하수가 원인이 되어 집단 발생된 후 사회문제화된 식중독으로 노로바이러스는 감염자의 분변이나 구토물에서 발견되며 사람은 다양한 경로를 통해 바이러스로부터 감염된다. 예를 들면, 노로바이러스가 감염된 식품이나 음용수를 섭취했을 때, 노로바이러스에 오염된 물건을 만진 손으로 입을 만졌을 때, 질병이 있는 사람을 간호할 때 또는 환자와 식품기구 등을 함께 사용했을 경우 등이다.

특히, 유아원이나 양로원에서 일하는 사람은 노로바이러스에 걸린 어린아이나 주민에 대해 특별한 주의를 기울여야 한다.

노로바이러스에 의한 질병 잠복기가 24~28시간이 일반적이지만 12시간 경과 후 증상을 보이는 경우도 있으며 주로 바이러스성 장염으로 위와 장에 염증을 유발한다. 대부분 경미한 오심, 구토, 복통, 설사를 하며 대부분의 사람은 1~2일 내에 호전되고, 심각한 건강상 위해는 없으나 가끔 어린이, 노인과 면역력이 약한 사람에 있어서는 탈수증을 보이기도 하므로 특별한 의학적 주의를 요하는 경우도 있다.

현재 노로바이러스에 대한 항바이러스제는 없으며 감염 예방백신도 없고 또한, 항생제로 치료되지도 않는다. 다만 탈수증상을 막기 위해 다량의 음료수, 쥬스, 물을 마시는 것이 도움이 될 수 있지만 사전에 용변후, 음식조리전, 음식먹기전, 기저귀 교체한 후 반드시 손을 씻어야 하고, 과일과 채소는 철저히 씻어야 하며, 굴은 가능하면 익혀 먹는다. 질병발생 후 바이러스에 감염된 옷과 이불 등은 즉시 비눗물을 사용하여 뜨거운 물로 세탁하며, 환자 구토물은 적절히 폐기하여 주변을 청결히 유지하고, 노로바이러스에 감염된 환자는 회복 후 3일 동안은 조리업무에 종사할 수 없으며, 환자에 의해 오염된 식품은 적절한 방법으로 폐기되어야 한다.

5.2.3 자연독에 의한 식중독

사람에게 유해한 동·식물의 일부 기관 내에 독성물질이 함유되어 있으며, 이러한 식품을 오용함으로써 자연독식중독이 발생한다. 그러나 이러한 동·식물성 독성물질의 생성은 계절적 지배를 받으며 또한, 감수성 있는 개체 차에 따라서도 좌우되므로 일정치 않다. 특히, 최근에 이르러서 곰팡이 대사산물인 마이코톡신(mycotoxin)의 일종인 아플라톡신(aflatoxin)이 발암성물질(carcinogens)로서 인정되고 있어 식품위생상 큰 문제로 대두되고 있다.

자연독식중독증을 원인별로 구별해보면 표 2-24에서 보는 바와 같다.

표 2-24. 자연독식중독의 분류

동물성자연독	• 동물 전체에 유독물질 함유	독꼬치
	• 특이한 환경에서만 유독물질 함유	바지락
	• 동물의 일정한 기관 내에만 유독물질 함유	복어
식물성자연독	• 식물 전체에 유독물질 함유	독버섯
	• 특정한 시기에만 유독물질 함유	청매
	• 특정한 식물기관에만 유독물질 함유	감자
곰팡이독		황변미, 맥각, aflatoxin

1. 동물성 식중독

여기에는 복어, 홍합(貽貝), 굴 및 모시조개 등에 의한 식중독을 대표적으로 들 수 있다.

1) 복어중독(swellfish poisoning)

복어의 알, 내장 및 피부 등에 유독물질인 테트로도톡신(tertrodotoxin: $C_{11}H_{17}O_8N_3$)이 함유되어 있으며, 이 중에서도 난소에 존재하는 복어독이 가장 강력한 독력을 가지고 있고, 복어의 종류에 따라서 유독성분의 함유량도 다르다.

독소는 햇빛이나 열에 대하여 저항성이 강하여 100℃에서 4시간 가열해도 파괴되지 않는다. 복어중독의 발병률은 약 60%라 하며, 증상은 섭취 후 30분~3시간의 잠복기를 거친 후에 입술과 혓바닥의 지각마비, 사지의 운동장해 및 구토로 증상이 시작하여 언어장해가 일어나고 결국 호흡중추의 마비로 8~9시간 만에 죽고 만다. 그러나 호흡마비없이 10시간이 경과하는 경우에는 자연회복될 가능성이 많다.

복어중독은 3~5월의 산란기에 최고의 독력을 가지므로 이 시기에 복요리를 피하는 일이 제일 좋고, 믿을만한 복어전문요리사에 의한 조리식품을 먹는 것이 복어중독을 예방할 수 있는 길이다.

2) 홍합중독

조개류중독 중에서 대표적인 것이 홍합중독이라 하겠으나 비교적 발생률은 적은 편이다. 홍합독은 홍합의 간에 있는 마이틸로톡신(mytilotoxin)으로 중독증상은 복어중독과 비슷하여 말초신경이나 호흡중추를 마비시킨다. 따라서 무더운 여름철에 잡은 홍합은 위생적으로 위험성이 많으므로 먹지 않는 것이 곧 홍합중독의 예방책이라 하겠다.

3) 바지락과 굴에 의한 식중독

굴의 간이나 모시조개를 비롯하여 바지락 등에서 생성된 베네루핀(venerupin)이란 유독성분이 식중독의 원인이다. 내열성이 강하여서 100℃에서 1시간 가열해도 파괴되지 않으며 식후 1~2일 후에 발증한다. 발생은 우리나라에서 7월경으로 알려져 있으며 초기에는 권태감, 오한, 구토 및 두통 등이 일어나고 더 심해지면 황달, 뇌증상 및 급성황색간위축증을 일으켜 사망하는 수가 있다.

4) 마비성조개중독(paralytic shellfish poisoning)

중독증은 섭조개(Mytilus edulis or Myt. californian)에 기인되므로 일명 섭조개중독(mussel poisoning)이라고도 한다. 섭조개중독의 원인독물질은 삭시톡신(saxitoxin: $C_{10}H_{17}O_4N_7 \cdot 2HCl$)이며, 독물질을 함유한 유독조개를 먹으면 대개 5~30분만에 입술이 마비되기 시작하며 중독의 경중에 따라 호흡중추 마비를 일으켜 사망하고 만다. 중독의 특징은 구토증이 있을 때와 없을 때가 있으며 설사 및 복통이 없고 체온의 변화도 없다는 점이다.

중독증의 치료약은 아직 없다고 보며 대체로 대증요법 내지는 응급처치로서 대처하는 것이 상례인데, 우선 환자로 하여금 구토를 시켜서 위 내용물을 모두 배출하고 위세척을 해주는 것이 효과적이다.

2. 식물성 식중독

1) 독버섯중독

버섯의 구조가 외견상으로 지나치게 화려하거나 아름다운 색을 띠는 것은 대체로 먹을 수 없는 독버섯으로 간주해도 된다. 버섯의 종류는 자연계에 수 천종 가량 있지만 그중에서 식용버섯은 불과 300여종 밖에 되지 않으나 오용으로 인한 독버섯 중독이 발생할 수 있다. 독버섯 중의 유독성분인 muscarine, choline, amanitatoxin, neurin 및 phalin 등의 독력은 버섯의 종류, 발병장기, 발생시기, 기후 등에 따라 차이가 있다.

독버섯중독 증상은 버섯 중에 함유된 알카로이드(alkaloid)에 의해 발증되며, 중독증상의 발현이 빠른 것일수록 독력이 강하다고 보아야 한다.

2) 감자중독

감자의 새싹이나 녹색으로 변색된 부분에는 솔라닌(solanine: $C_{45}H_{73}NO_{15}$)이란 독성분이 0.1% 이상 농축되어 있어 이것을 오용하면 수 시간 이내에 발열없이 복통, 허탈 및 현기증 등을 일으키게 되며 심하면 위(胃) 카다르와 용혈현상이 나타나고, 간혹 호흡중추의 마비가 오는 수도 있다. 솔라닌은 이열성이므로 가열로서 충분히 파괴될 수 있으니까 조리방법에 주의하면 솔라닌중독의 발생은 염려할 필요가 없다.

3) 청매(靑梅)중독

미숙한 매실 속에는 아미그다린(amygdaline: $C_6H_5CH(CN) \cdot O \cdot C_{12}H_{21}O_{13}$)이라는 배당체가 함유되어 있어 공존하는 효소에 의해 분해되어 시안산(靑酸 HCN)이 되어 중독증의 원인이 된다. 이에 의한 증상으로는 소화불량을 일으키고 구토, 경련 및 호흡곤란 등을 나타낸다.

4) 독미나리중독

식용미나리와 비슷하여 잘못 오용되면 독성분인 시큐토신(cicutosin: $C_{17}H_{22}O_2$)에 의해 중독증상을 나타낸다. 소량의 섭취로 위통, 구토 및 경련을 일으키며, 치사량은 강한 편으로 독미나리 한 개 정도로 치명적이다.

5) 목화씨중독

목화씨에는 고시풀(gossypol)이라는 독성분이 있어 면실유(棉實油)나 그의 유박(油粕)에는 0.7~1.5% 가량의 고시풀을 함유하고 있으므로 이로 인한 중독증의 발생이 간혹 있을 수 있다. 따라서 독성분을 제거하려면 제1철 이온이나 칼슘(Ca)을 이용하여 불용성인 복합체로 만들어 제거할 수 있다.

6) 피마자씨중독

피마자유나 그 유박 중에는 라이신(ricin)이나 알카로이드인 라이시닌(ricinin)과 알레르기 증세를 일으키는 알레르겐(allergen) 등을 함유하고 있다. 이들 중 적혈구를 응집시키는 해마클루티닌(hemagglutinin)이라는 식물성 단백질성인 라이신은 독성은 매우 크나 열에 대하여 이열성이므로 피마자유 정유과정에서 자연적으로 제거되며, 라이시닌은 양이 극소량이므로 큰 문제가 없으나 알레르겐만은 피마자유박 중에 상당한분량(유박 중량당 6~9%)이 함유되어 있고 더욱 내열성이 강하므로 불활성되기 어려운 점이 곧 중독증상의 발생근원이 될 것으로 본다.

3. 곰팡이에 의한 식중독

1) 맥각(麥角)중독

보리가 개화할 무렵 특히, 우기(雨期)에 보리(귀리)에 기생하는 맥각균(Claviceps purpurea)에 의해서 생성되는 에르고톡신(ergotoxin)에 기인되는 중독증이다. 오용에 의해 에르고톡신이 인체 내에 0.5% 축적하면 위장장해나 신경증상을 나타내고 특히, 임신부인 경우에는 조산이나 유산을 유발하고 만성중독의 위험성이 농후하여 사망률이 7% 정도이다.

2) 황변미(黃變米)중독

장기간 부적당하게 저장된 쌀은 Penicillium islandicu, Pen, toxicarium, Pen, citrinum 등과 같은 곰팡이가 생산하는 속효성인 수용성함염소 펩타이드(peptide)와 누효성(漏效性)인 지용성 색소의 루테오스키린(luteoskyrin) 등에 의해서 쌀이 황색으로 변질되고, 이에 오염된 쌀이나 황변미를 오용함으로써 각각 간질환, 신경장애 및 신장장애 등의 중독증상 등을 나타낸다.

3) 아플라톡신 중독

곰팡이독소(mycotoxin) 중에서 가장 식품위생적으로 문제가 되는 것은 아스퍼질러스 플라버스(Aspergillus flavus)에 의해 산출되는 아플라톡신(aflatoxin)이다. 특히, 이 독소는 발암성물질(carcinogen)로 지목되고 있어 중요시 된다. 이 곰팡이는 땅콩, 옥수수, 콩, 쌀 및 보리와 같은 모든 곡류를 오염시킴으로써 아플라톡신을 산출케 하여 중독의 원인이 되므로 오염된 곡식의 섭취를 금하거나 섭취시에 1시간 이상 가열하는 것이다.

5.2.4 알러지성 식중독

대부분의 식품은 자연계에서 부패되기 쉬우며 어패류, 조수육(鳥獸肉), 난류 및 우유 등과 같은 동물성식품과 과실과 야채 등의 식물성식품을 들 수 있다. 이러한 자연식품은 가열하게 되면 조직세포가 연화되고, 단백질이 변성되며, 추출물이 많아짐으로써 부패균이 오염을 받기가 쉬울 뿐만 아니라 증식하기에도 좋은 조건이 되므로써 더욱 부패하기 쉽게 된다.

1. 식품의 변질

가공조리 식품들은 장기간 방치하면 변질(spoilage)되어 먹기 곤란하게 된다. 식품의 변질에는 미생물증식에 의해 단백질이 변질되어 유해성 아민(amine)을 산출하게 되어 악취를 발생시키는 현상을 부패(putrefaction), 탄수화물이 변질되는 것을 변패(deterioration), 지질이 산화되어 변질된 것을 산패(rancidity)라고 부른다. 실제 식품이 변질된다면 식품을 구성하는 성분이 다양하므로 변패와 부패는 동시성을 띠고 있다고 보아야 한다. 따라서 육류, 어패류 및 계란 등의 변질은 부패에 해당되며, 술이나 버터 등의 변질은 변패에 해당된다.

2. 부패세균에 의한 식중독

식품의 부패는 부패세균이 산출하는 여러 가지 효소(enzyme)계의 활성에서 유래되는데, 세균들은 식품 표면에서 호기적으로 증식하여 식품성분의 변화를 초래하여 변색과 악취를 내고 혐기성(피산소성) 세균이 식품 내부로 침입하여 완전히 부패과정을 완수하게 된다.

3. 프토마인(Ptomaine)중독

유독성 아민(amine)으로서 대표하는 것이 프토마인(ptomaine)이라면 이로 인한 중독증을 프토마인중독이라 하겠으나 세균성식중독의 정체가 밝혀지면서부터 그 개념의 변화를 가져오게 되었다. 즉, 어육류에 의한 중독은 주로 해당식품 중에 생성된 히스타민에 기인되는 알러지성 식중독임이 확인됨으로써 서로간에 상관성이 있다고 보아야 한다.

중독증상은 프토마인중독이나 그 발생기전의 원리는 항원·항체반응에 따르는 병적 증상이므로 이것을 알러지성식중독으로 취급하게 된다.

증상은 식후 30분의 잠복기를 거쳐 안면을 위시한 전신의 피부가 붉어지고 두드러기가 발생하며 입·눈 등의 점막이 충혈되고 두통, 구역질, 구토, 설사를 한다. 식중독으로 사망하는 일은 없고 다만, 발병 24시간이 경과하면 저절로 회복한다. 치료제로서는 항히스타민제(antihistaminics)의 사용이 유효하다.

5.3 화학물질에 의한 식중독

모든 화학물질이 인체에 유해하다고는 말할 수 없고, Fe, Cu, Zn 및 Mn과 같은 화학물질은 인체생리 기능에 있어서 절대적으로 필요한 미량원소(essential elements)들도 있다. 우리가 식품공해로서 염려하는 것은 우연 또는 과실로 식품에 첨가된 유해물질이나 음식물에 사용하는 금속기구에서 유래되는 금속성 화학물질, 그리고 식품에 착색이나 착향을 시키거나 표백 내지는 방부의 목적으로 사용되는 각종 화학물질등이 식중독의 주 대상이 된다.

5.3.1 용기로 인한 식중독

음식물의 조리나 보존에 필요한 기구는 플라스틱제품이나 각종 포장지 이외에도 대체로 금속성인 것이 많은 까닭에 여기에서 용출된 금속원소가 인체에 유해한 원인이 되는 경우가 많다.

1. 납(Lead, Pb) 중독

납이 함유된 식품조리용기구나 통조림 등에서 납이 용출·분해되어 나오거나 도자기 또는 법랑용기구에 도포한 안료나 유약 중의 납이 음식물과 접촉하면 납이 용출되거나 납관으로 된 상수도관의 사용에 따른 음료수 중의 납이 조리식품을 오염시킬 수도 있다.

납에 의한 식품공해는 급성증상과 만성증상의 두 가지로 구별된다. 즉, 급성납식중독은 납을 다량 섭취했을 때에 급성위장증상, 흥분, 의식불명 및 망상과 같은 뇌증상을 일으키고, 만성인 경우에는 얼굴이 파래지는 연창구증(鉛蒼句症), 빈혈증, 잇몸의 치아쪽 끝이 1mm 가량의 넓이로 청자색으로 변색되는 연록증(鉛綠症, lead line), 사지근육의 마비, 맹장염(충수염)과 유사한 증상을 보이는 연선통(鉛疝痛) 등을 나타낸다.

2. 구리(Copper, Cu) 중독

구리는 열전도성이 강하기 때문에 가열 조리용기로 사용하는 일이 많아서 이들의 사용상

부주의로 인한 녹청[$Cu(OH)_2 \cdot CuCO_3$]의 발생과 조리기계 자체의 조작에 의해 깎여나간 구리 성분이 식품을 오염시키게 된다.

구리성분은 인체에서 매일 1mg씩 필요하지만 이것이 다량으로 섭취되면 오히려 식품공해의 원인 물질이 되어 구역질, 구토, 복통, 발한, 경련, 호흡곤란 등의 중독증상을 나타낸다.

3. 카드뮴(Cadmium, Cd) 중독

카드뮴은 금속식기의 도금재로 사용되는데, 이러한 용기에 산성식품을 보존하면 카드뮴 성분이 용출되어 식품을 오염시키므로 식품공해원인 물질이 된다.

대체로 카드뮴이 함유된 식품을 경구적으로 섭취(10mg)하게 되면 급성중독증상이 단시간 내에 나타나서 격심한 위장자극 증상으로 시작하여 마치 독소형식중독의 예에서 본 바와 같이 구토, 복통, 설사를 보이지만 회복은 빠른 편이다. 중독증이 발생되면 즉시 위세척을 해주고 의사의 지시를 받아야 한다.

4. 아연(Zinc, Zn) 중독

아연은 아연으로 된 식품용기에 산성식품을 장기간 보존하면 보존식품 속으로 아연성분이 용출·오염되어 식품공해원인물질이 된다. 이러한 오염식품을 먹으면 단시간 내에 구역질, 구토, 설사 등 복통을 수반하는 위장장해의 중독증상이 일어나며 입 안에서는 금속성 미각을 느끼게 된다.

5.3.2 과실로 인한 식중독

사람의 일시적인 착각이나 실수 또는 식품가공공정상의 과실로 인한 유해물질 내지는 유해금속 원소의 혼입을 비롯하여 농약, 살충 및 살서제 등의 오용 등으로 식품이 오염되어 일어나는 중독증상이 가끔 있어 주의를 요한다.

1. 메틸알코올(methyl alcohol)의 중독

에틸알코올(ethyl alcohol)로 잘못 알고 직접 마시거나 또는 발효주나 양조과정에서 과량의 메틸알코올로 혼입한 가짜술을 마시므로 발생하는 메틸알코올 중독증상은 매우 치명적이어서 중요시 된다. 그러나 자연발효주 중에도 미량이나마 메틸알코올 성분이 함유되어 있으므로 함량을 법적으로 규정해 놓고 있는데 가령, 과실주는 1.0mg/mL, 일반주는 0.5mg/

mL까지 허용하고 있다. 중독증상은 음주 후 수 시간만에 나타나며 두통이 심하고 현기증, 구토, 복통, 설사를 하나 특히, 심할 때는 시신경이 마비되어 실명하는 예가 있다. 물론 일시에 30~100mL의 메틸알코올을 먹으면 심장쇠약, 호흡장해 및 전신마비가 일어나 사망한다.

2. 농약에 의한 식중독

농약은 본래 농작물에 해를 끼치는 세균, 곤충 및 들쥐 등을 방제하기 위해 사용되는 약제를 뜻하지만, 제초제를 비롯한 식물호르몬제 및 토지개량제 등도 농약으로 취급되며 이것들은 인체에 대해 독성이 강하여 급성중독을 일으키는 것과 저독성이나 장기간에 걸쳐 축적됨으로써 만성중독이 되는 경우로 구분할 수 있다. 그리고 표 2-25에서 보는 바와 같이 중독장해의 양상은 농약제의 종류에 따라 차이가 있음을 알 수 있다.

표 2-25. 인체장해와 농약의 분류

장해의 형태	농약의 종류
급성중독	유기인제, 유기염소제, 강독성 carbamate제, para coat제 등
피부염 알러지를 포함한 피부장해	유기염소제, 유기수은제, 유기주석, thiocarbamate제, 유기유황 살균제, dichlortriazine 등
결막염	brustcysine S, 훈증제 등
만성중독증	유기인제, 유기염소제, PCB, 수은, 납 등
축적독	γ-BCH, dieldrin, heptachor 등의 유기염소제, 수은, 주석, 납, 비소 등

1) 유기인제

현재 우리나라에서 사용되고 있는 독성이 비교적 약한 유기인제로서는 malathion, sumithion, diazinon, bitex 및 DDVP 등이 있으며, 과거에 사용되던 맹독성인 parathion은 사용금지되어 있다. 이들 유기인제는 독성이 강한 반면에 동·식물체 내에서 비교적 빨리 분해되어 무독화되므로 만성중독을 일으키는 일은 거의 없다. 반면에 급성중독의 작용기전은 생체내에 존재하는 choline esterase(ChE)라는 효소의 작용을 억제함으로써 acethyl choline(ACh)이 점차로 체내에 축적되어 결국 콜린(choline)의 기능에 관계하는 신경을 과잉자극함으로써 muscarin이나 nicotin 중독에서 보는 바와 같은 신경중독증상을 일으켜서 치명적이다.

2) 유기염소제

유기염소제는 유기인제와 달리 대부분 안정된 화합물로서 식물체내에서는 거의 분해되지 않고 동물의 지방층이나 뇌신경 등에 유입 축적되어 만성중독을 일으키는 경우가 많다. 유기염소제에 해당되는 살충제로서는 DDT, γ-BHC, dieldrin 및 aldrin 등이며, 이들에 의한 중독기전에 대해서는 아직 분명치 않다.

주 증상은 중추신경증상으로서 식욕부진, 구역질, 구토, 두통 등의 증상으로 시작하여 중독증상이 진행됨에 따라 심한 자극성흥분이 발생하고 강직성 또는 간헐적경련증상을 보이다가 결국은 혼수상태로 빠져 사망하고 만다.

3) 유기불소제

불소제 중에서 플로오르초산(CH_2FCOOH)은 다른 할로겐유기물질과 달리 독특한 중독증상을 일으키는데, 먼저 심한 구토증을 되풀이하며 다갈색의 위액을 토출한다. 이는 위내 출혈에 기인되므로 위동통을 일으켜서 점차로 의식이 혼돈해지고 간질과 같은 경련을 일으킨 후에 혼수상태로 되면서 부정맥과 청색증(cyanosis)을 병발하여 결국은 심장장해를 일으켜서 사망한다.

4) 비소제

살서제로 사용되며 아비산(亞砒酸)이나 비산납(砒酸鉛) 등이 간혹 소맥분의 베이킹파우더(baking power)로 오용되거나 분유제조 공정에 우유 중의 단백질 안정제로 사용되는 제2인산나트륨에 5~8% 가량 함유된 비산성분에 기인되거나 또는, 비산납이 잔류한 야채를 먹음으로써 중독증상을 나타낼 때도 있다. 오염분유의 중독은 특히, 인공 영양유를 먹이는 생후 4~12개월 이내의 유아에서 발생이 많으나 대체로 접촉에 의한 피부염을 비롯하여 경구섭취에 의한 콜레라증과 유사한 급성위장장해 및 체중감소, 발진, 탈모, 흑피증(피부암과 유관), 각피증, 설사, 신경염 및 순환기계통의 장기와 간장해 등 만성중독증상을 보인다.

5) 유기수은제

벼의 도열병 방제약으로서 사용되는 유기수은제의 주성분은 초산페닐수은이며 이것에 오염된 곡류식품은 수은중독의 원인식품이 될 수 있고 또한, 앞에서 언급된 바 있는 미나마따(Minamata)병도 유기수은계의 알킬수은의 오염으로 인한 어류식품이 중독원인물질로 수은 오염식품을 통한 식품공해문제는 매우 심각한 문제이다. 중독증상으로서 피부염, 위장장해 및 신경증상 등이 나타나며 특히, 알킬수은중독일 때는 경련, 시야축소, 언어장해 등의 중추신경 장애가 심하며 설령 회복된다 해도 폐인이 되고 만다.

5.3.3 식품중의 잔류농약에 의한 식중독

모든 농약은 살포 당시 농약의 독성, 침투성, 내·외적인 영향 등에 따라 잔류농약의 양에 차이가 생긴다. 햇볕, 바람 및 강우 등의 외적조건과 농작물 자체의 성장 정도와 물질대사의 기능여하 등 내적조건의 영향을 받아 잔류농약의 양은 점차로 감소되어 그 허용량에도 차이점이 생기게 된다.

1. 농작물의 잔류농약

가령 침투성이 강한 살충제인 methyl demeton을 야채와 과수에 살포 또는 도말했을 때의 차이점을 모니터링(monitoring) 할 수 있는데, 그림 2-29에서 보는 바와 같이 채소잎과 과실 사이에 차이가 있고 또한, 투약방법 여하에 따라서도 차이가 있음을 알 수 있다. 즉, 살포 당시에 과실에 부착된 농약의 양은 3~5ppm이었으나 점차로 감소되어 15~20일이 경과한 후에 1ppm이 되었으며, 잎에 부착한 당시의 양은 과실에서 보다 높아 10~15ppm으로 높았고 그 감소율이 빠른 것이라야 20일이 지나서 비로소 1ppm으로 감소됨을 알 수 있으므로 살포농약의 잔류기간은 과실에서 보다 야채류의 잎에서 더 긴 것으로 보아 농약을 살포한 야채의 섭취로 인한 식품공해 문제는 더욱 중요시 된다.

그리고 독성이 강한 parathion, methylparathion과 같은 농약은 물리적 침투성이 있어야 부착된 농약이 과실 내부로까지 침투되기 때문에 이 감소율은 잎의 침투성이 강한 살충제와 거의 같을 것이다. 그러나 유기수은제, 비소제 및 구리제 등은 침투성이 거의 없기 때문에 거의 대부분이 표피에 부착된 채 서서히 분해되어 감소되니까 이런 한 과실을 먹을 때는 과즙

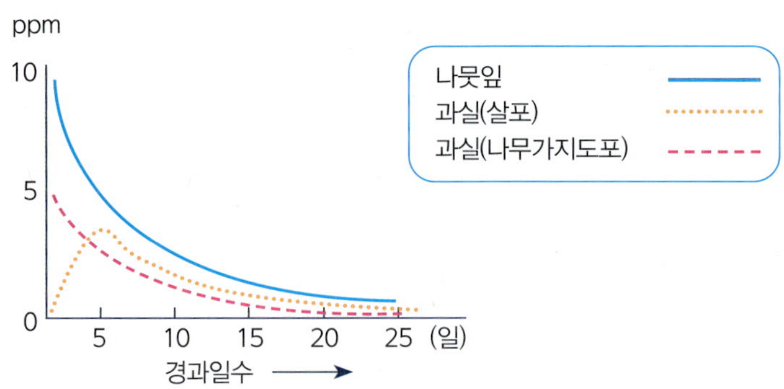

● 그림 2-29. 사용한 잔류농약의 변화

및 과실통조림 공정에서는 흐르는 물로 충분히 표피를 씻어내면 잔류농약에 의한 식품공해를 방지할 수 있다.

2. 동물성식품 중의 농약잔류

먹이사슬의 일환으로서 동물들은 농약을 살포한 식물을 식량으로 삼기 때문에 농작물에 잔류한 농약은 당연히 동물 체내로 이행되기 마련이다. 특히, 유기염소제는 지용성이고 분해가 잘 되지 않아서 동물 체내 지방분에 쉽게 용해되어 축적되므로 유리된 염소는 체내에 농축되게 마련이다. 따라서 어패류의 체내에는 수중 농도의 수 만 배에 해당되는 유기염소제가 농축되어 있으며, 포유류 체내에는 목초 중의 디디티(DDT) 농도의 6~14배 가량이 피하지방층에 축적하게 된다. 특히, 사람이나 동물에게 유기염소제의 농도가 높아지는 이유는 앞에서 언급한 식물연쇄(먹이사슬)를 경유함으로써 이루어지는 까닭이라 하겠다.

즉, 인간은 먹이사슬의 종점이 되므로 생물 중에서 가장 많은 유기염소제의 오염을 받을 소지가 된다.

3. 농작물 중의 농약잔류 허용량

1980년 우리나라에서 처음으로 환경부 고시 제81의5호에 의해서 농약잔류허용기준을 제정하였다. 이 기준에 의하면 동일한 농약이라 할지라도 농작물의 종류에 따라 다르며 한편, 독성이 강한 파라치온(parathion)과 독성이 낮은 다이아지논(diazinon)은 각각 동일한 농작물에 대해서 허용량에 차이가 있음을 알 수 있다.

한편 독일에서 발표한 보고서에 따르면, 농약살포 후 수확기까지의 허용기준 기간은 표 2-26에서 보는 바와 같으며, 여기서도 농작물의 종류별 농약 종류 간에 차이가 있음을 알 수 있다.

5.4 식품첨가물로 인한 식중독

식품의 상품적 가치향상을 비롯한 식욕증진, 식품보존 및 영양강화 등의 다양한 목적 아래 식품에 첨가된 화학적 합성물을 식품첨가물(food additives)이라 하며, 우리나라의 식품위생법에서 식품첨가물이란 식품을 제조, 가공 또는 보존과정에서 감미, 적색, 표백 또는 산화 방지 등을 목적으로 식품에 사용되는 물질이라고 정의하고 있다. 따라서 양적으로 많이 사용되

● 표 2-26. 농약잔류허용기준(농약사용으로부터 수확까지의 기간)

농약명칭	과수에 사용할 경우	채소에 사용할 경우	사료작물에 사용할 경우
DDT	30일간	30일간	30일간
BHC	30일간	21일간	21일간
aldrin	30일간	30일간	30일간
endrin	30일간	30일간	30일간
dieldrin	30일간	30일간	30일간
parathion	14일간	14일간	14일간
methyl parathion	14일간	14일간	14일간
methyl demeton	21일간	21일간	21일간
demeton	42일간	–	42일간
diazinone	10일간	10일간	10일간
malathion	7일간	7일간	7일간
phosdrin	4일간	4일간	4일간
nicotine	8일간	8일간	8일간
pyrethrin	규제 없음		
derris	규제 없음		
구리제	규제 없음		
수은제	꽃피기 전에 사용		

는 조미료로서 설탕이나 소금은 그 사용량이 많으므로 식품첨가물이라기보다 식품에 해당된다. 따라서 식품첨가물은 식량 이외의 물질인 동시에 비영양물질에 해당되고 특히, 단독적인 입장에서 보더라도 식생활과 직접적인 관계가 없는 화학물질 내지는 약품이라고 할 수 있다. 그러나 이러한 식품첨가물 일지라도 그것이 발암성물질(carcinogen)의 것은 아니어야 한다.

5.4.1 유해보존료에 의한 식중독

법적으로 허용되지 않은 보존료는 독성이 강하여 사용이 금지되어 있지만, 악덕 상인의 위법행위로 인해 사람들에게 피해를 줄 때가 있다. 식중독을 일으킬 수 있는 유해보존료로 붕산, 승홍, 폼알데하이드, 베타나프톨, 티몰, 불소화합물 등이 있다.

5.4.2 유해 인공착색료에 의한 식중독

식품의 신선도를 증진시키고 외견상 아름답게 보이게 하기 위해서 인공적으로 본래 색깔에 색소를 식품에 착색시키는 경우가 있다. 착색료에는 천연산도 있지만 사용량의 충족을 위해서도 양산될 수 있는 인공착색료가 더 많이 쓰이는 동시에 사람에게 미치는 유해도도 정비례한다. 그 중에서도 주로 염기성타르(tar)색소가 사람에게 더욱 유해한 색소이며, 과거에 부정한 방법으로 쓰여지던 유해색소들은 표 2-27에서 보는 바와 같으나, 합성타르색소류는 모두 유독성인데 그 중 로다민-B(rhodamine-B)는 가장 독성이 강한 것으로 인정되고 있다.

그리고 같은 색깔의 합성타르 색소들이라도 그 종류에 따라 중독 치사시키는 독성에 큰 차이가 있음을 알 수 있다.

그러데 이들 유해색소의 화학구조에 따라 다소의 차이는 있어도 대체로 간과 신장에 심한 장해를 줄 뿐만 아니라 혈액이나 신경계통에 대해서도 유해작용이 있으며, 이들 색소의 독성에 있어서 문제가 되는 것은 주로 만성독성이고 발암색소가 있다는 점이다.

5.4.3 유해감미료에 의한 식중독

과거 천연설탕이 부족했을 때 설탕 대신으로 p-nitro-o-toludine, saccharine, dulcin 및 cylamete 등이 식품첨가물로 사용되었으나 발암성과 독성문제로 현재 dulcin(소화효소 억제)과 cyclamate(발암물질)와 p-nitro-o-toludine(살인당)은 사용이 금지되어 있고, 사카린(saccharine)만을 허용하고 있다. 그러나 이것도 체내에서 분해되지 않고 그대로 배설된다 하더라도 장기간 중복 사용하게 되면 신장장해를 일으킨다는 점에서 문제가 되어 1989년 추가 금지시켰으나 근래와서 나라마다 소량 이용되고 있다.

또한, 과거에 많이 사용했던 유해 인공감미료로서는 천연설탕의 단맛보다 2,000~4,000배가 더한 metanitro aniline을 비롯하여 2,000배가 되는 ethyleneglycol 및 peryllartine, 그리고 300배나 되는 glycine 등도 있으나 현재는 사용금지되어 있다.

● 표 2-27. 유해색소류

색상	색소명	분류명	착색 대상 식품명
적색	rhodamine B	염기성 색소	과자류
적색	acid fuchsin D	산성 색소	식초 절임류
적색	amidonaphtol red	산성 색소	식초 절임류
등색	chrisoizine	염기성 색소	과자류
등색	orange	산성 색소	소시지, 과자류
황색	auramine	염기성 색소	단무지, 과자류
녹색	malachite green	염기성 색소	과자류, 알사탕
자색	methyl violet	염기성 색소	과자류
갈색	bismarck brown	염기성 색소	절임류
갈색	direct brown	직접성 색소	과자류
흑색	direct black	직접성 색소	참깨

5.5 PCB에 의한 식중독

미강유에 의한 식품공해는 앞에서 언급한 바 있는 식품 중의 잔류농약을 비롯하여 식품가공이나 보존용기와 포장으로부터 용출되는 화학물질 중에서도 식품의 독성오염물질(toxic food contaminant)의 일종인 polychlorobiphenyl(PCB)에 기인되는 식품공해를 비소중독과 더불어 중요시 하지 않을 수 없다. 즉, PCB는 미강유(米糠油)를 제조할 때 탈취공정에서 가열매체로 사용되는 PCB가 누출되어 기름에 혼입됨으로써 일어나는 중독사고라고 볼 수 있다. 그러나 PCB는 이성체가 많고 여러 가지 유사한 화합물이 존재하기 때문에 모두 물리적 인자 또는 생물학적 성상이 다르므로 자연 PCB가 식품을 오염하는 양상에 차이가 있고 또한, 오염식품의 종류에 의해서도 잔류하는 PCB의 질과 양에 차이가 있을 것이므로 식품에 대한 PCB의 분별이나 정량문제는 앞으로의 연구대상이 된다고 하겠다.

중독증상으로는 주로 안지(眼脂)의 증가, 손톱·발톱의 변색, 좌창양피진(座瘡様皮疹) 등을 주 증상으로 하는 피부증상을 위시하여 일반적으로 식욕부진, 구역질, 구토, 사지 탈력감, 저림감, 관절통, 월경이상, 체중감소 등이 나타난다.

5.6 식품보존

식품보존은 식품을 신선한 상태로 일정기간 저장하여 식품가치를 유지시키며 유통, 수송, 비축 등의 조치를 원활하게 할 수 있을 뿐만 아니라 식품변질에서 오는 사고를 미연에 방지하고, 영양가를 유지시키는 데 그 목적이 있다.

대체로 식품이 변질과 부패되는 일은 미생물에 기인되는 것이므로 식품가공공장에서부터 미생물에 대한 오염방지를 해야 하는데, 그 방법으로는 주로 다음과 같은 것들이 있다.

5.6.1 물리적 보존방법

물리학적 처리에 의한 식품보존법으로 주로 냉동과 냉장법이 많이 사용되나, 가공공정에서 가열법, 탈수법 및 자외선 조사법 등이 사용된다.

1. 냉동 및 냉장법(Freezing and chilling)

냉동이란 0℃ 이하의 온도 보통 −20℃ 정도에서 식품을 동결시켜 보존하는 것을 말하며, 냉장이란 0~10℃(평균 4℃)의 온도에서 식품을 단기간 보존하는 것을 말한다.

냉동식품에 해당되는 것은 주로 수육이나 어패류 등이지만 이때 지나친 단백질의 변성을 가져올 수 있으므로 주의해야 한다. 한편 냉장식품으로 타당한 것으로 계란, 야채 및 과실류가 있다. 일반적으로 육류는 0~5℃에서 어류는 −4~−6℃에 저장하면 보존이 잘 된다.

2. 가열법(Heating)

식품 중의 오염된 미생물의 체내효소를 파괴하여 사멸시킴으로써 그 작용을 저지하는 원리를 이용하는 방법이다. 따라서 완전하게 하기 위해서는 110~120℃에서 1~2시간 정도 가열하면 미생물은 완전히 사멸된다. 따라서 앞에서 기술했던 보툴리누스균의 균체나 장염독소(enterotoxin)는 고압멸균기(autoclave)를 사용하여야 한다.

그러나 우유인 경우 80℃ 이상 온도에서는 우유 중 영양물질을 변질시킬 염려가 있으므로 저온살균법(pasteurization)이 이용된다. 그러나 이와 같이 살균한 다음에 해야 하는 보존방법이 나쁠 때에 우유는 산패하고 대장균이 증가하는 까닭에 식품살균을 끝낸 다음 1시간 이내로 10℃ 이하로 냉각보존(cooling preservation)해야 한다.

3. 탈수법(건조, Drying or desiccation)

식품을 탈수(dehydration)하는 목적은 식품 중의 물기를 없애 건조시킴으로써 미생물의 발육을 억제하는데 그 목적이 있다. 자연건조법, 가열건조법 및 감압건조법 중 어느 방법이든 식품 중의 수분함량을 15% 이내로 감소시키면 된다. 탈수법은 곡류, 콩류, 어류, 우유 및 계란 등에 이용된다.

4. 자외선 및 방사성물질에 의한 방법

방사선의 일종인 유효파장이 2,500~2,700Å의 자외선(ultraviolet ray UVR)을 조사하여 식품에는 거의 변화를 주지 않고 식품을 살균하는 방법이지만, 식품의 심부에까지 투과하지 못하는 결점이 있다. 최근에 이르러 방사성동위원소(radio isotope)의 투시로 식품을 보존하는데 여기에는 비교적 투과성이 강한 γ선이나 β선이 이용되며 특히, γ선인 ^{60}Co이 많이 이용되고 있고 결점으로서는 특유한 냄새가 나고 식품의 성분을 변질시킬 수 있다는 점이다.

5.6.2 화학적보존방법

1. 방부제 사용법

화학적보존법으로는 주로 방부제(antiseptics)를 가공식품이나 동물성단백질 등에 사용하기가 쉽다는 점에서 다른 것 보다 많이 사용된다. 그러나 어떤 종류의 방부제이던 독성이 있기 때문에 사용량의 규제를 엄격히 준수해야 한다.

2. 염장법과 설탕절임법

보존식품에 고농도의 식염이나 설탕을 첨가하면 일반미생물의 발육이 저해된다. 특히, 소금이 식품 중에 10% 이상 함유되면 일반세균의 발육이 저지되므로 이 원리를 이용한 것이 염장(salting)법이다. 그러나 고농도식염수 중에서도 발육하는 호염균(halophilic bacteria)이 있기 때문에 절임식품에서도 간혹 변질을 일으키는 경우가 있다. 식염에 의한 절임작용은 주로 탈수와 세균에 대한 염소이온(Cl-ion)의 직접작용에 의한 방부작용이라고 하겠다.

한편, 설탕은 50% 이상의 농도로 첨가되면 대부분의 미생물의 발육이 저지(설탕절임법)되므로 이 원리를 이용한 식품이 이른바 설탕절임식품인 것이다.

3. 산장법(酸藏法, Pickling)

유기산으로 식품 중의 수소이온농도(pH)를 변화시켜 세균, 곰팡이 및 효모와 같은 미생물의 발육을 저지할 목적으로 식품을 식초에 절이는 일이 있다. 이 보존법은 과실이나 야채의 저장에 이용된다.

4. 항산화제(antioxidant) 첨가법

식용유지의 성분이 보존되는 동안에 산화되어 변패되는 일이 있는데, 이것을 방지하기 위해서 프로필에스테르(propylester)와 같은 항산화제를 사용할 때가 있다.

5.6.3 미생물을 이용한 보존법

인체에 무해한 유용미생물을 이용하여 식품을 보존하는 방법으로서 유산균(Lactobacillus)이 주로 이용되며, 그 대표적 식품으로 치즈(cheese)를 들 수 있다.

5.6.4 병용처리법

1. 훈연법(Smoking)

훈연법은 주로 어패류나 수육류보존법으로 널리 사용되는데, 대개는 염장이나 자열(煮熱)을 한 다음에 훈연을 하는 것이 상례이다. 이것은 탈수작용과 훈연 중에 발생하는 폼알데하이드(formaldehyde)나 초산, 페놀과 같은 살균물질의 육질 내 흡수효과 원리를 이용한 보존법으로서 햄이나 베이컨 등이 이에 속한다.

2. 삶아찌는법

가공식품에 소금이나 설탕을 적당량 첨가하여 쪄서(佃煮) 탈수하는 방법으로 소금이나 설탕에 의한 식품 내 미생물의 증식을 억제하고 부패를 방지할 목적으로 사용된다.

5.6.5 가스저장법

어육류, 란(卵)류, 야채저장에 주로 이용되며 탄산가스(CO_2), CO_2와 산소(O_2) 혼합기체, 질소(N_2) 가스가 주로 사용된다. 예를 들면, 사과는 혼합기체(CO_2 3~15%+O_2 3~10%)에서 5℃로, 토마토는 혼합기체(CO_2 5%+O_2 5%)에서 12℃, 시금치는 혼합기체(O_2 10%+CO_2 10%)에서 0℃로 저장한다.

5.7 식품의 위생관리

인간의 건강과 생명을 유지하기 위해서는 식품뿐만 아니라 식품을 조리할 때 사용하는 기구, 기계, 시설, 포장, 용기 및 유통과정, 제조과정, 조리과정, 보존과정, 그리고 식품에 사용되는 각종 첨가물에도 세심한 주의를 기울여야 한다.

식품 위생관리의 문제점들을 해결하기 위해서는 식품위생법에 위반되는 식품 또는 첨가물의 판매 또는 진열의 금지, 식품취급자의 위생관리 철저, 식품제조 시설과 식품유통의 위생적인 관리, 식품의 위생검사 및 위생감시의 철저, 조리의 철저, 법의 강제집행과 법의 준수 철저, 식품위생에 관한 교육실시 등이 요망된다.

Chapter 06

산업위생과 작업환경

6.1 산업위생의 정의

영국의 산업혁명(industrial revolution)을 기점으로 인간생활이 농경생활에서 산업생활로 그 패턴이 바뀌면서 산업사회에 여러 가지 문제점이 대두되기 시작했다. 그 가장 큰 문제점이 바로 작업조건과 환경조건 즉, 작업환경과 여기에 인간이 어떻게 효과적으로 순응·대처하느냐의 점에서 산업위생학(industrial hygiene)이 현대사회의 중요한 학문으로 부상했다.

미국산업위생학회(AIHA)는 산업위생(Industrial hygiene)을 다음과 같이 정의하고 있다. "산업위생이란 근로자나 일반대중에게 질병, 건강장애와 안녕방해, 심각한 불쾌감 및 능률저하 등을 초래하는 작업환경요인과 스트레스를 예측, 측정, 평가하고 관리하는 과학과 기술이다", 그리고 1996년 4월 24일 마드리드(Madrid)에서 열린 산업안전보건에 관하여 관련있는 국제조직과 국제회의의 비공식 회합에서 배부된 자료인 Background Infromation(VI)은 1995년 4월 ILO/WHO 합동위원회가 산업위생의 새로운 정의를 다음과 같이 소개하고 있다. "산업위생은 다음의 것을 목표로 하여야 한다. 모든 작업에 있어 근로자의 최고도의 신체적·정신적 그리고 사회적 안녕의 증진과 유지; 근로자 전체에 대하여 그들의 작업조건에 기인한 위험으로부터의 이탈방지; 건강에 불리한 요인에 기인한 위험으로부터의 취업 중의 근로자 보호; 근로자의 생리적·심리적 능력에 적당한 직업적환경에 배치와 유지, 정리하면; 사람에 대한 작업의 적응과 그 작업에 대한 각자의 적응이다."

산업위생의 중요한 과제는 근로자의 건강관리, 작업환경관리, 직업병의 예방과 치료를 해줌으로써 작업능률과 효율의 향상을 가져오는데 있다고 할 수 있다.

6.2 작업환경관리

인간은 환경변화에 따라 순응 또는 순화하지만 여기에는 인간의 생리적 한계가 있다. 따라서 작업환경의 각종조건을 개선하여 쾌적한 환경을 유지시켜 근로자의 건강유지는 물론 산업능력을 가져올 수 있다.

6.2.1 보호구(Protective equipment)

1. 보호구의 개념

보호구는 개인 근로자를 유해물질로부터 절대, 완전히 보호할 수 있는 것이 아니며 일시적인 대처, 돌발사고에 대한 대비, 최소경비에 의한 최대효과의 범주를 벗어날 수 없는 방법이므로 이의 사용자는 각 근로자가 자신의 몸은 자신만이 보호할 수밖에 없다는 인식이 앞서야 한다. 또한, 사용자는 보호구의 사용, 보관 등에 대한 지식을 갖고 있어야 하고, 경영자는 근로자들에게 이에 관한 교육을 실시해야만 한다.

2. 보호구의 종류

보호구의 종류는 피보호처가 어느 곳이냐에 따라 분류되며 이를 열거하면 아래와 같다.

1) 호흡용 보호구

일반적으로 마스크(mask repirator)가 이에 속하며 인체 조건에 따라 각 나라마다 다르고, 여기에는 방진마스크, 호스마스크, 방독마스크 등이 있다.

(1) 방진마스크

공기 중의 부유입자, 흄, 미스트, 안개 등이 체내에 흡입되지 못하도록 하는 작용이다. 이의 선정기준으로는 높은 포집효율, 적은 흡기저항, 적은 배기저항, 무게가 가벼울 것, 시야가 넓을 것, 중심이 앞쪽에 치우치지 않을 것, 밀착성이 강할 것, 사용방법과 손질이 쉽고 간편할 것 등이다.

(2) 송풍, 호스 마스크

산소가 결핍하거나 유해물의 농도가 높을 때 사용한다. 송기법에는 압축공기의 사용, 송풍기의 사용, 작업자의 호흡에 의하여 세 종류가 있다.

(3) 방독마스크(gas mask)

유독성 장소에서 필요한 보호구로 산소가 결핍된 상황(16% 이하)에서는 반드시 이의 착용을 금한다. 방독마스크는 안면을 덮는 부분과 유해물을 흡수·여과하는 흡수관의 연결방식에 따라 격리식과 직결식 두 가지로 나눈다. 용도는 흡수관에 들어 있는 흡수제의 종류에 따라 유해물질에 대한 용도가 다르다. 따라서 만능제 방독마스크는 없다고 하겠다. 흡수관의 종류와 표식에 사용도가 다르며 그 표식은 표 2-28과 같다. 그리고 흡수통은 원칙적으로 재사용을 금지한다.

● 표 2-28. 흡수관의 종류와 표식

종류	기호	색깔	종류	기호	색깔
보통가스용	A	회색, 흑색	연기용	G	백색, 흑색
산성가스용	B	회색	암모니아용	H	녹색
유기가스용	C	흑색	아황산유황용	I	주황색
일산화탄소용	D	적색	청산가리용	J	청색
소방용	E	백색, 적색	황화수소용	K	황색

2) 차음보호구

차음보호구에는 귀마개(ear plug), 귀덮개(ear muff)와 밸브(ear valve)가 있다.

(1) 귀마개(ear plug)

소음을 차단하는 것이 목적이므로 외이도에 잘 맞아야 하고, 대화에 지장이 없도록 200cps에서 20dB 이상, 4000cps에서 25dB 이상의 차음 효과를 가져야 한다. 그러나 110dB 이상인 곳에서는 사용해도 별 효과가 없다.

● 표 2-29. 귀마개의 장단점

장점	단점
휴대가 간편	착용에 요령과 시간이 요함
안경, 헬멧에 관계없이 사용 가능	귀덮개보다 차음효과 낮음
고온작업에 사용 가능, 좁은 장소에 사용 가능	외청도에 이상이 없어야 사용 가능
값이 저렴	사용시간에 제한을 받음

(2) 귀덮개(ear muff)

이어폰(earphone)과 비슷한 형태로 귀마개에 비해 압박감과 이물감이 적다. 종류는 헬멧(helmet)식과 머리띠(head band) 식이 있다. 소음이 120dB보다 클 때는 귀마개와 귀덮개를 동시에 사용하는 것이 좋으며, 단단하고 치밀한 것을 사용하고, 덮개의 둘레는 될수록 작게 하는 것이 효과적이다.

● 표 2-30. 귀덮개의 장단점

장점	단점
귀마개보다 차음효과가 크다. 크기가 일정하다. 착용여부의 식별이 용이. 귀에 이상이 있는 환자도 착용 가능.	고온작업장에서 착용이 어렵다. 휴대, 보관이 불편 안경, 헬멧 착용시 사용 불편 좁은 작업장에서 사용 불편 값이 비교적 비싸다.

(3) 이어밸브(ear valve)

일종의 소음휠터(earfilter) 형식으로 Lee-sonic이라는 상품으로 판매되고 있다. 돌발적인 고음이나 폭음, 진동 등에는 기계적으로 방향을 바꿔 효과를 낸다.

3) 피부 보호구

무엇보다도 피부질환을 일으키지 않는 재료로 만들어져야 한다. 불침투성 보호의복 즉, 방한복, 방열복, 방한장갑, 방한화, 안전모, 헬멧, 작업용 앞치마, 절연용보호구 등이 여기에 속한다.

4) 눈 보호구

눈을 보호하는 보호구로는 유해한 광선(자외선, 적외선, 가시광선)을 차광하는 보안경과 눈에 이물질이 들어가지 않도록 막아주는 보안경 두 가지 형으로 대별할 수 있다. 특히, 눈 보호구는 특수한 열처리를 하여 렌즈의 강도를 높여 눈 보호구가 파손됨으로서 발생하는 피해를 줄일 수 있어야 한다.

6.2.2 작업형태에 따른 작업환경관리

1. 작업환경개선의 원칙

일반적으로 작업환경은 자연환경보다 오염되었을 확률이 많은 환경이다. 따라서 위해 요소가 상존하여 작업자에게 건강장해를 일으키기 쉬우므로 이에 대한 대책을 수립, 관리하여야 하며 이것을 가리켜 작업환경위생관리라 한다. 그러므로 작업환경에 위험이 있다고 판정되면 어떤 종류의 대책을 어느 수준까지 세워야 하는가를 결정하고 이를 실천에 옮겨야 한다.

대책으로는 대체, 격리, 환기, 교육으로 크게 나눌 수 있다.

1) 대체(substitution)

대체란 대단히 중요하고 실용적인 대책의 하나이다. 대체방법으로 물질변경, 공정변경, 시설변경 등이 있으며, 위생대책의 근본방법이고 때로는 비용도 적게 든다. 그러나 기술적인 어려움이 따르므로 여러 가지 대체방법을 검토하여 이와 유사한 방법을 병용하는 것이 바람직하다.

첫째, 물질의 대체방법에는 대표적인 것이 물질의 변경이다. 예를 들면 기계류를 세척하는 사염화탄소 대신 석유용제인 나프타(naphta) 사용, 벤젠(benzene) 대신 톨루엔(toluene)이나 커실렌(xylene) 대체 사용, 성냥 제조시 황린 대신 적린의 대체사용 등 여러 방법이 있다.

둘째, 공정을 변경하는 대체방법이다. 즉, 예를 들면 대기오염을 줄이기 위한 내연기관의 변형, 페인트를 공산품에 분수하는 작업대체방법, 공산품을 페인트에 담그는 방법 등으로 공정을 변경하는 방법 등이 있다.

셋째, 시설을 변경하는 방법이다. 시설변경의 목적은 사용하고 있는 시설, 기구, 기계를 바꿈으로써 효과를 얻는 방법으로 비용이 적게 들고 단기간 내 성과를 얻을 수 있어 사업장에서 자주 활용되는 방법이다.

2) 격리(isolation)와 작업공정의 밀폐

격리는 작업자와 유해인자 사이에 장벽 즉, 물체(저장물질, 시설 등), 거리, 시간 등 노출되어 있는 상태를 의미한다.

격리방법을 예를 들면 대표적인 것이 작업공정의 밀폐이다. 여러 가지 작업공정을 밀폐식으로 하면 유해물의 비산을 막을 수 있다(분쇄기, 운반기 등에 먼지 비산 방지로 기계 전체를 밀폐). 그러나 작업공정을 밀폐할 수 없는 경우에는 이 공정을 격리시켜 근로자가 유해물질에 폭로되지 않도록 한다.

3) 환기(ventilation)

작업장의 오염공기를 제거하고 새로운 신선한 공기로 치환하는 것이 환기인데 이는 발생원의 대책으로 국소환기법과 전체환기법이 있다.

첫째, 국소환기(local exhaust ventilation)의 원리는 오염된 공기를 그 발생원으로부터 제거하여 실내에 퍼지는 것을 방지하는 것이다.

둘째, 전체환기(general ventilation)는 작업장의 유해물질을 희석하는 것이 목적이므로 일명 희석환기라고도 한다. 주로 고온과 다습을 조절하는 데 이용되며 때로는 먼지, 냄새, 유해증기를 희석하는 데에도 이용된다.

4) 교육

모든 교육의 근본목적은 훈련에 의해서 얻어진 지식을 실제로 활용하는 데 있다. 지식은 경험에 의해서 얻어지기도 하지만 불완전하므로 경험에 의한 지식을 보완하여야 한다.

2. 작업환경 개선방법

작업환경을 개선하려면 첫째 개선 계획의 수립방법을 연구하고, 둘째 실행계획을 면밀히 검토하고, 셋째 개선방안의 실행과 그 개선방안이 효과적으로 실행되었는가의 결과를 확인하는 것이 필요하다.

첫째, 개선계획의 수립방법이다. 개선계획의 입안에 있어서는 먼저 현상을 정확하게 파악하는 것이 필요하다. 작업환경측정, 건강진단, 작업장순시, 설비점검 등을 통하여 문제가 무엇인가를 잘 알도록 하고 근로자들과 대화를 통하여 그들이 느끼는 방법을 알고 동시에 건강하기를 원하는 마음에 호소하여 개선의 필요성을 느끼게 해야 한다.

문제점을 알게 되면 설비, 재료, 작업방법, 근로시간 등의 실태를 조사하여 문제의 원인이 된다고 생각되는 것을 적출한다.

계획을 수립하는 단계에서 충분한 시간, 가능한 방법, 적출된 문제의 원인에 대한 모든 가능한 해결책을 생각한다. 이 단계에서는 되도록 가능성이 기대되는 효과 등을 참작하여 최선 및 차선의 해결책을 선정한다.

둘째, 실행계획의 수립이다. 이 단계에서는 보다 구체적인 개선효과를 예측하여 경영자, 관계부서, 관계된 근로자에 대하여 어떠한 개선효과와 이익을 기대할 수 있는가를 구체적으로 설득하여 스스로 개선에 협력할 수 있는 분위기 조성과 동기 부여가 필요하다.

셋째, 개선의 실행과 개선효과의 확인이며, 실행계획에 따라 개선에 착수하고, 진행 중에는 목표대로 추진되고 있는가를 수시로 확인한다. 그리고 개선된 작업환경에 대해서는 목표대로의 개선효과를 얻었는가를 확인하고 만약 기대했던 효과를 얻지 못하였을 때에는 다시 그 원인을 조사하고 더욱 개선해 나간다.

환경개선에 의한 유해물질의 발산 억제효과를 판정하는 공식은 다음과 같다.

$$\eta = \frac{W_i W_e}{W_i} \times 100$$

여기서, η =개선효과율(%), W_i : 개선 전의 환경조건, W_e : 개선 후의 환경조건

3. 산업의 합리화

산업의 합리적 운영을 위해서는 여러 가지가 고려되어야 하겠으나 인간의 측면에서 살펴보면 다음과 같이 요약할 수 있다.

1) 근로자의 적정배치

여러 가지 조건을 조사하여 적정배치함으로써 기업의 합리화를 가져올 수 있으며 근로자의 정기건강검진 즉, 신체계측(키·몸무게·가슴둘레·앉은 키), 기능검사(심폐기능·시력·색약·청력·악력·배근력), 건강진단(결핵·고혈압·간질), 정신적 적성검사(일반 지능검사·성격검사·일반직업 적성검사)을 실시하여 사전에 질병예방과 산업재해를 미리 알아야 한다.

2) 작업동작의 합리화

동작연구를 위해 순간사진촬영을 이용한다. 그리고 자세의 안정도, 동작의 경제도, 동작의 안정도, 동작의 능률성 등 네 가지가 작업동작의 능률화를 위해 필요하다.

3) 작업(생활)시간의 시간배분합리화

근로시간과 생활시간 즉, 몸차림, 식사, 가사근로, 휴식, 교양, 오락, 수면 등에 대하여 추적조사 기록을 함으로써 시간배분이 합리적인지를 추구한다.

4) 작업강도(labour intensity)에 따라 작업관리합리화

육체적 작업강도의 지표로서 에너지대사율(RMR: relative metabolic rate)이 사용된다.

표 2-31. RMR에 의한 작업강도와 분류

구분	노동 강도	실효율(%)	주작업의 RMR	근무시간 중의 RMR	근무시간 중의 소비열량(cal)	1일 소비열량(cal)	비고
A	경노동	80 이상	0~1	0~0.8	남 920 이하 여 720 이하	2,200 이하 1,920 이하	의자에 앉아서 손으로 하는 작업(2,200cal)
B	중등노동	80~76	1~2	0.8~1.5	남 920~1,250 여 720~1,020	2,200~2,550 970~2,220	지속작업, 6시간 이상 쉬지 않고 하는 작업(2,500cal)
C	강노동	76~67	2~4	1.5~2.7	남 1,250~1,750 여 1,020~1,420	2,550~3,050 2,220~2,620	전형적인 지속작업(3,000cal)
D	중노동	67~50	4~7	2.7~3.5	남 1,750~2,170 여 1,420~2,920	3,050~3,500 2,620~2,920	휴식의 필요가 있는 작업(3,500cal)
E	격노동	50 이하	7 이상	3.5 이상	남 2,170 이상 여 1,780 이상	3,500 이상 2,980 이상	심한 노동 작업(4,000cal)

$$R = \frac{\text{작업시 소비에너지} - \text{그와 같은 시간의 안정시 소비에너지}}{\text{기초대사량}}$$

$$= \frac{\text{근로대사량}}{\text{기초대사량}}$$

(단, 안정시 소비에너지는 기초대사량의 1.2배로 계산된다)

RMR = 0~1(경노동), 1~2(중등노동), 2~4(강노동), 4~7(중노동), 7 이상(격노동)으로 구분된다.

여기서, 기초대사량이란 외부에서 일하지 않는 상태에서 몸의 열평형 유지를 위하여 방출되는 에너지의 양이다. 20~25℃의 쾌적한 실온과 정신적, 육체적 안정상태에서 음식물 섭취 후 12~14시간 사이에 생산, 방출되는 에너지 양은 생명유지에 필요한 최소한의 에너지량이다. 기초대사량은 체표면적에 비례하는데 동물의 종류와 관계없이 체표면적 $1m^2$당 약 1,000kcal가 된다.

5) 작업조건의 합리화

작업자세를 편리하고 알맞도록 해야 하며 작업대의 고저와 불안정, 서있는 곳의 불편, 기계장치의 불편, 습관, 장해물개선 등을 실시한다. 그리고 작업속도를 경제적 속도에서 생리적속도에 접근시키도록 작업속도를 조정한다. 또한, 중량, 속도, 시간을 고려하여 인력운반을 기계적운반으로 전환하는 등 운반 방법을 개선하여야 하며, 작업시간과 휴식은 그 기간과 횟수를 노동의 성격(육체노동·정신노동·신경감각노동)과 강도에 따라 조정하고 작업의 종류에 따라 교대시간의 간격과 교대순서, 야근교대, 휴일조정을 실시한다. 그리고 기기의 설계와 조작에 있어서 인간공학적인 견지에서 고려하여 공구의 무게, 크기, 굵기, 길이, 각도, 디자인 및 손잡이의 적합성 등을 고려하고 휴일과 여가를 제도화하여 유효하게 지내게 한다.

4. 기술훈련 및 보수교육 실시

일반 근로자와 신규채용자는 각각 그에 알맞은 교육훈련이 필요하며, 직책에 따라 그에 필요한 교육을 실시한다.

6.3 산업피로와 작업조건

6.3.1 산업피로

1. 산업피로의 정의

피로란 '정신이나 몸이 지나치게 활동한 결과 신경이나 근육이 쇠약하여 일을 견뎌내기 어려운 상황'이라고 사전에서 밝히고 있지만, 산업위생학적 입장에서는 정신과 육체적으로 고단하다는 주관적인 느낌이 있으면서 체내의 물리·화학적 변화로 생체기능변화를 초래해서 작업능률저하를 가져오는 현상이라고 정의할 수 있으며, 이 중 생체기능변화가 가장 중요하다.

2. 산업피로의 발생

심손(shimson)의 주장에 따르면 피로물질이라 일컬을 수 있는 젖산, 초성포도당, 암모니아, 시스틴, 잔여질소 등 중간대사물질축적과 체내의 물리·화학적 변화 및 산소, 영양소 등 활동자원감소 그리고 직접적인 발생조건으로 인한 신체조절기능저하들이 산업피로를 일으키는 발생조건이다.

산업피로는 여러 가지 요인에서 비롯되지만 이를 대별하면 작업부하조건(작업공간, 작업방식, 작업밀도, 작업환경의 상호관계), 노동시간조건(작업일수, 작업시간, 휴식시간, 작업일정), 휴식·휴양조건, 개인적응조건(개인의 영양과 체력상태, 작업적응력, 개인작업숙련도) 등 네 가지로 나눌 수 있다.

3. 산업피로의 종류

산업피로의 종류는 원인, 발생부위, 증상 등에 따라 정신피로(중추신경계피로-정신피로와 신체피로(근육피로), 국소피로와 전신피로, 보통피로(하루자고 나면 완전히 회복되는 피로), 과로(다음 날까지 피로상태가 계속되는 피로), 곤비(과로상태가 축적된 상태) 등으로 분류하고 있으나 피로의 본태를 확실하게 알지 못하고 있으므로 본질적으로 분류하고 그것을 정확하게 파악하는 것이 중요하다.

4. 피로의 증상

피로증상은 자각적증상, 육체적순환기와 호흡기변화, 정신적 신경변화 등으로 나타나며 무엇보다 중요한 것은 자각적 증상이 일어났을 때 즉각적인 대응책을 펴야 하며, 자각적인 증상이 생기지 않도록 사전에 대책을 강구해야 한다.

자각증상으로는 순환기능변화(맥박이 빨라지고, 혈압은 높았다가 낮아짐), 혈액소견(혈당치가 낮아짐), 호흡기능변화(호흡이 얕고 빠르며, 심하면 호흡곤란), 오줌소견(소변량이 줄고, 진한 갈색), 신경기능변화(지각기능이 둔해지고, 반사기능저하, 판단력저하, 졸음), 체온변화(체온조절 기능의 장해; 체온이 높았다가 낮아짐), 자각증상(신체적 증상과 정신적 증상) 등이 온다.

5. 피로예방대책과 회복대책

피로의 본태가 명확하지 않기 때문에 그 대책은 경험에 의하는 것이 주가 되나 피로예방대책으로는 작업환경개선(온·습도, 환기, 조명 등), 작업시간·휴식시간·작업강도의 적정화, 작업 시 자세 배려, 수면·레크레이션·운동·영양 배려, 적극적인 휴양과 기분전환에 의한 피로회복 및 피로축적 방지 등이 있으며 여기에는 작업에 숙련될 것, 정적작업은 되도록 동적작업으로 전환할 것, 개인에 따라 작업량을 적당하게 조절할 것, 적정한 시간을 배정할 것, 쾌적한 작업환경으로 정비할 것, 체조와 레크레이션을 활용할 것, 충분한 수면을 섭취할 것 등 방법이 있고, 피로회복 대책으로는 충분한 영양을 섭취(고온노동–식염, 비타민, A, B, C 복용/저온노동–지방질, 비타민, A, B, C 복용/중노동–비타민 및 칼슘 강화 식품 복용)시키거나, 작업 후 목욕 등 마사지로 혈액순환을 좋게 하거나 피로회복제(커피, 홍차, 엽차 등)을 복용한다.

6.3.2 작업조건과 개선대책

1. 작업조건

작업조건은 작업종류에 의한 작업강도, 정적작업, 작업자세, 작업곡선, 그리고 근로자의 의욕, 숙련도, 피로 등에 영향을 받으며, 이외 작업시간과 휴식 등도 관련된다.

1) 작업강도

작업종류에 따른 생리부담의 크기를 작업강도라 하며 영향을 미치는 요인은 열량소비량이 클수록, 작업속도가 빠를수록, 작업대상의 종류가 많을수록, 정밀작업일수록, 작업대상이 자주 변화할수록, 작업대상이 복잡할수록, 판단을 요하는 작업일수록, 제약이 많은 작업일수록, 무리한 작업자세를 취하는 것이 많을수록, 위험도를 많이 느낄수록, 주의력을 집중하는 작업일수록, 대인접촉이 많을수록, 작업밀도가 클수록 작업강도에 영향을 미친다.

2) 정적작업

육체노동 중에서 근육을 정적으로 쓰는 경우를 말하며 동적작업에 비해 빨리 피로하다.

3) 작업자세

작업물체와 눈과의 거리를 30cm 정도 유지하도록, 작업에 사용하는 신체부위(주로 팔)를 심장 높이에 위치하도록, 정적작업과 불안정한 자세는 피하도록 하고, 의자에 앉을 때 작업대의 높이와 의자의 높이를 적정하게 배치한다.

4) 작업곡선

작업시간에 따른 작업량변동곡선을 작업곡선이라고 하며 작업조건, 작업환경, 근로자의 작업의욕, 숙련도 등이 피로에 영향을 미치므로 직종에 따라 차이가 있다. 작업능률은 작업을 처음 시작할 때는 낮고, 낮에는 점차 높아져 최고에 도달하였다가 다시 떨어진다(오전보다 오후에 최고 능률을 나타내고 시간은 짧고 그 정도는 낮다).

5) 작업시간과 휴식

작업의 종류에 따라 근로시간과 휴식시간을 달리해야 한다. 즉, 가벼운 일을 빠른 속도로 처리하는 작업은 짧은 휴식을 자주 배정하고, 지속작업은 휴식을 자주 취할 필요가 없고, 경작업은 3시간 이상 작업을 중지(15~20분씩 오전, 오후 휴식)하지 말아야 하고, 중작업은 1회 1시간 지속 후 20~30분씩 휴식으로 오전 3회, 오후 2회 정도 휴식을 취하고, 고온작업은 연속작업 시간을 보통 작업 때보다 단축하고 휴식시간을 길게 한다.

2. 개선대책

근로자는 자기적성에 맞는 직장에서 일을 하는 것이 개성의 주체성을 발전시키는 것이 되므로 노동에 있어 불필요한 낭비와 재해, 질병 그리고 노동수명단축 등을 방지하기 위하여 근로자에게 자기적성에 맞는 직장에 배치 근무토록 해야 한다. 이를 위한 적성검사의 종류에는 신체적성검사(신장, 흉위, 체중 등 신체계측), 생리기능검사(감각기능검사, 심·폐기능 검사, 체력검사), 심리적성검사(지능검사, 지각동작검사, 기능검사, 인성검사) 등이 있다.

6.3.3 근로시간과 교대제

1. 근로시간

1) 근로시간

인간은 최소의 시간으로 최대의 생산을 올릴 수 있도록 노력하고 있다. 특히, 근로시간은 근로자의 건강 및 생산능률과 직결되고 있다.

국제노동현장(1919년 제1회)에서 1일 8시간씩 주 48시간을 채택했었으나 1931년 이후에는 1일 8시간씩 주 40시간의 근로제가 채택 실시되고 있으며, 1919년 이래는 대개 주 52시간 이상을 근로시간으로 했었다.

우리나라 근로기준법에서 "근로시간은 휴게시간을 제외하고 1일 8시간, 1주 40시간을 초과할 수 없다"라고 명시하고 있으며(연장근무는 1주 12시간이므로 1주 52시간 근로가능) 또한, 사업주는 유해하거나 위험한 작업에 종사하는 근로자에게는 1일 6시간, 1주 34시간을 초과할 수 없다라고 산업안전보건법에 명시하고 있다.

2) 작업시간단축 실시조건

작업시간은 작업내용이 극단적으로 어려울 때, 작업이 야간업무일 때, 작업환경과 의식주 조건이 불량할 때, 신규채용자·약력자·부녀자의 근로일 때, 심신이상자(병후·임신·생리일)일 때, 저임근로시 단축 실시하여야 한다.

3) 여성근로자와 연소자보호

여성근로자는 가벼운 수기적(手技的) 작업이 많은데 이와 같은 작업은 남성보다 우수하다.

여성의 경우는 생리일 등이 작업에 어느 정도 영향을 줄 수 있으며, 기혼여성의 경우는 어머니, 아내 및 근로자로서 삼중부담을 지는 경우도 있다.

여성근로자보호를 위해서는 주작업의 근로강도는 에너지대사율(RMR) 2.0 이하일 것, 중량물 취급업무는 중량 제한을 할 것(16세 이하로서 연속작업은 8kg, 16~18세는 15kg, 18세 이상은 20kg), 서서하는 작업(방직·백화점)은 연속작업시간을 제한하고 휴식의 횟수와 그 시간을 고려할 것, 생리휴가 산전·산후 각 6~8주간의 휴가를 줄 것, 손의 과도 사용(타이피스트, key puncher)에서는 작업조건개선 및 적정배치를 할 것, 기타 환경관리를 실시할 것 등을 고려하여야 한다.

연소자는 신체 및 정신의 발육과정에 있으므로 중노동은 성장발육의 억제와 추리력, 통찰력, 운동조절력을 열등화시킨다. 또한, 성년에 비해 근로에 의한 피로가 빨리 오고 체중이 감소되며 결핵 등 질병에 잘 이환된다. 또한, 직업병에 잘 걸릴 수 있으며 인격발달도 왜곡된다.

연소자의 근로보호를 위해서 근로기준법은 취업최저연령, 보호연령, 유해위험, 근로제한, 근로시간제한, 취급물의 취급중량제한 등을 한다.

우리나라 근로기준법 제 64조에서 "15세 미만자(초·중등교육법에 따른 중학교에 재학 중인 18세 미만자 포함)는 근로자로 사용하지 못한다"라고 규정하였으며, 제65조에서 임신중이거나 산후 1년이 경과되지 아니한 여자(임산부)와 18세 미만자는 도덕상 또는 보건상 유해위험한 사업에 사용하지 못하며, 15세 이상 18세 미만자의 근로시간은 보호연령으로 정하여 이들이 1일 7시간 1주일에 40시간을 초과하지 못하도록 작업시간을 제한하고 있다. 또한, 임신후 12주 이내, 26주 이후 여성근로자는 1일 2시간 근로시간 단축을 허용(임금삭감 불가)하며, 동시에 정기건강진단시간도 허용하여야 하고, 생후 1년 미만의 유아를 가진 여성근로자에게는 1일 2회 각각 30분 이상의 유급 수유 시간이 허용된다.

2. 교대제

교대제를 채택하는 중요한 이유는 국민생활과 이용자의 편의를 위하여, 생산과정이 주야로 연속되는 산업을 위하여, 시설투자의 상각을 조속히 달성하기 위한 생산설비 완전가동을 위해서이다.

그리고 교대제도를 실시하고자 할 때 고려해야 할 사항은 야근근속일수, 각반 작업시간배정, 각반 교대순서와 교대수·조편성, 반 교대시 휴일수 등이며 이상 모든 것은 휴식과 수면에 중점을 두어 고려하여야 한다.

바람직한 교대제도는 야간근무의 연속은 2~3일 정도, 각반(낮 근무) 개시 시간은 통근이 가능한 한 오전 6시에 가깝게, 각반의 근무시간은 8시간씩, 2교대면 최저 3조의 정원을, 3교대면 4조 편성으로 하고, 야근 후 다음 반으로 가는 간격은 최조 48시간을 가지도록, 평균 주 노동시간은 40시간을 기준으로 갑반–을반–병반으로 순환되게 한다.

6.4 작업능률과 작업장애

6.4.1 근로자영양관리

근로자영양관리는 작업능률과 근로자건강에 직결되는 요소이다. 작업에서 소비되는 에너지를 충분히 공급함으로써 작업능률화를 기대할 수 있는 것이다. 에너지보급에는 당질을 주로 공급하여 일부를 지방질로 보충한다.

또한, 중노동자에게는 단백질 보급이 중요하며, 근육 내의 에너지공급을 원활하게 하기 위해 비타민 B_1의 보급도 필요하다. 성인의 활동별 에너지권장량은 표 2–32와 같다.

● 표 2-32. 성인의 활동별 에너지권장량

	남자 에너지 권장량		여자 에너지 권장량	
	kcal/kg 체중	kcal/일	kcal/kg 체중	kcal/일
가벼운 활동	33	2200	32	1700
보통 활동	38	2500	38	2000
심한 활동	45	3000	40	2100
격심한 활동	55	3600	45	2400

노동의 종류에 따라 영양소가 다르게 필요하다. 고온노동에는 식염 및 비타민 A, B, C가 필요하고, 저온노동에는 지방질 및 비타민 A, B, C, D, 격노동에는 비타민 및 Ca 강화식품, 소음작업에는 비타민 B_1 등이 필요하다.

이와같이 근로자를 위한 급식관리도 세심한 주의가 필요하다. 즉, 식량구성비를 적절하게 하며, 음식의 양과 질을 고려하여야 하고, 근로자의 기호조사를 통한 변화있는 공급이 필요하다.

직업중독에도 특별히 고려되어야 할 영양이 있다. 벤젠의 급성중독에는 비타민 B_2와 만성중독에는 비타민 B_6가 필요하고, 암모니아중독에는 비타민 C, 일산화탄소 중독에는 비타민 B_1, 사염화탄소중독에는 비타민 F, 이황화탄소중독에는 비타민 B_2, 아연중독에는 철, 동, 대두단백 등이 필요하며 알카리성식품인 우유, 야채, 과실 및 해초 등의 투여가 좋다.

모든 작업자에게는 특히, 급식관리가 중요하며 식량의 적절한 구성이 필요하고 양, 질, 맛, 기호의 변화 등에 많은 고려가 있어야 한다. 또한, 위생적인 관리를 위해서 식중독 등의 예방도 필요하다.

6.4.2 직업병(occupational disease)과 산업재해(industrial accident)

1. 직업병

1) 개념

일정한 작업에 종사함으로써 야기되는 질병이며, 그 직업에 종사하는 사람은 누구나 이환될 가능성 있는 직업기인성 질환이다.

2) 직업병의 역사

직업에 따라서 어떤 특별한 병에 걸리기 쉽다는 것이 예로부터 알려져 왔다. 그러나 직업병이 근대적인 사고로 종합하게 된 것은 1700년부터라고 한다.

그 후 유럽에서는 산업혁명의 진행과 더불어 산업노동은 한층 강화되어 작업환경은 더욱 나빠지게 되면서 산업재해도 다발하게 되었다. 또한, 여성과 어린이가 심한 노동에 종사하고 있었는데, 18세기 말부터 개선이 이루어져 근로조건은 조금씩 나아졌었다.

한국에서는 1970년 이후 급속한 중공업의 발달과 더불어 근로조건은 극도로 나빠져서 원진레이온산업 근로자의 죽음과 같은 비극적인 상태도 발생하였다.

1980년대 이후 경제안정과 더불어 생활환경이나 작업환경도 개선되고, 의료의 발달로 인하여 결핵과 같은 후천성질환은 급속히 감소하게 되었다.

한편, 새로운 산업이 개발되면서 새로운 물질에 의한 산업중독이 발생하게 되고 또한, 주위의 주민에게도 공해병이 나타나게 되었다.

● 표 2-33. 직업환경별 직업병

물리적 환경에 의한 것			
이상온도	• 고온 • 저온	• 열중증 • 동상	• 제철, 조선, 유리의 용광로 앞의 작업 • 한냉지의 옥외작업
이상기압	• 고기압(급속강압) • 저기압	• 감압병 • 저산소증	• 잠수부, 턴넬작업 • 비행사, 등산가
방사선	• 자외선 • 적외선 • X선	• 각막염 • 백내장 • 빈혈, 암	• 전기·아세틸렌가스로 인한 용접 작업 • 유리, 제철 등의 용광로 앞의 작업 • X선 취급자
소리	• 소음	• 난청(C_5, dip현상)	• 제철, 각종 공장 내의 소음
진동	• 진동	• 레이노현상(백납병)	• 임업, 광업 등의 진동공구사용 작업
화학적 인자에 의한 것			
금속	• 납 • 수은 • 크롬 • 비소 • 금속 흄	• 빈혈 • 구내염 • 비중격천공 • 피부각화증, 피부암 • 금속열	• 인쇄, 축전지, 염료 • 체온계 제조 • 크롬제품 제조 • 금속제련소, 농약 공장 • 관련금속제조, 가공
유기 화합물	• 벤젠 • 기타 유기용제	• 빈혈 • 마취작용, 피부, 간장애	• 금속세척, 크리닝, 접착제, 잉크
가스	• 일산화탄소 • 황화수소	• 혼수, 사망, 보행장애, 실어증 • 폐염, 호흡마비	• 탄광폭발사고 • 하수공사, 펄프제조
먼지		• 심폐기능장애	• 광산, 탄광, 토석채취
생물학적 인자에 의한 것			
바이러스 미생물		• 암	

새로운 공장에서는 기계자동화가 진행됨에 따라 인간이 하는 일은 소수인원으로 작업을 감시하는 업무 뿐이라고까지 하게 이르렀다. 이와 같은 추세에 의하여 육체노동은 하지 않고 정신적 긴장을 지속하게 되므로 일어나는 정신피로가 새로운 문제로 나타나기 시작했다.

또한, 사무실자동화(OA)가 발전되어 모든 사무작업에 컴퓨터를 사용하게 되고, 비디오디스플레이단말장치(VDT)를 이용한 작업이 급격히 증가하게 됨에 따라 자동화기기로 인한 인체의 영향문제가 주목되고 있다.

3) 직업병의 발생원인

직업병을 그 원인별로 대별하면 다음과 같다.

(1) 근로조건에 의한 것

긴 근로조건과 잔업(殘業) 및 불규칙적인 야간근무 등은 피로를 심화시키며, 각종 질환에 쉽게 감염될 수 있게 하고 또한, 산업재해를 야기시키기 쉽게 된다.

(2) 작업방법에 의한 것

무거운 도구를 다루는 작업에서는 관절염, VDT 오퍼레이터에게는 화면을 주시하기 위한 눈피로 또는 동일자세를 장시간 유지하기 위한 근골격피로 등 특유한 병이 발생된다.

(3) 작업환경에 의한 것

작업장소의 온도 또는 기압, 소음 등에 이상이 발생하게 되면 직업병이 발생되는 경우가 있다. 또한, 작업장의 공기 중에 부유하고 있는 유독가스가 피부에 접촉됨으로써도 장애가 일어난다.

4) 주요한 직업병

(1) 공업중독

옛날부터 알려진 대표적인 공업중독으로 납과 수은에 의한 중독이 있다. 그 후 계속적인 새로운 공업물질이 사용되면서 신종 공업중독이 나타나게 되었다.

세제 또는 도장, 접착 등에 널리 사용되는 유독용제 즉, 벤젠, 돌루엔, 신나 등의 중독이 발생되고 있다.

(2) 진폐증

진폐증은 옛날부터 광산에서 일하는 광부들에게 많이 발생되었던 병으로 분진을 흡입하게 됨으로써 발생(진폐증, 규폐증, 석면폐증)하게 된다. 암석분말 중 특히, 유해한 유리규산(SiO_2)의 먼지흡입으로 만성섬유증식을 일으키는 대표적인 진폐증으로 규폐증이 있다.

증상으로 폐변성과 호흡곤란 등이 발생하게 되며, 폐결핵 등 합병증을 수반한다.

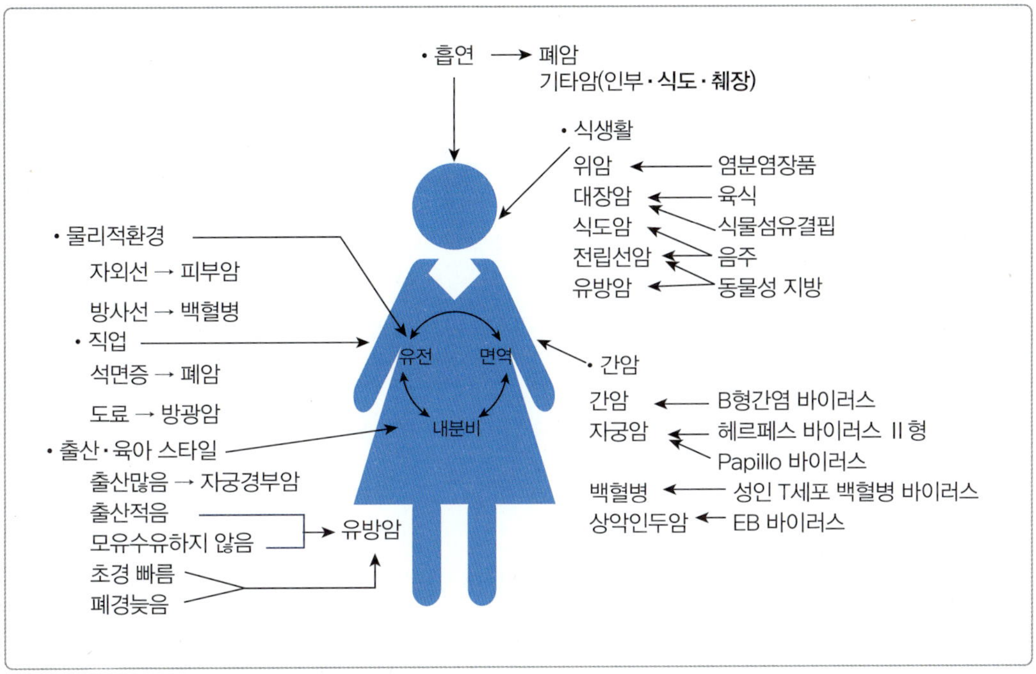

● 그림 2-30. 직업병과 발암의 요인

(3) 직업암

18세기 영국에서 굴뚝 청소부에게 피부암이 발생되었는데 그 원인이 석탄의 매연으로 밝혀짐에 따라 이를 예방하기 위해서 목욕을 하도록 권장하였다. 그 외에도 우라늄 광산근로자의 폐암, X선기사의 피부암 발생 등 특정한 직업인에게 많은 암이 발병하게 됨으로써 어떤 특정한 직업과 관련하여 암이 발생하게 된다는 것을 규명하게 되었다. 그 후 화학염료의 재료(벤지딘)에 의한 방광암 또는 석면에 의한 폐암발생도 알게 되었다.

직업암은 무엇보다도 조기에 발견하여 치료하여야 하고 그 예방대책에 꾸준한 노력이 있어야 한다.

5) 직업병의 예방과 건강관리

직업병은 일반적으로 만성이며 치료가 곤란하고, 일단 발생되면 치료하기가 어려우므로 무엇보다 예방에 노력을 집중하여야 한다.

● 표 2-34. 직업병의 예방대책

방법	환경대책	근로자 대책
1. 대체(substitution) 2. 보호(protection) 3. 감독(inspection) 4. 청결과 정돈(cleanliness) 5. 보건교육(education)	• 생산기술(설비, 원료 등) 자체의 무해화·작업방식의 개선 및 변경 • 작업환경의 개선(희석, 배기, 환기, 밀폐, 격리 등) • 환경 측정 • 작업장의 점검 및 보존 • 작업장의 청소와 정리, 정돈	• 채용시 신체검사 • 적정배치 • 정기신체검사 및 특수건강 진단 • 건강장해자의 조기발견 • 신체청결 • 개인위생철저 • 기업주 및 근로자에게 직업병 예방 및 사후 대책에 관한 지도계몽

2. 산업재해(industrial accident)

1) 정의

산업안전법 제2조에서 산업재해란 '근로자가 업무에 관계되는 건설물, 설비, 원재료, 가스, 증기, 분진 등에 의하거나 작업 또는 그 밖의 업무로 인하여 사망 또는 부상하거나 질병에 걸리는 것'을 말한다 정의하고 있다.

2) 재해종류

산업재해는 크게 영구장해와 일시장해, 전면장해(1일 정규 근로시간에 종사할 수 없을 정도의 장해)와 부분장해(1일 정규 근로시간 중 일부시간에 종사할 수 없을 정도의 장해)가 있다. 우리나라 산업안전보건법에서는 사망 등 재해정도가 심한 재해를 중대재해라고 정하고 있으며, 여기에는 사망자가 1명 이상 발생한 재해, 부상자 또는 직업성질병자가 동시에 10명 이상 발생한 재해 등이 있다.

3) 재해정도별 발생률

산업재해가 발생했을 때 근로자에게 발생되는 재해를 보면 사망 0.7~0.9%, 중상 23~27%(휴업 2주 이상, 중등상 휴업일수 8~14일), 경상 72~76%(휴업일수 3~7일)이며, 재해의 발생부위는 수족이 70~80%로 가장 많고 신체부위별로는 손 30~50%(왼손과 왼손가락이 다발), 다리 25~35%, 왼쪽 눈 순이다. 업무상으로는 근골격계 질환이 가장 흔하게 발병되며 고령일수록 증가한다.

4) 불휴재해

일일 정규근무시간 중 장해로 인하여 치료 등을 위해 근무시간의 일부를 비우더라도 나머지 몇 시간은 근무 가능하여 작업능력이 보존되어 있는 재해이다.

5) 하인리히(Heinrich) 법칙

산업재해의 결과로 일어나는 상해와 재산피해의 관계를 말한다. 즉, 현성재해(휴업재해), 불현성재해(불휴재해), 잠재성 재해가 1:29:300으로 발생되는 것을 하인리히법칙이라 한다.

6) 산업재해의 발생

산업재해 발생상황은 업종별(제조업과 소규모 사업장에서 빈발), 시간별(오전, 취업 후 3시간, 오후 2시경에 빈발), 주별(목, 금에 빈발(토요일 최저)), 월별(7, 8, 12월에 최대 발생률이 높지만 월별로 큰 차이는 없음)에 따라 다르고, 산업재해의 원인은 작업환경조건(이상온도, 소음, 채광, 조명불량 등)과 작업방법(작업속도, 작업의 규칙성과 복잡성, 노동시간과 휴폐시간제도 등)에 기인하며 종업원의 심신에 이상(체질기능의 결함, 피로권태 유무, 과로와 음주 등)이 있을때나 기타 불가항력적 원인에 의해 발생된다.

7) 재해빈발소질(accident proneness)

같은 작업, 같은 위험에 폭로될 때 다른 작업자보다 빈번히 재해를 일으키는 재해경향을 말하며 신체의 형태 및 기능이상(사지질환, 난청, 색맹, 시력부족 등), 체질의 이상(혈우병, 흉선림프체질, 내분비이상, 기타 특이체질, 과민성체질), 기왕증 또는 잠재성질환(간질, 고혈압증, 심장병환자), 근속연수가 짧아서 익숙치않은 자, 정신적결함자 같은 사람에게 빈발한다.

6.4.3 산업재해 대책

산업재해의 예방대책으로 경영자주도, 책임할당, 안전한 작업조건유지, 안전훈련, 재해기록기구제도, 의료구급제도, 근로자에 의한 개인적 책임의 인수 등 일곱가지 방법이 있으나, 이 중 경영자주도역할이 가장 중요하고, 재해기록제도는 모든 재해에 있어서 예방대책의 기본이 된다.

Chapter 07 환경호르몬

7.1 환경호르몬의 정의

호르몬(hormone)이란 내분비기관에서 만들어져 주로 혈액 속으로 미량 분비되며, 장기와 조직의 기능을 조절하는 물질을 말한다. 호르몬은 혈관 속을 돌면서 신체기능 조절에 필수적인 표적세포나 조직으로 전달하는 메신저로서의 역할을 한다. 일반적인 호르몬의 역할은 ① 체내의 항상성 유지(영양, 대사, 분비, 수분과 염의 균형 유지 등) ② 외부자극에 대한 반응 ③ 성장, 발육 및 생식기능의 조절 ④ 체내 에너지 생산, 저장 및 이용 등이 있다. 이와 같이 수많은 호르몬 중 어느 하나라도 이상이 생기면 신체 기능에 장애를 가져오며, 심할 경우 사망하거나 다음 세대까지 영향을 미치게 된다.

호르몬은 그림 2-31과 같이 뇌하수체, 갑상선, 부신, 이자, 정소 및 난소 등 내분비선 기관에서 생성된다.

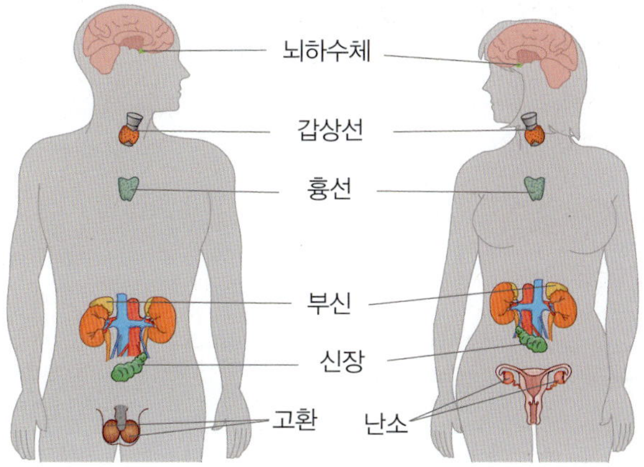

● 그림 2-31. 내분비선의 위치

호르몬은 내분비선으로부터 생산, 방출되어 혈액을 통해 표적세포(target cell)에 도달하여 생화학적 반응을 통해 효과를 나타낸다. 이러한 호르몬의 반응은 수 초 이내에 이루어지기도 하며, 성장 및 발육, 암수분화 등과 같이 장시간에 걸쳐 이루어지기도 한다. 모든 척추동물(어류에서 포유류까지)은 같은 내분비계를 가지고 있으며, 이들은 각기 유사한 호르몬을 분비하고 있다.

내분비선에서 분비되는 각종 호르몬의 종류와 기능 등은 표 2-35와 같다.

● **표 2-35. 내분비선의 호르몬 종류 및 기능**

내분비선	호르몬	기능
뇌하수체	생장 호르몬	생장 촉진
	항이뇨 호르몬	세뇨관에서 수분 재흡수 촉진
	생식선 자극 호르몬	성 호르몬의 분비 촉진
갑상선	티록신	물질 대사 촉진, 체온 조절
부신	아드레날린	심장 박동 촉진, 혈당량 증가
이자	인슐린	혈당량 감소
	글루카곤	혈당량 증가
정소, 난소	성호르몬	성적 발달

환경에 배출된 화학물질이나 오염물질 중에서 생체 내에서 내분비계 즉, 호르몬의 정상적인 작용을 방해하는 물질을 환경성 내분비교란물질(Environmental Endocrine Disruptors, EED)이라고 하며, 이러한 물질이 체내에 유입되어 마치 호르몬처럼 작용한다고 하여 환경호르몬(environmental hormone)이라고 부르나, 이들 물질은 원래 학술적으로 내분비계 장애물질 또는 내분비계 교란물질(endoerine disruptors)로 알려져 있다.

환경호르몬이란 용어는 1997년 일본학자들에 의해 "환경 중에 배출된 화학물질이 생물체 내에 유입되어 마치 호르몬처럼 작용한다."고 하여 유래된 용어이다.

7.2 환경호르몬의 특성

환경호르몬은 일반적으로 합성화학물질로서 그 종류와 피해정도가 각각 다르다. 수많은 화학물질 중 확실하게 내분비계 장애물질인 환경호르몬으로 밝혀진 것은 극히 일부분이며 대부분 물질이 잠재적 위험성이 있는 것으로 알려져 있고 다음과 같은 특성이 있다.

첫째, 환경호르몬은 세대를 통해 차세대에도 유전된다.

둘째, 환경 중 생체 내에 잔류하며 먹이사슬을 통해 순환된다.

셋째, 난분해성이며 안정하므로 분해되지 않고 환경 및 생물체의 지방 및 조직에 농축된다.

7.3 환경호르몬 유발물질

환경호르몬은 일반적으로 약물성 내분비교란물질, 자연성 내분비교란물질, 환경성 내분비교란물질로 크게 대별되며, 지금까지 밝혀진 내분비계 장애를 일으킬 수 있다고 추정되는 물질은 거의 환경성 내분비교란물질을 지칭하는 것이다. 각종 산업용화학(연료)물질, 농약류(살충제, 제초제 등), 유기금속류, 소각장의 다이옥신류 및 자연계 내 존재하는 자연성 내분비교란물질인 식물성에스트로겐(phytoestrogen) 등의 호르몬유사물질과 병원에서 치료용으로 조제된 의약품인 DES(diethyl stillbestrol)와 같은 합성에스트로겐류의 약물성 내분교란물질 등이 있다.

현재 환경호르몬과 관련된 연구결과 및 그 사례로 발표된 대표적인 물질로는 식품이나 음료수 캔의 코팅물질 등에 사용되는 비스페놀 A, DDT, PCB, 다이옥신류, 합성세제 원료인 알킬페놀, 플라스틱 가소제인 프탈레이트에스테르, 뇌하수체에 작용하여 호르몬의 합성을 저해하는 스티로폼의 성분인 스티렌다량체(스티렌다이머·트리머), 벤조피렌, 수은, 납, 구리 등 중금속 등이 있다.

여러 환경호르몬 중 우리생활과 밀접한 용품 중에 포함된 환경호르몬의 종류와 제품 및 유발질환에 대해서 표 2-36과 같으며, 내분비계 장애가 우려되는 물질들과 생활용품들은 표 2-37과 같다.

● 표 2-36. 생활 속의 환경호르몬 종류

종류	함유제품	유발질환
프탈레이트 (가소제류)	어린이용 장난감, 세제, 바닥재, 빨대, 향수, 매니큐어	주의력결핍 및 두뇌발달 저해 과잉행동 유발
비스페놀A (방부제·코팅제류)	물병, 젖병, 병마개, CD, 캔내부, 플라스틱 그릇	아토피·천식질환·성조숙증·발달장애 기형·비만·암 유발
납(중금속류)	고무매트·놀이시설·페인트·크레파스·장난감·장신구	복부불편감·변비·근육쇠약· 고관절통·권태감·불면증
카드뮴(중금속류)	전자제품·플라스틱·장신구·담배연기	기침·흉부이상감·호흡곤란·구토· 호르몬이상·조산·저체중아
수은(중금속류)	형광등·전기스위치·건전지·치과용아말감·페인트	발열·오한·구토·호흡곤란·불면· 신경반응변화·인지기능장애
파라벤(보존/방부제류)	방부제·샴푸·린스·로션·욕실용품	성호르몬교란·유방암유발·전립선장애
트리클로산(항균제류)	비누·액체비누·치약·데오도란트·세제	성호르몬이상·갑상선호르몬이상
PFOS/PFOA (과불화화합물류)	코팅종이·포장용지·프라이팬·방화제·계면활성제·살충제·보온재·일회용종이컵	뇌·신경기능악화·면역력약화·지능발달에 악영향·콜레스테롤수치 상승
브롬화난연제류(난연제류)	플라스틱·전자회로소자·전자제품·페인트·소파·매트리스	정자감소·암유발·갑상선호르몬기능저하
페메트린(살충제류)	살충제	피부발진·염증·마비·호흡곤란·알레르기반응

● 표 2-37. 내분비계장애가 우려되는 물질 및 주변생활용기

세계생태보전기금(WWF) 분류(67종)	일본국립의약품식품위생연구소 (160종)	내분비계 장애물질 용출이 우려되는 생활용품
• 다이옥신류 등 유기염소물질 6종 • DDT 등 농약류 44종 • 펜타-노닐 페놀 • 비스페놀 A • 디에틸헥실프탈레이트 등 프탈레이트 8종 • 스티렌 다이머·트리머 • 벤조피렌 • 수은, 납, 구리 등 중금속 3종	• 다이옥신 및 퓨란류 7종(2,3,7,8-TC등) • 다이옥신류 외의 환경오염물질 6종(벤조피렌 등) • 산업용화학물질 및 관련물질 53종(비스페놀A, 알킬페놀류 등) • 농약류 68종(DDT, Alachlor 등) • 진균성 에스트로겐 2종 (Zearalenol, Zearalenone) • 식물성 에스트로겐 31종 (coumestol 등)	• 플라스틱 용기, 음료캔, 병마개, 수도관의 내장코팅제, 치과치료 시 이용되는 아말감: 비스페놀A • 합성세제: 알킬페놀 • 컵라면용기: 스티렌다이머·트리머 • 폐건전지: 수은 • 쓰레기소각장: 다이옥신 • 전기절연제: PCB • 플라스틱가소제: 프탈레이트 • 선박용 페인트: TBT • 살충제: DDT

7.4 환경호르몬의 영향

7.4.1 환경호르몬의 장애기전

호르몬의 체내작용은 일반적으로 합성, 방출, 표적장기세포로의 수송, 세포물질과의 결합, 신호전달, 유전적발현 활성화 등의 과정을 통하여 이루어진다. 환경호르몬은 이러한 과정 중 어느 단계를 방해 또는 교란함으로써 장애를 일으킬 수 있게 된다.

현재 미국을 비롯한 선진국에서 환경호르몬의 작용기전을 밝혀내기 위해 연구를 하고 있는데, 지금까지 알려진 수용체와 결합과정에서 환경호르몬의 작용은 유사(mimics), 봉쇄(blocking), 촉발(trigger) 작용 등으로 분류할 수 있다.

1. 호르몬 유사작용

환경 호르몬이 몸속 세포물질과 마치 정상 호르몬처럼 작용하여 비정상적인 생리작용을 일으키는 것으로 합성 에스트로겐류인 DES(diethylstilbestrol)이 있다.

이와 같은 호르몬유사물질은 정상호르몬보다 강하거나 약한 신호를 전달함으로써 내분비계의 작용을 교란시킬 수 있다. 지금까지 알려진 주요 외인성 에스트로겐 유사물질로는 다음과 같은 것들이 있다.

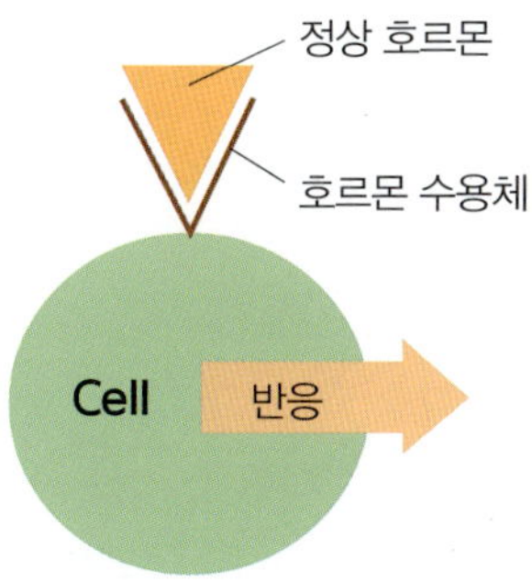

〈정상 호르몬 작용〉

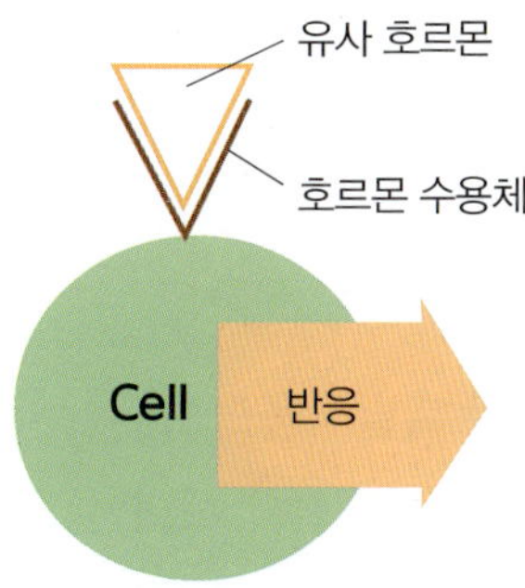

〈유사 작용〉

1) DES(diethylstillbestrol)

여성의 유산방지제로 널리 사용되었던 약물로서 에스트로겐 성질을 가지고 있다.

2) Nonylphenol

가정에서 사용하는 세척제의 분해물, 살충제 또는 플라스틱제조에 이용되며 에스트로겐 성질을 가지고 있다.

3) Coumestrol

에스트로겐 유사성질을 가지고 있다고 알려진 식물에서 합성되는 식물성에스트로겐(phytoestrogen)이다.

2. 호르몬 봉쇄작용

호르몬수용체 결합부위를 봉쇄함으로써 정상호르몬이 체내 세포물질에 접근하는 것을 막고 대신 결합하여 내분비계가 기능을 발휘하지 못하도록 하는 작용이다. 대표적인 물질로서 디디티(DDT)의 분해산물인 디디이(DDE)의 경우 정소의 안드로젠호르몬 기능을 봉쇄하는 것으로 보고되고 있다.

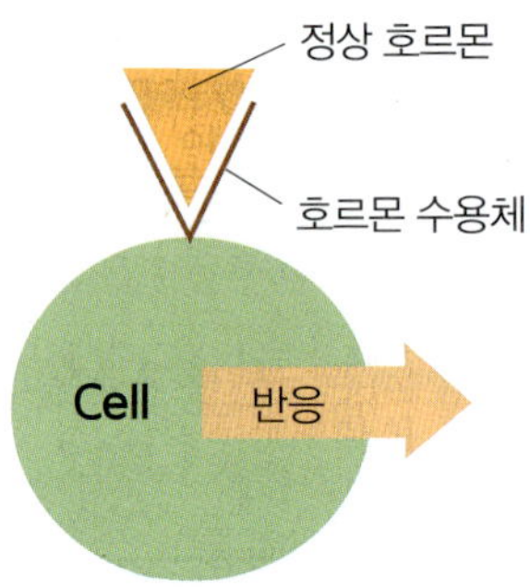

〈정상 호르몬 작용〉

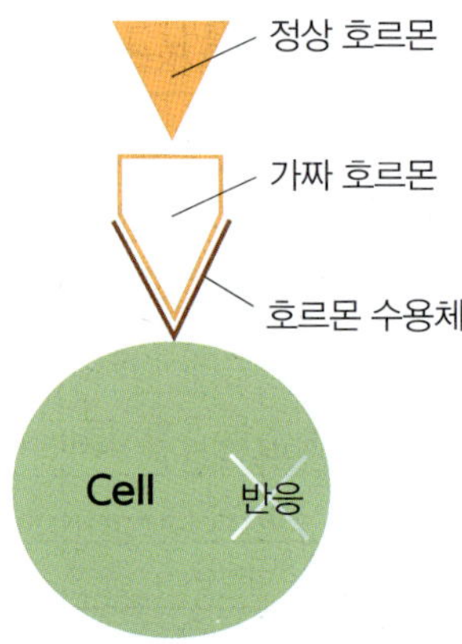

〈봉쇄 작용〉

3. 호르몬 촉발작용

내분비계장애물질이 체내 세포물질과 반응함으로써 정상적인 호르몬작용에서는 나타나지 않는 생체 내의 해로운 대사작용을 유발하는 작용이다. 촉발작용의 영향으로는 암과 같은 비정상생장, 대사작용 이상, 불필요하거나 해로운 물질 합성 등을 들 수 있다. 대표적인 물질로서 다이옥신 또는 다이옥신 유사물질 등이 이와 같은 작용기전으로 영향을 나타낼 수 있는 것으로 보고되고 있다.

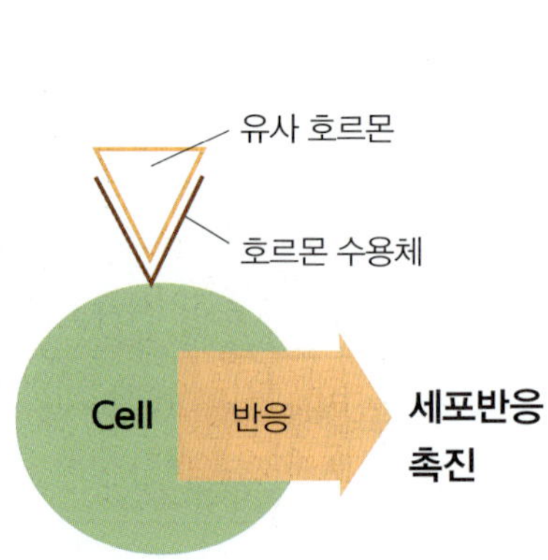

7.4.2 생태계에 대한 영향

인간들의 생활환경에서 광범위하게 사용되고 있는 합성물질이나 식물에서 만들어지는 천연물질 중 상당수의 물질이 체내 내분비계통에 장애를 일으키는 환경호르몬물질로 밝혀지고 있다. 특히, 이들 물질은 어류, 조류, 파충류 및 포유류 등의 야생동물에 지대한 영향을 미쳐 개체수의 감소와 성의 이상변이 등을 야기하는 것으로 지적되고 있으며, 나아가 현재 인간의 정자수 감소 등에 따라 미래 인간의 환경생태계에서 생존여부에 막대한 영향을 미칠 것에 주목하고 있다.

이러한 환경 중 내분비계장애물질(환경호르몬)들은 야생생물의 생식과 발생에 심각한 영향을 미칠 수 있으며, 현재까지 생태계에 미치는 주요 영향으로서 호르몬분비의 불균형, 생식기능 저하 및 생식기관 기형, 생장저해, 암유발, 면역기능저해 등이 보고되고 있다.

1. 어류

환경호르몬물질의 어류에 대한 영향으로는 수컷생식능력의 변화 및 수컷의 암컷화 등이 많이 관찰되고 있으며 여기에 대한 관심 또한 높다.

1980년대 영국 각지에서 합성세제와 유화제의 성분인 비이온성 계면활성제의 분해물인 알킬페놀이 의심 원인물질로 암수 구분을 할 수 없는 물고기가 대량 발견되었다. 캐나다의 겔프(Guelph)대학의 한 연구보고서에 의하면 오대호에 서식하는 2~4년생의 상당수 연어에서 비정상적인 갑상선비대가 관찰되었는데, 이는 먹이사슬의 상위포식자에 속하는 연어가 오염물질이 농축된 먹이를 섭취했거나 또는 호수 내의 각종 오염물질을 비롯한 환경적인 인자로 인해 내분비계가 교란되어 일어날 것으로 추측되고 있다.

이웃 일본에서도 1996~1997년에 도쿄의 다마강과 쓰미다강에서 수십~수백 피피티(ppt)의

● 그림 2-32. 환경호르몬 오염으로 인해 암에 걸린 물고기

알킬페놀이 검출되었으며, 이와 동시에 수컷 잉어의 비율이 현저히 적어진 것도 발견되었다.

2. 파충류

1980년 미국의 플로리다주의 아포프카 호수에 타워화학 회사가 유출시킨 디코폴과 DDT 등의 오염으로 인하여 그 호수의 악어의 수가 반으로 줄었으며, 수컷 악어의 암컷화와 수컷 성기의 크기가 정상에 비해 1/2~1/3 정도로 왜소화 된 것이 발견된 것이 대표적인 파충류의 환경호르몬 피해 현상이라고 할 수 있다. 또한, 붉은귀거북(red eared turtle)의 경우 폴리염화비페닐류(PCBs) 노출에 의해 알의 부화수가 감소되거나 거북의 알에 PCBs를 묻혔을 경우 대부분 암컷이 태어났다는 보고도 있다. 이 밖에 개구리 등이 생식 및 발생시 다이옥신류나 중금속 등 유해물질에 노출될 경우 부화율감소 및 기형발생이 현저히 증가한 사례도 보고되었다.

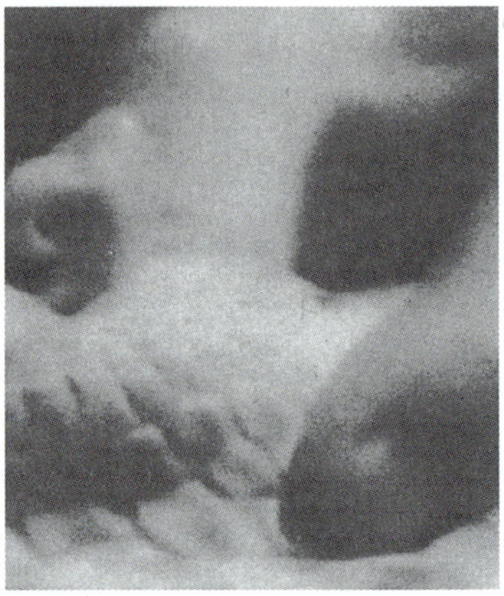

● 그림 2-33. 비정상으로 왜소화된 수컷 악어의 성기

3. 조류

오염지역에 서식하는 새 즉, 갈매기, 왜가리, 매, 독수리, 가마우지, 펠리칸 등에서 생식능력 및 성적습성의 변화, 면역능력의 감소, 부리의 기형 등이 나타났다. 특히, 이들 대부분의 새들은 물고기를 먹이로 하기 때문에 오염물질이 농축된 물고기를 잡아먹을 경우 먹이사슬에 의한 영향은 심각하다고 할 수 있다.

그 예로 PCBs 등이 오염된 지역의 물고기를 먹이로 하는 갈매기와 같은 새들의 면역력이 비오염지역의 새들에 비해 감소한 연구 보고가 있다.

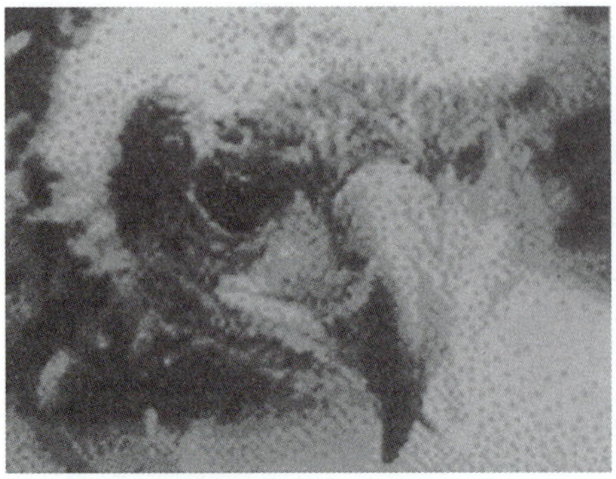

● 그림 2-34. 부리가 뒤틀린 기형 조류

또, 환경호르몬에 의한 영향으로 대표적인 생식능의 변화를 들 수 있는데, DDT 또는 DDE에 폭로된 독수리류 또는 다이옥신이나 PCBs에 폭로된 제비갈매기 등의 알의 부화율의 저하현상이 나타났다는 보고도 있다. 갈매

기의 경우 내분비장애에 따른 슈퍼노말(super normal)이라고 불리우는 다산란 현상을 비롯하여, 암컷끼리 둥지를 트는 현상과 미시간 호 주변에 PCBs나 다이옥신의 고농도오염지구에서 서식하는 갈매기에서 갑상선비대 및 수컷에서의 난관의 발달 등이 보고된 바 있다.

4. 포유류

발트해 연안의 바다표범을 조사한 결과 PCBs의 대부분이 바다표범 생식선의 스테로이드합성에 장애를 일으키거나 갑상선 기능저하를 일으킨다는 보고가 있다.

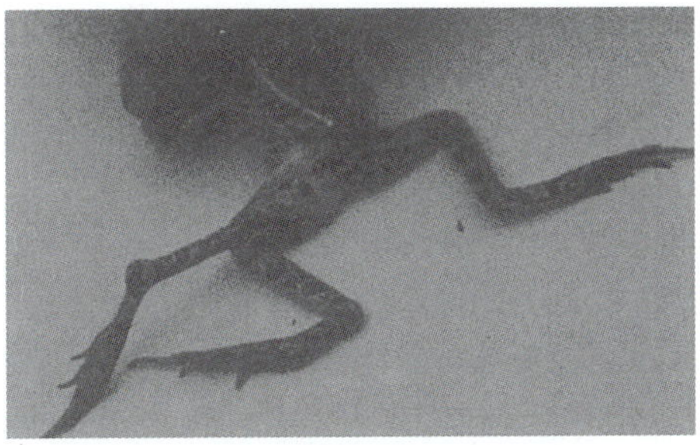

● 그림 2-35. 기형으로 생긴 개구리 다리

플로리다 아메리카표범 수컷의 혈액에서 암컷호르몬인 에스트로겐이 정상에 비해 수배 이상 높게 검출되었으며, 발육과 생식기의 이상이 관찰되었는데 그 후 원인이 DDE 또는 PCBs가 사료에 오염되었다는 결과가 나왔다. 이와 같이 포유류에 영향을 나타내는 물질들은 인간에게 직접 영향을 줄 수 있다는 점에서 포유류에서의 영향 발견은 매우 심각한 문제가 아닐 수 없다.

5. 인간에 대한 영향

환경호르몬이 인체에 미치는 영향은 호르몬기능이상, 성장발달 장애, 발암유발 및 생식기능 이상, 자극성 및 면역력기능이상, 비만 및 대사증후군 유발 등으로 영향을 나타낼 수 있으나, 그 양에 대해서는 정확히 밝혀진 것이 없다. 그러나 내분비계는 우리 인체를 조절하는 가장 중추적 역할을 하기 때문에 여기에 대한 관심도는 무엇보다도 높다고 할 수 있다.

자연성 내분비교란물질 중 콩, 석류, 튤립뿌리 등에 함유되어 잇는 식물성 에스트로겐(phytoestrogen)을 과다 복용 시 여성의 생리나 출산 등 여성의 생식기능에 영향을 줄 수 있다. 특히 2차세계대전 당시 네덜란드에서는 식량부족으로 튤립뿌리를 먹었는데 그 뿌리를 많이 먹을수록 생리불순, 자궁출혈, 불임 등의 증상이 나타나는 여성이 많았다고 한다.

1970년대 유산방지제로 합성에스트로겐인 DES(diethylstilbestrol)를 복용한 임산부의 2세들에게 생식능이 감소되고, 딸의 경우 자궁기형, 불임, 면역기능 이상이 증가하는 사례가 발생했다. 그러나 복용한 임산부에게는 영향이 나타나지 않았다고 한다. 이외에도 덴마크에서의 과거 50년 동안(1992년 기준) 남자들이 정자수 반감 등이 보고된 바 있다. 이와 같이 환

● 표 2-38. 환경호르몬에 의한 야생생물에 대한 영향

생물		장소	영향	추정되는 원인 물질
패류	고둥	일본 해안	웅성화, 개체수 감소	유기주석화합물
어류	옥새송어	영국 하천	자성화, 개체수 감소	노닐페놀(*판정되지 않음)
	잉어	영국 하천	자웅동체화	노닐페놀(*판정되지 않음)
	연어	미국 오대호	갑상선비대 형성, 개체수 감소	불명
파충류		미국 플로리다주 호수	음경왜소화, 알의 부화율 저하, 개체수 감소	호수에 유입된 DDT 등 유기염소계 농약
조류	갈매기	미국 오대호	자성화, 갑상선종양	DDT, PCBs(*판명되지 않음)
	미국 가마우지	미국 미시간호	알의 부화율 저하	DDT, PCBs(*판명되지 않음)
포유류	바다표범	네덜란드	개체수 감소, 면역기능 저하	PCBs
	흰돌고래	캐나다	개체수 감소, 면역기능 저하	PCBs
	아메리카 표범	미국	정류정소, 정자수 감소	불명
	양	호주(1940년대)	다발성사산, 기형발생	클로버유래의 식물성에스트로겐

경호르몬은 남성의 경우 정자수의 급격한 감소 이외에도 고환암이나 요도하열, 정액감소, 정자운동성 감소, 기형정자 발생증가, 생식기기형, 전립선질환, 기타 생식에 관련된 조직의 이상을 유발시키며, 여성의 경우 유방 및 생식기관의 암, 내분열증(endometriosis), 자궁섬유종(uterinefibroid), 유방의 섬유세포질환, 골반염증성질환(pelvic inflammatory disease) 등의 유발 및 증가도 이와 관련된 것으로 보는 경향이 있는데 이를 증명하기 위한 연구는 계속 진행중이다. 최근 국내외적으로 가장 주목되는 소각장 등에서 배출되는 다이옥신류에 대한 인체영향이 발표되면서 사회적으로 커다란 문제가 되고 있다.

7.5 환경호르몬에 대한 대책

7.5.1 생활환경관리대책

첫째로, 음식물과 용기의 관리이다.

지방질이 많은 육류보다는 곡류, 채소, 과일이 풍부한 식단을 선택하는 것이 중요하며, 과일이나 야채는 흐르는 물에 씻어 먹되 껍질은 되도록 벗겨서 먹도록 한다. 또 1회용 식품용 사

용을 자제하고, 요리시 전자레인지에 플라스틱 또는 랩으로 음식을 씌워 데우는 일은 삼가도록 해야 하며, 바퀴벌레 등 해충관리도 잘 해야 한다.

둘째로, 환경위생을 관리해야 한다.

파리, 모기 등 해충 구제를 위해 살충제 사용을 과도하게 하지 말아야 하며, 텃밭이나 정원 등에 농약살포를 되도록이면 자제하는 것도 좋은 방안이다. 또한, 금연을 한다거나 함부로 버리기 쉬운 폐건전지, 고장난 수은온도계, 형광등과 같은 유해폐기물을 적절하게 처리하고, 특히, 플라스틱제품을 어린이가 입에 대지 않도록 주의할 필요가 있다.

셋째로 소비자로서의 자세이다.

어린이용 장난감으로 폴리염화비닐(PVC)이 포함된 장난감 구매를 자제하고, 되도록 목재 또는 천연소재로 된 장난감을 선택하도록 해야 하며, 세제를 사용할 때에는 노닐페놀에톡시레이트류와 같은 내분비계장애물질이 함유된 세제 사용을 자제해야 한다. 이외에도 치과에서 주로 치아 치료시 사용되는 아말감도 되도록 사용을 자제하는 것이 좋다. 또한, 음식조리시 지방의 녹는점을 감안하여 조리온도를 조절해야 하며, 음식물쓰레기를 분리배출하는 것 등을 생활화 하도록 한다.

7.5.2 원인물질 관리 대책

정부측면에서 보면 정부차원에서 내분비계장애물질의 환경 중 방출을 최소화하기 위해 배출목록을 작성하고, 보고제도를 운영하는 방안과 실제 또는 잠재위험성에 따른 관리 대상물질의 우선순위선정과 환경호르몬에 대한 환경 및 인간건강에 영향을 미치는 농도이하의 환경기준치 설정 및 모니터링제도가 선행되어야 한다. 그 다음으로 농약의 의존도를 낮추기 위한 대체물질, 품종 및 방법의 개발, 청정생산기술의 장려 및 지원, 대체물질개발에 대한 지침마련, 대상물질의 내분비장애정도를 측정할 수 있는 방법과 환경 중 규제치를 감시할 수 있는 지표(biomarker) 개발 등이 뒤따라야 한다.

그리고 산업체측면에서는 제품생산에서부터 폐기에 이르기까지의 전 과정(life-cycle) 평가를 통한 오염방지 및 청정생산기술을 이행하고, 생산 또는 폐기하는 물질에 대한 내분비계장애독성의 평가와 시험 및 소비자에게 상품과 위해성에 대한 정보를 제공해야 하며, 내분비계장애물질에 의한 제품의 오염여부감시를 위한 측정업무를 시행해야 한다.

마지막으로 연구계의 측면에서 과학적이고 합리적인 연구수행을 위한 중·장기적인 연구 전략을 수립 추진하고, 내분비계장애물질과 관련된 실험·연구·조사 결과 등을 수집 평가하기 위한 관련부터 연구기관, 민간전문가로 구성된 연구기관 간에 전문연구협의체가 운영되어야 한다. 그리하여 내분비계장애물질에 대한 현황과 환경생태계에 대한 영향 등 조사, 내분비계장애물질의 규제를 위한 평가 및 시험방법 등의 확립과 내분비계장애물질에 대한 환경 중의 노출량 및 인체의 노출량 조사, 내분비계장애물질의 지정 및 환경 중 기준농도 등을 마련하기 위한 역학조사와 유행성평가가 이루어져야 한다.

플라스틱 종류와 특징·용도

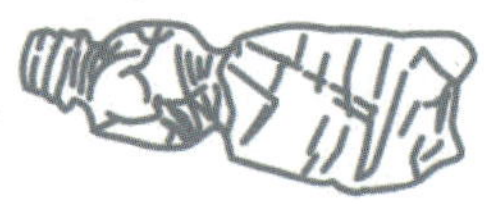

코드	명칭	특징	용도	위험성
1 PETE	PET (PETE) 폴리에틸렌 테레프탈레이트	투명하고 가볍다 가장많이 재활용되며 독성에 매우 안전하다 재사용시 박테리아 번식 가능성이 높다	생수병, 주스, 이온음료	사용해도 **좋음**
2 HDPE	HDPE 고밀도 폴리에틸렌	화학성분 배출이 없고 독성에 매우 안전하다 전자레인지 사용 가능하다	우유병, 영유아 장난감	사용해도 **좋음**
3 V	PVC 폴리비닐 클로라이드	평소에는 안정적인 물질이나 열에 약해 소각 시 독성가스와 환경호르몬 다이옥신을 방출한다	랩, 시트, 필름, 호스 고무대야	사용하면 **안좋음**
4 LDPE	LDPE 저밀도 폴리에틸렌	고밀도보다 덜 단단하고 투명하다 일상생활 사용시 안전하나 재활용이 불가해 가급적 사용을 자제할 것을 권유한다	비닐봉투, 필름, 포장재	사용해도 **괜찮음**
5 PP	PP 폴리 프로필렌	PP는 플라스틱 중 질량이 가장 가볍고 내구성이 강함, 고온에도 변형되거나 호르몬 배출이 없다	밀폐용기, 도시락, 컵	사용해도 **좋음**
6 PS	PS 폴리스티렌	성형이 용이하나 내열성이 약해 가열 시 환경호르몬 및 발암물질이 배출된다	일회용컵, 컵라면용기, 테이크 아웃 커피 뚜껑	사용하면 **안좋음**
7 OTHER	PC 폴리 카보네이트	PC는 가공과 내충격성이 우수해 건축 외장재로 주로 쓰임. 환경호르몬이 배출돼 식품 용기로는 사용 불가	물통, 밀폐용기, 건축 외장재	사용하면 **안좋음**

자료: 그린포스트 코리아

PART 03

환경오염

Chapter 01

대기오염

1.1 대기오염의 정의

세계보건기구(WHO)에서도 대기오염이란 "대기 중에 인공으로 배출된 오염물질이 존재하며, 오염물질의 양과 그 농도 및 지속시간이 어떤 지역주민의 불특정 다수인에게 불쾌감을 일으키거나, 해당지역에 공중보건상 위해를 미치고, 인간과 동·식물의 생활에 해를 주어 도시민의 생활과 재산을 향유할 정당한 권리를 방해하는 상태"라고 정의하고 있다. 대기오염의 정의는 국가나 단체 또는 학자에 따라 그 정의가 조금씩 다를 수 있으나 이를 종합해보면 "대기 중의 오염물질인 매연(煤煙), 먼지, 가스, 악취 등이 불특정 다수인에게 불쾌감을 주거나, 사람의 건강과 보건위생상에 위해(危害)를 주며 또는 인간의 생활과 밀접한 관계가 있는 재산과 동·식물 및 그 생육환경에 해를 미칠 정도로 어떤 지역에 단위용적당 한 종류 또는 그 이상

● 그림 3-1. 대기오염

다량으로 외기에 존재하는 상태가 되는 현상"으로 요약할 수 있다.

1.2 대기오염의 원인

서구의 산업혁명으로 석탄 등 화석연료가 주 에너지원으로 사용되면서 대기오염문제가 야기되기 시작했으며, 근래의 대기오염문제는 석탄석유 등의 화석연료 뿐 아니라 기술사회의 편익 추구로 인한 다양한 원인임을 발견할 수 있다. 그러나 무엇보다도 대기오염의 주 원인이 되고 있는 것은 인구증가와 인구의 도시집중, 산업발달, 그리고 에너지개발로 집약될 수 있다.

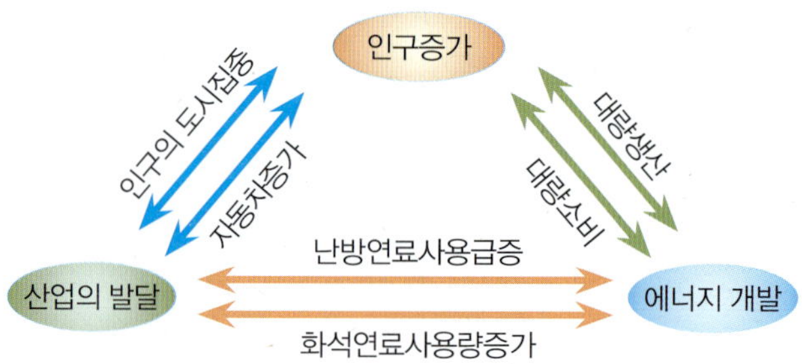

● 그림 3-2. 대기오염의 원인

1.3 대기오염물질의 종류

대기오염의 발생원으로부터 직접 배출된 것을 1차오염물질이라고 하며, 대기 중에 2종류 이상의 1차오염물질이 서로 태양 자외선에너지에 의해 광화학반응을 일으켜서 생성된 오염물질을 2차오염물질이라고 한다.

1.3.1 1차오염물질(primary pollutants)

산업시설, 자동차, 화학공장 등 발생원에서 대기 중으로 직접 배출된 오염물질을 말한다.

1. 가스상 오염물질

1) 황산화물(sulfur oxides: SO_x)

황산화물은 각종 연료 특히, 석탄을 태울 때 많이 생기며 아황산가스(SO_2), 삼산화황(SO_3), 아황산(H_2SO_3), 황산(H_2SO_4) 등의 황산염이다.

황산화물의 배출원은 크게 자연적인 것과 인위적인 것으로 분류할 수 있으며, 자연적인 것으로는 화산폭발, 인위적인 것으로는 석탄이나 석유를 연료로 사용하는 화력발전소, 자동차, 각종 난방시설 이외에 정유공장, 용광로, 코오크스공장, 황산제조공장 등이 주된 인위적 배출원이다. 그리고 총 배출량의 약 80%는 화석연료 연소과정에서 대기로 배출되고 있다. 아황산가스는 태양광선의 영향으로 삼산화황(SO_3)으로 산화되어 대기중의 수증기와 함께 황산(H_2SO_4)으로 변화된다.

연료의 총 황분함량의 약 80%는 연소되어 연기로 배출되며, 나머지 20%는 재(ash)와 함께 황산염으로 배출된다.

2) 질소화합물(nitrogen oxides; NO_x)

질소산화물은 주로 연료의 연소과정에서 배출되는 중요한 대기오염물질 중의 하나이다. 기체상태의 질소산화물에는 N_2O, NO, N_2O_3, NO_2, N_2O_4, N_2O_5 등이 있으며, 이들 중에서 일산화질소(NO), 이산화질소(NO_2)가 대기오염을 일으키는 주요 대기오염물질이다.

질소산화물의 50%는 고정오염원에 의한 것이며, 나머지 50%는 이동오염원인 교통기관에 의해서 배출된다.

3) 일산화탄소(carbon oxide; CO)

일산화탄소는 무색, 무미, 무취, 무자극의 가스로 연소과정 중 불완전연소와 산소공급이 불충분한 상태에서 다량 발생되고, 주된 발생원은 주택난방 및 자동차배출가스 등이다.

4) 오존과 탄화수소(ozone-hydrocarbons)

오존(O_3), 탄화수소(HC) 및 그 외 유기물질은 최근 대도시에서 대기오염원으로 중요시 되고 있다. 유기오염물질에는 탄화수소 이외에 알데하이드, 케톤, 유기산 등의 여러 종류가 있다.

특히, 유기물이 혼합된 탄화수소와 이산화질소의 혼합물은 태양광선에 의한 광화학 반응에 의해 오존 등 광화학적산화물을 만들어 눈 및 목의 점막을 자극하는 로스엔젤레스 스모그를 발생하는 원인이 되었다.

● 그림 3-3. 인체에 유해한 오존이 만들어지는 과정

5) 휘발성유기화합물(VOCs)

실온에서 탄화수소류 중 레이드증기압이 27.6kPa 보다 큰 석유화학제품, 유기용제 또는 기타 물질을 휘발성유기화합물(volatile organic compounds)이라고 하며 탄소원자가 12개 이하인 대부분의 유기화합물이 여기에 속한다.

휘발성유기화합물은 탄화수소로 분류되기도 하지만 탄화수소는 탄소와 수소로 구성된 화합물이고, 휘발성유기화합물은 탄소와 수소 이외에 다른 원자들을 포함한 화합물로 구별이 된다.

휘발성유기화합물은 자외선의 흡수가 강한 물질로서 오존을 생성시키거나 광화학스모그를 유발시키는 오염물질이며, 지구온난화를 일으키는 독성이 강한 발암성물질로 자동차(주로 가솔린)나 유류, 유기용제공업(도장산업, 자동차, 주유소, 인쇄, 도로포장, 세탁소 등)에서 배출되며 도장산업과 자동차 등에서 제일 많이 배출된다.

6) 다이옥신(dioxin)

다이옥신은 1872년 독일 화학자에 의해 처음으로 합성되어 제초제나 살충제 등으로 사용해 오다가, 1960년대에 베트남 전쟁 때 사용된 고엽제에 불순물로 함유되어 있던 다이옥신(2,3,7,8-TCDD)에 의하여 기형아가 출생되면서 커다란 환경문제로 대두되게 됨에 따라 환경오염물질로 규제받게 되었다.

이러한 다이옥신은 벤젠과 염소가 주로 결합된 물질로 배출된 후에는 화학적으로 잘 분해되지 않으며, 안전한 구조를 가지고 있고, 독성 및 잔류성이 강하여 인간과 동물에 큰 영향을 미친다.

다이옥신류는 크게 다이옥신(poly chlorinated dibenzo-p-dioxin; PCDD)과 퓨란(polychlorinated dibenzo furan; PCDF)으로 대별된다. 다이옥신 배출원은 도시폐기물소각시설, 제철소나 금속제련공장의 각종공정, 자동차배출가스, 염소표백, PCB공업, 농약 및

다이옥신(PCDD) 퓨란(PCDF)

● 그림 3-4. 다이옥신류의 화학구조

클로로페놀공업 등이 있다.

2. 입자상오염물질

대기 중에 부유하는 입자상물질은 그 생성 메카니즘으로 보아 1차입자(primary particle)와 2차입자(secondary particle)로 나눈다. 1차입자는 발생원으로부터 대기 중에 직접 방출되는 입자이며, 2차입자는 발생원에서 대기 중에 방출된 가스상물질이 광화학 또는 열화학 반응으로 생성된 입자로서 그 성분은 주로 황산염·질산염 및 유기물질이다. 1차입자는 해염입자, 토양입자, 자동차배출입자, 타이어 등에서 발생되는 먼지, 유기입자 등이며, 2차입자는 아황산가스나 황화수소(H_2S) 등의 황화합물, 질소산화물이나 암모니아 등의 질소화합물, 테르팬(terpene) 등의 식물성 탄화수소, 화석연료의 연소에 따른 탄화수소 등이 자연 및 인공 발생원으로부터 대기 중에 방출된 후에 광화학반응이나 열화학반응을 거쳐 입자상물질로 변화된 것을 말한다.

한편, 국립환경과학원이 1987년도에 서울의 입자상오염물질의 발생원 추정에서 CMB (chemical mass balance)법과 원자분석이나 주 성분 분석에 의한 통계적인 해석방법인 다변량해석법의 두 가지를 적용한 결과에 의하면 자동차 31%, 토양입자 24%, 석탄 18%, 2차성 입자 7%, 중유 4%, 폐기물소각 4%, 해염입자에서 4%가 발생되는 것으로 보고하였다.

대기 중에 존재하는 입자상물질로는 분진(particle), 연무질(aerosol), 먼지(dust), 작은물방울(droplet), 비산재(fly ash), 안개(fog), 흄(fume), 연무(mist), 매연(smoke), 검댕(soot) 등을 들 수 있다.

대기 중의 먼지 중 비교적 무거워서 침강하기 쉬운 것을 강하먼지(dust fall)라 하고, 입자가 미세하고 가벼워서 좀처럼 침강하기 어려워 장기간 공중에 부유하는 것을 부유먼지(suspended particles)라고 한다. 대체적으로 대기 중의 먼지는 입자의 직경이 0.001~500μm이며 대부분은 0.1~10μm(초미세먼지; PM 2.5, 미세먼지; PM10)이다. 크기가 0.1μm 이하인 입자가 분자와 비슷한 현상을 나타내며 기체분자와 충돌하여 브라운운동을 하고, 1~20μm의 입자는 그들의 운동성이 가스의 운동성을 따르는 경향이 있으며, 20μm 이상의 입자는 침전속도가 상당히 빨라서 대기 중에서의 체류기간이 짧다.

● 표 3-1. 오염물질과 그 발생원

오염물질		발생원
황화물	아황산가스	보일러, 난방, 디젤엔진, 금속정련, 황산공장 등
	황산	보일러, 난방, 금속정련, 황산공장 등
	황화수소	도시가스공장, 타르증류, 석유정제, 제강정련, 펄프공장, 인조견·세로판공장, 오수·오물처리 등
질소화합물	질소화합물	보일러, 석유엔진, 먼지, 소각, 질산·황산제조공장 등
	질산	질산제조공장, 황산제조공장 등
	암모니아	암모니아·냉동공장, 식품·사료공장, 오수·오물·시체처리 등
	시안화수소	플라스틱소각, 가스공업, 제철공업 등
산소화합물	일산화탄소	보일러, 난방, 먼지, 소각, 석유엔진, 석유정제, 금속정련 등
	이상화탄소 (탄산가스)	보일러, 난방, 먼지, 소각, 석유엔진, 기타
할로겐화합물	불소, 불화수소	알루미늄전해, 인산비료공장, 도자기·유리공장세라믹공업 등
	염소, 염화수소	염소제조, 소오다공장, 펄프표백, 플라스틱소각, 활성탄제조업 등
유기화합물	탄화수소	보일러, 난방, 석유엔진, 먼지, 소각, 석유정제, 식품·사료가공, 오수·오물·시체처리 증
	알데하이드 등	석유정제 등
	유기산	식품·사료가공, 오수·오물처리 등
먼지	탄소	보일러, 난방, 먼지, 소각, 기타 다수
	재(fly ash)	알루미나, 카바이트, 제철제강, 주조 등
	산화납	가솔린엔진
	중금속	각종 공정에 따라
	유기성먼지	방법·직물공장 등
흄	유기물타르	석유엔진 등
	기타	각종 공정에 따라
미세먼지 (미스트)	황산·질산 등의 미세먼지	각종 공정에 따라

1.3.2 2차오염물질

1. 정의

개개의 발생원에서 배출된 1차 오염물질이 물리·화학적 반응을 일으켜 즉, 오염물질의 상호간 공기와 반응하거나 자외선(태양광선)과 탄화수소의 촉매로 광화학반응(photochemical reaction) 등을 통해서 성상이 다른 물질로 변화되어 생성된 새로운 오염물질로 대기오염을 유발시키는 물질을 2차오염물질이라고 하며, 이 경우를 2차대기오염이라고 한다.

따라서 2차대기오염물질은 대부분 광산화물(photochemical oxidant)로서 두 종류 이상의 오염물질에 대한 복합오염의 양상을 나타낸다.

2. 종류

2차대기오염물질은 NO_2, O_3, PAN, PBN, H_2O_2, NOCl, CH_2CHCHO 등이 있다.

1.3.3 광화학적산화제(물)(photochemical oxidant)

1. 정의

대기오염물질로서 산화제(oxidant)라 함은 요오드화칼륨(KI)을 산화시킬 수 있는 물질을 총칭하며, 광화학적산화제(물)은 광화학반응에 의해서 생성된 물질로서 주로 일사량이 풍부한 여름철(7~8월)에 많이 발생되고, O_3, PAN 등이 여기에 속한다.

2. 산화제의 종류

대기에 존재하는 산화제로는 O_3, NO_2, H_2O_2, peroxyacetyl형 질산염, PAN, PBN 등의 유기성 peroxy 및 hydroperoxide 등이 있고, 여기서 NO_2를 제외한 산화성물질이 광화학산화제(광화학적산화물)이다.

3. 광화학산화제의 농도에 영향을 미치는 인자

대기 중 광화학산화제의 농도에 영향을 미치는 인자는 빛의 강도, 빛의 지속시간, 반응물질의 양, 대기안정도 등이다. 즉, 자외선이나 가시광선 등 빛의 강도가 센 한낮일 때, 빛의 지속시간이 긴 여름철, 광화학적반응물질의 양이 많을 때, 그리고 대기가 안정(기온역전)되었을 때 대기 중 광화학적산화제의 농도는 높아진다.

1.3.4 스모그(smog)

18C 산업혁명 이후 인구증가, 도시집중화, 산업화로 인한 화석연료의 다량 사용증가로 도시의 대기오염이 심화되면서 스모그현상이 자주 나타났다.

스모그는 두 가지 형태가 있으며, 하나는 작은 오염물질입자와 가스로 구성된 화석연료를 사용하는 화력발전소와 공장 같은 산업체에서 배출되는 스모그(smog=smoke+fog)로써 안개와 혼합되어 지표 가까이에 오염된 공기층을 형성한다(런던 스모그).

또 하나는 여름철 도시 대부분을 두꺼운 아지랑이로 덮고 있는 것이 광화학스모그로 태양광선과 열이 있을 때 공장과 자동차로부터 배출되는 다양한 형태의 대기오염물질(질소산화물+휘발성유기화합물 등)이 혼합되어 오존과 같은 유독성화학물질을 만들어내는 화학반응이다(로스엔젤레스 스모그).

스모그는 기온역전(상공으로 올라갈수록 기온이 높아지는 현상)이 일어날 때 가장 위험하다. 기온역전일 때 따뜻한 공기층은 찬공기층인 스모그 위로 이동한다. 즉, 지표면의 공기가 차가워서 공기가 위로 올라가지 못해 오염된 공기가 갇히어 확산되지 않아서 대기오염이 심화된다.

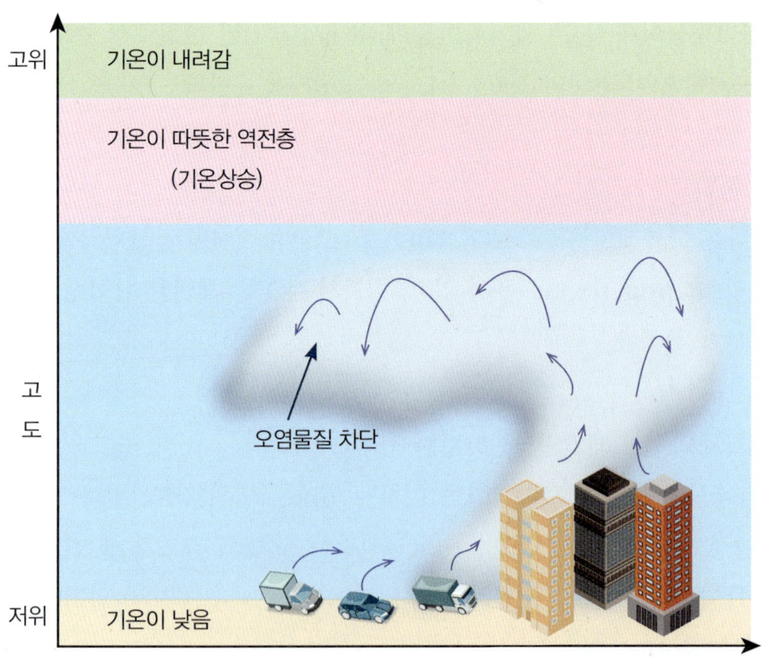

● 그림 3-5. 기온역전

이런 위험한 스모그현상이 여러 날 계속되어 대기오염피해(LA스모그사건)을 일으킨 로스엔젤레스시는 기온역전이 일어나기 쉬운 지역이다. 왜냐하면, 산 가까이에 더운 공기가 흐르고 있어서 낮은 층에 있는 스모그를 확산시키지 못했기 때문이다.

1.4 대기오염의 피해

대기오염에 의한 영향은 오염물농도나 접촉시간의 변화에 따라서 여러 가지 양상을 나타낸다. 오염물 농도가 높을 때는 화학반응이 급속하게 행해지기 때문에 단시간에 현저한 급성증상을 나타낸다. 그러나 비록 농도가 낮더라도 장시간에 걸쳐 접촉하면 완만한 장애작용이 축적되어 점차로 만성증상을 나타낸다.

오염물질 중 가스상물질은 생체 내에 깊이 침입하고 또 급속히 반응하기 때문에 급성 피해를 나타내기 쉽다. 에어로졸(입자상물질)은 생체의 표면에 머물러 대개 만성영향만을 미치지만 가용성 화학성분을 포함한 에어로졸은 급성피해를 끼치는 경우가 있다.

대기 중에는 많은 종류의 오염물질이 함께 존재하기 때문에 복합적인 피해를 일으키는 경우가 많으며, 만성피해의 경우는 인과관계를 정확하게 파악하기가 곤란하다. 피해판정을 할 때에는 단지 증상만 살필 것이 아니라 오염발생원, 기상조건, 지리적조건 등의 상황 판단이라든가 체내 유해물질의 화학적판정 등과 병행해서 현미경적 판정 등을 실시하여 종합하지 않으면 안 된다.

1.4.1 역사적인 대기오염 사건

세계적으로 유명하였던 벨기에의 Meuse 계곡, 미국의 Donora, Los Angeles, 영국의 London, 멕시코의 Poza Rica, 일본의 Yokohama에서 발생한 대기오염사건은 표 3-2와 같다.

이외에서도 인도 보팔시(1984. 12)의 M. I. C(methyliso cyanate) 가스유출사건과 구소련 우크라이나 체르노빌원자로폭발사고(1986. 4), 그리고 시베리아툼스크시 핵폐기물탱크 폭발사고(1993. 4) 등이 계속 발생되고 있다.

● 표 3-2. 세계적으로 유명했던 대기오염사건

사건	환경인자	피해	오염원·농도
Meuse Valley (벨기에) 1930년 12월)	분지 무풍상태 기온역전 연무발생 공장지대 · 철공장 금속공장 유리공장 아연공장	평상시 사망수의 10배, 60명 사망자 외 전 연령층의 급성호흡기 자극성 증환자 발생, 해소, 호흡곤란이 주증상, 가축·새·식물도 치사적 피해, 사망자는 만성 심폐증 질환을 갖고 있던 사람들	공장 아황산가스, 황산·불소화합물, 일산화탄소, 미세입자
Yokohama (일본) 1946년 가을	무풍상태 농연무발생 (밤과 이른아침) 공업지대	주둔 미군차량 및 그 가정의 매연 발생시 그 가족에게 심한 천식 발생(전년에 기관지염을 경험한 자), 발생은 9월부터 3월에 걸쳐 발생했으며 지역을 떠나면 완전회복, 기관지확정제가 효력.	불명 대기오염 물질로 추측
Donora (미국) 1948년 10월	분지 무풍지대 기온역전 연무발생 공장지대 철공장 전선공장 아연공장 황산공장	인구 14,000 명 중 중증 11% 중등증 17% 경증 15% 의 전연령층에 자극증상 발생 18명 사망 특히, 만성심폐질환, 해소, 호흡곤란, 흉부협착감이 주증상	공장 특히, 아황산가스 및 황산미세입자 혼합, SO_2, SO_3, 0.32~0.39ppm
Poza Rica (Mexico) 1950년 11월	공장조업의 사고로 대량의 황화수소가스가 마을로 누출, 기온역전	22,000명 중 320명이 급성중독에 걸려 22명 사망, 해소, 호흡곤란, 점막자극 등 주로 호소	황화수소가스
London (영국) 1952년 12월	하천평지 무풍상태 기온역전 연무발생 습도 90%, 인구조밀, 차가운 취기가 있는 somg	3주간 4,000명의 과잉사망, 그 후 2개월에 8,000명 과잉사망. 전연령층에 심폐증질환다발, 입원환자중 특히, 45세 이상은 중증. 사망자는 만성기관지염, 천식기관확장증, 폐섬유증이 있던 사람.	석탄연소시 특히, 아황산가스, 60%는 가정난로에서 기타는 공장, 발전소에서 미립 aerosol 분진 등, SO_2 최고 0.75 ppm
Los Angeles (미국) 1954년 여름	해안분지, 1년을 통해 해안성안개와 기온역전이 매일같이 발생. 백색연무 발생. 급격한 인구증가, 자동차 수증가, 석유계연료 소비증가.	눈, 코, 기도, 폐 등 점막의 지속적·반복적 자극, 일상생활의 불쾌감(전시민), 가죽, 식물, 과실의 손해, 고무제품, 건축물의 손해	자동차배기 등 석유계연료에 유래하는 CO, SO_2, SO_3, NO_2, O_3, aldehyde, ketone, acrolein, form-aldehyde, nitroolefin 등

● 표 3-3. 런던형 스모그와 로스앤젤러스형 스모그의 비교

Smog 구분		London형 smog	Los Angeles형 smog
특징		1950년 London에서 개최된 공중위생 회의에서의 합성어(smog=smoke+fog)	1952년 이후 미국의 Haegen Smit 이론이 광화학작용(photochemical reaction)으로 형성
주오염물질		SO_2, smoke, CO, 부유먼지, H_2SO_4 mist	NOx, O_3, PAN, aldehyde, acrolein, nitroolefin
주배출원		공장과 가정난방시설 연소	자동차 배기가스
연료		석탄과 석유계 연료	가솔린과 석유계 연료, 가스
기상조건	기온	4℃	25~30℃
	기습	85% 이상	70% 이하
	풍속	무풍	3m/sec 이하
	일사량	없을 때(아침, 저녁, 흐린날)	강하게 쪼일 때(낮)
	계절	겨울(12~1월)	여름(7~9월)
	발생시간	아침 · 저녁	오후 2시
	역전종류	방사선(복사성) 역전	침강성역전
화학반응		환원	산화
시정		100m 이하(짙은회색)	1.6~0.8km 이하(연한갈색)
피해		i) 인체 피해가 심하다. 호흡기장애, 만성기관지염, 폐염, 심장질환 ii) 식물 및 재산피해가 크다. • 식물고사-큰 식물 피해 • 건축물 손상-철부식, 석조건물 피해	i) 인체 피해는 간접적이다. 점막자극, 시정악화 ii) 식물 및 재산피해는 비교적 적다. • 연약한 식물피해(시금치, 상치, 샐러리 • 고무제품 손상

1.4.2 사람에 대한 피해

1. 입자상 물질(particulates)의 피해

일반적으로 부유먼지라고 하면 입자직경이 10μm 이하인 먼지를 말하며, 총부유먼지는 입자직경 100μm 이하의 입자상물질을 총칭하고 미세먼지(line particle, PM10)와 조(거)대먼지(coarse particle)로 나누어진다. 조대먼지는 10~100μm의 거칠고 큰 거대먼지를 말하며, 공기 중에서 체류시간이 짧기 때문에 강하먼지(dust fall)라고 부르기도 한다. 이것은 호흡에 의해 인체에 흡입되지는 않지만 가시도(visibility)에 영향을 미친다.

부유입자상물질은 가스상오염물질과 달리 입자직경에 따라서 인체에 흡입된 후 이동경로는 전혀 다르다. 10μm 이상의 큰 입자는 흡입되어도 거의 전부가 상기도에 침착된 후 기도의 섬모활동에 의하여 토출되며, 10μm 이하의 입자(PM2.5, PM10)는 입자직경과 흡입시의 흡기속도에 의하여 다르지만 5μm까지의 입자는 코 및 인두에, 1~5μm의 입자는 기관

및 기관지계에, 초미세먼지(PM 2.5)는 폐포까지 도달된다(폐포침착율이 큰 먼지 입자의 직경 0.5~5.0μm). 입자상물질의 미립자는 흡입에 의하여 폐포에 침착하면서 인체에 영향을 미치게 된다.

한편 입자상물질 중 그 성분이 문제가 되는 것이 있는데, 광산의 경우 유리규산이 규폐증(silicosis)을 일으키기 때문에 문제가 되지만 실내공기오염의 경우는 근대과학의 발전으로 많이 사용되고 있는 석면류(asbestos)가 문제가 되고 있다. 이러한 석면을 취급하는 공장 근로자들에게 석면폐, 폐암, 악성중피종 등의 건강장애가 유발되는 등 인체에 미치는 영향이 막대한 것으로 알려져 있다.

2. 아황산가스(SO_2)의 피해

아황산가스가 인체에 미치는 피해는 농도와 노출시간이 문제가 된다. 아황산가스는 물에 잘 녹기 때문에 90%가 상기도에 흡수되어 주로 호흡기계통의 질환을 일으키며, 이외 급성결막염, 치아산식증 등이 알려져 있다.

● 표 3-4. 아황산가스 농도와 증상과의 관계

농도(ppm)	증상
3~5	냄새로 가스의 존재를 알 수 있다.
8~12	몸이 자극된다.
10	장시간 견딜 수 있는 한도
20	눈에 자극을 느끼고 기침이 나온다.
50~100	단시간 견딜 수 있는 한도
400~500	단시간으로 심한 중독

3. 질소산화물(NO_x)의 피해

질소산화물은 연소시에 배출되는 것으로서 탄화수소(hydrocarbon)와 함께 태양광선에 의해 광화학적스모그 생성역할을 하는 물질로서 알려져 있고, 인체의 피해는 주로 하기도 호흡기조직의 세포파괴와 이로 인한 호흡기질환에 대한 면역성을 감소시킨다. 이산화질소로 인한 급성피해를 종합하면 그 자체가 직접적으로 눈(眼)에 대한 자극이 없다는 것을 제외하고는 아황산가스의 피해와 거의 일치되는 호흡기질환인 기관지염, 폐부종 및 폐렴 등이 있지만 아황산가스에서는 천식까지 진전된다는 점과, 이산화질소에서는 섬유성폐기관지염 및 폐암을 일으킨다는 점에서 다르다.

한편 이산화질소 노출에 대한 인체의 영향에 대하여 냄새를 맡을 수 있는 최저농도와 어두움에 대한 적응시에 영향을 주는 최저농도에 대하여 연구가 진행되어 왔다. Henschler 등의 실험에 의하여 20~35세의 건강한 남자 중 이산화질소 농도 0.12ppm에서 9명 중 3명이, 0.22ppm에서 13명 중 8명이 또한, 0.42ppm의 고농도하에서 8명 중 8명 전부가 즉각적으로 냄새를 감지하였다. 또한, Feldoman와 Salamberidze의 연구에 의하면 이산화질소 농도가 0.11~0.12ppm에서 냄새를 감지할 수 있다는 보고도 있다.

● 표 3-5. NO_2가 사람에게 미치는 영향

농도(ppm)	노출시간	영향
0.2		우주여행 허용기준
0.5	90일	잠수함 운행 허용기준
1~3	-	취각감지
5	8시간	산업안전보건허용기준
10	1시간	산업안전보건 및 잠수함 운행기준
13	-	3/8 눈자극, 7/8 코자극, 5/8 폐장 불쾌감 2/8 중추신경 영향
20	18개월	종업원에 질병영향 있음
10~40	계속 노출	만성 폐섬유와 폐기종
50~100	6~8주	섬유폐쇄성 기관지폐염
64	-	중등도 인후자극, 호흡회수 증가
80	3~5분	흉곽 압박감 느낌
100	3~5분	인후의 뚜렷한 자극과 심한 기침
500	3~5분	기관지폐렴이 겹친 급성 폐부종, 2~10일 이내 사망

4. 일산화탄소(CO)의 피해

일산화탄소는 혈중의 헤모글로빈(Hb)과 결합하여 일산화헤모글로빈(HbCO, carboxyhemoglobin)을 형성함으로써 혈액의 산소전달기능을 방해하고, 산소와 헤모글로빈의 결합체인 이산화헤모글로빈(HbO_2, oxyhemoglobin)의 분해를 방해함으로써 세포의 산소공급을 더욱 방해하게 된다.

일반적으로 일산화탄소의 인체 피해는 일산화헤모글로빈(HbCO)의 포화정도와 밀접한 관계를 보이며, 이는 혈중의 HbCO와 HbO_2의 합에 대한 HbCO의 비율로 나타낸다.

정상적인 비흡연가의 혈중 HbCO의 포화율은 약 0.5%이며, 일반적으로 1% HbCO 이하에서는 아무런 영향이 없는 것으로 알려져 있다. 비흡연가에 있어서 2.5%의 HbCO는 시간간격에 대한 감지에 지장을 주며, 3%의 HbCO의 농도에서는 명암감각을 둔화시키며, 5% 이상에서는 심장혈관에 이상을 일으켜 심장병환자에게 과중한 부담을 주게 된다고 알려져 있다. 또한 일산화탄소에 단기간 노출되었을 경우 농도와 노출시간의 곱이 90ppm/hr이면 두통이 생

● 표 3-6. 일산화탄소(CO)의 인체영향

농도(ppm)	폭로시간	인체의 피해
5	20분	신경계 반사작용 변화
100	3시간	체내 혈액 10% 기능상실
200	5시간	격렬한 두통
300	8시간	시각, 정신기능의 장애
500	4시간	시력장애, 허탈감, 탈력감
2,000	2시간	사망
3,000~4,000	30분	사망가능

● 표 3-7. O_3과 기타 광화학적 산화제(oxidant)의 급성 영향

최저영향 농도(ppm)	평균 최고 1시간 농도(ppm)	영향	대상
0.08	0.004~0.235	흡연자와 환자에서 기침, 눈·코자극 증상률 증가, 부유황산염을 제외하고 먼지의 pH는 눈 및 코자극과 관계가 있음	천식 및 알러지 환자 및 정상 성인
0.08	0.01~0.12	O_3과 TSP에 의해서 1일 최대흡기량 12.24~14.8% 감소함	소아 및 젊은 성인
0.08	0.01~0.12	1일 최대흡기량 감소율과 급성증상을 나타내는 환자 발생률은 오존, 저온, 그리고 높은 TSP에 의해서 증가함	성인 천식환자
0.15	0.01~0.30	O_3과 SO_2, 기온은 기도저항에 관계함	청춘기
0.16	0.16~0.17	정상인 및 천식환자에 있어서 운동시에 호흡계 기능을 다소 저하시킴	정상 및 천식환자

주) Air Quality Criteria for Ozone and Other Photochemical Oxidant, EPA-600/8-84-020 A, Vol 1 of V, 1084.

● 표 3-8. 산화제 농도와 폭로시간에 따른 피해정도

산화제 농도와 폭로시간	피해정도
0.05ppm/4시간 0.3~0.3ppm/1시간 0.03ppm/8시간 9ppm 이상	농작물 피해: 잎과 성장 방해 운동선수 성적 저하 코, 목 등의 자극 중태에 빠짐

기며, 1,500ppm/hr이면 생명이 위험하고, HbCO가 40%를 넘게 되면 완전한 회복이 어렵다.

5. 산화제(O_3 등)에 의한 피해

산화제(oxidant)의 농도가 상승하면 눈의 자극 등 점막계통에 통증을 일으킨다. 0.15~

0.25ppm의 오존에 단시간 노출로 운동중인 건강한 사람과 민감한 사람에게서 간기능저해, 기침, 천식 등 임상증상을 유발하고, 0.37ppm의 오존과 아황산가스의 혼합폭로는 각각 단독 폭로에 비해서 사람의 간기능에 더욱 피해를 미친다.

6. 다이옥신의 피해

다이옥신중독은 급성독성과 만성독성으로 분류한다. 급성독성은 모르모트에 대한 치사량 LD50이 0.6μg/kg(체중)으로 매우 강한독성(파라치온과 시안화합물: 5~50mg/kg)을 나타내고 있다. 다이옥신 이성질체 중 독성이 약한 것은 다른 물질로 전환되나 독성이 강한 것(2,3,7,8-TCDD 등)은 체내에 장기간 잔류하여 만성독성을 유발하여 효소의 활성을 저하시키거나 지방간을 유발시키거나 세포면역기능저하, 돌연변이, 폐암 등을 유발시킨다.

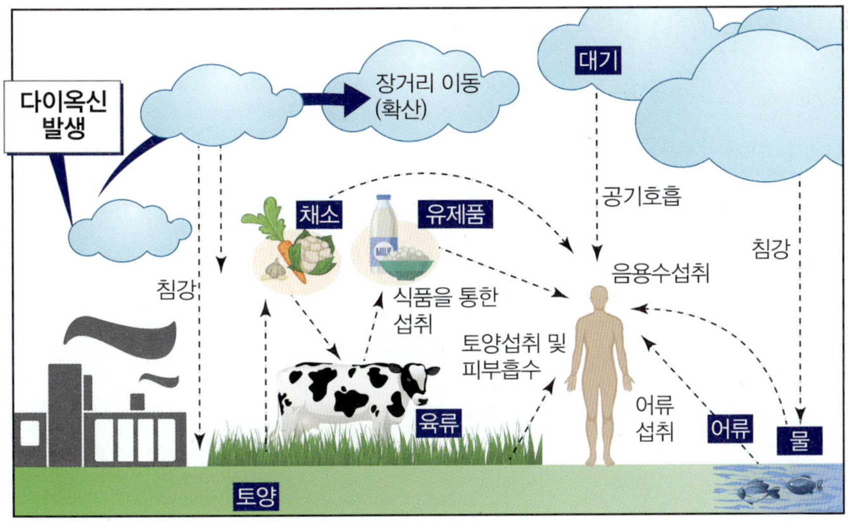

● 그림 3-6. 다이옥신의 인체 침입경로

7. 기타 중금속에 의한 사람의 피해

중금속(heavy metals)이란 비중이 4.0 이상 되는 금속을 말하며 여기에는 약 60종류 이상이 있지만, 대체로 대기오염에 관련되는 중금속류로 니켈(Ni), 구리(Cu), 카드뮴(Cd), 수은(Hg), 납(Pb), 망간(Mn), 아연(Zn), 셀레늄(Se), 바나듐(V), 크롬(Cr), 코발트(Co) 및 안티몬(Sb) 등을 들 수 있고, 이들 중 Ni·Cd·Pb·Hg 등은 인간의 생산활동에 의해 환경 중에 대량 배출됨으로써 유해한 오염원이 될 수 있다.

그러나 Fe, Cu, Co, Zn, Cr, Mn 등은 미량으로 생명유지에 절대적인 존재가 되나, 이것들도

철(Fe)을 제외하고는 모두 그 양이 과다해짐으로써 독성을 강하게 나타낼 수 있어 문제가 된다.

가령 생리적으로 볼 때, 철은 헤모글로빈(Hb) 및 수많은 호흡효소계의 일종인 시토크롬(cytochrome)에 불가결한 성분이고, 구리도 헤모글로빈을 갖지 않는 연체동물의 호흡색소인 헤모시아닌(hemecyanin)의 성분으로 중요하고, 망간(Mn)은 당이나 콜린(choline) 대사에서의 효소반응에 절대적 원소이며, 아연(Zn)도 DNA나 단백질의 합성을 조절하거나 골격이나 피부형성에 관여한다. 한편 크롬(Cr) 중 특히, 3가크롬은 당이나 지질(lipid) 대사에 필수적인 것이며 인슐린(insulin)의 기능을 돕기도 한다. 코발트(Co)도 비타민(vitamin) B_{12}의 주성분으로서 생체 내의 물질대사작용에 있어서 효소활성에 관여하고 있다.

한편 공해론적으로 중금속류를 본다면, 이들은 유기금속화합물로서 휘발되는 것도 많고 지방조직에 침착되기도 쉬우며 특히, 금속흄(metals fume)은 그 입자가 1μm 이하로 작기 때문에 더욱 광범위하게 대기 중으로 확산되어 나감으로써 해당 공장지대는 물론이고 일반 대기도 쉽게 오염시킬 수도 있게 된다.

1) 납(Lead, Pb)

납은 건전지, 활자, 땜납 및 도료 등의 제조에 이용되는 일이 많아 그 영향도 크기 마련이다. 특히, 자동차의 녹킹이나 옥탄가를 향상시키기 위하여 휘발유에 4에틸납과 4메틸납을 넣는 소위 안티녹킹제(antinocktants)로서의 유기성알킬납(alkyllead, tetramethyl lead)은 인위적으로 대기오염의 최대오염원이며, 이것이 가솔린 중에 0.02~0.07%의 비율로 함유되어 있어 그 연소 배출가스에 유래되는 납은 먼지에도 흡착되므로서 도시의 토양이나 그곳에 생장한 식물은 납에 의한 오염이 클 수밖에 없다. 따라서 담배잎에서도 납이 함유되었다고 볼 때

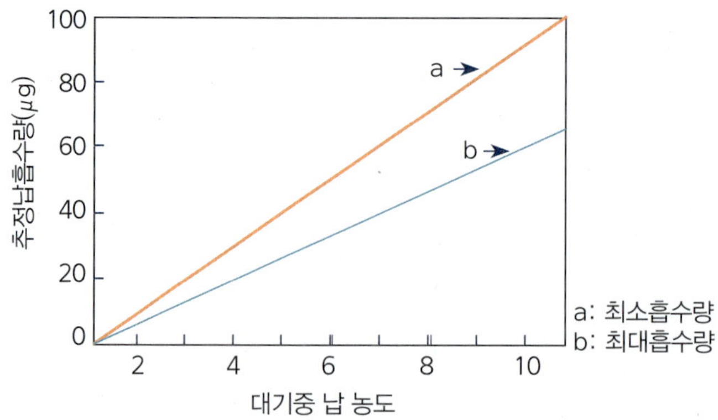

● 그림 3-7. 호흡에 의한 혈중의 납흡수량

흡연에 의한 납의 흡입이 공해문제로 중요시 될 때가 있다.

대기에 의한 납의 오염은 물에서처럼 식물연쇄로 사람으로까지 피해를 주는데, 물이나 먹이를 통한 것은 소화기관을 통하여 배설되는 반면에, 대기오염을 통해 폐로 흡입되기도 한다. 그림 3-7에서 보듯이 납 흡입량은 대기중의 납농도에 비례하여 증대되고, 경구적인 때의 5배 가량 된다. 이 그림에서 납의 최소흡수량은 최대흡수량의 60%에 지나지 않는 것을 알 수 있다.

그리고 혈액 중의 납은 혈장보다는 적혈구에서 1.5배 가량 더 흡수된다. 이밖에도 연부조직, 신장, 간 등에도 축적되며 골조직에도 흡착된다.

납 중독증상으로서는 전기에는 조혈기능장애로 인한 빈혈이며, 이 증상이 계속되면 후기에는 신경계통을 침해함으로써 간이나 신장에 나쁜 영향을 미치게 된다. 따라서 신경장해의 대표적인 증후로 시신경 위축에 의한 실명을 비롯하여 사지경련이나 뇌성마비를 일으킬 때도 있다. 어떤 경우에도 임신부에서의 조산이나 유산의 원인이 되는 한편 심하면 불임증이 될 수도 있다.

요컨대 납중독은 자연발생원에 의한 무기납의 위험성이 크다고는 하나, 인위적발생원인 유기납(가솔린 안티녹킹제: TEL, TML)은 주로 중추신경계를 침해하는 특징이 있으나 배설이 무기납 보다도 쉽다는 점에서 구별된다.

2) 수은(Mercury, Hg)

수은은 금속수은을 포함한 무기수은과 페닐수은(phenyl Hg)이나 메틸수은(methyl Hg)과 같은 유기수은으로 구별할 수 있다. 특히, 금속수은은 물이나 약산 및 알칼리에는 불용이나 실온에 방치하면 증발하여 공기를 오염시키게 된다.

인체에 대한 피해는 무기·유기수은은 공히 급성독성증을 발생시키지만 그 중 유기수은인 메틸수은은 만성독성증을 발생시킨다.

즉, 무기수은은 신장이나 간에 축적되어 각종 장해를 초래하는데 그 중에서도 신장 세뇨관

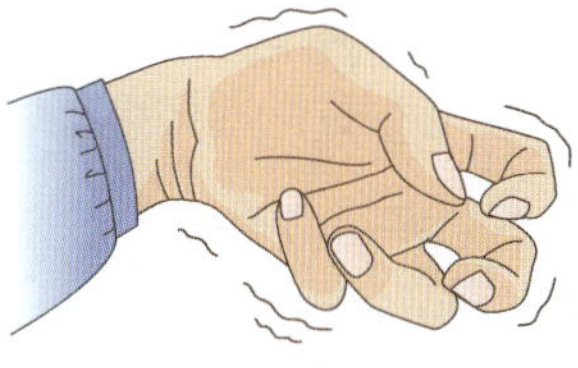

● 그림 3-8. 미나마따병(손가락마비)

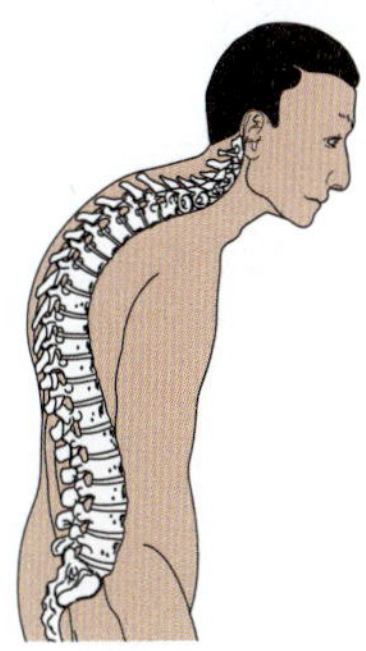

● 그림 3-9. 이따이이따이병

의 손상이 심하고, 소장이 침해되면 이질을 일으킨다. 특히, 수은증기는 폐포를 침해하여 뇌까지 손상을 입혀 뇌기능장해를 초래한다.

유기수은은 무기수은과 달리 신장보다 주로 창자로부터 배출된다. 따라서 아세트알데하이드(acetaldehyde) 합성촉매로 사용된 메틸수은이 대기를 통해 수중에 오염되어 어패류를 거쳐 사람에게 수은중독을 일으켰던 이른바 미나마따병(minamata disease)은 이의 대표적인 예이다.

미나마따병의 주 증상은 뇌피질부의 위축을 일으켜서 손가락, 입술, 혀 등의 마비와 언어 및 보행장해를 수반하여 연하곤란 및 청각과 시각장해도 일으킨다. 물론 이때에 다른 합병증이 수반되면 생명을 잃게 되는 수도 있다. 이때, 특히 알킬수은(alkyl Hg)은 임신부의 태반을 통해서 태아로 옮겨가 선천성뇌성마비를 일으키거나 염색체를 변이시켜 돌연변이(mutation)에 의한 기형아의 출산도 유발할 수 있다고 한다.

3) 카드뮴(Cadmium, Cd)

카드뮴은 아연 광석 중에 탄소염이나 황화물로서 함유되어 있다. 아연정련을 통해 배출되어 물이나 흙을 오염시키는 경우도 있으나 주로 대기를 오염시키는 근원은 금속 흄(hume)이다.

급성중독증상은 구토, 복통, 이질 등이 나타나며 기관지염이나 폐렴을 일으키는 경우도 있다. 반면에 만성적인 경우에는 취각신경마비와 폐기종 등을 일으키는 한편, 이로 인한 동맥경화증이나 고혈압증의 유발 요인이 되기도 한다.

특히, 아연 광산의 채광과정에서 비산되는 카드뮴 흄이나 먼지 및 그 폐기물로 오염된 공기흡입이나 물, 토양을 통한 동·식물(쌀 등) 섭취에 의해 인체에 축적되면 이른바 이따이이따이병(itai–itai disease)을 앓게 되는데, 이것은 뼈 중의 칼슘(Ca) 대사가 방해를 받으므로 골(뼈)연화를 초래하여 심한 통증이 생기는 동시에 골절상을 보일 때가 많다. 이 밖에도 카드뮴 오염은 유전자돌연변이의 유발원인으로나 발암원 및 생식기능장해원인 등으로 작용하는 경우가 있으므로 중요시 된다.

4) 니켈(Ni)

니켈은 산화나 부식에 강하므로 도금용으로나 합금에 의한 귀금속장식품 및 스테인레스 등의 재료로서 우리 일상생활과 밀접한 관계가 있으나 대기를 오염시켜 발암원(carcinogen)으로서 작용하는 경우가 있으므로 중요시하지 않을 수 없다. 그러나 금속 니켈은 거의 무독이므로 단일물질(원소)로서 공해보다는 가용성 니켈염화물이나 황화니켈(NiS) 및 기체상 니켈카르보닐($Ni(CO)_4$)로 되었을 때에 발암원으로서의 독성을 발휘할 수 있는데 문제가 있다고 본다.

이러한 금속 니켈의 대기오염원은 주로 채광과 제련이지만, 이 밖에도 무기석면(asbestos)이나 석탄 중에도 대량 함유되어 있기 때문에 직업병의 원인이 되는 대기오염원으로서 중요시된다.

기체상 니켈카르보닐($Ni(CO)_4$) 가스는 대기오염보다는 주로 작업환경에서 그 피해를 볼 수 있고 질식, 오심, 구토 및 두통 등의 증상을 나타내며 심할 경우에는 호흡촉진, 허탈(collapse) 상태에 빠져 죽고 만다. 또 만성폭로나 대량의 급성폭로가 있을 때에는 비암이나 폐암이 유발될 수 있다.

그리고 금속니켈 가공장식품(가령 시계줄) 등이 피부에 접촉되면 땀에 의해 가용성 염을 형성하게 되고 이로써 접촉성 피부염을 발생하기도 한다.

5) 셀레늄(Selenium, Se)

셀레늄에 의한 급성중독증으로는 코피, 기침, 현기증, 후두부종, 호흡곤란 및 전두부의 두통, 경련, 혈압강화 및 호흡불완전 등의 증상을 보인다.

한편 셀레늄 함량이 5~10ppm 정도가 되면 인체나 가축에서 만성셀레늄증을 일으켜서 정신적 우울감, 피로, 소화기장애, 황달, 복수증, 간·신장·심장장해 및 비장장해 등을 수반하는데 특히 셀레늄의 먼지나 가스에 장기간 폭로되면 폐조직증을 일으킬 수 있다. 그러나, 인체의 셀레늄은 모발(머리털)에 축적되는 일이 많으므로 모발은 셀레늄의 피폭시간이나 전체 조직 중의 셀레늄 함유량을 추정하는데 필요한 지표물로 이용한다.

6) 바나듐(Vanadium, V)

바나듐은 직업병적인 중독증으로서 중요시되며, 광석의 먼지나 흄의 흡입으로 기인된다. 따라서 금속정련, 바나듐함유 연료연소, 정유공정, 바나듐합금 생산공정을 비롯하여 황산생산공정의 촉매로서도 널리 이용되기 때문에 이들은 모두 대기오염원이 될 가능성이 크다.

인체생리에 미치는 영향으로 콜레스테롤, 인지질 및 지방합성을 저해하거나 기타 다른 영양물질의 대사장해를 일으키기도 한다.

대기오염에서 문제가 되는 것은 오염도가 높은 대기흡입에 기인되는 만성폭로영향을 받게 되는 것이며, 고빈도의 만성기관지염과 순환기계통 질병이 발생하고 특히, 이산화바나듐에 폭로된 근로자는 혈청 콜레스테롤의 양이 평균 10% 저하하며 소화기, 호흡기장해, 기침, 폐출혈, 기관지염 및 신장장해 등의 증상을 보인다.

7) 크롬(Chromium or chrome, Cr)

크롬에는 인체에 유익한 3가크롬과 유해한 6가크롬이 있는데, 3가크롬은 당·지질대사에 절대적인 필수요소로서 인슐린(insulin)과 유관하여 당뇨병, 심장병, 동맥경화증에도 유효하고 혈종의 콜레스테롤이나 지질의 양을 조절하기도 한다. 이에 반해 6가크롬은 자극성이 매우 강하고 부식성도 있으므로 먼지나 미스트에 폭로되는 도금 근로자는 비중격천공이 생기며, 만성기관지염이나 발암증상의 전구증상을 나타내고 간혹 일시적인 흡입으로도 피부궤양을 일으키며 이로 인한 치사율도 5% 가량 된다는 보고가 있다.

8) 망간(Mangan, Mn)

급성중독증으로는 금속흄의 영향으로 오한과 금속열에 의한 고열을 보이고 결국 폐렴으로 변하며 감염성폐렴과 달라 비점막 자극에 의한 비출혈이 특징이다.

만성중독증으로는 호흡기계통보다는 오히려 중추신경을 해치는 일이 특징인데, 간·뇌에 침해되어 정신장해, 기억 및 판단력상실, 환각·망상 및 우울증상 등을 보이므로 급성중독증과 구별된다.

9) 아연(Zinc, Zn)

아연도 다른 금속류와 마찬가지로 정제할 때 혼합물로서 대기를 오염시키지만, 여기서 대기오염 측면으로 중요시 되어야 할 것은 아연화합물의 연소로 생긴 산화아연에 기인되는 금속흄(hume)이며, 이것은 직업병의 원인이 되어 망간에서 처럼 오한, 구토 및 고열 등이 특징이다.

1.4.3 식물에 대한 피해

대기오염이 식물에 주는 영향은 민감하여 사람에 주는 영향보다 먼저 나타난다는 점에서 주목된다. 식물에 영향을 주는 정도는 가스종류, 농도, 접촉시간, 식물종류나 품종 외에 접촉시 광선, 온도, 습도 등 기상조건이나 계절차 또는 낮과 밤의 시간에서 영향을 받는 식물활동상황, 식물생육기 등에 따라서도 크게 차이가 있다. 식물에 주로 피해를 주는 대기오염물질 중에서 독성이 큰 순서로 나열하면 불화수소(HF), 염소(Cl_2), 아황산가스(SO_2), 이산화질소(NO_2), 일산화탄소(CO) 순이며 이외 암모니아(NH_3), 에틸렌(ethylene), 산소(O_2) 등이 있다.

1. 아황산가스의 피해

아황산가스가 식물에 미치는 영향은 급성 또는 만성이다. 식물이 아황산가스에 접촉하게 되면 잎 뒤쪽 표피 밑의 세포(parenchyma)가 피해를 입기 시작하여, 계속하여 아황산가스와 접촉하게 되면 내부세포(palisade)가 피해를 입게 되며 마지막으로 잎 전체에 영향을 미치게 되어 세포가 죽게 되고 그 부분은 시들게 되어 탈색되고 황갈색을 띄게 된다.

아황산가스 피해 기전으로 첫째, 히드록시술폰산에 의한 독성설이다. 즉, 기공으로 흡입된 아황산가스가 식물체 내에서 유기산 분해에 의해 생성된 알데하이드(HCHO)와 화합하여 히드록시술폰산($=C\begin{smallmatrix}-OH\\-SO_3H\end{smallmatrix}$)을 형성하므로 엽록소가 파괴된다는 설이고, 둘째, 기공으로 흡입된 아황산가스가 식물체 내의 수분과 반응하여 황산으로 변하는 데 이 황산에 의해 엽록소가 파괴된다는 설이다.

아황산가스는 거의 모든 식물에 유해하다. 특히, 알팔파는 아황산가스의 지표식물로 이용되고 있다.

한편, 아황산가스의 침해를 입은 잎은 물을 빼앗기며 건조되어 얇게 되고, 황갈색 내지 회백색으로 퇴색하여 반점이 생기며 특히, 활동이 왕성한 잎이 피해가 크다.

2. 오존 및 옥시단트의 피해

오존은 먼저 식물 잎의 책상조직에 피해를 주어 회백색 또는 적갈색반점이 균일하게 확대되어 엽록소의 파괴, 조기 낙엽현상 등을 일으킨다. 침엽수 잎의 끝부분은 갈색으로 변하고 흑반점(necrosis)이 일어난다. 시금치, 얼룩강낭콩, 토마토, 백송(白松) 특히, 담배는 오존에 민감하다. 오존에 의한 식물의 피해 기전은 강력한 산화작용에 의한 것으로서 엽록소의 파괴, 동화작용억제, 효소작용의 저해를 일으키는 원인이라고 생각되며, 오존농도 0.2ppm에서 2~3시간 접촉하게 되면 피해를 일으킨다.

옥시단트나 불포화탄화수소를 포함한 스모그가 저농도일 때는 기공폐쇄로 흡수·증산이 저하되고 생육을 감퇴시키며, 고농도가 되면 표피 밑부분이 은색 또는 청동색이 되어 세포를 파괴시키면서 점차 잎의 전면으로 퍼진다.

3. 질소산화물의 피해

질소산화물이 식물에 접촉하면 엽록소가 갈색이 되어 잎의 내부에 갈색 또는 흑갈색반점이 생긴다. 질소산화물(NO_x) 농도가 0.5ppm으로 10~12일 간 유지되면 얼룩강낭콩이나 토마토 등의 식물 성장은 감소된다.

4. 불소 및 그 화합물의 피해

불화수소(HF)는 식물기공을 통하여 잎의 내부에 들어가지만, 황산화물(SO_x)과는 달리 잎의 끝이나 주변으로 운반되어 축적되고, 일정량 이상 축적되어 탈수작용이 일어나 세포가 파괴된 부분은 건조하여 농갈색 내지 황갈색으로 변색한다. 불화수소는 매우 적은 농도에서 피해를 주며 특히, 어린잎에서 현저하다. 메밀은 0.08ppm에 6시간의 접촉으로 피해를 입는다.

5. 기타의 물질에 의한 피해

1) 에틸렌(C_2H_4)

에틸렌은 이상낙엽, 어린 가지의 성장저해 및 생장억제를 일으키며, 많은 식물 중에서 스위트피가 가장 민감하여 0.1ppm에서 이상이 발생되고, 그 밖에 해바라기, 토마토, 메밀 등에 피해를 준다.

2) 암모니아(NH_3)

암모니아는 잎 전체에 영향을 주는 것이 특징이며 암모니아에 접촉하여 수 시간이 지나면 잎 전체가 갈색이 된다. 토마토와 해바라기 등은 40ppm에서 1시간 만에 피해가 나타난다.

3) 염소(Cl_2) 및 염화수소(HCl)

유리염소가스의 독성은 아황산가스의 약 3배 정도에 해당한 것으로 보고되었으며, 염화수소가스는 쉽게 물에 용해하여 염산이 되기 때문에 이러한 강산성 반응이 식물체에 현저하게 피해를 주며 피해증상은 불화수소에 의한 증상과 유사하다.

4) 프레온가스 및 할로겐물질

에어콘이나 냉장고, 스프레이 등에 냉매제로 사용되는 프레온가스(CFC)와 할로겐(Cl, F, Br, I 등) 화합물들은 오존층을 파괴시킨다. 오존층이 파괴되면 유해자외선에 의하여 피부암, 실명, 백내장, 피부화상 등이 유발된다.

5) 황화수소(H_2S)

일반적으로 독성은 약하나 어린 잎과 새싹에 피해가 많다. 지표식물은 코스모스, 무우, 크로바, 토마토, 오이, 사루비아 등이며, 강한 식물은 복숭아, 딸기, 사과, 카네이션 등이다.

● 표 3-9. 불화수소(HF)에 의한 식물 피해

5ppb 이하의 농도에서 피해를 받는 것	5~10ppb의 농도에서 피해를 받는 것	10ppb 이상의 농도에서 피해를 받는 것
글라디올러스, 소나무(枯葉), 살구나무, 진달래, 튤립, 옥수수, 매화나무, 딸기, 창포(菖蒲), 메밀	후추, 다알리아, 클로버, 대맥, 아마, 뽕나무, 벚꽃, 물푸레나무, 플라타너스, 괭이밥, 별꽃	장미, 라일락, 자주개나리, 적클로버, 콩, 당근, 양상추(lettuce), 완두, 감자, 시금치, 사탕무, 밀, 명아주, 질경이, 토마토, 전나무, 술송나무, 목화, 담배, 오이, 호박, 양배추, 가지, 양파, 대두, 스위트피(sweet pea), 밀감, 월계수, 민들레

● 표 3-10. 대기오염물질에 의한 식물피해 현황

오염물질 구분	아황산 가스 (SO_2)	오존 (O_3)	광화학 스모그 (PAN 등)	이산화 질소 (NO_2)	불소 (HF)	에틸렌 (C_2H_4)	암모니아 (NH_3)	염소(Cl_2)·염화수소 (HCl)	황화수소 (H_2S)
피해증상	회백색 반점 백화현상 맥간반점	회백색 반점 갈색반점	백색반점 잎의 밑부분이 은색~청색	갈색, 흑갈색반점 맥간반점	황갈색반점 (잎의 끝 또는 가장자리)	이상 낙엽	갈색 초록색	엽록(흑)반점 SO_2와 비슷	기저부와 가장자리가 마름
피해정도	왕성한 잎에 민감	고엽·성숙된 잎에 민감	성숙한 잎에 민감	젊은 잎에 민감	어린 잎(새잎)에 민감	고엽에 민감	어린 잎에 민감	고목에 민감	어린 잎에 민감

6) 일산화탄소(CO)

식물에는 별로 심각한 영향을 주지 않으나 500ppm의 농도에서 토마토 잎에 피해가 나타난다.

7) 먼지

먼지가 식물의 잎에 부착하면 동화작용, 호흡작용, 증산작용을 방해하며 일사량 부족으로 생육에 악영향을 준다. 먼지 중에는 구리 독성이 제일 강하며, 흙 속에 다량으로 함유된 경우 어린 뿌리와 무성한 삼림이 곧 중독됨으로써 뿌리가 썩어 고사된다.

8) 매연

매연은 식물에 유해하여 큰 피해를 일으킨다. 최근 오염원의 다양화로 탄산가스를 빨아들이는 식물잎의 공기구멍을 매연이 막으므로 도시의 가로수가 호흡곤란으로 고사(枯死)되거나 이상낙엽 등의 현상을 일으킨다.

매연과 아황산가스에 강한 방연용 가로수 나무로는 상록활엽수와 낙엽활엽수인 협죽도, 무궁화, 벚나무, 플라타너스 등이 좋다.

1.4.4 재산 및 물질에 대한 피해

재산에 대한 피해를 대별하면 오염물질의 화학작용에 의하여 변질, 부식하는 현상과 표면이 오염되어 재산가치를 감소시키거나 폐물화 시키는 현상이다. 특히, 산성비(pH 5.6 이하)는 두꺼운 금속이나 건물을 부식 또는 변질시키며 삼림고사 뿐만 아니라 호수의 산성화와 토양을 오염시키는 등 막대한 피해를 주는 동시에 국제간의 분쟁으로 비화되고 있다.

1. 금속의 부식

철, 니켈, 구리, 아연, 마그네슘, 알루미늄 등의 금속은 대기오염물질인 아황산가스, 황화수소, 매연재(fly ash) 등에 의해서 부식된다.

금속이 녹스는 속도는 습도와 밀접한 관계가 있으며, 습도가 80% 이상일 때 현저하게 증가되지만 빗물은 부식금속을 씻겨 주어 금속부식률을 감소시켜 주는 역할을 한다.

특히, 아황산가스, 황화수소, 매연, 습도, 연무질 등이 함께 존재할 때에는 아황산가스 단독으로 존재할 때보다 금속의 부식 속도는 매우 빨라지며 수증기와 결합해 간판, 건축물, 철분, 동상, 생필품 등을 부식시키기도 한다.

니켈은 촉매역할을 하여 공기 중 아황산가스를 삼산화황(SO_3)으로 산화하여 황산박층을 만든 후 황산니켈이 되고, 구리는 실내와 건조상태에서는 산화동과 아황산동이 되며, 실외나 흐린 날에는 황산동을 만든다. 그리고 철은 대기오염물질의 농도, 습도와 온도에 따라 즉, 습도는 높고 표면온도가 낮을 때 부식속도는 빠르지만 시간이 지날수록 보호막이 생김으로써 부식속도는 떨어진다. 아연은 아황산가스와 수증기의 공존시 표면에 피막을 형성해 보호역할을 한다.

또한, 알루미늄은 산화되어 알루마이트(Al_2O_3)를 표면에 형성하여 대기오염을 방지하는 보호막 역할을 한다.

2. 건축재료와 건축물

매연, 타르(tar) 및 점도가 높은 에어로졸(aerosol, 연무질)이 빌딩, 대리석 등의 표면에 흡착되어 세척과 청결이 어렵거나 건물을 부식시킨다($CaCO_3+H_2SO_4 \rightarrow CaSO_4+CO_2+H_2O$).

예를 들면 아황산가스는 각종 건축물, 예술품, 기념탑, 대리석, 석회석, 시멘트, 슬레이트 등의 탄산염을 함유한 건축재료를 부식시킨다.

그리고 도심지에 위치한 대리석, 바위, 예술품의 아래 부분이 침식·분해되어 마침내 큰 파편이 되어 떨어져 손상되는 등 문화재에 많은 피해를 입힌다. 그러나 화강암과 사암은 대기 중 아황산가스에 의해서 영향을 받지 않는다.

3. 도료(paint)

도시의 대기오염물질인 아황산가스(SO_2), 황산(H_2SO_4), 미스트(mist), 타르(tar), 에어졸(aerosol) 등이 페인트 속의 보호막을 파괴하여 도시의 상호 간판과 건물 등의 도료를 손상시킨다.

4. 피혁과 섬유

소량의 아황산가스는 가죽을 약화시키고, 황산인 경우는 미량 철분이 함유될 경우 철분이 촉매 역할을 하여 가죽을 쉽게 손상시킨다.

그리고 양모, 면, 나일론 등의 각종 섬유는 황산화물에 의하여 섬유색깔이 탈색 및 퇴색하며, 인장력이 감소된다. 예를 들어, 습한 공기 중에서 아황산가스 10ppm 존재시 가죽은 6주일 만에 부식되며, 오존은 착색된 각종 섬유를 탈색시킨다.

5. 고무제품

오존과 같은 대기 중의 산화물질들이 고무의 균열 및 노화를 일으키므로 자동차의 타이어, 전선피복 등에 피해를 일으키기도 하며, 고압선의 애자에 먼지가 축적되어서 전선피복 손상으로 누전을 일으킬 우려도 있다.

6. 유리 및 도자기

각종 공예품에 칠한 에나멜은 3년 동안 내부금속을 보호하지만, 습기와 황산화물 등의 산성오염물질에 의해 외형이 변화된다.

7. 전자계산기(computer)

아황산가스(SO_2) 같은 도시의 산성물질은 컴퓨터회로의 부속품인 은과 구리의 접합면을 부식하여 전류저항을 크게 일으킨다.

8. 기타

안개와 매연 등의 오염물질이 혼합된 농연무와 광화학스모그가 발생하여 도로변에 시정장해와 가시거리 감소로 인하여 교통장애를 일으키기도 하고, 대기 오존층에 오존량이 많으면 자외선의 양이 저하되며 대기가 오염되면 일사량부족 및 태양복사량이 단절된다.

그리고 대기 중에 탄산가스량이 많아지면 태양광선 중 적외선을 강력하게 흡수하고, 지구에서 생성된 복사열 방산이 억제되므로 지구표면의 기온을 상승하여 온실효과를 일으켜 이상기후를 초래한다.

또한, 대기오염이 건강에 미치는 영향이나 동·식물과 생활환경에 미치는 피해를 경제적으로 평가하기는 곤란하다 하겠으나 농산물, 임산물, 수산물 및 재산상 피해의 경제적인 가치의 평가는 가능할 것이다. 도시인은 최근에 각종 피해로 농촌인보다 세탁비, 세차비, 자동차타이어 교체비, 대리석 부식 등으로 경제적 손실을 입고 있다.

직접적으로는 생산비, 유통비의 상승, 의료비의 부담증가 및 생산기반의 손상, 생활비의 상승 및 생활환경의 손상 등이 문제되고, 간접적으로는 방지시설을 위한 투자 및 운전비용, 방지를 위한 행정기구의 비대화와 공적대책비의 증대, 연구비의 증대 및 악화된 자연환경을 회복하기 위한 투자 등에 드는 비용이 문제된다.

1.5 대기오염방지대책

1.5.1 오염원 대책

대기오염을 관리하려면 오염물질배출량이 적은 연료 또는 원료사용에서부터 각종 방지장치사용, 배출허용기준강화, 기술적·경제적인 타당성여부검토 등이 필요하다. 대기오염물질의 배출원을 관리하는 방안 중에는 오염물질을 배출하는 공정을 조사하여 공정별 오염물질을 저감하는 방법이 바람직하며 그 방법은 다음과 같다.

1. 배출시설의 대체 또는 폐쇄

오염물질을 배출하는 공정이나 활동은 직접 또는 간접적으로 피해를 주게 되므로 이를 규제하기 위한 합리적이고 타당한 대안이 마련될 수 있다면 그 가동을 중지 또는 다른 배출시설 등으로 대체하는 방안이 강구될 수 있다.

2. 배출원의 설치지역 규제

특정지역의 대기오염에 의한 영향을 최소화하기 위하여는 배출원을 분산시켜 설치하게 하거나 우리나라 대기환경기준에 부합되도록 대기오염물질 배출량을 지역적으로 제한하는 방법이 있다.

이 두 가지 방법은 법적기준, 토지이용규제, 지역별관리 및 토지이용허가제 등을 사용함으로써 가능하며, 대기오염물질의 단위면적당 배출량을 감소시켜 대상지역 내의 생활환경을 쾌적하게 하는 것으로서 지역별 관리 방안이 확립된 후에야 실시될 수 있다.

3. 공정의 개선

1) 연료 및 원료 변경

공정상 배출되는 오염물질을 저감하기 위하여 단순히 오염물질을 적게 배출하는 연료 또는 원료를 사용하는 방법이다. 고황유를 저황유로 대체한다거나, 자동차의 액체연료를 기체연료(LPG, LNG)로 대체하는 것 등이 그 좋은 예이다.

2) 공정 및 시설의 변경

오염원관리에 필요한 배출시설이나 공정을 변경하여 오염물질을 저감시킬 수 있으며 경우에 따라서 공정상 작업조건을 변경함으로써 오염물질의 배출량을 크게 줄일 수 있다.

3) 공정개선

각 공정을 면밀히 분석하면 오염물질 배출을 줄일 수 있는 방안을 모색할 수 있다. 먼지를 줄이기 위해서 물을 뿌리는 일은 대상공정을 일부 변경시킨 경우라고 볼 수 있으나 일시적인 효과밖에 기대할 수 없다. 공정개선이란 연속공정의 일부를 개량한 경우를 의미한다. 만일 어

● 표 3-11. 우리나라 대기환경기준

항목	기준	측정방법
아황산가스(SO_2)	연간 평균치 0.02ppm 이하 24시간 평균치 0.05ppm 이하 1시간 평균치 0.15ppm 이하	자외선형광법
일산화탄소(CO)	8시간 평균치 9ppm 이하 1시간 평균치 25ppm 이하	비분산적외선분석법
이산화질소(NO_2)	연간 평균치 0.03ppm 이하 24시간 평균치 0.06ppm 이하 1시간 평균치 0.1ppm 이하	화학발광법
미세먼지(PM_{10})	연간 평균치 50 $\mu g/m^3$ 이하 24시간 평균치 100 $\mu g/m^3$ 이하	베타선 흡수법
미세먼지($PM_{2.5}$)	연간 평균치 15 $\mu g/m^3$ 이하 24시간 평균치 35 $\mu g/m^3$ 이하	중량농도법 또는 이에 준하는 자동측정법
오존(O_3)	8시간 평균치 0.06ppm 이하 1시간 평균치 0.1ppm 이하	자외선광도법
납(Pb)	연간 평균치 0.5 $\mu g/m^3$ 이하	원자흡광광도법
벤젠	연간 평균치 5 $\mu g/m^3$ 이하	가스크로마트그래피법

비고
1. 1시간 평균치는 999천분위수의 값이 그 기준을 초과하여서는 아니되고, 8시간 및 24시간 평균치는 99백분위수의 값이 그 기준을 초과하여서는 아니된다.
2. PM10 미세먼지는 입자 크기가 10μm 이하인 먼지를 말한다.
3. PM2.5 미세먼지는 입자 크기가 2.5μm 이하인 먼지를 말한다.

떤 공정에서의 대기오염물질량이 기대치 보다 예상 외로 많다면 공정이나 시설을 현대화하거나 유지관리를 보다 효율적으로 수행함으로써 이를 개선할 수 있다.

4) 방지시설 설치

대기오염물질을 저감시킬 수 있는 대기오염방지시설을 설치하여 정상 가동하여야 한다. 대기오염방지시설에는 후드, 닥트, 송풍기, 압축기, 가스조절기를 사용하여 대기오염물질이 함유된 가스를 효과적으로 포집하여 대기오염방지장치로 전달하는 것이 필요하다.

1.5.2 광화학스모그 대책

광화학오염에 대한 대책을 수립하기 위해서는 기본적으로 오염발생에 관여하는 여러 인자의 변동에 따라 오염발생을 예측할 수 있는 모델(Model)이 개발되어야 한다. 이 모델을 이용하여 어떤 인자를 어떤 방법으로 통제하는 것이 효과적인가 또는 예측되는 기상조건 하에서 오염정도가 어떻게 나타날 것인가 등에 대한 문제를 해결할 수 있게 된다. 이러한 모델개발을 위하여 일반적으로 실험적방법과 이론적방법을 이용하게 되는데, 실험적방법이란 주로 스모그실(室), 백테스터(bag tester), 소형반응기 등을 사용하여 여러 가지 인자를 통제하면서 광화학반응의 인과관계를 조사하는 방법이 있다. 이것은 오염물질배출, 반응확산 등 유동하는 대기반응모델을 미리 조합하여 컴퓨터를 이용하여 해석하는 방법으로 최근 급속히 발전하고 있는 일종의 시뮬레이션(simulation) 기법이다.

광화학스모그의 원인물질과 옥시단트 등에 관한 환경목표를 설정하기 위하여 스모그 발생의 제반요인을 고려한 각종모델을 이용하어야 하며 특히, 오염물질로서 광화학산화물농도의 환경기준과 대표적인 원인물질이 되는 질소산화물(NO_x), 탄화수소(HC)에 대한 환경기준을 설정하여야 한다. 국지적으로는 탄화수소 종류별 규제 또는 NO_x/HC 비율설정 등에 관한 목표치를 설정하는 것이 바람직하다.

질소산화물 대책으로 고정발생원에 대한 배출규제실시(총량규제), 이동발생원(주로 자동차배출가스) 대책이 있으며, 탄화수소 대책에는 고정발생원에 대한 탄화수소류 배출억제대책, 자동차의 탄화수소류 배출방지대책(증발가스, blow-by 가스 등) 등이 있다.

1.5.3 가스 및 입자상 물질대책

1. 아황산가스(SO_2) 대책

대기로 방출되는 황산화물의 대부분은 석탄이나 석유 등의 연료를 태울 때 생기므로 아황산가스를 저감하기 위하여 연료의 황 함량을 감소시키든지(저황연료사용, 석탄 및 석유탈황 등) 아니면 배출가스로부터 아황산가스를 제거(배출가스 탈황)하여야 한다.

1) 황함량이 낮은 연료를 사용하는 방법

저황원유(low sulfur crude oil)를 도입하여 정제 공급하는 방법 또는 액화천연가스(liquified natural gas), 도시가스 등 연료 자체의 황함량이 적은연료를 공급하거나 대체하는 방법이다.

2) 석탄 및 석유의 탈황법

석탄내의 황은 유기성 및 무기성으로 존재하는데, 황철광 같은 무기화합물은 입자로 존재하기 때문에 중력세척에 의한 물리적 제거가 가능하다. 미국에서는 국내 석탄수요의 50% 정도를 기계적 세척공정에 의해 석탄내의 불순물 및 황(mineral sulfur)을 제거시키고 있다.

석탄탈황은 기계적세척(mechanical cleaning)과 화학적세척(chemicla cleaning)의 두 가지 방법이 있으며, 석탄 내의 황성분은 황철광(pyrite) 형태로 존재하는 무기황(mineral sulfur)과 화학적으로 결속되어 있는 유기황(organic sulfur)이 있다. 현재 국내석탄의 대부분을 차지하고 있는 무기황은 석탄파쇄, 세척 및 침전 등의 기계적 세척공정에 의해 효과적으로 총황분의 40~90% 제거할 수 있는데, 이는 무기황의 입자크기와 함량비에 좌우된다.

한편 미국이나 일본에서 아황가스 농도를 낮출 수 있었던 것은 주로 탈황중질유를 사용하였기 때문이다. 중질유에 대부분 함유되어 있는 황화합물은 중유탈황방법에는 상업증류(atmospheric distillation) 후의 잔사유를 직접 촉매 하에서 수소와 반응시켜 탈황하는 직접탈황방식과 상압잔류를 다시 감압증류(vacuum distillation)하여 유출되는 감압유출유(vacuum distillate)를 촉매 하에서 수소와 반응시켜 탈황하는 간접탈황방식이 있다.

3) 배출가스탈황

배출시설의 굴뚝마다 매연탈황시설(fuel gas desulfurization)을 설치하는 방법으로 시설비가 막대하고 장치의 부식에 따른 비용증가, 2차 오염물질 생성에 따른 처리문제가 있다. 배출가스로부터 탈황하는 방법은 건식석회법주입법, 석회세정법, 촉매산화법, 재생알칼리세정법 등이 있다.

2. 질소산화물에 대한 대책

질소화합물은 주로 연소과정 중에 생성되거나 탄화수소 연료 내에 화학적으로 결합되어 있는 질소 즉, 연료질소(fuel nitrogen)에 의해서 생성된다. 질소산화물은 연소를 통제(저과잉공기연소법, 2단연소법, 배기(출)가스재순환법, 연소기개량법 등)하여 감소시키거나 배출가스 내의 질소산화물을 제거함으로써 통제할 수 있다.

연소과정을 통제하여도 질소산화물 배출기준을 달성할 수 없는 경우에는 배출가스가 방출되기 전에 배출가스 내 질소산화물을 제거하는 방법(촉매분해법, 촉매환원법, 흡수·흡착법 등)을 하면 된다.

3. 먼지대책

배출원에서 발생되는 먼지배출량을 저감시키기 위한 대책으로 도로포장, 차량통제제한, 방진망설치, 화학약품, 기름 또는 물살포, 방지시설의 시설 및 개수, 도로청소, 연소효율개선, 경유차량포집기부착 등이 있다.

그리고 먼지나 매연이 발생하여도 연도나 굴뚝에서 방출하기 직전에 집진장치를 설치하여 제거할 수 있다.

1.5.4 자동차배출가스 대책

자동차로 인한 주요 대기오염물질들은 널리 알려진대로 휘발유차량에 의하여 배출되는 일산화탄소, 질소산화물, 탄화수소 등이 있으며, 경유차량의 경우에는 이 세가지 오염물질 이외에 매연이 크게 문제되고 있다. 그러나 매연의 발생원인으로 자동차엔진이나 부속품만이 아닌 연료품질, 저장 및 수송관리, 정비불량, 과적, 도로망시스템도 매연발생의 주요 원인이 되고 있다.

지금까지 자동차배출가스 저감기술은 엔진내에서의 방지기술로서 공연비제어, 흡·배기계통의 엔진개선 등의 방법이 있다.

그 밖에도 옥탄(octane)가 향상제인 기존의 4-에틸납(TEL: tetraethyl lead) 대신 납성분이 함유되지 않은 MTBE(methyl tertiary butyl ether) 등 함산소화합물의 첨가제를 첨가하여 증진시킨 무연휘발유를 필히 사용해야 하며, 신규제작차의 배출가스허용기준과 검사기준을 강화해야 하고 이를 위하여 저공해자동차 즉, LPG, LNG 혼소장치와 전기자동차, 수소자동차 등을 실용화하도록 한다. 특히, 경유자동차에 대하여는 보다 개선된 저공해 엔진을 부착토록 유도하고, 노후화로 인한 폐차유도화가 필요하다. 또한, 시내버스의 고출력화를 추진한다. 그리고 운행 중인 자동차에 대한 배출가스처분기준 및 단속지침을 제정하여 상설단속반으로 하여금 자동차배출가스를 단속해야 하며, 무엇보다 차주, 기사, 승객 모두가 자동차배출가스의 저감에 상호관심을 가지고 노력하는 마음이 필요하다.

Chapter 02

수질오염

2.1 수질오염의 정의

수질오염(water pollution)이란 인간의 생산활동에 따라 배출되는 하수, 폐수 등 오염물질이 공공수역에 유입되어 오염물질의 양이 증가하므로써 물의 자정작용 능력이 상실되어 사람과 동식물의 건강과 재산, 생활환경에 피해를 발생시키는 것을 말한다.

2.2 수질오염원의 종류

자연계에서 항상 순환하는 물은 어느 정도 오염이 되었다 하더라도 방치해 두면 흐르는 동안에 물리적(침전, 분해, 희석, 여과, 기체전달 등), 화학적(용존, 탈기, 산화, 환원 등), 생물학적(미생물 분해 등) 작용에 의하여 자연적으로 안정화된 자연수로 되돌아가게 되는데 이를 물의 자정작용(self-purification)이라고 하며, 오염물질의 양이 증가하여 이 작용을 초과하게 되면 수질이 오염된다.

수질오염의 주종을 이루는 하천오염의 발생원은 점오염원(생활오수, 공장 및 산업폐수, 분뇨 및 축산 폐수, 광산 폐수)과 비점오염원(농약, 비료, 초기우수 유출수 등)이 있다.

또한, 수질을 오염시키는 주요 물질로는 물속의 용존산소를 소모하는 유기물질(가정오수·펄프·식품공장의 폐수), 수은·납·카드뮴·구리·불소·비소 등의 화학적 유해물질, 장티푸스·이질·콜레라 등의 수인성 병원균, 물속의 수초를 무성케 하는 인·질소계의 부영양화 물질, 비중이 큰 수중의 현탁고형물, 합성세제를 비롯한 농약·방사능 등의 난분해성물질, 기타 공장 및 발전소에서 버리는 온폐수 등이 있다.

2.2.1 점오염원(point source)

배출원이 하나의 지점 즉, 공장, 가정, 분뇨처리장, 가두리양식장, 축산농가 등에서 인위적으로 집중 배출되며 생활하수, 산업폐수, 분뇨 및 축산폐수, 광산폐수, 온천폐수 등이 있다. 점오염원은 오염원이 쉽게 확인되어 오염원관리가 편리하며 자연적 요인에 영향을 적게 받으므로 계절적인 변화가 적고, 자체 정화시설의 설치와 설치된 정화시설의 적정관리를 유도함으로서 오염원의 통제관리가 가능하다.

1. 생활하수

인간의 생활로 인하여 발생되는 오염물질의 문제는 시골보다 인구가 집중된 도시에서 일어난다. 도시하수는 가정에서 배출되는 가정오수(domestic sewage)와 상업시설 및 각종 공공기관에서 배출되는 폐수(wastewater)를 포함하며, 그 종류로는 주방의 음식찌꺼기 및 식기류의 세척 및 세탁폐수 그리고 화장실의 분뇨 등이 있다.

생활하수는 크게 가정오수와 영업 및 공공하수로 구분할 수 있으며, 가정오수는 가옥형태 및 화장실 형태(수거식, 수세식)에 따라 용수사용량 및 오수 발생량이 다르다. 생활하수 가운데는 미처리된 인간의 배설물이 가장 중요한 오염원이 되며, 각종 세척수와 함께 합성세제 등의 성분이 혼합된 유·무기물질과 영양염류 등이 오염원이 된다.

생활하수를 배출하는 하수관은 크게 합류식 하수관과 분리식 하수관이 있다. 합류식 하수관은 우수와 오수를 하나의 관으로 배수하는 것이며, 분류식 하수관은 우수는 우수관으로 오수는 오수관으로 각각 분류하여 배출하는 형태이다. 합류식 하수관은 하나의 관으로 오수와 우수를 배출함으로서 경제적이었으나 강우 시 우수와 오수가 혼합되어 하천에 배출됨으로서 도심 하천의 수질오염원이 되고 있다. 그림 3-10은 하수처리구역 내·외에서의 오수관리체계를 나타낸 그림이다. 하수처리구역 내에서는 하수처리장을 거쳐 배출되나, 하수처리구역 외에서는 정화조 또는 소규모 오수처리시설을 거쳐 공공수역으로 배출하여야 한다.

2. 산업폐수

수질오염에 대한 가장 큰 문제는 산업폐수(industrial wastewater)에 있다 해도 과언이 아닐 것이다. 산업의 다양화, 대규모화 등으로 인하여 각종 중금속을 비롯하여 하수보다 영향이 큰 고농도 유기성물질, 고도처리를 요하는 난분해성물질 등이 배출되기 때문이다. 이들은 대부분 기존 하천, 호소 등 자연의 자정에 의하여 정화되지 않거나 자정되는데 오랜 시간이

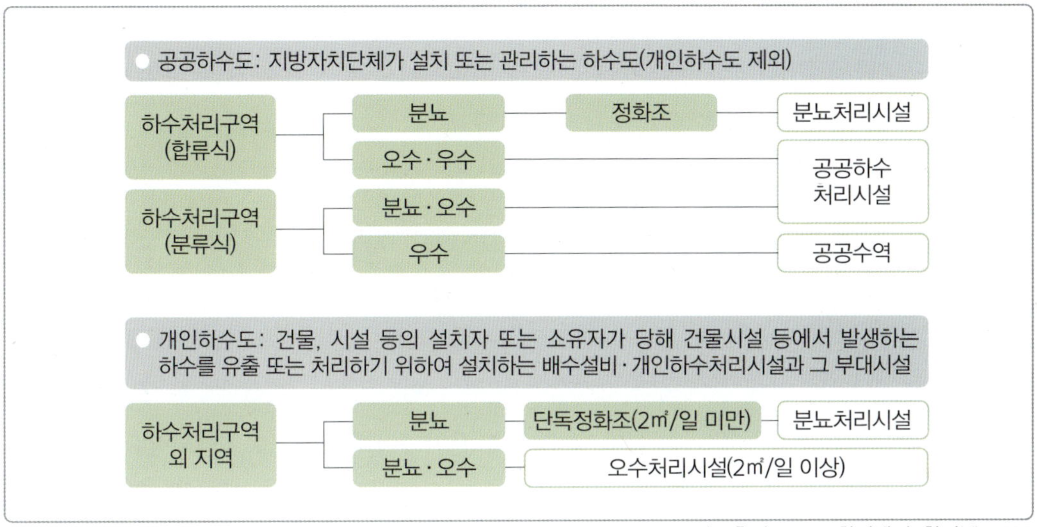

● 그림 3-10. 생활하수 관리체계

※자료출처: 2022 환경백서, 환경부, 2023

소요된다. 중금속을 함유한 폐수는 생물농축이라는 순환 싸이클에 의해 결국 인간의 몸으로 되돌아와 무서운 환경질환 또는 공해병을 유발하게 된다.

현재 문제가 되고 있는 주요 업종은 피혁, 도금, 석유, 화학공장 등으로 이들 시설에서 나오는 산업폐수는 중금속 등 유해 화학물질을 함유하고 있으므로 특별한 관심과 노력을 기울여야 할 것이다.

소위 물 파동으로 기억이 되는 1989년 수돗물 중금속 검출사건, 1990년 트리할로메탄(THM) 사건, 1991년 낙동강 페놀사건은 우리가 실제로 체험한 사건들이며 이들은 대부분 산업폐수와 관련이 있는 사건들이다. 여기서 낙동강 페놀사건은 1991년 3월 구미공단 소재 두산전자의 페놀유출로 인한 상수원 오염사건으로 그 결과 구미 하류지역의 낙동강의 페놀 농도가 2~3ppm으로 급격히 증가하여 이를 취수원으로 사용하는 대구 시민들에게 직접 피해를 일으킨 사건이다. 이 사건을 계기로 두산전자는 200억을 보상비로 헌납하였고, 기업 이미지 손상으로 인한 막대한 피해를 입었다.

3. 분뇨 및 축산폐수

1) 분뇨

분뇨처리 과정을 보면 수세식변소가 설치된 가정과 산업체 등에서 발생되는 분뇨는 각 가정과 산업체 내에 설치된 단독정화조 또는 오수처리시설에서 처리하고, 이 시설들의 정화과정에서 발생되는 오니와 재래식화장실 발생 분뇨를 수거하여 분뇨처리시설 등에서 최종처리된다(그림 3-10 참조). 처리대상 분뇨 중 98.7%가 분뇨처리시설, 재활용 등의 방법으로 처리되고, 나머지 1.3%는 오지의 미수거 분뇨로서 퇴비화 방법으로 자체 처리하고 있다.

2) 축산폐수

토지면적이 넓은 나라에서는 농지환원방법 즉, 거름과 퇴비 등으로 사용하고 있다. 우리나라 상당수의 축산농가에서는 축산폐수를 적정 처리하지 않고 하천에 그대로 방류하는 경우가 발생되고 있다. 최근에는 대규모 사육이 늘고 있고 특히, 이들 축산시설물들이 대부분 상수원 근처에 위치함으로써 문제의 심각성을 더해주고 있다. 한편, 축산폐수는 오염부하량이 폐수발생량에 비해 크기 때문에 미처리 방류 시 하천의 수질악화 및 호소의 부영양화를 초래하여 상수원 및 농업용수를 오염시킬 뿐만 아니라 악취 및 해충피해 등으로 쾌적한 생활환경을 해치는 요인이 되고 있다.

2.2.2 비점오염원(nonpoint source)

비점오염원은 논, 밭, 임야, 대지, 도로, 대기 등 배출지점이 불특정하여 하나의 점으로 파악하기 힘들다. 즉, 인위적·자연적으로 넓게 분포되어 있다. 비점오염원은 점오염원에 대한 상대적 개념으로 농지에 살포된 농약, 축사에서의 유출물, 도로상 오염물질 등이 빗물과 함께 유출되어 수질오염을 유발하는 것을 말한다(그림 3-11 참조).

일반적으로 배출지점이 불특정하여 제어가 어렵고, 오염원의 배출량이 강우량에 크게 좌우되어 계량적 관리에 어려움이 있다. 표 3-12는 점오염원과 비점오염원을 비교한 것이다.

● 표 3-12. 점오염원과 비점오염원

	점오염원	비점오염원
배출원	공장, 가정하수, 분뇨처리장, 가두리양식장, 축산농가 등	논, 밭, 대지, 도로, 대기중 오염물질 등
특징	• 인위적 • 배출지점 특정 • 한 지점으로 집중적 배출 • 자연적 요인 영향을 적게 받음 → 계절변화가 작음 • 차집용이, 처리효율이 높다.	• 인위적 및 자연적 • 배출지점 불특정 • 희석·확산되면서 넓은 지역으로 배출 • 기상조건에 의해 발생량 좌우 • 차집곤란, 처리효율이 일정하지 않다.

● 그림 3-11. 비점오염원 개념

2.3 수질오염의 지표

수질오염의 지표는 수질오염의 물리적·화학적·생물학적 모든 요인을 조사하여 종합 판단하는데 사용된다.

수질오염 지표별 주요 항목들은 표 3-13과 같으며, 항생제, 환경호르몬 물질 등 미량의 특정 유해물질이 최근 수중에서 많이 발견되고 있는 추세이다.

● 표 3-13. 수질오염 지표별 종류

지표	종류
화학적 지표	pH, 생물화학적 산소요구량, 화학적 산소요구량, 암모니아성 질소, 아질산성 질소, 질산성 질소, 인산성 인, 수은, 카드뮴, 6가크롬, 비소, PCB 등
물리학적 지표	수온, 색도, 투명도, 탁도, 부유물질 등
생물학적 지표	일반세균, 대장균군, 장내세균, 바이러스 등
감각 지표	냄새, 맛 등

수질오염의 정량적 단위로는 크게 크기단위(quantity unit)와 세기단위(intensity unit)가 있는데, 크기단위는 양적단위이고 세기단위는 강도단위로 크기와는 상관이 없다. 예를 들어 크기단위는 부피, 열량(calory), 부하량 등이 있고, 세기단위는 무게, 온도, 농도 등이 있다.

한편, 무차원 단위로 %는 백분율, ppm(parts per million)은 백만분율, ppb(parts per billion)은 10억분율로 단위가 없으나 물의 경우 1mg/L는 물의 비중이 1.0이므로 1ppm으로 간주한다.

2.3.1 수소이온농도(pH)

물의 수소이온농도란 수중에 존재하는 수소이온농도를 대수로 나타내는 지수($-\log[H^+]$로서 수중에서 일어나는 모든 화학·생화학 변화에 대한 지배적인 인자이며, 수질분석에 있어서도 여러 가지 화학반응의 중요한 제약인자이다. 일반적으로 먹는물의 적당한 pH는 5.8~8.5이다.

2.3.2 용존산소(DO, dissolved oxygen)

용존산소란 물 속에 용해되어 있는 산소량을 mg/L 또는 ppm 단위로 표시한 것이다. 일반적으로 용존산소는 수온이 낮을수록, 기압이 높을수록 증가하며 순수한 물일 때가 최대이고, 물에 용해되어 있는 염류의 농도가 높을수록 감소한다. 순수한 물의 경우 20℃, 1기압에서 포화 용존산소량은 9.2 mg/L이다. 용존산소는 호기성 생물의 호흡에 이용된다.

2.3.3 생물화학적산소요구량(BOD, biochemical oxygen demand)

생물화학적 산소요구량이란 물속의 유기물질이 호기성 상태에서 미생물에 의해 분해되어 안정화되는데 소비하는 산소량을 말하며, 보통 20℃에서 5일간 소비한 DO를 mg/L 또는 ppm으로 표시한 것이다. 일반적으로 공공수역의 오염지표로 이용되고 있으며, BOD가 높을수록 유기물로 오염된 물이다.

2.3.4 화학적산소요구량(COD, chemical oxygen demand)

화학적산소요구량이란 물속의 피산화성 물질인 유기물질이 산화제($KMnO_4$, $K_2Cr_2O_7$ 등)에 의해 산화될 때 소비되는 산화제의 양을 같은 당량의 산소량으로 환산한 산소량으로

mg/L 또는 ppm 단위로 나타낸 것이다. 일반적으로 호수와 해양오염의 지표로 이용되고 있으며 특히, 유독물질을 함유한 공장폐수의 오염을 알고자 할 때 적당하다.

2.3.5 총유기탄소(TOC, Total Organic Carbon)

수중에 유기물로 결합된 탄소의 양을 말한다. 유기물질은 일명 탄화수소화합물로 표현하는데 탄소의 양을 측정함으로서 수중의 유기물질양을 간접적으로 나타내는 지표이다. 유기물이 함유된 시료를 고온에서 산화시키면 CO_2가 발생하는데 발생된 CO_2를 적외선 분석기로 측정하는 방식이다.

수중의 유기물질의 지표로 BOD, COD가 있으나 이 지표는 정확한 분석이 까다롭고, 시간도 많이 소요되어 기기분석이 가능하여 TOC를 많이 사용하고 있다.

2.3.6 부유물질(SS, suspended solids)

부유물질이란 여과 또는 원심분리에 의해 분리되는 0.1μm 이상의 입자를 말하며 현탁물질이라고도 한다. 부유물질에는 유기질과 무기질이 있으며 물의 탁도를 초래하는 원인이 되고 침전해서 오니가 되는데, 이 오니는 혐기성분해에 의해 메탄(CH_4), 암모니아(NH_3), 황화수소(H_2S) 가스 등의 발생원인이 된다.

즉, 부유물질은 공칭지름이 0.1μm인 여과지로 여과할 때 여과되지 않고 남은 잔류물의 무게를 구한 것이다.

반대로 0.1μm 여과지를 통과한 물을 증발시키면 마치 소금물에서 소금을 만드는 것과 같이 고형물이 생기는데 이를 용존물질(dissolved solids)라 한다. 수중의 총 고형물(total solids)는 부유물질과 용존물질의 합이 된다.

2.3.7 질소화합물

물속의 질소화합물은 유기성질소와 무기성질소로 존재한다. 하수 중에는 단백질, 아미노산, 요소, 요산 등 다양한 유기성질소화합물이 존재하며, 이것이 생물학적 분해에 의하여 생긴 암모니아성질소, 아질산성질소, 질산성질소 등의 무기성질소도 존재한다.

질소화합물의 오염원은 분뇨, 생활하수, 분뇨처리수, 축산분뇨처리수, 공장폐수 등이다. 질소화합물 중 암모니아성질소(NH_3-N), 아질산성질소(NO_2-N), 질산성질소(NO_3-N)는 음료수의 위생학적 안전도를 확인하는 데 지표물질로서 인 화합물과 함께 부영양화 유발물질로 중요하다.

다량의 질산염이 함유된 물을 어린아이가 음용하면 유아의 위액의 산도가 낮기 때문에 위 속에 환원균이 존재하여 질산성질소(NO_3-N)을 아질산(HNO_2)으로 만들어 헤모글로빈(hemoglobin)과 반응하여 메트헤모글로빈(methemoglobin)이 되어 청색아(blue baby) 현상을 초래한다.

암모니아성 질소는 유기성 질소가 산화되어 형성되나 질산성 질소는 암모니아성 질소의 산화 외에도 빗물로도 공급된다. 즉 공기중 질소 및 산소가 천둥, 번개로 인해 공중에서 코로나 방전으로 합성되기도 한다.

2.3.8 인화합물

수중의 인화합물은 유기인화합물과 무기인화합물로 존재한다. 하수 중의 인화합물은 대체로 질소화합물과 공존하는 경우가 대부분이다. 비료나 농약에서도 존재한다. 특히 무기인은 수중에서 대부분 인산염(PO_4^{3-}) 형태로 존재하며 세포 주요 물질인 RNA, DNA의 구성요소이다.

2.3.9 노말헥산(N-Hexane) 추출물질

노말헥산 추출물질이란 물속의 유지류인 광물유와 동식물성 유지를 말하며, 이들을 분석하기 위하여 노말헥산 추출법을 사용한다. 유지류는 생활하수와 산업폐수 중에 유리, 유탁 또는 용해되어 혼입되는 경우이다.

2.3.10 대장균군(Coliform group)

대장균은 인간이나 가축의 대장 속에 서식하는 미생물로서 유당을 분해하여 산과 가스를 생성하는 무아포성 통성혐기성균이다. 특정 대장균을 제외하고 장내 대장균은 인체에 무해하나 물속에서 대장균이 검출될 경우 사람의 분변에 오염되었음을 의미한다.

대장균이 분변성 오염지표로 이용되는 이유로는 ① 병원균에 비해 물속에서 오래 생존하고 저항력이 강하고 ② 검출이 용이하고 검사법이 간단하며, ③ 소독에 대한 저항력은 virus보다 약하지만 세균성병원균보다는 강하며 ④ 대장균이 불검출되었다면 병원균이 없거나 사멸

되었음을 의미하기 때문이다. 검출방법으로는 MPN(Most Probable Number) 시험, 막여과 시험, 평판 집락 시험이 있다.

2.4 수질오염의 영향과 대책

수질오염으로 인한 피해로는 자연환경, 보건환경, 용수이용, 농축산 및 수산생물에 미치는 영향으로 대별할 수 있다.

2.4.1 수질오염의 영향

1. 자연환경에 미치는 영향

수질오염의 결과는 수자원의 경제적 가치 저하와 자연생태계에서 동식물의 생활환경을 악화시킨다. 또한 하천 및 해양의 미관 손상과 악취 등으로 인한 심미적 환경 저해로 인간의 삶의 질을 저하시키는 요인이 된다.

2. 보건환경에 미치는 영향

사람과 동물의 배설물에 의한 병원균이나 기생충에 의한 감염, 중금속 등 유해물질에 의한 급·만성 중독, 오염작물과 어패류 등의 섭식에 의한 피해와 먹이연쇄에 의한 생물농축으로 인한 건강피해 등을 들 수 있다.(그림 3-12 참조)

● 그림 3-12. 산업폐기물의 불법 투기에 의한 하천오염

수질오염에 의한 건강피해는 과거에는 주로 수원의 오염에서 오는 세균성질환들이 문제시 되어 왔으나 근래에는 급속한 산업발달로 인한 산업폐수의 증가로 폐수에 함유된 유독성 중금속으로 인하여 건강피해가 발생하게 되어 이로 인한 급·만성중독의 원인이 되고 있다. 중금속으로 기인된 세계적인 주요 공해병은 앞에서 기술한 바 있는 미나마따병과 이따이이따이병을 예로 들 수 있다.

3. 용수에 미치는 영향

여러 가지 유기물질이 하천에 유입되었을 때 그 오염피해는 다양하다. 예컨대 유류오염은 하천의 미관상 좋지 않을 뿐만 아니라 물표면에 퍼져서 엷은막을 형성함으로써 공기 중의 산소가 물속에 용해되는 것을 방해한다. 그러므로 기름양이 과다하면 물고기는 질식하게 된다. 또한, 페놀, 타르, 시안화물 및 디디티(DDT)와 같은 유독성 유기화합물은 하천에 서식하고 있는 미생물에 영향을 줌으로써 하천의 자정작용을 방해할 뿐만 아니라 극소량으로도 물고기와 수생식물을 죽일 수 있다.(그림 3-13 참조)

그러나 대부분은 유기물 하수 중에 있는 미생물에 의해 분해되며, 그때 생물학적작용에 의하여 용존산소가 소비된다. 그러나 탄화수소, 에테르, 비닐, 리그닌, 섬유소 등과 같은 유기물질은 세균에 의하여 잘 분해되지 않는다. 만일 유기성 오염물질이 적고 하천의 용존산소가 풍부할 때는 이러한 유기물질은 호기성세균에 의해서 분해가 되며, 대부분 냄새가 나지 않는다.

그러나 과도한 유기성오염물질이 유입되면 혐기성세균에 의하여 분해가 이루어지며 이때 유기물이 부패하여 방출되는 유기성아민, 황화물 등은 악취의 원인이 되며, 용존산소의 고갈을 초래하게 되므로 호수나 하천 등은 썩게 되고 죽게 된다. 또한 오염된 하천이나 저수지를 상수원으로 이용할 경우 이취미 발생 뿐 아니라 깨끗한 물 생산에 영향을 준다.

● 그림 3-13. 수질오염으로 인한 물고기 떼죽음

4. 농축산 및 수생생물에 미치는 영향

농작물 고사(枯死) 등에 따른 수확량감소, 토질변화에 따른 생산성감소, 오염작물의 사용불능, 가축의 생육부진, 어패류의 사멸 등을 들 수 있다. 특히, 수생생물에 영향을 미쳐 댐의 부영양호 발생과 해수의 적조현상 발생 등으로 피해는 날이 갈수록 증가하고 있으며 이들은 육지로부터 영양염류(질소, 인 등)의 대량유입으로 발생한다.

2.4.2 수질오염대책

1. 오염원 대책

1) 생활하수

생활하수는 사람의 생활이나 경제활동으로 인하여 액체성 또는 고체성의 물질이 섞이어 오염된 물을 말하며, 발생된 생활하수는 배수설비와 하수관로를 통해 하수처리시설로 수집·이송되어, 물리적·화학적·생물학적 처리방법으로 유기물 및 영양염류 등 오염물질의 제거가 이루어진다.

생활하수는 「하수도법」에 따라 공공하수도와 개인하수도로 관리되고 있다. 공공하수도는 지방자치단체가 설치 또는 관리하는 시설로 하수관로, 공공하수처리시설, 간이공공하수처리시설, 하수저류시설, 분뇨처리시설 등이 포함된다. 개인하수도는 건물·시설 등의 설치자 또는 소유자가 해당 건물시설에서 발생하는 하수를 침전·분해 등의 방법으로 처리하기 위해 설치하는 시설이다.

하수처리구역 내의 하수도는 공공하수처리시설인 하수종말처리장에서 처리 후 방류하나 하수처리구역 외의 지역은 단독정화조(2m^3/일 미만)이나 오수처리시설(2m^3/일 이상)에서 처리 후 방류한다. 또한 하수처리구역 내의 합류식하수관의 경우 건기 시에는 전량 하수종말처리장으로 차집, 이송 후 처리하나 강우 시에는 하수처리장 처리용량의 3배 정도만 차집, 운송하고 나머지는 하천으로 방류하고 있어 하천의 주요 오염원이 되고 있다. 이러한 오염원을 차단하기 위해 각 지자체에서는 합류식하수관을 분류식하수관으로 개량하고 있다.(그림 3-10 참조)

● 표 3-14. 공공하수처리시설의 방류수 수질기준(2021. 1. 1부터 적용)

<table>
<tr><th colspan="2">구분</th><th>생물화학적 산소요구량 (BOD) (mg/L)</th><th>총 유기탄소량 (TOC) (mg/L)</th><th>부유물질 (SS) (mg/L)</th><th>총질소 (T-N) (mg/L)</th><th>총인 (T-P) (mg/L)</th><th>총대장균 군수 (1개/mL)</th><th>생태 독성 (TU)</th></tr>
<tr><td rowspan="4">1일 하수 처리용량 500m³ 이상</td><td>Ⅰ지역</td><td>5 이하</td><td>15 이하</td><td>10 이하</td><td>20 이하</td><td>0.2 이하</td><td>1,000 이하</td><td rowspan="6">1 이하</td></tr>
<tr><td>Ⅱ지역</td><td>5 이하</td><td>15 이하</td><td>10 이하</td><td>20 이하</td><td>0.3 이하</td><td rowspan="5">3,000 이하</td></tr>
<tr><td>Ⅲ지역</td><td>10 이하</td><td>25 이하</td><td>10 이하</td><td>20 이하</td><td>0.5 이하</td></tr>
<tr><td>Ⅳ지역</td><td>10 이하</td><td>25 이하</td><td>10 이하</td><td>20 이하</td><td>2 이하</td></tr>
<tr><td colspan="2">1일 하수처리용량 500m³ 미만 50m³ 이상</td><td>10 이하</td><td>25 이하</td><td>10 이하</td><td>20 이하</td><td>2 이하</td></tr>
<tr><td colspan="2">1일 하수처리용량 50m³ 미만</td><td>10 이하</td><td>25 이하</td><td>10 이하</td><td>20 이하</td><td>4 이하</td></tr>
</table>

표 3-14는 공공하수처리시설의 방류수 수질기준으로 하수처리용량과 방류지역에 따라 다르게 규정하고 있으나, 방류수 수질기준 이상으로 방류 시에는 엄격한 행정제재를 받게 된다.

표 3-14의 수질기준 항목 중 TOD는 이전 항목인 COD를 대체한 항목으로 COD가 난분해성물질 등 전체 유기물질을 측정하지 못하는 한계로 유기물질을 보다 정밀하게 관리하는 차원에서 2021년 1월 1일부터 COD를 TOD로 대체하여 관리하고 있다.

2) 산업폐수

산업폐수는 산업단지 등 오염원 밀집지역에서 집중처리하는 공공폐수처리시설과 개별공장의 자체 처리시설에서 처리하고 있다.

폐수배출시설의 규모는 1일 폐수배출량에 따라 1~5종으로 구분하여 관리하고 있는데, 1종은 1일 폐수배출량이 2,000m^3/일 이상, 2종은 700~2,000m^3/일, 3종은 200~700m^3/일, 4종은 50~200m^3/일, 5종은 50m^3/일 미만이다.

2020년 기준 총 54,870개소의 폐수배출업소가 있으나 1종은 391(0.7%), 2종은 599(1.1%), 3종은 1,291(2.4%), 4종은 2,529(4.6%)인 반면 5종은 50,060개소(91.2%)로서 소규모 공장이 대부분을 차지하고 있어 인력이 부족한 5종 업종의 합리적인 폐수 관리방안이 필요하다. 또한 산업폐수는 유기물이 주종을 이루고 있는 생활하수와는 달리 중금속이나 유해성물질을 많이 함유하고 있어 관리가 특별히 요구된다.

산업폐수는 배출지역의 환경기준과 하천의 자정능력 등을 고려하여 폐수배출허용기준을 준수하도록 법적 규제를 하고 있다. 폐수배출허용기준은 유기물질(BOD, TOC), 부유물질 및 페놀류 등 56개 항목에 대해 설정하고 있으며, 수역별 수질등급 등을 고려하여 '청정', '가',

'나', '특례지역'의 4단계로 구분하여 적용하고 있다. 또한 폐수다량배출 사업자(2,000m^3/일 이상 배출)에는 소규모 사업장보다 엄격한 배출허용기준을 적용하며, 세기단위 기준인 농도 규제방식에 양적 규제방식인 배출부과금제도를 병행하고 있다.

3) 오수·분뇨 및 축산폐수

오수·분뇨 및 축산폐수는 극히 고농도의 유기물을 함유하고 있으므로 처리하지 않고 방류할 때에는 방류수역의 수질을 악화시킬 가능성이 크며, 질소와 인 등의 영양염류에 의한 부영양화에 의한 수질오염도 우려되므로 철저한 관리대책이 요구된다. 현재 우리나라는 분뇨처리시설의 방류수 수질은 생물화학적산소요구량과 부유물질은 30mg/L 이하, 화학적산소요구량은 50mg/L, 총대장균군수는 3,000(갯수/mL), 총질소 60mg/L, 총인 8mg/L 이하로 기준을 정하고 있다. 집단농장시스템에는 가축분뇨를 콘크리트구조물에 저장하여 혐기성소화시킨 후 발생된 가스는 에너지로 사용하고, 방류수는 연못으로 유입시켜 조류 영양원으로 이용하여 성장한 조류를 가축사료로 이용하며, 안정화된 슬러지는 토양개량제로 이용한다. 그러나 대부분 소규모 축산시설에서는 현재 폐수가 무처리 방류되고 있는 실정이다.

4) 비점오염원

비점오염원에 의한 수질오염은 강우시 지표면이나 배수로에 퇴적된 오염물질이 우수유출수에 혼합되어 하수도 등의 배수계통을 통하여 방류수역으로 유출되어 발생하게 된다. 국지적으로는 점오염원에 의한 수질오염에 못지않게 비점오염원에 의한 수질오염도 중요하므로 방류수역의 수질 관리시 고려할 필요가 있다.

(1) 도시 우수 유출수의 관리대책

도시지역의 도로상에는 공장이나 상가에서 발생되는 폐기물, 자동차의 배출가스, 먼지 등 다양한 오염물질이 쌓여 있어 강우 시 우수유출수 특히, 초기 우수유출수에 의한 방류수역의 수질오염의 가능성이 있다. 이러한 도시 우수유출수의 관리대책으로는 도로청소, 초기 우수유출수의 일시 저류(체류지 설치), 초기 우수유출수의 처리(우수토실을 설치하여 하수종말처리장으로 유입처리) 등이 있다.

(2) 농경지 우수 유출수관리대책

우수 배수로 및 체류지를 설치(일시저류 후 방류)하거나 관개배수를 다른 전답의 농업용수로 사용하며, 비료 및 농약사용량을 적정화하므로 농경지의 우수유출수를 관리한다.

(3) 매립지 침출수의 관리대책

위생매립을 하지 않는 지역에서 발생하는 침출수에 대한 관리가 필요하다. 침출수는 대체로 화학적산소요구량(COD) 및 생물화학적산소요구량(BOD)이 고농도이며, 중금속 등의 독성물질이나 유해성물질을 함유할 가능성이 높다. 이러한 침출수로 인한 방류수역의 수질오염을 관리하는 대책으로 일반적인 침출수량 감소대책(매립지 건설시 침출수 유출방지시설설치와 침출수 감시정 설치 등)과 발생된 침출수를 차집처리하는 대책 등이 있다.

2. 수질보전정책

1) 상수원보호구역

양질의 상수원의 확보를 위한 수질보호 목적으로 각종 개발이나 사업 등의 행위를 규제하는 법정지역이다.

상수원으로부터 반경 4km까지는 상수원보호구역에 해당되며, 그 경계로부터 상수원의 물길을 따라 상류 10km 내는 규제지역으로 지정하여 보호대상이 된다.

또한 취수지점에서 반경 7km 이내에서는 폐수방류여부와 관계없이 공장설립이 불가능하며, 7~10km 구역에서는 폐수를 방류하지 않는 시설에 한해 승인을 받아 건설 및 운영이 가능하다.

2) 수질보전 특별대책지역

대규모 상수원의 수질개선을 위해 수질보전 특별대책지역을 지정하고 있으며, 첫 사례로 팔당호와 대청호의 인근 지역을 지정하였다. 특별대책지역에서는 숙박업, 식품접객업, 공장, 축산시설 등이 권역별로 입지허용이 제한되거나(1권역), 일정 조건을 만족 시에만 입지를 허용(2권역)하도록 하고 있다.

3) 수변구역제도

하천에 인접한 지역에서 발생되는 오염물질은 자정작용을 거치지 않고 바로 유입되어 수질을 악화시킬 우려가 크기 때문에 하천 양안의 일정구간을 완충지대로 수변구역(Riparian Buffer Zone)으로 지정·관리하는 제도이다. 수변구역 내에서는 음식물, 숙박시설, 목욕탕, 공동주택, 공장 및 축사 등의 신규 오염원 입지가 금지되며, 기존시설은 오폐수 정화기준이 2배로 강화되고 있다.

수변구역은 하천 본류의 경우 하천 경계로부터 500m 이내 지역이고, 특별대책지역인 경우 1km 이내로 지정하고 있다.

주민에게는 토지이용규제에 따른 재산상의 피해를 보상하기 위해 물이용부담금을 재원으로 주민지원을 하고 있고, 토지소유자가 매각을 원할 경우 협의를 통해 단계적으로 매수하고,

매수한 토지는 완충지대인 수변녹지로 조성하고 있다.

4) 수질오염물질 총량제

수질오염총량제는 관리하고자 하는 하천 구간별 목표수질을 정하고, 목표수질을 달성하기 위해 배출되는 오염물질 총량을 허용총량 이내로 관리하는 제도이다.

각종 개발사업의 지속적인 증가로 하천에 유입되는 오염물질 총량이 증가함에 따라, 그간 농도중심의 오염원 관리방식으로는 수질개선에 한계가 있어 오염총량관리제를 도입하게 된 것으로 2022년말 현재 전국 164개 지자체에서 오염총량관리제를 실시하고 있다.

오염총량관리제의 이행을 강제하기 위해 매년 단위유역별로 할당된 오염부하량의 초과여부를 평가하고 있으며 최종년도에는 할당된 오염부하량을 초과한 지역에 대해 신규 개발사업 승인·허가 등에 제한조치를 하고 있다.

5) 물이용부담금 및 수계관리기금

상수원 상류지역의 수질개선을 위해 개인재산권 행사 제한 및 각종 행위규제로 피해를 받는 상수원관리지역 내 주민과 자치단체에 대한 지원과 상수원 수질에 큰 영향을 주는 수변지역의 토지 매수사업 등에 필요한 재원을 마련하기 위하여 1999년 한강수계를 시작으로 4대강에 물이용부담금제도를 도입하였다.

물이용부담금은 사용자 또는 수혜자 부담원칙(The User Pays Principle)에 따라 공공수역으로부터 취수된 원수의 최종사용자에게 물사용량에 비례하여 부과한다.

물이용부담금으로 징수한 기금을 수계관리기금이라 하며, 물이용부담금의 부과율은 수계관리위원회에서 2년 주기로 조정·결정하며, 2020년 4대강(한강, 낙동강, 금강, 영산강·섬진강) 공통으로 수돗물 사용량에 따라 톤당 170원을 부과하고 있다. 2020년 기준 4대강에서 징수한 수계관리기금은 약 9,000억이었다.

수계관리기금은 수질개선 및 상수원 보호를 위한 수질개선사업비, 규제지역 주민의 지원사업, 수변지역의 토지매수비 등으로 운영하고 있다.

6) 배출부과금 제도

배출부과금 제도란 배출업소의 배출허용기준 준수를 유도하기 위한 경제적 규제수단으로 오염물질 배출정도에 따라 일정금액을 부과하는 제도이다. 배출부과금은 산업체의 경우 배출허용기준을 초과하는 경우 부과하는 초과배출부과금과 배출허용기준 이내라도 공공폐수처리시설의 방류수 수질기준을 초과할 경우 부과하는 기본배출부과금으로 구분된다. 부과대상 오염물질은 초과배출부과금은 유기물질, 부유물질, 카드뮴, 시안 등 19종이며, 기본배출부과금은 유기물질과 부유물질에 대해서만 부과하되, 5종 사업장이나 공공하·폐수처리시설에 유입하는 시설과 폐수를 재이용하는 시설들은 감면 또는 면제된다.

배출부과금 제도는 오염자부담원칙으로 가정에서 배출되는 하수에 대해서도 하수도 요금으로 징수하고 있다. 2023년 기준 하수도 요금은 상수도 사용량을 기준으로 480원/m^3이었다.

7) 통합물관리 체계구축

1991년 발생한 낙동강 페놀 오염사고 등으로 인해 1994년 건설부의 상·하수도 기능이 환경부로 일부 이관되어 물관리는 큰 틀에서 국토부가 수량관리를, 환경부가 수질관리를 각각 맡아왔다. 합리적인 물관리를 위해서는 물관리 일원화가 필요하다는 요구가 대두됨에 따라 2018년 6월 8일 물관리일원화 정부조직법이 공포·시행됨에 따라 하천관리를 제외한 수량, 수질, 재해예방 등 대부분의 물관리 기능이 환경부로 일원화 되었다.

그 이후 2020년 12월 31일 정부조직법 개정으로 남아있던 하천관리 기능까지 모두 환경부로 이관됨으로서 물관리일원화 체계가 구축되었다. 따라서 물관리 정책이 하나의 일관된 체계에서 합리적인 물관리를 할 수 있게 되었다.

2.4.3 부영양화

1. 부영양화 개념

호수의 생성초기는 영양염류가 적은 빈영양상태(oligotrophic)이나 차츰 시간이 경과함에 따라서 주위에서 유입되는 물에 어느 정도의 영양염류가 포함되어 있으므로 수리학적 체류시간이 긴 호수에서 축적되기 시작하여 중간단계의 영양상태인 중영양상태(mesotrophic)를 거쳐 마침내 영양염류가 풍부한 부영양상태(eutrophic)로 된다.

이와 같이 영양상태가 높은 단계로 진행되는 과정을 부영양화(eutrophication)라 한다. 부영양화된 호수를 부영양호라고 하는데, 부영양화는 탄소, 질소, 인 등과 같이 조류의 증식에 영양분이 되는 물질들이 호수에 축적될 때 일어나게 된다. 부영양화된 호수가 수질오염 문제를 발생시키는 것은 부영양화 자체에 있는 것이 아니고 호수의 물이 부영양화되어 일차생산성(primary productivity)이 증가하여 조류번성(algal blooming) 가능성이 높다는 것이다. 조류가 호수 표면에 대규모로 형성되면 빛의 투과를 막아 수중식물의 광합성을 저해한다.

또한, 호수 표면에 형성된 조류가 죽어 호수바닥에 가라앉으면 미생물에 의한 분해작용으로 호소에 용존산소의 결핍을 초래하게 되고, 봄과 가을에 상하층의 밀도차에 의해 일어나는

● 그림 3-14. 녹조현상

● 그림 3-15. 적조현상

물의 전도(turnover) 현상에 의해 호수는 점차 용존산소가 결핍된다. 영양물질의 축적으로 인한 조류의 번성을 비롯하여 수온, 빛의 투과율, 수리학적 체류시간, 호수의 성층화(stratification), 수표면의 형태 등이 모두 부영양화의 원인이 될 수 있는데, 그 정확한 원인으로는 영양염류의 축적이 가장 큰 요인으로 알려지고 있다. 특히, 영양염류인 질소, 인 중에서 인이 조류변성의 가장 큰 제한인자(limiting factor)로 보고되고 있다.

계절별로 조류는 봄철에는 규조류(갈색), 봄에서 가을철은 녹조류(옅은 녹색), 여름철에는 남조류(진한 녹색)가 출현한다. 그래서 부영양상태와 수온증가로 여름에 남조류에 의한 저수지와 댐은 강이나 호수에 남조류의 과다성장으로 물의 색이 짙은 녹색으로 변하는 녹조현상(algal bloom)과 바다에는 갈색을 띄는 규조류나 외편모조류가 번성하여 바다를 붉게 변화시키는 적조현상(red tide)을 일으킨다(그림 3-14, 15 참조).

2. 부영양화 특성

부영양화된 호수나 저수지의 일반적인 특성은 표 3-15에 정리하였다. 일반적으로 물의 색은 녹조류 및 남조류로 인해 녹색으로 착색되고 물의 투명도도 2m 이하 이다.

수표면은 녹조류의 광합성으로 인해 수중의 탄산염이 소모됨에 따라 중성 내지 약알카리성이 되며, 용존산소도 표층은 과포화상태이나 심층은 산소가 결핍한 상태가 된다.

호수의 부영양화 정도를 판정하기 위해서는 수중의 녹조류 농도인 클로로필a(chlorophyll-a) 농도 외에 질소, 인과 같은 영양염류 농도, 투명도, 용존산소 농도 분포, 생물군집 지표

등을 조사하여 판단한다.

● 표 3-15. 부영양호의 일반적 특징

항목	특성
색	녹색 내지 황색, 때때로 현저하게 착색되는 경우가 있다.
투명도	2m 이하
pH	중성 또는 약 알칼리성, 여름에는 표층이 때때로 강 알칼리성
영양염류	N ⟩ 0.15mg/L, P ⟩ 0.20mg/L
현탁물질	플랑크톤 및 그 잔재에 위한 현탁물 다량
용존산소	표층은 포화 또는 과포화, 심층은 상당히 감소
저생동물	산소부족에 강한 종류
식물성 플랑크톤	풍부, 주로 남조류·규조류가 많음
어류	양이 많음. 온수성의 것이 많음(잉어, 붕어, 뱀장어 등)

표 3-16은 우리나라 담수조류의 분포 특성을 나타낸 것으로 계절마다 우점종 조류가 다르다. 이 중 여름철에 대량 발생되는 남조류는 잠재적인 독성을 지니고 있어 사람이나 동물에게 직·간접적인 영향을 미칠 수 있다.

● 표 3-16. 조류의 특징

국내 담수조류의 특징			
구분	규조류	녹조류	남조류
현미경사진	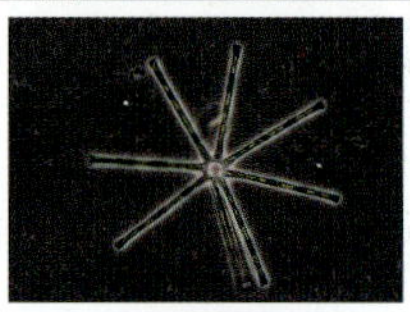		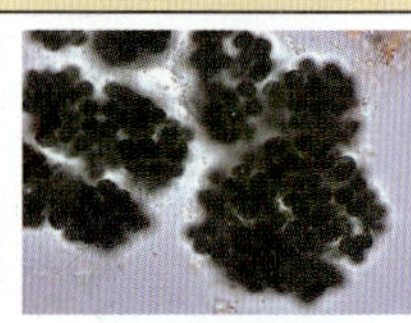
주 발생 시기		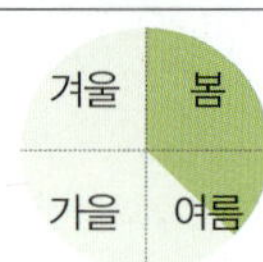	
최적 성장수온	10℃ 이하	10℃~20℃	20℃~30℃
물빛 색깔	갈색	옅은녹색	진한녹색

3. 조류경보제

조류경보제는 조류 발생을 주기적으로 모니터링(monitoring)하여 사전 대응을 하기 위한 조치로서 취수장이 있는 호수나 저수지와 상수원으로 사용되는 하천구간과 친수활동 구간을 대상으로 실시하고 있다.

조류경보 기준은 2015년까지는 클로로필-a 농도와 남조류 세포수를 기준으로 발생정도에 따라 주의보-경보-대발생의 단계로 구분하여 발령하였으나, 2016년부터는 표 3-17과 같이 모니터링 항목을 남조류 세포수로 일원화하고, 대상지역도 기존 호소뿐만 아니라 상수원으로 이용되는 하천과 친수활동 구간까지 확대하여 상수원 구간은 관심-경계-조류대발생의 3단계, 친수활동 구간은 관심-경계의 2단계로 구분하고 있다.

● 표 3-17. 조류경보제 발령기준(2016년 이후)

구분	관심	경계	조류대발생
상수원 구간(남조류 세포수, 세포/ml)	1,000 이상	10,000 이상	1,000,000 이상
친수용 구간(남조류 세포수, 세포/ml)	2,000 이상	100,000 이상	-

4. 부영양화의 영향과 관리

부영양화로 인한 남조류 등의 대량증식은 경제적, 사회적 및 환경생태학적 측면에서 영향을 미치고 있으며 이를 요약하면 다음과 같다.

① 조류(식물성 플랑크톤)의 이상 번식으로 물 사용 제한(정수처리 비용 증가)

② 용존산소량 감소 및 물의 이취미 유발

③ 생물종 다양성이 줄어들고 우점종이 변화

④ 레크레이션 가치 저하

부영양화 방지를 위한 주요 관리방법은 크게 호수로 유입되는 영양염류의 관리와 호수 내면의 수면관리대책으로 구분할 수 있으며 그 내용은 다음과 같다.

1) 영양염류의 과다유입 억제

(1) 영양염류(질소 및 인)에 대한 배출허용기준의 설정

(2) 고도처리(3차처리) 시설의 설치

(3) 합성세제의 사용규제 및 인 함유량이 적은 세제개발 사용

(4) 비료 및 농약 사용량의 적정화

(5) 배수로를 설치하여 호수로 유입되는 하·폐수를 호수 하류부로 배출시킴(환배수로)
(6) 축산폐수에 의한 영양염류의 유입억제
(7) 신규오염물질 배출원의 발생억제(신규배출시설, 위락시설 등)
(8) 호수의 수위를 일정하게 유지시켜 유역의 영양염류 용출 최소화
(9) 상류의 농경지의 이용 억제
(10) 양식업자로 인한 생활하수 및 분뇨 등의 발생억제
(11) 관광객 및 관광업소 종사자들에 대한 환경보전 의식제고

2) 부영양호에 대한 수면관리대책

(1) 호수바닥에 침전된 퇴적물의 준설
(2) 약품에 의한 영양염류의 침전
(3) 영양염류가 유입되는 입구에 말류(類)나 수초를 재배하여 영양염류를 세포합성에 이용토록 한 뒤 정기적인 제거
(4) 인위적 또는 살조제(algaedice)를 이용한 조류의 제거(황산구리 이용)
(5) 수중의 용존산소결핍시 인공 폭기 실시

2.4.4 하·폐수처리

물이 오염되는 과정은 깨끗한 물에 흙이나 낙엽 등 입자상 물질이 혼입되거나 주방에서 나오는 세제류, 화장실 분변 등, 기름성분 등 여러 화학적 물질이 혼입되면서 더러워진다. 따라서 하·폐수 처리과정도 수중에 포함된 오염물질들의 종류를 파악하여 하나씩 제거하는 과정이다. 따라서 하·폐수처리는 어느 한 반응조에서 단독 처리하기보다는 여러 계통의 반응조가 모여 하나의 시스템으로 구성된다.

일반적으로 하·폐수처리 방법은 물리적, 화학적 및 생물학적 처리방법으로 구분할 수 있으며 일반적인 하·폐수처리 방법을 간략하게 설명하면 다음과 같다.

1. 물리적 처리

1) 스크린(screen)

하·폐수처리시설의 예비적 첫 단계로서, 펌프 등 기계시설의 운전에 방해가 되는 종이, 비닐, 나무토막 등 비교적 입자가 큰 협작물을 제거하여 관이나 수로의 흐름을 양호하게 유지시켜 준다. 스크린은 망 눈의 크기에 따라 조망(coarse screen), 세망(fine screen)으로 구분하

며, 구조상으로 봉(bar)형과 격자(rack)형으로 나눈다.

2) 침사지(grit chamber)

모래와 같은 물질을 중력에 의해 침전 제거하여 기계의 마모나 다른 물질이 끼는 것을 방지한다. 아울러 관이나 수로 내에 협잡물의 침전방지와 포기조나 소화조의 수위상승을 방지한다.

3) 유량조정조(flow equalization tank)

시간의 변화에 따른 하·폐수의 유량 및 농도의 변화를 최소화하는 것이 목적이며 균등조 또는 혼화조라고 한다.

4) 침전지(sedimentation tank)

침전 가능한 물질을 침전 제거시키는 것은 침사지와 유사하나 침사지보다는 비중이 작은 입자상 물질을 제거하기 위함이다. 보통 1차 침전지의 처리효율은 부유물질(SS) 50~70%, 생물화학적 산소요구량(BOD) 20~50% 정도이다. 2차 침전지는 포기조에서 증식한 잉여 미생물을 침전제거 시킨다. 침전지의 형상은 모양에 따라 원형, 장방형, 정방형으로 구분한다.

5) 부상지(flotation tank)

침전과는 반대로 물보다 비중이 적은 오일이나 그리스(grease)와 같은 입자를 표면으로 뜨게 해서 제거하는 방법이다. 부상법에는 공기의 주입 형태에 따라 공기부상(air-flotation), 용존공기부상(dissolved air flotation), 진공부상(vacuum flotation) 등이 있다.

6) 여과(filtration)

여과는 모래층과 같이 공극이 있는 매질층에 물을 통과시켜서 부유물을 제거하는 방법으로 여재로는 모래, 무연탄, 규조토 혹은 세밀히 짜여진 섬유 등이 사용된다. 일반적으로 여과방법은 여과속도에 따라 완속여과, 급속여과로 구분한다.

2. 화학적 처리

화학적 처리방법으로는 중화, 응집, 산화 및 환원, 이온교환, 흡착, 살균 등이 있다.

1) 중화(neutralization)

하·폐수의 화학적 처리 중 일반적으로 쓰이고 있는 것의 하나가 중화이며 또한, pH조정이다. 중화란 산과 염기를 가하여 염과 물을 생성케 하는 반응을 말하며, 과도한 산성 또는 알칼리성을 반대물질의 약품을 가하여 화학적으로 처리하여 제거하는 것을 말한다.

2) 응집(coagulation)

응집이란 폐수에 응집제(황산알루미늄, 황산철 등)를 가해 미세입자인 플록(floc)을 형성시켜서 침전하기 쉬운 형태로 만드는 것으로, 탁도물질과 같이 자연침강이 안되는 미세한 부유물질이나 콜로이드 물질을 제거하는 것이다. 주로 상수처리공정에 일반적으로 많이 사용하고 있다.

3) 산화(oxidation) 및 환원(reduction)

산화란 산소와 결합하거나 수소를 제거하는 과정이고, 환원이란 산화의 반대 작용으로 산화, 환원은 동시에 일어난다.

상대 물질을 산화시키는 물질을 산화제라 하며, 반대로 환원시키는 물질을 환원제라 한다.

산화법은 염소소독의 경우와 BOD, 페놀, 시안 등 유기물질 분해에 이용되며, 환원법은 6가크롬 함유 폐수 처리 등에 이용되고 있다. 이외에도 맛, 냄새, 철 및 망간 제거에 산화·환원 반응이 적용된다.

4) 이온교환(ion exchange)

이온교환할 수 있는 이온교환수지를 이용하여 수중의 양이온 또는 음이온을 교환하는 방법으로 각각의 수지를 양이온 교환수지, 음이온 교환수지라 한다. 바닷물의 Na^+이온을 제거하거나 지하수의 경도물질인 Ca, Mg이온을 제거하는데 사용된다.

5) 흡착(adsorption)

활성탄과 같이 다공성을 갖는 매체의 표면이나 내부공극 속으로 수중의 미세입자나 색도와 같은 분자성물질 또는 유해화학물질 제거에 활용된다. 냉장고의 탈취를 위해 사용되는 탈취제는 흡착제의 일종이다.

6) 살균(disinfection)

수중의 미생물 제거를 위한 공정으로 염소소독, 오존살균, 자외선살균 등이 많이 이용된다.

3. 생물학적 처리

하·폐수 내의 유기물질을 미생물을 이용하여 제거하는 방법이다. 미생물이 분해가능한 유기물을 미생물이 먹이로 하여 물질대사를 하는 과정에서 미생물 세포가 증가함에 따라 유기물질은 감소하게 된다. 미생물이 유기물질을 분해할 때 유리산소를 이용하는 경우와 화학적으로 결합된 결합산소를 이용하는 미생물에 대해 호기성미생물과 혐기성미생물로 분류한다.

호기성미생물에 의한 호기성처리는 살수여상법, 활성오니법 및 그 변법들과 회전원판법, 산화구법, MBR(Membrane Bio Reactor)법 등 다양하다.

혐기성처리는 유기물질에서 메탄이나 수소를 생산하는 혐기성소화나 혐기성연못법 등이 있다.

2.5 해양오염

해양은 지구표면의 2/3 이상 차지하고 있으며 인간은 삶을 유지하기 위해 상당 부분 바다에 의존한다. 즉, 바다는 식량의 보고이고 지구 생태계 순환의 연결자로 모든 생물에게 영양물질을 공급하고 또한, 기온과 기후, CO_2와 O_2의 양을 균형있게 조절하는 역할을 한다. 대기 중 산소의 1/3~1/2 정도가 해양의 식물성 플랑크톤에 의해 발생되므로 인간의 호흡이 가능하며 지구의 온실효과도 조절한다. 또한 해양은 인간에게 정서적인 감정을 제공하는 등 각종 자원이 가장 풍부한 자원의 보고이다.

2.5.1 해양오염의 원인

1. 육지폐기물 유입에 의한 오염

해양오염은 주로 해안을 따라 발생하며 그 근원지는 육지이다. 즉, 육지에서 생긴 각종 오염물질들은 곧장 바다로 흘러가거나 강이나 하천 그리고 지하 대수층에서 바다로 흘러 들어가게 된다.

2. 연안농경지 배수로 인한 오염

경작지와 잔디밭에서 흘러나오는 물속에는 화학비료, 살충제, 제초제가 들어 있다. 특히, 화학비료 중 질산염은 심각한 환경오염 문제를 일으키는데 이러한 질산염에는 조류가 먹을 영양분이 함유되어 있어서 조류의 양은 증가하게 되며 이들 조류가 죽은 후에 세균이 그것을 분해하는데 분해과정 동안 세균은 물속의 산소를 이용하게 되므로 물속의 산소가 많이 소모되면 물속의 용존산소 부족으로 결국 물고기는 죽게 되면서 해양 생태계 전체가 위험에 처하게 된다.

3. 개발에 의한 오염

해안을 따라 위치한 습지는 강의 준설, 개발, 그리고 쓰레기장으로 이용됨으로써 그 면적이 줄어들고 있는데, 이런 현상은 해안의 환경에 영향을 미친다. 습지는 오염물질들을 여과시키는 성질이 있기 때문에 습지가 줄어들수록 바다는 더 많이 오염되며, 영양물질이 풍부한 습지가 사라지면 먹을 수 있는 여러 종류의 물고기도 죽게 된다.

4. 대기오염물질에 의한 오염

해양오염은 오염된 물에 의해 일어날 뿐만 아니라 이상스럽게도 대기오염에 의해서도 발생된다. 즉, 산성비, 선박이나 자동차 매연, 산업장의 오염물질, 대기 중 독성물질 등에서 나온 먼지와 위험한 휘발성유기화학물질들이 바다에 유입되어 오염된다.

5. 유입하천에 의한 오염

하수도는 해양오염의 주범이다. 처리되지 않은 하수가 곧바로 바다로 유출되거나 바다로 흘러들어가는 강으로 유출되기도 한다. 다시 말하면 대부분의 도시하수는 비가 많이 올 경우에 하수가 넘쳐 바다로 흐르게 되며, 이때 하수 뿐만 아니라 도시의 쓰레기도 함께 바다로 흘러들어가 해양이 오염된다. 이러한 지표수에는 화학물질과 거리에 흩어져 있는 여러 쓰레기, 애완동물이나 기타 다른 동물에 기생되는 세균과 바이러스 등이 함유되어 있다.

6. 연안폐기물에 의한 오염

연안 공장에서 처리되거나 미처리된 산업폐기물이나 미세플라스틱 등이 바다나 강으로 유출되어 해양이 오염된다. 이런 폐기물에는 독성을 띠는 중금속물질이 함유되어 있고, 이 독성물질은 바다 생물을 죽이거나 체내에 축적되므로 이렇게 오염된 바다 생물을 인간이 먹게 되면 위험에 처하게 될 수밖에 없다.

7. 기름 유출에 의한 오염

바다에 기름을 유출시키는 것만큼 환경 대참사는 없다. 이러한 환경재해의 영향으로 잔인하게 보이는 바다와 기름에 흠뻑 젖은 해안은 마치 다시는 회복될 수 없는 것처럼 보이고, 새들과 바다 포유동물들은 떼죽음을 당한다.

바다로 유출된 기름 유막 두께는 0.1㎛로 100L의 기름이 바다표면을 1km^2 덮게 되어 막대한 피해를 준다. 액산베델즈 유조선은 1989년 알라스카의 프린스 윌리암 해역에 4,164m^{3}의 원유를 유출시켰다. 이 사건이 대형 기름유출 사건 중에서 최근의 대참사이다. 예를 들어 1978년에 아모코 카디즈유조선(Amoco Cadiz)이 프랑스의 쁘리땡(Britany) 해안에 좌초되어서 액산베델즈 유조선이 유출한 기름의 8배에 해당하는 양의 기름을 유출시켜서 프랑스 해안 322km를 오염시켰다. 우리나라에서도 2007. 12. 7 태안에서 크레인선 삼성1호와 원유운반선 하베이 스피르트호와의 충돌로 약 12,547KL의 유조선 원유가 유출되어 서해안 일대를 오염시켰다.

이외에도 원자핵발전소, 화력발전소 등의 설비 증가에 따른 온 배수로 인하여 수온이 상승되어 연안 환경에 영향을 미치는 등 사회문제화 되고 있다.

2.5.2 해양오염의 피해

1. 적조현상의 발생

적조(赤潮; red tide)는 일반적으로 산업폐수나 도시하수의 유기성폐수 유입으로 해역의 부영양화가 원인이 되어 수중에서 부유생활을 하고 있는 식물성플랑크톤이 단시간에 급격히 증식한 결과 수면이 적색으로 변화하는 현상을 말한다(그림 3-16 참조).

● 그림 3-16. 적조현상

녹조와 적조는 부영양화의 결과이나 녹조는 담수에, 적조는 바다에서 발생되며 증식되는 식물성 플랑크톤의 차이에 기인된다. 표 3-18은 녹조와 적조의 차이를 비교한 것이다.

● 표 3-18. 녹조와 적조의 차이

구분	녹조	적조
원인물질	과잉의 영양염류(N.P)	
배출원	• 미처리 생활하수, 산업폐수	• 담수(폭우, 장마 등)의 유입 • 각종폐수 및 간척사업
특징	• 유속이 느린 하천 및 부영양화된 호수에서 발생 • 식물성플랑크톤 녹조류 대량번식(클로로필 a 및 남조류 세포수 증가)	• 연안바닷가 발생 • 규조류(강우시) 및 식물성편모조류(비강우시)증가

적조의 발생기전은 명확히 밝혀지지 않았으나 직접, 간접으로 바다에 유입되는 질소나 인 등의 영양분이 풍부하며 규소, 칼륨, 마그네슘 등 영양염이나 미량의 생활성 물질 즉, 미량금속, 컬레이트제, 비타민 등이 풍부하고 햇빛, 수온, 염분 등 환경조건이 적당할 때 발생된다.

적조를 일으키는 생물은 식물성플랑크톤과 원생동물, 세균 등인데 이 중 규조류, 편조류 등 식물성플랑크톤이 가장 큰 발생인자이다.

최근 이러한 적조현상은 날이 갈수록 발생지역이 넓어지고 피해양상도 다양해지고 있다. 즉, 플랑크톤이 대량증식 후에 죽으면 이의 분해에 따라 물속의 용존산소 결핍으로 황화수소(H_2S)나 탄산가스(CO_2) 등의 가스가 증가하여 독수대가 형성되어 어패류가 질식사하게 된다.

Gymonodinium 등과 같은 적조 생물이 내놓는 독소나 독성물질을 포함한 생물로 인해 어패류를 폐사 시키며, 점액물질이 많은 플랑크톤이 고기 아가미에 부착하여 호흡장애를 일으켜 질식사 시키는 등 수질 변화 및 생태계에 막대한 변형을 일으켜 악영향을 미친다.

적조발생 시 황토살포 등 임시대책이 있으나 근본적으로 적조를 예방하기 위해서는 우선 해양으로 유입되는 하천수를 정화해야 한다. 하수처리장을 건설할 때 3차처리시설을 설치하며, 하수도를 정비하고, 분뇨의 해양투기금지, 질소와 인의 규제대책실시, 합성세제의 사용량 규제, 축산폐수처리시설건설, 수중포기시설설치, 공유수면의 매립제한, 준설억제 등에 의한 연안수역의 하천정화 등으로 적조현상을 사전에 예방해야 한다.

2. 해안생태계의 파괴

배의 한 부분에서 기름이 유출되면 기름은 바다표면을 따라 퍼지게 되며 어느 정도는 증발한다. 기름 혼합물이 증발하면 기름층은 얇아지며, 접착력이 있는 기름은 파도에 부딪혀서 무스(mousse)라고 하는 물과 기름이 섞인 액체가 된다. 무스는 해변에 닿기도 하고 바람에 가라앉기도 한다. 결국 표면에 있는 무스는 팬케이크만한 크기로 변해서 해양을 오염시키는 타르볼이 된다.

바다새는 기름유출의 첫 번째 희생자이다. 새는 몸에 기름이 묻게 되면 기름은 새 깃털의 열 차단력을 약화시켜 저체온현상으로 얼어죽게 된다. (그림 3-17 참조)

바다의 포유류도 기름유출로 인한 초기의 피해자다. 특히, 해달은 피해를 입기가 쉽다.

기름은 다음과 같은 치명적인 도미노효과(domino effect)를 일으켜 바다의 먹이사슬을 파괴한다. 즉, 기름은 먹이사슬의 기본이 되는 식물성플랑크톤을 죽게 하는데, 새끼물고기와 같은 작은 물고기들은 식물성플랑크톤을 먹이로 하는 동물성플랑크톤을 잡아먹고 살기 때문에 식물성플랑크톤의 오염 및 감소로 인하여 동물성플랑크톤이 줄어들게 되면 새끼물고기는 죽게 되거나 완전히 자라지 못하게 된다. 이로 이해 새끼물고기를 잡아 먹는 다른 물고기도 먹을 것을 잃게 되어 그들의 수 역시 감소하게 되고 또한, 물고기를 먹는 바다 포유류의 수도 감소한다. 그리고 물고기와 갑각류도 기름의 유출로 인해 중독되어 죽게 되거나, 혹은 살아남는다 해도 표면이 탄화수소화합물인 기름에 젖어 있기 때문에 중독될 수가 있다. 이런 물고기를 잡아 먹으면 그 동물도 중독된다.

● 그림 3-17. 기름유출에 의한 바다새의 피해

또한, 기름은 해저에 가라앉아 연어, 게 등을 죽게 하며 육지의 먹이사슬도 파괴한다. 즉, 동물의 시체를 찾아 헤매는 흰머리 독수리 같은 포식동물이 기름이 묻은 물고기를 그들의 새끼를 위해 둥지로 가져오면 새끼 독수리는 기름에 오염된 고기를 먹고 죽게 되고, 기름에 오염되어 해변가로 밀려 나온 죽은 물고기를 곰이 먹으면 곰도 위험에 처하게 되고, 물오리, 아비, 거위 같은 바다 철새들은 바위나 갯벌에 둥지를 틀고 기름에 오염된 벌레와 생물을 잡아먹기 때문에 기름을 먹게 되며, 해변가로 온 사슴이 해초켈프(기름에 오염된 해초)를 먹고 마찬가지로 오염되어 심각한 환경 생태 파괴를 일으키게 된다.

해안은 영양분이 풍부하기 때문에 바다의 생물은 대부분 해안선을 따라 서식한다. 또한 해안은 바다의 생물에게만 매력적인 곳이 아니라 인간에게도 매력적인 곳으로 많은 사람이 해안 근처에 살고 있다. 실제로 어느 연구에 의하면 세계 인구의 60%가 해안 근처에 살며, 미국 인구의 50% 이상이 해안 80km 이내에 산다고 한다.

그 결과 해안은 심각하게 오염되었으며 오수의 방출과 농업쓰레기, 지나친 개발과 유독한 중금속물질 등의 방출은 결국 그 댓가를 치르게 되었다. 즉, 해변가에서 수영도 불가능하게 되었으며 적조현상이 일어나고 오염된 어패류를 먹은 인간도 피해를 입게 되었다. 이와 같이 해안이 오염되면 수많은 물고기가 죽게 되며 전 해양 생태계가 파괴된다.

해안을 살리기 위해서는 무엇보다 바다의 개발을 규제하거나 강력한 해양오염방지 대책을 수립하여 더 이상 바다를 오염시키지 않아야 한다.

3. 산호초의 멸종

세계 전역의 산호초는 위기에 처해 있으며 산호초의 석회암이 채굴되고 있다. 즉, 다이나마이트로 산호초를 파괴시키고 쇠지렛대로 떼어내서 집을 짓는 데 이용하고 있다. 자연이 수세기를 걸쳐 창조한 것을 인간은 짧은 시간에 파괴시키고 있다. 산호초는 낚시와 무분별한 여행자들과 기름의 유출, 수질오염물질의 방출로 멸종되어 가고 있다.

4. 고래의 멸종

인간들이 바다를 오염시키거나 고래 서식처를 파괴시키는 것이 고래 생존을 위협하는 주 요인이 된다. 오랫동안 고래들의 서식처였던 바다가 점점 오염되면서 많은 고래가 죽어가고 있다. 독성폐기물과 오염물질로 인해 그 현장에서 죽거나, 중독되거나, 심각한 병에 걸려 죽게 된다. 고래에게 무엇보다 큰 위협이 되는 것은 그들의 먹이가 사라지는 것이다. 과학자들은 오존층의 감소가 자외선의 양을 증가시켜 고래와 크릴이 먹는 수많은 식물성플랑크톤을 죽게 한다고 한다.

해양오염은 직접 또는 간접적으로 고래를 죽게 하는 원인이 된다. 고래의 지방조직은 폴리크로리네이티드비페닐(PCBs)을 많이 갖고 있으며, PCBs와 같은 독성화합물은 고래지방에 형성한다. 여러 산업에서 PCBs가 사용되는데 이 화학물질은 직접 간암을 유발하여 고래를 죽게 하거나 간접적으로 면역체계를 해쳐서 질병감염에 대한 저항능력을 저하시킨다. 또한, 해양오염은 적조현상이 심해졌다는 것을 알리는 역할을 한다. 즉, 독성이 있는 조류가 생겨 물고기는 그것을 먹으며 고래는 이렇게 오염된 물고기를 잡아먹고 그 독성분으로 죽게 된다.

5. 사라지는 갯벌

우리나라에서는 바닷물이 드나드는 개흙땅인 갯벌 혹은 갯펄인 대표적인 습지가 개발의 미명 아래 매립되어 농경지와 공업단지로 조성되어 어업과 양식업의 위축은 말할 것도 없고, 새로이 조성된 이들 공단으로부터 배출되는 오염물질로 인한 환경피해는 엄청나다 할 것이다. 우리는 지금이라도 습지 개척사업을 환경생태계 보전차원에서 정확한 가치판단과 인식전환으로 무분별 개발로 인한 자연자원인 갯벌이 사라지는 사례를 사전에 막아야 한다.

2.5.3 해양오염방지대책

1. 적조방지 대책

적조대책으로는 적조발생 자체를 방지하기 위한 예방조치와 일단 적조가 발생한 경우, 그 피해를 되도록 줄이기 위한 조치가 있다. 적조가 자주 발생하는 해역에서는 두 가지 모두 병행할 필요가 있고 적조가 악화할 징조가 있는 해역에서는 예방조치에 주력해야 한다. 또 적조대책에는 발생의 기본조건으로서 수질오염에서 언급한 부영양화의 대책이 포함되어 있음은 물론이다.

부영양화와 적조예방을 위하여 퇴적물제거가 필요하다. 퇴적물제거는 준설펌프와 퇴적물

회수처리선으로 시행할 수 있다. 이것은 하구해역, 정체해역 등의 유기퇴적물을 준설펌프를 사용하여 준설하고, 그것을 배관으로 처리선에 보내어 응집제를 써서 탈수하고 분리수는 바다에 방류하고, 침전물은 고화시켜 육상에다 버리는 방법이다.

적조가 일단 발생하였을 경우 조기에 발견하여 피해를 최소화하는 것이 중요하다. 따라서 감시 통보할 수 있는 기구가 정비되어 있어야 한다. 그리고 발생한 적조생물을 재빨리 흡수제거하기 위해서는 하천 또는 호소의 부영양화 처리방법과 유사한 적조회수선을 이용하는 것이 바람직하다.

2. 온배수(냉각수) 대책

발전소에서 배출되는 냉각수(온배수)를 처리하는 방식에는 해양이든 하천이든 취수원으로부터 취하여 냉각시설을 거친 다음 동일 수역에 그대로 방류하는 관류방식(once-through system)과 발생된 냉각 폐수를 냉각탑 등의 열교환시설로 거친 후 다시 냉각수로 재사용함으로써 자연수계에 전혀 배출하지 않는 무배출방식(close cycle system)이 있다.

지금까지 설치된 대부분의 발전소는 관류방식이지만 최근 몇몇 국가에서는 이런 관류방식 적용을 제한하는 경향도 있다.

3. 유류오염방지대책

1) 해상 유출기름정화대책

일반적으로 해상에 기름이 유출되면 단시간에 이동하고 확산되면서 응고하거나 일부는 침하되어 보통의 방제작업으로는 대처할 수 없게 될 때도 있다. 기름이 대량 유출되었을 때는 일반적으로 기름방벽(oil-fence)을 쳐서 기름을 회수선이나 회수장치로 회수하거나, 기름흡착제나 기름처리제 등으로 처리한다. 그리고 기름 유출이 소량일 경우에는 흡유재 또는 흡유재로 만든 방벽으로 처리하거나 소량의 유처리제를 사용해서 분산시킬 수도 있다.

2) 연안동물들의 대책

바다새와 해달(바다족제비)과 다른 동물들은 특히, 추운 겨울에 돌보지 않으면 기름 유출에 오염되어 얼어 죽게 된다. 칫솔과 식기 세재로 몸이나 발에 묻은 기름을 제거해 줘야 한다. 종종 죽음의 위험에 처해있는 동물은 응급처치센터로 수송하여 치료·보호해야 한다. 또한, 야생동물 전문가는 대포를 쏘거나 허수아비를 세워서 동물을 기름 오염지역으로부터 도망하게 하는 방법을 실시하고 있다.

3) 해변가 유출기름 정화대책

기름에 오염된 해변은 기름을 고압호수로 빨아들여 깨끗해질 수 있고, V자 모양의 방재(booms)쪽으로 뜨거운 물이나 차가운 물을 이용하여 기름을 씻어내고, 방재에 기름이 모아지면 운반한다. 사람이 직접 기름을 건져 낼 수도 있다.

생물학적 개선법(bioremediation)은 해변가의 기름을 제거하는 기술로서 세균을 이용하여 기름을 파괴하도록 자연스럽게 유도하는 방법이다. 여기에는 기름이 유출된 해변에 기름을 먹는 미생물을 성장시키는 화학비료를 뿌리는 방법 등을 사용한다.

4) 기타

해양오염에 있어 유출유 외에 유기물질이나 중금속 등의 배출원인 산업폐수나 생활하수의 유입에 대하여는 원천적으로 방지하는 방법 밖에 없다. 즉, 철저한 처리를 한 다음 방류시키는 것이며 특히, 항만이나 해양시설 설치에 대해서는 설치 전에 해류의 영향이나 각종 오염물 유입 가능성 등 해양환경에 미치는 영향에 대하여 조사를 철저히 하여 예방하는 사전관리가 중요하다. 또한, 우리나라처럼 해역의 수질을 이용 목적에 따라 Ⅰ, Ⅱ, Ⅲ, Ⅳ, Ⅴ 등급으로 생태기반 해수수질기준을 정하여 해역별 수질을 관리하고 있다.

바다는 인간생존의 마지막 보루라고 한다. 해양오염에 대한 구체적이고도 통합·효율적인 계획과 대책이 정립되지 못하면 바다는 더 이상 인류의 안식처가 되지 못할 것이다.

런던협약(폐기물의 해양투기 금지에 관한 협약)

▶ 목적: 특정물질의 해양투기를 금지하여 해양오염을 예방

▶ 경과:

1972년 런던에서 협약 체결, 1975년 발효, 1966년 개정 의정서(방사능폐기물 해양투기금지)

우리나라는 1993년에 가입, 2009년 개정 의정서 가입

2003년 기준 87개국 가입

▶ 기대효과:

협약당사국에게 폐기물의 해양투기 방지의무를 부과하여 각 국가로 하여금 인류건강과 생물자원 및 해양생물 자원에의 피해 방지와 쾌적한 해양환경 조성

- 1993년 11월: 저준위방사능물질을 포함한 모든 방사능폐기물의 해양투기 금지
- 1996년 1월: 산업폐기물의 해양투기 금지

▶ 우리나라의 경우:

- 군산, 포항, 울산 앞바다에 방사능 폐기물, 하수슬러지 등 해양 투기
- 2006년 3월 24일: 산업폐기물 해양투기금지협약 발효(96의정서)
- 2012년: 하수슬러지 해양투기 금지협약 발효
- 2011년: 하수슬러지 해양투기(68.5%)에서 재활용(자원화, 고형화), 소각, 매립 등 육상처리 대책수립(하수슬러지 기본계획 수립), 유기성 슬러지 처리시설의 확충

▶ 국내법: 해양환경관리법(22조)

Chapter 03 폐기물오염과 토양오염

3.1 폐기물오염

3.1.1 폐기물의 정의

폐기물은 산업발달과 인구증가로 인하여 양적증가는 물론 질적으로도 다양화내지 악성화되고 있어 환경오염의 주요 원인이 되고 있다. 따라서 일상생활이나 생산과정에서 배출되는 폐기물을 그대로 방치하거나 처리가 적정하지 않으면 우리 생활환경을 오염시키는 것 이외에 중금속 등이 함유된 폐기물인 경우에는 우리 건강에 직접 중대한 영향을 주게 된다.

폐기물관리법 제2조의 폐기물의 정의에 의하면 다음과 같다.

- 폐기물이라 함은 쓰레기, 연소재, 오니, 폐유, 폐산, 폐알칼리, 동물의 사체 등으로서 사람의 생활이나 사업 활동에 필요하지 아니하게 된 물질을 말한다.
- 생활폐기물이라 함은 사업장폐기물 외의 폐기물을 말한다.
- 사업장폐기물이라 함은 대기환경오염·수질환경보전법 또는 소음·진공규제법의 규정에 의하여 배출시설을 설치·운영하는 사업장 기타 대통령령이 정하는 사업자에게 발생되는 폐기물 물질을 말한다.
- 지정폐기물이라 함은 사업장폐기물 중 폐유·폐산 등 주변 환경을 오염시킬 수 있는 유해한 물질로서 대통령령이 정하는 물질을 말한다.

폐기물 관리법에서는 버리는 사람의 의사에 따라 버려지는 물질을 폐기물로 분류되며, 버려진 폐기물이 활용할 가치가 있어 제3자에게 매각되어도 배출자가 필요하지 않게 되면 폐기물에 해당된다.

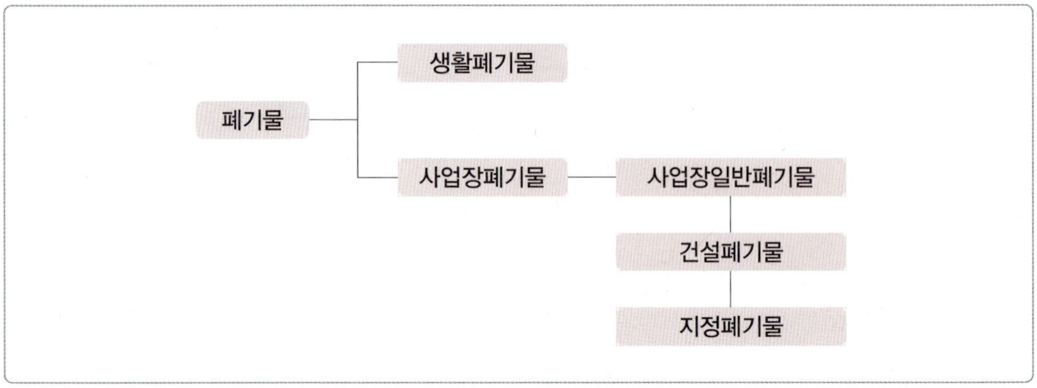

● 그림 3-18. 폐기물의 종류

3.1.2 폐기물의 종류와 발생현황

1. 폐기물의 종류

폐기물의 분류체계는 그림 3-18과 같이 크게 생활폐기물과 사업장폐기물로 나누어진다.

사업장폐기물은 사업장일반폐기물, 건설폐기물, 지정폐기물로 분류되며 사업장일반폐기물도 규모 및 특성에 따라 사업장비배출시설폐기물과 사업장배출시설폐기물로 구분한다. 지정폐기물은 특정시설에서 발생되는 부식성 및 유해성폐기물과 의료폐기물이 이에 속한다.

1. 폐기물 발생현황

우리나라의 폐기물 발생량 변화를 보면 생활계폐기물의 1인1일 발생량은 종량제를 시행하기 전인 1994년에 1.3kg/일·인이었으나, 종량제의 시행으로 감소하여 2021년 기준 발생량은 1.18kg/일·인으로, OECD 국가의 평균 발생량('16년 기준, 1.19kg/일·인)과 비슷한 수준을 유지하고 있다. 이는 종량제의 시행, 재활용품 및 음식물폐기물 분리배출 정책에 기인하는 것으로 보고 있다. 한편, 경제성장 정도를 나타내는 사업장폐기물은 지속적으로 증가 추세를 보이고 있으며, 특히 사업장폐기물 중 사업장배출시설폐기물 및 지정폐기물은 산업의 성장에 따라 지속적으로 증가하는 경향을 보이고 있다.

우리나라의 생활계 및 사업장폐기물의 발생현황은 표 3-19와 같이 사업장배출시설 및 건설폐기물이 많은 반면 지정폐기물은 적은 편이다.

● 표 3-19. 생활계 및 사업장폐기물 발생현황

(단위 : 톤/일)

구분		2011	2012	2013	2014	2015	2016	2017	2018	2019	2020	2021
생활계 폐기물*		48,934	48,990	48,728	49,915	51,247	53,772	53,490	56,035	57,961	61,597	62,178
사업장폐기물	계	334,399	345,506	344,388	351,743	366,967	375,356	376,041	390,067	439,277	472,458	478,602
	배출시설계	137,961	146,390	148,443	153,189	155,305	162,129	164,874	167,727	202,619	220,951	232,603
	지정	10,021	12,487	12,407	13,172	13,402	13,783	14,905	15,389	15,556	15,324	16,381
	건설	186,417	186,629	183,538	185,382	198,260	199,444	196,262	206,951	221,102	236,183	229,618

* 생활계폐기물은 생활폐기물, 사업장비배출시설계폐기물, 공사장생활폐기물을 함께 포함한 수치임

※ 출처: 2021 전국 폐기물 발생 및 처리현황(2022, 환경부)

3.1.3 폐기물의 영향과 관리방향

급속도로 산업이 발달되고 인구가 증가하여 도시집중화 현상이 일어나면서 대량생산과 대량소비를 불러오게 되었고 그 결과 폐기물이 축적되어졌다.

일반적으로 폐기물은 악취발생, 위생해충 번식으로 인한 감염병 발생 등 환경보건상 문제발생, 미관상 불쾌감 등을 일으키고 또한, 폐기물을 처리할 때 즉, 고속퇴비화(compost)의 중간처리나 매립장에 매립할 때 그 주변 지역에 환경오염 문제를 일으킨다. 특히, 매립장에서 배출되는 침출액은 상수원과 토양을 오염시키며 매립장에서 배출되는 메탄가스가 폭발하여 화재나 대기오염을 일으킨다.

폐기물 정책의 궁극적인 목표는 폐기물로 인한 환경부하를 줄임으로써 자연환경을 보전하고 모든 국민이 쾌적한 환경 속에서 살아갈 수 있도록 하는데 있다. 이를 위해서는 단순히 발생된 폐기물을 처리하기보다는 지속가능한 개발이념에 기초한 자원순환형 사회로의 전환을 촉진하며 미래 세대와 공유해야 할 자원인 환경의 잠재력을 최대한 보전해 나가는 노력이 필요하다. 폐기물관리는 다음과 같은 기본원칙 속에서 추진해야 한다.

첫째, 폐기물을 관리하고자 할 때에는 공동체 구성원 간의 역할과 책무를 합리적으로 설정하여 정책목표를 효율적으로 달성하도록 해야 한다. 특히, 제품에 기인하는 폐기물에 대해서는 생산자, 소비자, 정부 및 지자체가 책임을 공유한다는 원칙을 존중하여 폐기물관리에 대한

책무관계를 정립해나가야 한다.

둘째, 폐기물관리의 우선순위를 설정한다. 즉, 폐기물의 발생억제 및 감량(prevention or reduction), 재이용(reuse), 재활용(recycling), 중간처리(treatment, 에너지 회수, 소각열이용, 음식물 쓰레기 퇴비화), 최종처분(disposal, 매립)의 순으로 우선순위를 설정하여 폐기물을 관리해야 한다. 무엇보다 3R 즉, 감량화(Reduction), 재활용(Recycle), 재이용(Reuse)을 생활화하는 것이다.

셋째, 정책목표를 달성하기 위한 수단은 환경성과의 경제적 효율성을 동시에 충족시킬 수 있도록 단계적으로 개선해야 한다. 특히, 정부가 폐기물관리에 대한 세부적인 규제기준을 설정하는 것보다는 민간부문에게 목표를 부여하고 이를 달성하기 위한 수단을 강구할 수 있는 기회를 부여하는 것이 효율적이다.

넷째, 민간부문이 폐기물관리에 참여할 수 있는 기회를 확대함으로써 폐기물관리의 효율성을 제고하고 경쟁력 있는 기술개발과 노하우의 축적을 유도한다.

다섯째, 주요정책의 결정은 과학적이고 합리적인 정보에 기초하여 이루어지도록 환경정보관리체계를 개선하고, 환경정보는 일반에 공개하는 것을 원칙적으로 하여 국민적 의견개진 기회를 확대해야 한다.

특히, 국가폐기물관리종합계획상의 목표를 적기에 달성하기 위해서는 폐기물관리 정책수단을 보다 효율화할 필요가 있다. 종량제 실시 이후 분리수거제도가 획기적으로 개선되기는 하였지만, 급증하는 재활용품을 소화할 수 있는 재활용시스템이 적어 지자체의 적환장에 적체현상이 발생되고 있다. 향후 폐기물관리정책은 이러한 문제를 해소하는데 보다 더 노력을 기울여야 한다.

또 폐기물감량 및 재활용을 촉진하기 위해 폐기물의 흐름별로 관리체계를 구축하고, 수거·운반·선별·재활용의 각 단계별로 책무관계를 명확히 정립하여 성과위주의 정책을 추진해야 한다.

3.1.4 폐기물처리대책

1. 폐기물처리 개요

폐기물처리는 궁극적으로 폐기물관리체계 즉, 폐기물발생에서 보관, 수집, 운반, 중간처리를 거쳐 매립 등에 의한 최종처리까지 가장 효율적이고 경제적이며 국민보건이나 환경위해가 가장 적은 환경위생적인 방법으로 안전하게 관리되어야 한다.

일반적인 폐기물관리의 정책목표로 폐기물의 감량화, 자원화, 무해화, 안정화 및 안전처리 등을 든다. 폐기물의 감량화는 폐기물의 양을 줄이는 방법이고, 폐기물의 자원화는 발생된 폐기물을 자원으로 다시 재활용하는 것이다. 무해화는 유해한 물질이 함유된 폐기물을 소각시켜 병원균을 사멸시키거나 환경위생상 해를 주지 않는 물질을 변화시키는 방법이며, 폐기물의 안정화는 중금속 등 유해물질의 용출속도가 늦어지는 등 안정화로 환경오염을 줄일 수 있다. 그리고 폐기물 처리과정에서 발생될 수 있는 환경오염 요인을 감소시키는 폐기물안전처리 방법으로 대기오염을 최소화시키면서 처리하는 소각법, 지하수오염이나 토양오염 그리고 비산먼지를 최소화 시킬 수 있는 위생 매립법 등이 있다. 이와 같은 방법은 서로 유기적인 관계를 가지고 있다. 즉, 폐기물의 수집, 운반, 전처리, 중간처리, 재활용, 최종처리 등을 한 묶음으로 하여 관리체계를 구축하는 종합관리시스템의 도입이 필요하다. 이 외에도 대국민 교육계몽강화와 폐기물처리장의 설치·운영에 대한 지역이기주의(NIMBY현상) 문제를 극복할 수 있는 방법을 강구해야 한다.

2. 폐기물 처리과정

폐기물 처리과정은 그림 3-19에서와 같이 가정이나 사업장에서 폐기물이 배출되면 폐기물 용기에 수집하여 폐기물 처리장까지 운반한 후 폐기물 성상에 따라 재활용 또는 소각, 퇴비화, 안정화를 거쳐 최종 잔재물은 매립장에서 최종 처분한다.

각각의 처리과정을 간략히 설명하면 다음과 같다.

1) 배출

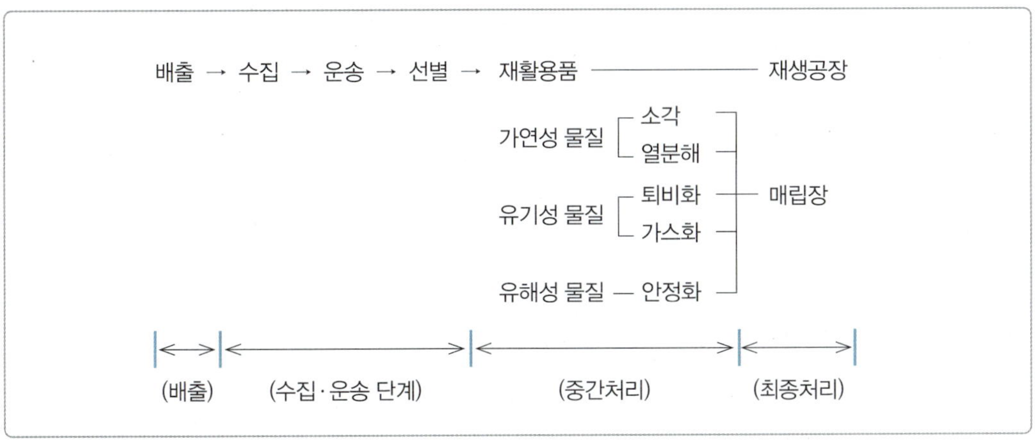

● 그림 3-19. 폐기물 처리과정

폐기물 배출방식은 혼합배출과 분리배출로 구분할 수 있다. 혼합배출은 모든 폐기물이 한 곳에 버려져서 매립장으로 이송처리하기 위한 것으로 과거의 폐기물 배출유형이다. 분리배출은 폐기물 성상에 따라 폐지, 폐금속, 폐플라스틱, 폐공병 등 재활용품과 음식물류 폐기물은 각각 분리하여 배출하고 나머지는 종량제 봉투 등에 담아 배출하는 형태이다.

2) 수집·운송

수집 방식에는 용기수집, 자루수집, 상자형수집 및 컨테이너수집방식 등이 있고, 수거는 문전수거와 대형쓰레기통에 의한 수거형태가 있다.

운송방식은 수거차로 직접 처리장까지 운송하는 방식과 소형 수거차에서 대형 수거차로 운반하기 위한 중계처리방식인 적환장을 이용한 운송방식이 있다.

차량운송 외에도 monorail 운송, conveyor 운송, container 철도 운송, pipeline 운송 및 capsule 운송 등 다양한 형태의 운송방법도 있다. 최근 신도시와 같이 새롭게 조성되고 있는 대규모 주거단지에는 pipeline 운송방식이 많이 보급되고 있는데 위생적이고 운송차량으로 인한 번거로움을 피할 수 있는 장점이 있으나 초기투자비용이 크고, 잦은 고장과 함께 출퇴근 시 일시에 폐기물이 모임에 따른 정체현상은 문제점이라 할 수 있다.

3) 선별

재활용품이라 하여도 여러 물질이 혼합되어 있으면 단일 품목으로 선별하여야 재활용이 가능하므로 재활용에 앞서 선별, 분리가 필요하다. 폐기물의 선별과정은 폐기물 성상, 크기, 비중 등의 물리적 특성을 감안하여 분리하게 된다.

일반적으로 적용되고 있는 선별방법들은 다음과 같다.

① 파쇄 : 재활용을 위한 전처리공정으로 대형폐기물과 같이 분리효율을 높이기 위해 일정한 크기로 조작하는 과정으로 해머밀(hammer mill)이나 분쇄기(shredder) 등이 이용되고 있다.

② 손선별(hand sorting) : conveyor belt를 이용하여 사람이 직접 손으로 종이류, 플라스틱류, 금속류, 유리류 등을 분류하는 방식이다.

③ 체선별 : 폐기물의 크기에 따라 분류하는 방식으로 트롬멜(trommel)과 같은 회전 스크린과 일반체의 형식인 진동 스크린이 있다.

④ 풍력선별 : 폐기물의 무게에 따라 분류하는 방식으로 수직공기선별기와 경사공기선별기가 있다.

⑤ 자력선별 : 자석의 자력을 이용하여 폐기물 중 철성분 물질을 분류하는 방식으로 벨트

형과 드럼형이 있다.

⑥ 광학선별 : 빛의 투과도를 이용하여 유리를 색깔별로 분류하는 방식이다.

⑦ 와전류선별 : 전기전도도의 차이를 이용하여 알루미늄과 같이 비철금속을 분류하는 방식이다.

⑧ 부상(floation)선별 : 폐기물을 물에 넣어 밀도차에 의해 선별하는 방식으로 음식물류 폐기물 중 유리조각, 뼈 등 비중이 큰 물질과 비닐류 등을 분류하는 방식이다.

폐기물은 여러 물질이 혼재되어 있어 선별공정은 단일공정보다는 여러 공정이 연결된 처리시스템으로 구성된다.

폐기물의 기계적-생물학적 처리(MBT, Mechanical-Biological Treatment)은 선별이 주된 공정인 기계적 처리와 유기성 물질을 분해하는 생물학적 처리공정이 결합된 처리시스템이다. 또한 폐기물 중 음식물류 폐기물을 제외한 가연성물질인 종이, 비닐, 나무 등을 선별하여 펠렛(pellet) 형태의 연료인 RDF(refuse drived fuel) 생산공정도 선별공정의 예이다.

그림 3-20은 선별공정에 의한 폐기물처리공정도를 나타낸 것이다.

4) 소각

종이류, 목재류, 플라스틱류와 같이 가연성폐기물을 공기 중의 산소와 반응시켜 연소시키는

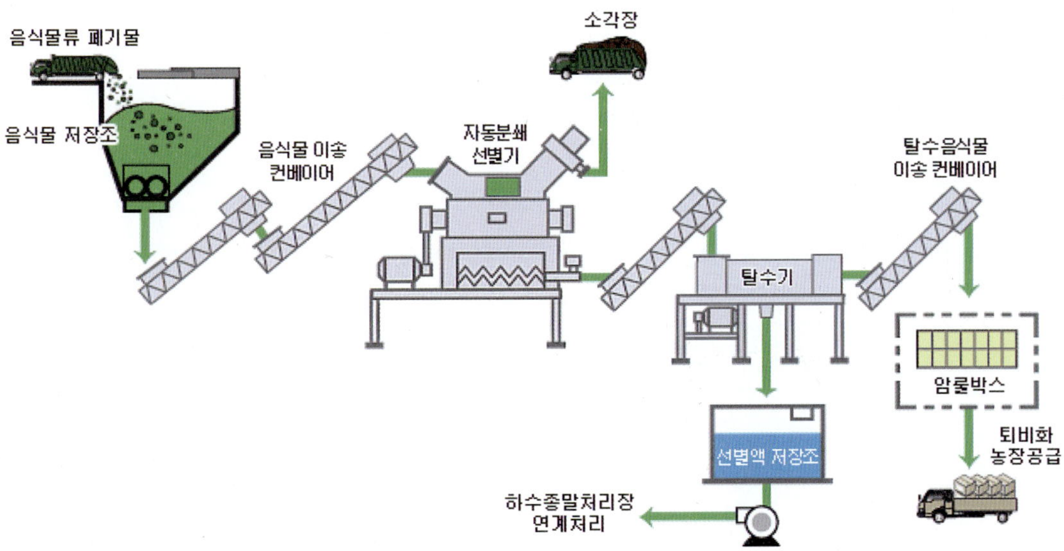

● 그림 3-20. 폐기물 처리공정도

자료 : 부천시 자원순환센터

과정이 소각이다.

폐기물의 소각은 최종처분할 폐기물을 크게 감량할 수 있고, 폐열을 이용하여 온수나 스팀으로 전기를 생산할 수 있으며 위생적으로 안전하다는 장점이 있는 반면, 처리공정이 복잡하고, 연소가스로 인한 대기오염의 발생과 시설비가 고가인 점이 단점이다.

소각의 주 설비인 소각로는 폐기물 이송 방식에 따라 스토커식(stoker) 소각로, 유동상식(fluidized bed) 소각로, 회전로식(rotary kiln) 소각로, 액상 소각로 등이 있다.

소각로 중 많이 보급되고 있는 스토커 방식의 소각로 모식도는 그림 3-21와 같으며, 건조, 연소, 후연소의 3단계로 구성하고 있다.

폐기물 소각장은 폐기물의 이동과 연소가스 및 연소재 처리와 폐열 회수 공정으로 구성된다. 이중 연소가스 처리는 연소가스의 종류에 따라 처리공정이 설치되며 대체로 질소(NOx) 및 황산화물(SOx) 처리시설, 부유분진 처리시설 및 유해가스인 다이옥신 처리시설들이 설치되어 있다. 그러나 온실가스 저감을 위해 CO_2 회수장치들을 설치할 것으로 전망된다.

폐기물 소각시설의 설치전경 및 소각공정은 그림 3-22에 예시하였다.

5) 열분해(pyrolysis)

플라스틱과 같은 유기성 폐기물을 산소가 없거나 매우 적은 상태에서 열을 가하면 분해 및 응축반응을 거쳐 가스(gas), 액체(oil) 및 고체(tar, char) 상태의 연료가 만들어지는 공정이다.

열분해온도가 500~900℃ 정도의 저온 열분해를 Pyrolysis라고 하여 일반적으로 열분해

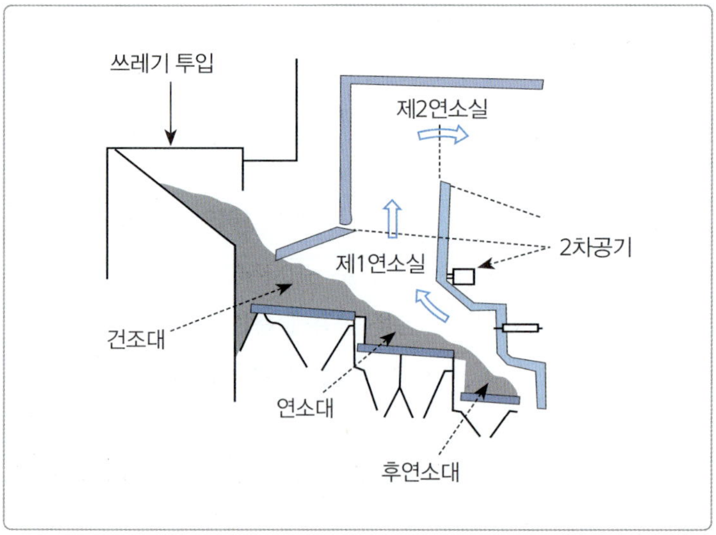

● 그림 3-21. 스토커방식 소각로

● 그림 3-22. 소각장 전경 및 처리공정 계통도
자료: 서울특별시 자원회수시설 홈페이지

라고 부르며 1,100~1,500℃의 고온 열분해는 가스화(Gasification)라고 한다. 열분해에 의해 생성되는 물질의 종류는 표 3-20과 같이 다양한 물질이 생성된다. 열분해는 고온에서 반응하므로 소각로와 같은 유해물질 발생이 적으나 초기 투자비용이 비싸다는 단점이 있다.

● 표 3-20. 열분해에 의해 생성되는 물질의 종류

성상	생성 물질
기체	H_2, CH_4, CO, CO_2, NH_3, H_2S, HCN
액체	초산, 아세톤, 메탄올, 오일, 타르, 방향성 물질
고체	Char(순수한 탄소), 불활성 물질

6) 퇴비화(composting)

폐기물 중 플라스틱, 고무류 등을 제외한 미생물이 분해가능한 유기물질을 분해하여 유용한 비료성분인 퇴비를 만드는 과정이다. 퇴비화는 대체로 호기성 미생물을 이용하며 퇴비화는 전처리 → 1차발효 → 2차발효(숙성화) → 안정화 단계 → 저장의 단계를 거쳐 생산한다.

퇴비화 공정은 퇴비화 기간에 따라 야적 퇴비화, 고속 퇴비화 및 준고속 퇴비화로 구분된다.

7) 가스화(gasification)

음식물류 폐기물, 하수오니(슬러지) 등 생분해가 가능한 유기물질을 혐기성 미생물에 의해 메탄가스, 수소 등을 생산하는 과정이다.

일반적으로 혐기성 소화(anaerobic digestion)이라 하며 가수분해, 산생성, 메탄생성의 3

단계로 이루어진다.

가수분해 단계에서는 고분자화합물을 저분자로 분해하며, 산생성 단계에서는 아세트산, 프로피온산, 부티르산과 같은 유기산을 생성하며, 메탄생성 단계에서는 메탄 외에 이산화탄소, 미량의 황화수소와 수소가 생성된다.

8) 안정화(stabilization)

함수율이 높은(70~80%) 유해물질을 시멘트와 같은 첨가제를 첨가하여 고형화함으로서 폐기물로부터 오염물질의 용출을 방지하기 위한 과정이다. 고형화(solidification)이라고도 하며 고화재에 따라 시멘트 기초법, 석회 기초법, 유리화법 등이 있다.

대체로 무기성의 유독폐기물에 적용하였으나 최근에는 폐기물의 종류와 관계없이 하수 슬러지, 중금속이 함유된 폐수 슬러지, 제지나 도금공장의 슬러지 등에도 적용하여 처리하고 있다.

9) 매립(landfill)

소각장이나 퇴비화 과정 등에서 발생하는 잔재물들은 최종적으로 매립하게 된다. 과거에는 폐기물 일부를 해양투기하였으나 런던협약에 가입한 이후 최종 처분단계는 매립이다.

매립방식은 구덩이나 야적지에 폐기물을 묻는 비위생적형태의 단순매립(open dump)과 폐기물 처분시 침출수 등 2차 오염물질을 차단, 처리하는 위생매립(sanitary landfill)과 유해 폐기물의 최종 처리방식으로 고형화 등을 하여 폐기물을 자연계와 완전 차단하는 방식인 안

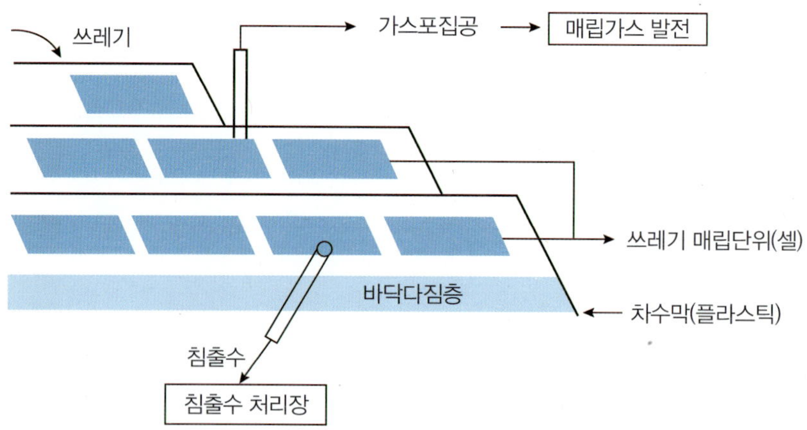

● 그림 3-23. 위생매립 단면도

전매립이 있다.

현재는 위생매립이 통상적인 매립방식으로 그림 3-23, 그림 3-24와 같이 매립지 바닥에는 침출수 차단을 위해 차수막(HDPE 플라스틱 막 등)을 설치하여 침출수를 별도 침출수 처리장으로 이송하여 처리하고, 매립가스는 폭발이나 화재방지를 위해 가스포집공을 설치하여 배출한다. 대규모 매립장에서 발생가스가 많을 경우는 포집하여 에너지원으로 이용하기도 한다. 또한 폐기물의 비산을 방지하기 위해 복토를 하는데 1일 단위의 복토와 중간복토, 최종복토 과정이 있다. 복토재는 일반 토사나 인공복토재를 사용한다.

● 그림 3-24. 위생매립지 전경
자료 : 금강유역환경청

3.1.5 폐기물 처리현황

우리나라의 2021년 기준 1일 폐기물 발생총량은 540,780톤으로 처리현황은 매립이 28,651톤/일으로 5.3%, 소각이 26,820톤/일로 5.0%, 재활용이 470,175톤/일로 86.9%, 퇴비화 등 기타 방법이 15,135톤/일로 2.8%이었다. 이중 폐기물 재활용이 월등히 높은 이유는 재활용 및 폐자원 에너지화 정책의 결과인 반면, 소각 및 매립은 전반적으로 감소 추세에 있다.

● 표 3-21. 생활폐기물 처리현황

(단위 : 톤/일)

구분	2011	2012	2013	2014	2015	2016	2017	2018	2019	2020	2021
계	48,934	48,990	48,728	49,915	51,247	53,772	53,490	56,035	57,961	61,597	62,178
매립	8,391	7,778	7,613	7,813	7,719	7,909	7,240	7,525	7,336	7,247	7,995
소각	11,604	12,261	12,331	12,648	13,176	13,610	13,318	13,763	14,919	15,721	15,453
재활용	28,939	28,951	28,784	29,454	30,352	32,253	32,932	34,747	34,613	36,663	35,247
기타*	-	-	-	-	-	-	-	-	1,093	1,966	3,483

* 기타: '18년도까지 재활용에 포함되었던 소각 제외한 중간처분량(압축, 파쇄, 고형화 등)을 '19년도부터 기타 항목으로 분리

※ 출처: 2021 전국 폐기물 발생 및 처리현황(2022, 환경부)

● 표 3-22. 사업장폐기물 처리현황

(단위 : 톤/일)

구분	2011	2012	2013	2014	2015	2016	2017	2018	2019	2020	2021
계	334,399	345,506	344,388	351,743	366,967	375,356	376,041	390,067	439,277	472,458	478,602
매립	27,510	28,794	30,361	30,093	30,081	30,033	28,284	27,123	23,178	20,136	20,656
소각	11,113	12,624	12,709	11,876	12,909	12,840	12,972	12,641	11,065	12,006	11,367
재활용	289,299	300,256	298,126	307,360	322,472	331,547	333,718	349,490	395,732	429,903	434,928
기타*	6,477	3,832	3,192	2,414	1,505	937	1,067	813	9,302	10,413	11,652

※ 출처: 2021 전국 폐기물 발생 및 처리현황(2022, 환경부)

전체 폐기물 발생량 중 생활계 폐기물 처리현황은 표 3-21과 같으며, 사업장 폐기물은 표 3-22와 같다. 생활폐기물의 경우 매립이 12.8%, 소각이 24.9%, 재활용이 56.7%, 기타가 5.6%로 재활용 및 소각이 높은 반면, 사업장 폐기물의 경우는 매립 4.3%, 소각 2.3%, 재활용 91.0%, 기타 2.4%로 재활용이 압도적으로 높은 것으로 조사되었다. 이러한 특성은 건설폐기물 재활용이 99.3%에 기인하는 것으로 보인다.

3.1.6 폐기물 관리정책의 변화

폐기물관리정책은 1986년 이전에는 「오물청소법」과 「환경보전법」에서 생활폐기물과 사업폐기물로 이원화 관리되었으나, 1986년에 「폐기물관리법」 제정으로 관리체계가 일원화되었다. 1986년부터 1992년까지 「폐기물관리법」에서 발생억제, 예치금제도, 광역관리, 사후관리 개념이 적용되었다.

1992년부터 「자원의 절약과 재활용촉진에 관한 법률」이 발효되면서 포장재 발생억제, 1회용품규제, 폐기물예치금 및 폐기물부담금제도, 재활용산업 육성 등의 재활용에 관한 제도 및 정책이 시행되었다. 2003년부터는 예치금제도가 생산자책임 재활용제도로 전환되고, 「건설폐기물의 재활용촉진에 관한 법률」이 새롭게 제정되면서 건설폐기물의 재활용 및 재활용제품의 수요기반을 마련하였다. 이러한 정책과 함께 종량제('95년), 음식물쓰레기 직매립금지('05년)제도 등이 실시되면서 폐기물의 발생억제를 통한 감량화와 자원화를 도입하였다.

1995년에는 「폐기물처리시설 설치촉진 및 주변 지역 지원 등에 관한 법률」이 제정되어 소각시설 등의 설치에 따른 님비현상을 사전에 예방하고, 주변영향지역 주민 지원사업을 추진하는 등 사회적 갈등을 해소하고 조정하는 역할을 하였다. 2000년 중반부터는 전기전자제품,

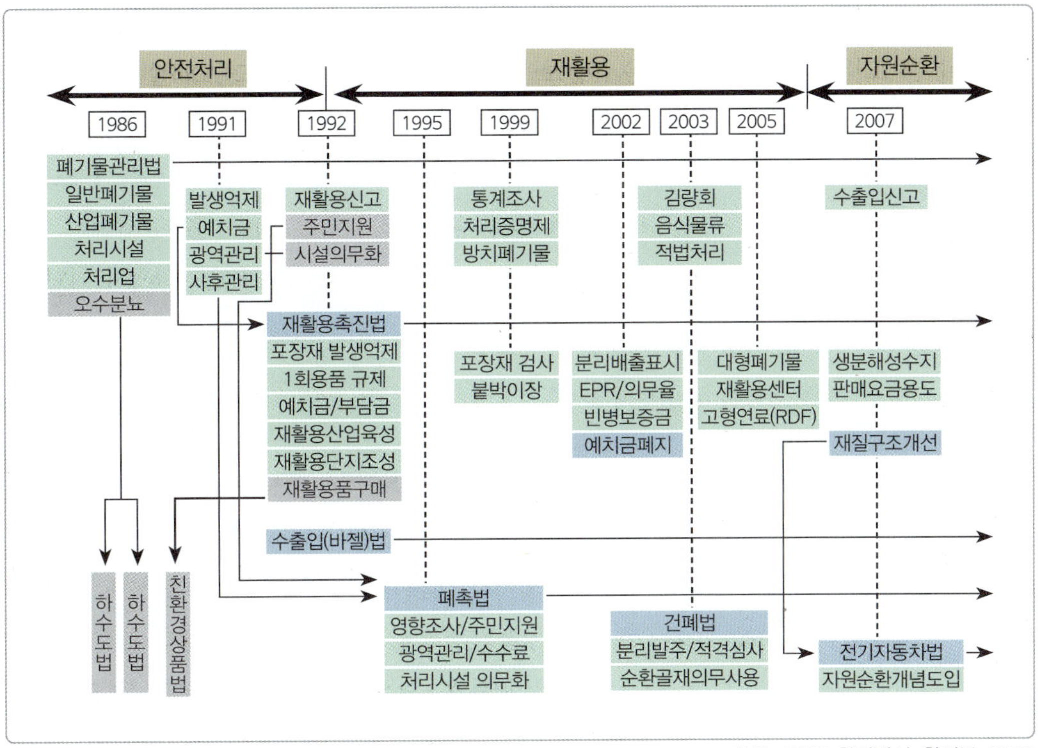

※ 출처: 2022 환경백서, 환경부. 2023

● 그림 3-25. **폐기물 관련 정책 및 제도의 변화**

자동차 등에 대한 유해물질, 재활용 등이 사회 문제로 제기되면서 「전기·전자 제품 및 자동차의 자원순환에 관한 법률」이 제정('07년)되어 환경성보장제도가 실시되었다.

또한 2000년 말부터는 자원 및 에너지의 가격급등, 지구온난화 등으로 온실가스 감축이 요구되었으며, 특히 폐기물로부터 자원 및 에너지의 회수 필요성이 제기되었다.

이에, 2008년 폐자원 및 바이오매스 에너지대책을 수립하여 지역별 폐자원 에너지타운 조성사업을 추진하고 있으며, 2009년에는 폐금속자원 재활용대책을 수립하여 폐금속자원에 대한 재활용 정책을 강화하였다. 2012년에 하수슬러지 및 가축분뇨, 2013년에 음폐수 등의 해양배출이 금지되면서 육상처리와 동시에 자원화를 실시, 하수슬러지는 건조하여 화력발전소의 에너지원으로 사용하고, 음폐수 등은 바이오가스화에 의한 에너지화 등이 진행되고 있다(그림 3-25 참조).

3.1.7 폐기물 관리 정책

1. 폐기물 감량화 정책

폐기물 발생단계에서 감량화를 위한 정책은 직접규제와 간접규제가 있다. 직접규제 방식으로는 1회용품 사용규제와 과대포장 줄이기 등이 있다. 간접규제 방식으로는 폐기물 발생량에 비례하여 부과하는 종량제가 대표적이다.

1회용품 사용규제는 식품접객업 또는 집단급식소, 대규모 점포, 목욕탕 등에서 1회용 컵·접시·용기·봉투·쇼핑백 등 1회용품을 많이 사용하는 업종에 대해 사용을 원칙적으로 제한하거나 무상제공을 금지하는 정책이다.

제품 포장규제는 재활용이 용이한 친환경적 재질 대체를 위한 포장재질규제와 감량화를 위한 포장방법(포장공간비율, 포장횟수) 규제가 있다.

쓰레기 종량제는 배출자 부담원칙에 의거하여 배출량에 비례하여 비용을 부과하는 정책으로 종량제 봉투나 전용수거함을 사용하고 있다. 음식물류 폐기물도 종량제를 실시하고 있으며, RFID 칩, 스티커, 전용봉투의 3가지 유형으로 운영하고 있다.

2. 폐기물 재활용 유도 정책

재사용 또는 재활용을 유도하기 위한 주요 정책으로는 자원순환 보증금제도, 폐기물 처분부담금 제도, 폐기물 부담금제도 및 생산자책임 재활용제도 등이 있다.

1) 자원순환 보증금제도(빈용기)

용기나 1회용 컵의 제품가격에 별도의 보증금을 부가하여 판매한 후 소비자가 빈용기를 반환할 때 환불해 주는 제도로 2002년부터 운영하고 있다. 2017년 보증금액이 표 3-23에서와 같이 인상되면서 빈용기 회수율이 2022년 기준 63.8%로 증가하였다.

● 표 3-23. 빈용기 자원순환보증금 현황

종류	2016년 12월 31일까지 출고제품	2017년 1월 1일부터 출고제품
190ml 미만	20원/개	70원/개
190ml ~ 400ml	40원/개	100원/개
400ml ~ 1,000ml	50원/개	130원/개
1,000ml 이상	100원이상 300원이하/개	350원/개

※ 출처: 2022 환경백서, 환경부, 2023

2) 폐기물 처분부담금 제도

폐기물의 재활용률을 높이기 위해 재활용할 수 있는 폐기물을 소각 또는 매립으로 처분할 경우 부과금을 징수하는 제도로 재활용이 금지되는 폐기물은 제외된다. 부담금산정은 폐기물 소각 또는 매립처분량 × 부과요율 × 산정지수 로 산출하며 폐기물 유형별로 달리 정하고 있다. 생활폐기물의 경우 매립하는 경우는 15원/kg, 소각하는 경우는 10원/kg을 부과하고 있다.

3) 폐기물 부담금 제도

특정 대기, 수질 유해물질 또는 유독물을 함유하고 있거나 재활용이 어렵고 관리상 문제를 야기할 가능성이 있는 제품·재료·용기의 제조업자 또는 수입업자로 하여금 원인자부담원칙에 따라 폐기물의 처리에 드는 비용을 부담하도록 하는 제도이다. 살충제·유독물제품 용기, 부동액, 껌, 1회용 기저귀, 담배, 플라스틱제품과 플라스틱의 일종인 고흡수성수지(高吸收性樹脂, Super Absorbent Polymer)가 냉매로 사용되는 아이스팩 등 7개 품목이 부과대상 품목이다.

2022년 기준 징수액은 약 2,100억원이었으며, 2008년부터는 폐플라스틱의 재활용 촉진을 위해 환경부장관과 폐플라스틱 재활용을 위한 자발적 협약을 체결하여 협약에서 정한 해당 플라스틱 폐기물의 재활용률을 달성한 사업자에 대하여 폐기물부담금을 면제하고 있다.

4) 생산자책임 재활용제도(EPR)

생산자책임 재활용제도(Extended Producer Responsibility, EPR)는 제품의 의무생산자들로 하여금 자신이 생산한 제품이 폐기물로 배출된 후에도 적절하게 재활용되거나 처분되도록 일정한 책임을 부여하는 것이다. 이 제도는 생산자가 제품의 내구성을 높이고, 재사용과 재활용하기 쉬운 제품을 생산하도록 유도하여 재활용과 적정 처리를 촉진함으로써 '자원순환형 경제·사회체계'를 구축한다는 목적으로 시작되었다. 이 제도는 1992년부터 시행한 폐기물예치금제도의 문제점 개선과 적극적인 재활용을 유도하기 위해 2023년부터 시행한 제도이다.

재활용 의무생산자는 재활용의무를 이행하기 위해 직접 회수 및 재활용하거나 개별 위탁 또는 재활용사업공제조합을 통해 재활용 의무를 이행한다.

대상 품목과 재활용 목표율은 제품 및 포장재가 있으며, 종류로는 윤활유, 전지류, 타이어, 전기·전자제품 등이 있고, 포장재의 경우 종이팩, 금속캔, 유리병, 합성수지 등이 있다. 재활용 의무율은 제품의 종류마다 다르나 2022년 기준으로는 10% ~80% 범위였다.

한편 국민 편의확대와 폐전자제품 회수 및 재활용을 높이기 위해 2014년부터 폐가전제품 무상 방문수거 서비스를 실시하고 있으며 2022년에는 407만대 수거로 전반적인 증가추세를 보이고 있다.

3.2 토양오염

3.2.1 토양의 기능과 조성

지구의 표면은 수권(hydrosphere)·암권(lithosphere)·대기권(atmosphere)으로 대별할 수 있으며, 지구상의 모든 생물이 이들 세 부분에서 생육함으로써 생물권(biosphere)을 형성한다. 여기서 암권에 속하는 토양은 육상생물이 생존할 수 있는 기반이며, 이들 생물의 생존에 필수적인 농작물을 생산해 내는 살아 있는 자연체이고 대기권과 암석권의 경계에 존재하면서 수권과 공존한다.

일반적으로 토양의 기능에 대해 나열하면 식량생산 기능외에도 ① 수자원 함량 및 홍수예방, ② 오염물질의 정화, ③ 토사붕괴 및 지반침반 방지 및 침식억제, ④ 지표의 온도, 습도 유지, ⑤ 토양 생물종의 보호 등이 있다.

토양은 그림 3-26과 같이 암석의 풍화산물인 무기물과 동식물의 시체 및 이들이 썩어서 된 유기물로 구성된 고상과 토양수분의 액상 및 토양공기인 기상 등 3상으로 이루어져 있다. 오랜기간동안 암석이 풍화되어 만들어진 토양입자는 입자의 크기에 따라 모래(sand), 실트(silt, 마사토), 점토(clay)로 분류되며, 모래는 직경이 0.05~2mm정도, 실트는 0.02~0.05mm, 점토는 0.02mm 이하의 입자로 이들 입자들이 여러 비율로 혼합되어 존재한다. 식물이 잘 자라는 3상의 비율은 고체상이 50%, 액체상이 25%, 기체상이 25% 정도로 고체상 50% 중에는 무기물 45%, 유기물 5% 정도가 적합하다.

3.2.2 토양의 특성

토양은 암석이 아주 긴 세월동안 풍화작용을 받아 생성된 다음 다시 암석이 되기까지 생물이 살 수 있는 기반을 마련해 준다. 수권과 대기권에서도 태양에너지를 고정하여 다른 생물에게 에너지를 공급할 수 있으나 토양에서의 농작물에 의한 태양에너지의 고정은 먹이연쇄(foodchain)를 통한 에너지의 공급으로써 매우 큰 비중을 차지한다. 또한, 인위적으로 혹은 자연적으로 합성된 고분자물질들을 자연계 내 이동과정 중에서 토양을 거치게 된다. 이때 토양미생물은 분해자로써 이들 물질을 저분자 물질로 분해함으로써 생태계의 물질순환에 큰 역할을 담당한다. 결국 토양과 물은 에너지생산과 환경정화를 위한 두 가지 기본적인 자원이다.

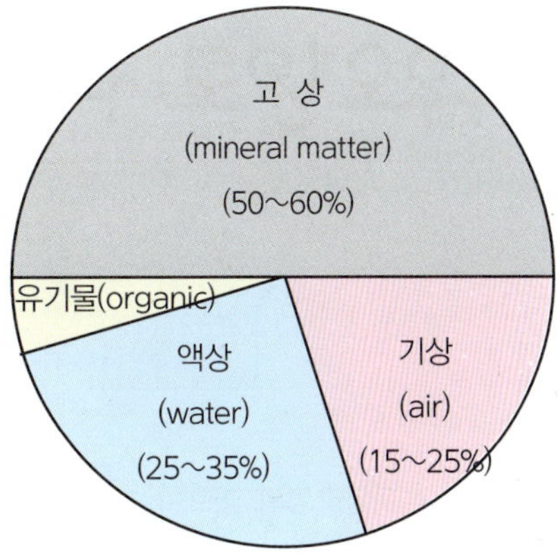

● 그림 3-26. 토양의 3상

토양은 물과 대기와 접하고 있으므로 상호 물질의 교환이 일어난다. 이러한 상호 물질 교환과정 중에 오염물질이 토양에 유입되면 토양의 물리, 화학, 생물학적 작용에 의한 자정능력이 있으나 그 속도가 매우 완만하여 토양 중에 축적됨으로써 토양오염을 일으키게 된다.

토양오염은 토양 중에 특정물질의 농도가 어느 한계농도 이상으로 높아져 토양의 이화학적 성질을 약화시키거나 토양생물의 생육에 지장을 초래하며, 나아가서 먹이연쇄를 통하여 생물농축이 일어남으로써 생태계에 커다란 변화를 일으키고 인체에 유해작용을 유발하게 한다. 또한, 토양오염은 농작물의 생육을 저해시킬 뿐 아니라 오염된 농작물을 섭취하는 인간에게 커다란 피해를 끼치는 간접오염이라는 점에서 수질오염이나 대기오염과는 그 성질을 달리한다.

토양환경보전법에서 토양오염이란 “사업활동, 기타 사람의 활동에 따라 토양이 오염되는 것으로서 사람의 건강이나 환경에 피해를 주는 상태”로 정의하고 있다.

토양오염의 일반적인 특성으로는 ① 오염시점과 피해발생 시점 간에 상당한 시차가 있어 오염원인이 명확하지 않고 ② 피해는 장시간에 걸쳐 나타나고 ③ 오염을 정화하는데 많은 시간과 비용이 요구되며, ④ 토양오염과 함께 지하수 오염이 발생하므로 두가지 오염현상에 대한 대책이 필요하며, ⑤ 대기나 수질오염과는 달리 축적성이 있다.

토양오염의 경로는 그림 3-27에서와 같이 각종 물질의 개발, 생산, 사용 및 폐기를 통한 순환과정에서 대기, 수질, 폐기물 등을 통해 직접 혹은 간접으로 토양에 유입된다.

3.2.3 토양오염의 원인

토양오염의 원인은 대기오염물질과 수질오염물질 및 각종 폐기물의 토양유입이 주요인이며,

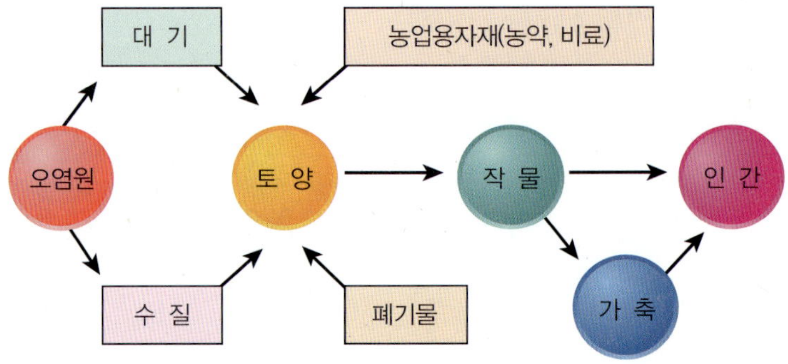

● 그림 3-27. 토양오염의 경로

작물의 병해충을 방제하여 식량증산의 수단으로 사용되고 있는 합성농약 및 화학비료 사용량의 증가도 한 요인이 될 수 있다. 산업발달에 따른 화학물질의 사용 증대로 환경오염이 심화되고 그로 인한 피해 역시 증대되고 있는데 화학물질은 그것들의 개발, 생산, 사용 및 폐기를 통한 순환과정에서 여러 가지 형태로 토양에 유입되며 화학적 특성에 따라 환경에 미치는 영향이 달라진다.

1. 대기오염물질

산업체와 가정에서 연료로 사용하는 석유나 연탄에서 배출되는 황산화물(SO_x) 등과 자동차에서 배출하는 매연에 의해 대기오염을 일으키며, 이러한 대기오염물질이 산성비나 먼지 등으로 식물에 직접 장애를 주거나 토양유입으로 농작물에 피해를 준다.

2. 수질오염물질

수질오염물질이 토양 및 농작물에 미치는 영향을 대별하면 자연에 의한 것과 인공에 의한 것으로 나눌 수 있다. 자연에 의한 것은 주로 화산과 해양에 의한 피해를 들 수 있다. 화산에서는 황산화물에 의한 황산과 해양에서는 기름으로 인하여 오염되는 것을 말한다. 인공에 의한 수질오염물질로는 유기 및 유기질공장폐수, 탄광, 석유, 천연가스광폐수, 광산폐수 등을 들 수 있으며, 이들이 농업용수에 혼입 사용될 때 토양 및 농작물이 오염된다.

3. 고형폐기물

고형폐기물은 그 처리과정에서 소각하거나 퇴비화시키는 방법 등이 있지만 현재까지는 매립이 가장 손쉽고 경제적인 방법으로 채택되어 왔다. 그러나 매립에 있어 생물학적으로 분해가 가능한 오염물은 토양오염의 면에서는 유리하나, 난분해성 유해화학물질 등의 폐기물은 분해하여 안정화되는데 상당한 시간이 소요된다.

4. 농약

농약은 농수산물을 포함한 모든 농작물을 해치는 균, 곤충, 응애, 선충, 바이러스, 기타 동식물의 방제에 사용되는 살균제, 살충제, 제초제와 농작물의 생리기능을 중지 또는 억제하는데 사용되는 생장조정제 및 약효를 증진시키는 자재로서, 토양의 소독에서부터 시작하여 종자의 살균과 발아에서 수확에 이르기까지 모든 농작물을 병충해나 잡초 등으로부터 피해를 막고 농작물의 생태기능을 조절하는데 목적이 있다.

그러나 현대 농업기술의 발달에 따른 급격한 인구증가와 함께 식량문제를 해결하기 위하여 한정된 농지에서 최대의 생산량을 증대시키기 위해서 광범위하고 강한 살충, 살균을 갖는 농약 사용으로 천적멸종 등 생태계파괴와 토양오염, 수질오염, 식품 오염 현상 등의 환경오염을 일으키게 되어 인간의 건강에 악영향을 초래하게 되었다. 농약 중에서 환경 중에 오랜기간 잔류하는 DDT, BHC 등의 유기염소계 농약과 유기수은제, 비산납과 같은 중금속을 포함한 농약 등이 문제가 되어 그 잔류성과 맹독성에 대한 안전성 문제가 주로 다루어지고 있다.

5. 토양 중의 중금속

환경오염으로 문제가 되고 있는 무기원소들은 주로 전이원소에 속하는 금속 즉, 비소, 카드뮴, 수은, 니켈, 납, 아연 등이다.

이러한 중금속 전체가 생물에 해를 끼치는 것이 아니고 생리작용에 있어 망간, 철, 코발트, 구리, 아연 등과 같이 그 효소의 보조인자(cofactor)로써 혹은 다른 기능으로 아주 미량이 필요로 하는 경우도 있다. 그러나 이들 금속 중에서도 비소(As)나 수은(Hg)과 같은 것은 생물에 불필요할 뿐만 아니라 오히려 해를 끼치게 되며, 이러한 중금속류는 일정 농도 이상 축적되면 도리어 생장에 장애가 된다.

요컨대 생물체에 이와 같은 중금속이 검출되었다고 해서 반드시 위해하다고 단정할 수 없다. 문제는 어느 정도의 함량이 있는가 하는 것이다. 일반적으로 보면 오염이란 허용기준을 훨씬 넘었을 경우에 문제가 되는 것이며 이때 생물의 종류에 따라 그 기준이란 각기 달라질 수 밖에 없다.

3.2.4 토양오염의 영향

1. 농약에 의한 영향

토양오염은 우리들 농사와 직접적인 관련이 있다. 식량생산량을 증대시키기 위해 농약 사용은 필요악이었다. 그 결과 초래되는 토양오염은 대기오염이나 수질오염과는 그 성질이 다른 오염이 가중되는 축적성 오염이다.

세계적으로 농사는 토양을 심각하게 파괴시키며 살충제는 상수도를 오염시킨다. 토양에는 미네랄, 영양분, 유기물들이 함유되어 있으며 각종 미생물들이 살고 있는데 이런 것들이 작물들에게 성장할 수 있는 환경을 제공해 준다. 그러나 매년 농지에 사용되는 살충제 등의 많은 양의 화학약품은 해충을 죽이는 것보다 더 많은 환경피해를 일으키게 된다.

작물에 뿌려진 살충제는 강우로 인하여 강이나 호수로 씻겨 내려가서 그곳의 먹이사슬에 피해를 주게 된다.

비가 오면 화학비료가 강, 하천, 지하수로 흘러 들어가게 되며 비료 속에 있는 인과 질소 성분이 호수를 부영양화 상태로 만들거나 호수 속의 산소를 소비하는 세균의 수를 급증시킨다. 이러한 현상은 동·식물이 이용할 산소를 없애므로 수중생물을 죽게 되며, 화학비료가 상수도로 흘러 들어가게 되면 유독하게 되어 물을 마실 수 없게 된다.

산화질소와 같은 화학비료의 부산물은 대기를 오염시키고, 온실효과에 기인된 지구 온도상승의 원인이 된다.

농사에 사용되는 살충제와 제초제는 해충들뿐만 아니라 사람을 포함한 동·식물에도 유독하다. 이런 화학약품들은 호수, 하천을 통하여 상수도로 흘러 들어가게 되며, 먹이사슬에 영향을 주고, 많은 동물을 죽이는 원인이 된다. 농부에게 살충제에 의한 독성피해는 흔히 있는 일이며 특히, 개발도상국에서 그렇다.

물속에 살고 있는 미세한 동·식물이 살충제를 섭취하고, 차례로 작은 물고기가 그것들을 잡아먹는다. 만약 살충제가 동·식물 몸 밖으로 배출되지 않고 체내에 남아있게 된다면, 그런 동·식물들을 먹는 물고기는 더욱 중독되며, 보다 더 큰물고기가 중독된 작은물고기를 잡아먹게 되고 그러면 더 큰 물고기는 더 많은 양의 살충제를 체내에 저장하게 된다. 그러므로 먹이사슬의 맨 윗층 가까운 곳에 위치하는 물고기는 살충제로 가장 많이 중독된 동·식물을 섭취하게 되므로 위험하게 된다. 보다 많은 살충제가 축적된 물고기를 잡아먹는 새는 더 빨리 죽게 된다.

살충제는 흙을 통해 지하 대수층으로 흘러 들어가거나, 살충제로 오염된 호수나 하천에서 대수층으로 흘러 들어가게 되어 우물물로 먹게 되므로 사람들은 미량이지만 살충제에 농축된다.

살충제에 중독된 곤충을 잡아먹는 동물 특히, 새는 살충제에 의해 피해를 입거나 죽게 된다. 예를 들어, 미국의 어느 중서부 도시에는 느릅나무에 기생하는 해충을 없애기 위해 디디티(DDT)를 뿌렸으나 DDT에 저항성이 있는 벌레들은 죽지 않고 느릅나무 잎을 뜯어 먹고 살았으며, 개똥지빠귀는 DDT에 중독된 그 벌레를 잡아먹고 중독되어 멸종위기에 이를 만큼 그 수가 감소되었다.

살충제는 해충뿐만 아니라 수분작용을 돕는 벌과 그 해충을 먹는 다른 곤충들도 죽이며 또한, 해충을 먹는 포식자들이 없어지면 해충의 수가 폭발적으로 증가될 가능성이 있다.

농부들이 살충제를 뿌리거나 살충제로 오염된 땅에서 일할 때 그 독성에 중독된다. 세계보건기구와 미국 환경단체는 매년 전 세계적으로 100만 명의 사람들이 살충제에 중독되고, 약 2만 명이 죽는다고 조사했다. 이 같은 통계는 암 환자의 증가 비율과 같고 또한, 살충제는 잠재적이고 장기적으로 건강을 위험한 상태로 몰아넣고 있다. 최근 한 연구에서 살충제에 노출된 농부의 아이들은 담즙관 폐쇄증이나 희귀한 간기능부전 상태로 태어나는 경우가 많다는 것이 발견되었다.

과일과 야채에 묻은 살충제가 완전히 씻기지 않을 수도 있어 자주 음식에 발견되기도 한다. 한 조사 자료에서는 슈퍼마켓 음식의 40% 정도가 살충제에 오염되었다고 한다. 비록 살충제가 다양한 암을 유발시키는 것과 관련이 있음에도, 더구나 개량된 식품일수록 작물에 더 강한 살충제가 뿌려질 수 있다. 1994년 중국에서는 200명 이상의 학생들이 학교 식당에서 살충제에 오염된 야채를 먹고 중독된 일이 있었다.

2. 중금속에 의한 영향

중금속에 의한 식물의 피해를 살펴보면, 작물생육에 중금속 원소 중 피해를 많이 주는 것은 구리로서 작물뿌리에 흡수되어 대부분이 뿌리에 고정·축적되어 뿌리로부터 영양성분의 흡수기능을 저해하며, 뿌리의 표피 근처 피층부의 세포원형질과 결합 고정되는 것으로 알려져 있다.

망간(Mn)이온도 기준량을 넘어서면 작물에 현저한 해를 끼치며, 산성토양은 가용성 망간을 함유하고 있어 여기에 자라는 작물은 다량의 망간을 흡수하여 생육에 해를 입게 된다.

3. 기타 토양오염물질의 영향

토양은 식물을 지지하고 영양분을 공급하는 매개체이다. 따라서, 토양 중에는 식물에 필요한 영양분이 적당한 농도로 존재하여야 하며, 필요 이상의 농도가 되면 오히려 식물의 성장을 방해하게 된다.

1) 토양 산성화

비료에는 산성과 중성 및 알칼리성 비료가 있는데, 흔히 많이 쓰이는 황산암모늄과 염화암모늄 및 요소 등의 질소비료는 질산화작용에 의하여 질산(NO_3^-) 이온이 생성되는 과정에서 수소이온(H^+)가 증가되기 때문에 토양이 산성화된다.

그 외 인분뇨를 계속 사용하면 인분뇨 중 나트륨이온(Na^+)이 토양 내 칼슘이온(Ca^{2+})을 치환하고 Na^+는 H^+에 의해서 쉽게 치환되어 토양이 산성화되기 쉽다. 또한, 화학공장이나 광산에서 흘러나오는 광산물질이나 대기 중의 황산화물에 의해서 토양이 산성화된다.

2) 토양의 산화·환원전위

토양 중 산화물질의 농도와 환원물질의 농도비율의 대소에 따라 변화된다. 산화물이 많이 생기는 조건은 토양물질이 공기 중의 산소와 용이하게 접촉할 수 있는 조건 즉, 통기가 양호한 조건이다. 토양의 통기와 관계가 되는 것은 토양의 수분이다. 토양의 산화·환원전위가 환원상태로 되며 식물영양분 원소들의 용해도가 증가하므로 작물생육에 좋은 영향을 준다. 그 예로 논 토양 중의 인산은 주로 인산철의 형태로 들어 있으며, 환원으로 인하여 그 용해도가 증가되므로 밭 토양에서 보다 이용률이 높다. 그러나 환원상태가 심히 발달한 경우에는 여러 가지 유해물질이 생성되어 작물생육을 저해할 때가 많다.

3) 나트륨흡착비(Sodium adsorption ratio; SAR)

토양 내의 Na^+의 양이 Mg^{++}와 Ca^{++}의 양과 비교하여 과다할 때에는 Na^+가 Ca^{++}, Mg^{++}와 치환되어 Na^+ 교질로 된다. 이 Na^+ 교질은 탄산 또는 탄산염과 반응하면 H^+ 교질이 되고 탄산소다나 중탄산소다는 물과 반응하면 알칼리가 된다. 이 알칼리에 의하여 부식층이 용해되고 더구나 교질이 해체되어 파괴된 것이 하층으로 이동하면 불투수층을 형성한다. 이와 같은 불투수층이 발달되므로 토양의 침수층이 감소되고 물은 표면에 머물게 되어 이로부터 점차 용탈이 되어 토양이 나쁜 상태로 변하게 된다.

농업용수에 사용되는 SAR값은 다음과 같이 정의되며 SAR이 10 이하가 적합하며, 10~25는 중간 정도의 영향, 26 이상은 매우 큰 영향을 미친다.

$$SAR = \frac{Na}{\sqrt{Ca + Mg}} \text{ 또는 } SAR = \frac{Na \times 100}{Na + Ca + Mg + K}$$

여기서 농도의 단위는 meq/L (mN)이다.

3.2.5 토양오염 관리

1. 토양보전대책

토양오염을 방지하고 토양을 보전하기 위해서는 오염물질이 토양으로 유입되는 것을 막거나 그 양을 사전에 감소시키는 사전관리대책을 강구하여 시행해야만 한다. 토양이나 생태계는 일단 오염되어 균형이 파괴되면 그 회복에 있어 막대한 비용과 시간이 소모되며, 더구나 사실상 원상회복은 불가능하기 때문에 사전에 예방적인 조치가 절실히 요구되는 것이다.

토양오염을 방지하기 위한 예방대책으로서 첫째, 토양오염측정망을 운영한다. 1987년도에 250개 지점의 토양측정망(전국망)을 설치하고 토양오염도를 상시 측정하기 시작한 후 운영의 내실화를 위해 2014년부터는 2,000개 지점으로 확대하여 홀수 년도와 짝수 년도로 나누어 격년제 형태로 매년 1,000개 지점씩 운영 중이다.

지역별 오염추세를 정기적으로 파악하여 토양오염의 사전예방과 토양오염 방지대책의 기초자료로 활용할 수 있다. 이는 이제까지 충분하지 못했던 오염도자료도 파악이 가능하게 되며, 오염별로 오염추세를 상시 파악하므로 오염지역에 대해 필요한 대책을 강구하여 토양오염을 사전에 예방할 수 있을 것이다.

둘째, 영농화학물질 즉, 농약과 비료의 과오용을 지양하여야 한다. 영농화학물질의 사전 심사 강화와 적정사용기간 확립 및 홍보지도를 할 필요가 있다.

농약의 잔류량을 최소화하기 위해서 농약개발 과정에서 농약 본래의 목적을 달성하고 빨리 분해될 수 있도록 농약 분자구조가 개발되어야 할 것이며, 나아가서 미생물 농약과 천연물 농약 등 안전성 농약개발의 연구가 진행되어야 할 것이다.

또한, 영농화학물질을 적게 사용할 수 있는 근본적인 영농방식의 개선 또한 필요하다. 한편 각종 오염물질로 오염된 토양은 그 오염물질을 제거하기란 수질오염이나 대기오염과 같이 제거할 수가 없다. 여기서 몇 가지 오염물질 제거방안을 살펴보면 다음과 같다.

1) 토양 중의 오염물질이 토양수에 분포하는 비율이 높다면 토양을 물로 세척함으로써 토양으로부터 오염물질을 제거할 수 있다.
2) 토양의 오염물질이 토양(고상)에 강하게 흡착되어 있다면 물로 오염물질을 제거할 수가 없다. 이때에는 원래의 위치에서 이동시켜야만 할 것이다. 즉, 오염된 토양은 객토로 복토를 하여야 하며 그 방법은 다음과 같다.

(1) 매립객토 : 오염된 토양을 파내어 하층에 묻고, 하층의 토양을 상층으로 올리고 여기에 다시 새로운 흙으로 객토한다. 이 방법은 하층토까지 중금속의 농도가 높거나 지하 수위가 높은 경우에는 적용이 곤란하다.

(2) 객토 또는 복토 : 토층은 그대로 두고 그 상부에 새로운 흙으로 덮어 경작지를 조성한 후 남은 새로운 흙으로 객토한다. 매립객토가 곤란한 논 또는 지하수위가 높거나 하층에 큰 자갈이 있어 오염된 토양을 매립하기 위한 굴착이 어려운 곳에 적용된다.

(3) 객토 : 오염된 토양을 걷어 내어 다른 장소로 반출한 후 그 위에 새로운 흙으로 객토한다.

(4) 혼층복토 : 오염된 토양을 이동하지 않고 경작토와 하층토를 교반 혼합하여 오염된 농도를 희석시키고 그 위에 객토한다. 토양 오염농도가 비교적 낮은 토양에 적용 한다.

(5) 층위전환객토 : 오염된 토양층과 차층 토양의 위치를 바꾸고 그 위에 객토한다.

3) 토양 미생물을 이용한 토양오염물질의 농도를 낮추는 방법으로 오염된 토양의 오염물질을 분해할 수 있는 미생물을 분리 배양하여 토양에 주입함으로써 오염물질을 어느 정도 제거할 수 있다.

4) 오염된 토양에 오염물질을 높은 농도로 생물 농축할 수 있는 식물을 재배한 후 그 식물을 제거한다. 이 방법을 여러 번 실시함으로써 토양에 흡착된 오염물의 농도를 낮출 수 있다.

이 밖에 토양을 오염시킬 우려가 있는 석유류의 제조 및 저장시설이 있는 폐광산에 대한 토양오염대책을 수립하여 토양보전관리에 만전을 기하여야 할 것이다.

지금까지 토양오염물질에 대한 토양보전대책을 서술하였다. 그러나 오랜 세월동안 토양생성작용에 의해 형성된 토양이 침식작용에 의해서 소실될 수도 있다. 토양침식작용은 물에 의한 침식(water erosion)과 바람에 의한 침식(wind erosion)이 있다.

토양을 침식으로부터 보전하는 방법으로는 여러 가지가 있으나 가장 기본적인 것으로는 비모세관공극(non-capillary pore space)의 확대와 물의 안정교착(water stable agglutination)의 생성 촉진으로 토양구조를 발달시켜 빗물을 충분히 삼투시키고, 빗방울의 직접적인 충격을 피하게 하는 지표의 피복보호를 강구하여야 하며 유출수의 속도를 느리게 하여야 한다.

결국 토양오염은 한 번 오염되면 그 오염물질을 제거하기가 어려우므로 중금속과 같은 물질은 그 오염원을 제거할 필요성이 있으며, 농약과 같은 유해화학 물질은 최종 분해자인 토양미생물에 의해 쉽게 분해가 될 수 있도록 농약 분자구조를 개발해야 할 것이다.

2. 환경친화적농업 경영

농부들은 생산량을 증대시키거나 이익을 얻기 위해서 환경을 파괴할 우려가 있다. 그러나 지속가능한 농업(sustainable agriculture) 즉, 자연환경 파괴없이 농사짓는 유기농업인 환경친화적 농업의 경영이 환경을 파괴시키면서 짓는 농사보다 더 많은 이익을 가져다 준다. 왜냐하면, 값비싼 화학비료와 살충제의 사용이 최소화되기 때문이다.

이러한 농사방법이 환경과 농업간의 충돌을 고려한 점이다. 토양 파괴를 방지하기 위해 농부들은 매년 봄에 농사를 짓기 위해 재래식 방법으로 농지를 갈아 엎는다. 환경을 오염시키는 값비싼 화학비료를 사용하는 대신에, 그들은 지난 연도의 농작물의 잔유물들을 논밭에 버려둔 채 썩은 퇴비를 거름으로 하여 씨를 뿌린다. 이런 것들은 토양이 수분과 영양분을 얻는데 도움을 주며 토양파괴도 막는다. 이런 보존 경작지는 농부들의 영농비용도 절약하게 해준다.

농부들은 동물거름이나 썩은 퇴비를 비료로 사용할 수 있으며, 이 방법은 토양에 영양분을 공급해 주며 화학비료로 인한 환경오염물질을 제거시켜주는 역할도 한다.

해마다 단 한 종류만의 작물을 재배하는 방법은 토양의 유기물을 감소시킨다. 이런 현상은 병원체나 곤충 수의 증가를 불러오며 더 많은 질병과 병충해의 원인이 된다. 또한, 윤작은 이 문제점들을 해결해 주는데 특히, 이런 작물들 중에 하나가 콩일 때 그렇다. 콩은 공기 중에 있는 질소를 흙을 통해 뿌리로 흡수하는데 그 뿌리에 박테리아를 가지고 있다. 다른 해결책은 같은 농지에 두 가지 다른 작물을 재배하는 혼작이다.

종합병충해관리는 환경을 오염시키는 살충제들을 최소화하거나 제거시키는 방법으로 병충해에 대항하게 하는 다양한 비화학적 방법들과 관련 있다. 그 한 가지 방법으로서 해충을 잡아먹는 포식자를 이용하거나 보존하는 방법이 있다. 예를 들면, 인도네시아에서 농부들은 쌀농사에 피해를 주는 메뚜기를 잡아먹는 거미를 기르는 방법을 고안했다. 그 방법을 사용한 후 3년 만에 농부들은 살충제 사용량을 90%로 줄임으로 영농비 절약도 할 수 있었고 동시에 농작물의 생산량이 늘어 수익도 증가하였다. 곤충의 수를 제한하는 다른 비화학적 방법으로는 그 지역에 대량의 불임 수컷 곤충들을 놓아주는 것이다. 암컷들은 수컷과 교미를 하지만 암컷의 알은 부화되지 않으므로 해충 수가 줄어들게 된다. 이 방법은 리비아에서 검정파리과 유충의 수를 조절하는 데 사용되었다. 이와 같은 해충제관리법이 공급되기 전에 이 해충은 1만2천이 넘는 동물을 죽였다. 멕시코에서는 수억마리의 불임된 수컷파리들이 풀어진 후 단지 7개월 후에 그 수가 줄어들었으며 1991년 4월 이래로 단 한 마리의 감염된 동물도 발견되지 않았다. 해충을 억제시키는 다른 비화학적 방법으로는 고여 있는 물과 같이 해충이 서식할 수 있는 장소를 제거하거나, 여러가지 방법으로 곤충을 잡거나, 성충 곤충이 되는 것을 막는 자연적 곤충호르몬을 사용하는 방법들이 있다.

3. 인위적인 처리기술

석유류 제조나 저장시설, 폐광산 등에서 발생하는 유해물질들은 친환경적인 방법으로는 제거가 어려우므로 공학적인 기술을 이용하여 처리한다. 오염된 토양의 정화 또는 복원기술은 크게 물리, 화학, 생물학적 방법이 있으며 유해물질을 가열 또는 용매로 추출하거나 세정제로 세정하여 추출하는 방법과 토양미생물을 이용하여 분해하는 방법 등이 있다. 일반적으로 적용가능한 기술 및 원리는 표 3-24와 같다.

● 표 3-24. 오염된 토양의 정화 및 복원 기술

원리	기술명	기술의 개요
물리적 방법	토양증기추출법 (SVE: Soil Vapor Extraction)	불포화 대수층위에 추출정을 설치, 토양을 진공상태로 만들어 토양으로부터 휘발성 유기물질, 준휘발성 오염물질을 제거하는 기술
	가열토양증기추출법 (Thermally Enhanced SVE)	증기 또는 뜨거운 공기를 주입하거나 전기열을 이용하여 준휘발물질의 유동을 증가시켜 토양 중 오염물질을 추출하는 기술
	고온열탈착법(열처리법) (High Temp, Thermal Desorption)	오염토양을 굴착하여 토양을 고온에 노출시켜 소각이나 열분해를 통해 유해물질을 분해시키는 기술
화학적 방법	토양 세척법 (Soil Washing)	적절한 세척제를 사용하여 토양입자로부터 유해한 유기오염물질 및 중금속을 분리시켜 처리하는 기법
	토양 세정법 (Soil Flushing)	물 또는 오염물질 용해도를 증대시키기 위해 세정제(계면활성제, 산과 염기, 착염물질)가 함유된 물을 토양공극 내에 주입함으로써 오염물질을 추출하는 처리기술
	고형화 및 안정화 (Solidification/Stabilization)	물리, 화학적인 방법을 통해 오염물질의 유동성을 감소시키는 기술로 고형화는 액상이나 슬러지 같은 폐기물에 접합제를 첨가하여 고상 형태로 만드는 것이며 안정화란 물질을 불용해성으로 만드는 것
	용매 추출법 (Solvent Extraction)	주로 산이나 유기용매를 이용하여 PCBs, PAH, 중금속, 할로겐, 유류 같은 유기오염물질을 오염 토양으로부터 분리하는 기술
	화학적산화/환원법 (Chemical Reduction/Oxidation)	오염물질을 화학적으로 더 안정하고, 유동성이 없으며, 비활성물질로 변환시키는 기술로 CN과 같은 무기물질 처리에 효과적인 기술
	탈할로겐화법 (Dehalogenation)	화학약품을 오염토양에 직접 가하여 오염물질 분자로부터 1개 또는 그 이상의 할로겐(염소, 불소 또는 요오드) 원자를 제거하는 기술로 휘발성 할로겐화합물이나 살충제 처리에 적합한 기술
생물학적 방법	지중 생물복원법 (Bioremediation)	토양에 생존하는 토착미생물의 성장과 재생산을 인위적으로 가속시켜 유기성분의 분해를 촉진하는 현장 정화기술
	바이오벤팅법 (Bioventing)	기체상 존재하는 휘발성 유기물질을 추출하는 동시에 기존 토착미생물에 산소 및 영양분을 공급하고 토양 내 증기흐름 속도를 조절함으로써 미생물의 생분해능을 극대화하는 기술로 토양증기추출법과 지중생물학적 처리기술을 결합한 형태
	슬러리상 처리 (Slurry-phase Treatment)	굴착된 오염토양을 생물반응기에 넣고 오염토양물질, 미생물, 물 등을 일정용기에서 접촉시켜 처리하는 기술

생물학적 방법	바이오파일법 (Biopile)	일정한 파일 안에 오염토양을 1~3m 범위로 쌓은 후 폭기-영양물질 주입-수분함량 조절 등을 통해 미생물 활성을 극대화시켜 토양 중 유기성 오염물질을 처리하는 기술
	퇴비화공법(Composting)	유기오염물질을 인위적으로 혐기성 분해시키는 기술
	식물복원공정 (Phytoremediation)	식물을 이용하여 오염토양 및 지하수를 포함한 수질을 정화시키는 자연친화적 환경복원 기술로 매우 다양한 식물을 활용할 수 있음

Love Canal 사건

- 1892년 윌리엄 T.러브가 나이아가라와 대서양을 잇는 운하공사 시작
- 재정위기로 공사 중단(길이 1.6km, 폭 4.6m, 깊이 3~12m 시공) - 러브 커넬
- 1920년 토지 나이아가라 시에 매각 - 화학폐기물 매입
- 1942년~1952년 후커사가 독성폐기물 매립(22,000톤) - 1.2m 진흙 복토
- 1953년~1956년 후커사는 나이아가라 시에 매각(1$), 학교, 주택건설
- 1958년 주민 악취 항의, 화학물질 누출
- 1978년 미국 언론 부각, 지미 카터 대통령 연방비상지역 선포, 주민 이주, 과학적 조사 - 폐기물이 토양을 통해 이동, 지하실 내 공기오염
- 1980년 8월 EPA 보고: 러브커넬 주민의 염색체 손상, 발암, 생식 이상, 유전적 위험성 보고, 비상사태 선포, 1,500 가구 이전(비상사태 선포)
- 오염지역 정화 목적의 처리관련법인 'Super Fund'법 제정
- 20여년에 걸쳐 총 2억 투입, 2004년 복구작업 완료 선언, 일부지역 폐쇄
- 1995년 EPA는 해당회사에 소송 1억2천9백만 달러 배상조치

Chapter 04

방사능오염

4.1 방사능오염 개념

4.1.1 방사선의 정의와 종류

양성자, 중성자, 전자로 구성된 원자는 원자핵 속의 양성자와 중성자의 비율에 따라 안정적인 원자핵이 되기도 하고 불안정한 원자핵이 되기도 한다. 불안정한 원자핵은 특정한 입자나 빛을 방출하면서 안정적인 상태로 바뀌려는 특성이 있는데 이때 나오는 입자나 빛을 방사선이라 한다. 방사선은 눈에 보이지도 않고 맛과 냄새를 맡을수도 없으나 그 종류는 매우 다양하다.

이러한 방사선 중 입자형태의 방사선으로는 알파선(α), 베타선(β), 중성자선 등이 있고, 빛이나 전파로는 감마선(γ), X선이 있다.

1958년에 UN 방사능영향과학위원회(U.N. Scientific Committee on the Effect of Atomic Radiation)에서 내린 정의에 의하면, 방사선(radiant ray)이란 "X선, 중성자, 양자우주선 및 방사성물질에서 방출되는 α, β 및 γ선" 등을 말하며, 물질 속을 투과할 때 전리작용(電離作用, electric ionization)을 일으키는 능력을 가진 입자선이나 전자파로 전리방사선을 뜻하기도 한다. 우리나라의 방사선안전관리 규정에 의한 방사선이라 함은 "전자파 또는 입자선 중 직접 또는 간접으로 공기를 전리하는 능력을 가진 것"으로 다음과 같이 나열하고 있다.

① 알파선, 중양자선, 양자선, 베타선, 기타 중하전 입자선

② 중성자선

③ 감마선, X선

④ 5만 전자볼트 이상의 에너지를 가진 전자선

여기서 방사선, 방사성물질, 방사능에 대해 이해를 높이기 위해 손전등으로 비유하면 방사

성물질(radioactive substances)이란 방사선을 낼 수 있는 능력을 가진 물질로 손전등 자체를 말하며, 방사선(radiation)이란 불안전한 원소의 원자핵이 특정입자나 빛을 방출하면서 안정적인 원자핵으로 바뀌는 과정에서 나오는 입자나 전자기파(α, β, γ선)를 말하며, 손전등에서 나오는 빛을 의미한다. 방사능(radioactivity)이란 방사선을 내는 능력으로 방사선의 세기를 의미하며, 손전등의 출력, 즉 빛의 밝기정도를 의미한다.

따라서 방사선에 의한 환경오염은 곧 방사선공해(pollution of radiant ray)와 직결된다. 그리고 그러한 방사선 장해는 방사선이 갖는 방사능에 기인되며 특히, 환경오염에서 문제가 되는 것은 대체로 방사성물질의 취급 부주의에 있다.

방사선의 종류별 특성으로 α선은 양성자 2개와 중성자 2개로 이루어진 헬륨(He) 입자로 질량이 다른 방사선에 비해 크므로 관통력은 그림 3-28에서와 같이 종이 한 장도 투과하지 못할 정도로 떨어지나 이온화도가 강하고 물질을 통과하면서 물질에 많은 에너지를 전달할 수 있다. β선의 경우는 전하를 띠는 전자의 흐름을 말하며 α선에 비해 매우 가볍고 빛과 비슷한 속도로 움직인다. β선은 α선에 비해 이온화도는 적고 투과도는 크나 얇은 금속판으로 막을 수 있다. 대체로 β선은 공기 중에서 수m, 알루미늄 판의 경우 3mm 정도는 투과한다.

γ선은 파장이 짧은 전자파로서 자기장 내에서 중성이며 투과력이 매우 강하여 알루미늄이나 우리 몸을 투과할 수 있으나 두꺼운 납이나 1m 이상의 콘크리트 벽으로 막을 수 있다. 에너지가 강하고 투과력도 강해서 항암치료나 비파괴검사 등 의료 및 산업에 많이 활용하고 있다. X선의 경우는 일반적으로 γ선보다 파장이 길고 빛보다는 파장이 짧은 전자기파로 물질을 뚫고 지나가는 성질이 있다. γ선은 인체를 통과하지 못하지만 X선은 인체를 통과함으로써 의료분야에 활용되고 있다.

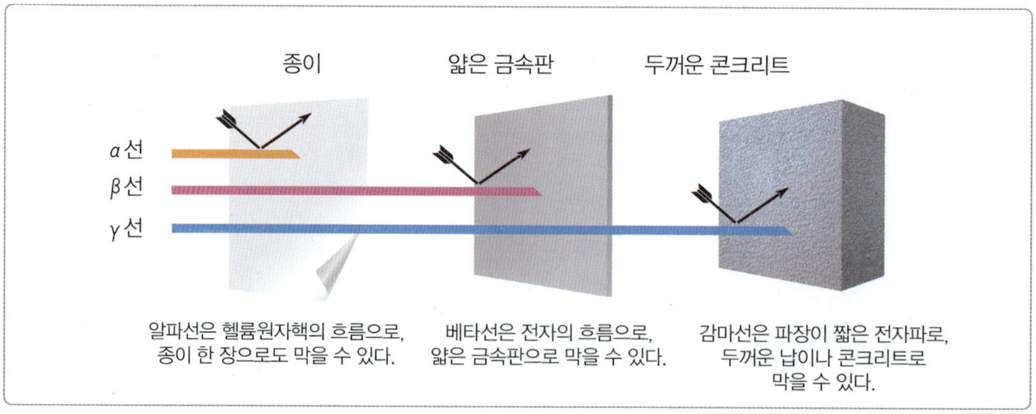

● 그림 3-28. 방사선의 종류와 성질

4.1.2 방사능의 단위

1. 베크렐과 퀴리

방사능이란 불안정한 원소의 원자핵이 스스로 붕괴하면서 내부로부터 방사선을 방출하는데 이 방사선의 세기를 말하며 단위는 단위시간당 붕괴수 즉, $R=-\frac{dN}{dt}$ 으로 나타내고 R은 방사능, N은 핵의 수를 나타낸다. dN/dt가 음의 수를 갖기 때문에 R의 값을 양수로 만들기 위해 (−)를 붙인다. 방사능의 SI단위는 방사선 발견자인 앙리 베크렐(Bacquerel)의 이름 따서 1Becquerel = 1Bq = 1붕괴/s를 쓰고 있다. 실제로 나타나는 방사능은 매우 높기 때문에 megabecquerel(1MBq)이나 gigabecquerel(1GBq)이 실제 단위로 적당하다. 이러한 성질을 가진 원자핵을 방사선핵종이라고 하고, 방사선핵종을 함유하는 물질을 방사성물질이라고 한다. 자연계에는 우라늄, 라듐을 비롯하여 약 40종에 이르는 원소의 원자핵이 이에 속한다. 원자핵반응에 의해서 인공적으로 방사능을 띄게 한 것에는 원자번호 1인 수소에는 104번인 러더포듐(ruthefordium)을 포함하며 약 1,000종의 방사선핵종이 존재한다.

베크렐 단위가 국제표준단위로 사용되기 전에 보편적인 방사선량 단위는 Curie(Ci)가 사용되었다. 1퀴리는 1초당 1g의 라듐의 방사능 세기로 1Ci = 3.7×10^{10}Bq(37GBq)이다.

2. 조사선량(exposure)

조사선량이란 방사선의 통과에 의하여 발생한 전하량을 기준으로 한 단위로서 X선 또는 γ선에 의해 표준상태(0℃, 760mmHg)의 단위 공기질량당 생성된 전하량을 말한다. 조사선량의 단위는 쿨롱/kg(C/kg) 또는 뢴트겐(Rentgen, R)을 사용하며, 1R은 2.58×10^{-4}C/kg과 같으며, 공기 1cm^3 중에 2.08×10^9개의 이온대를 형성함을 의미한다.

3. 흡수선량(adsorbed dose)

흡수선량은 방사선의 영향을 정량적으로 나타내는 단위의 하나로 물질의 단위질량당 흡수된 방사선 에너지를 말한다. 흡수선량의 SI 단위로는 그레이(Gray, Gy)가 있으며 1Gy = 1주울/kg(J/kg)이다. 과거에는 물질 1g 중에 100erg가 흡수되는 것을 1rad로 표시하였으며 1rad = 0.01J/kg = 0.01Gy이다.

4. 등가선량(equivalent dose)

등가선량이란 인체의 피폭선량을 나타낼 때 조직 또는 장기에 흡수되는 방사선의 종류와 에너지에 따라 달리 나타나는 생물학적 영향을 동일한 선량값으로 보상하기 위한 것이다. 즉, 흡수선량에 대해 방사선의 가중치를 곱한 양을 말한다. 등가선량의 단위로는 시버트(Sievert, Sv)가 사용되며 1Sv는 1kg의 인체조직에 흡수된 방사선 에너지가 1J인 것을 말한다.

물 1g을 1도 올리는데 1cal(=4.2J)의 에너지가 필요하므로 1 cal는 방사선으로는 4,200Sv에 해당되므로 1mSv는 1/1,000Sv으로 아주 작은 에너지 양이다.

방사선의 인체 영향을 추정하는 단위인 시버트와 그레이는 다르나 X선이나 γ선의 경우 1Gy는 1Sv와 같은 것으로 평가하고 있다.

ICRP(International Commission Radiological Protection, 국제방사선 방호위원회)가 권고한 방사선 가중치는 표 3-25와 같으며, 아래 식과 같이 등가선량의 합을 실효선량이라 한다.

$$H_T = \sum_R W_R \cdot D_{T,R}$$

여기서

- H_T : 등가선량(Sv)
- W_R : 방사선 가중계수
- R : 방사선 종류
- D_T : 흡수선량(Gy)

● 표 3-25. 방사선 가중치(ICRP 103)

방사선 종류	가중치	방사선 종류	가중치
광자	1	중성자	중성자 에너지의 연속함수
전자 또는 뮤온	1		
양성자 및 하전파이온	2	핵분열파편 중이온	20
알파입자	20		

5. 유효선량(effective dose)

방사선이 인체에 피폭시 조직 또는 장기에 따라 흡수량이나 민감성이 다르므로 인체내 조직별 위험도에 따른 가중치가 필요하다. 따라서 유효선량(E)이란 인체의 모든 특정 조직과 장기에서의 등가선량(H_T)에 해당되는 조직과 장기의 방사선 민감도를 고려한 조직가중치(W_T)를 곱한 값으로 아래식과 같이 산정한다.

여기서 모든 조직가중치의 합은 1이다.

$$E = \sum_T W_T \cdot H_T, \quad \sum_T W_T = 1$$

ICRP의 권고 조직가중치(W_T)는 표 3-26과 같으며, 인체별로 나타낸 것은 그림 3-29와 같다.

● 표 3-26. 조직가중치(ICRP 103)

조직	WT	$\sum_T W_T$
적색골수, 결장, 폐, 위, 유방, 잔여조직*	0.12	0.72
생식선	0.08	0.08
방광, 식도, 간, 갑상선	0.04	0.16
뼈표면, 뇌, 침샘, 피부	0.01	0.04

*잔여조직: 부신, 흉외기도, 쓸개, 심장, 신장, 림프절, 근육, 구강점막, 췌장, 전립선, 소장, 흉선, 자궁/자궁경부

유효선량의 단위는 등가선량과 같은 시버트(Sv)이며, 등가선량이 1Sv가 생식선에 흡수되었다면 1 × 0.08 = 0.08Sv 가 됩니다. 자연방사선이나 인공방사선에 종사하는 일반인 혹은 작업자가 피폭될 경우 법적으로 허용되는 선량의 크기는 유효선량값으로 표현한다. 원자력안전법 시행령에서 허용하고 있는 연간 유효선량은 직무피폭의 경우(작업종사자) 20mSv, 일반인은 1mSv이다.

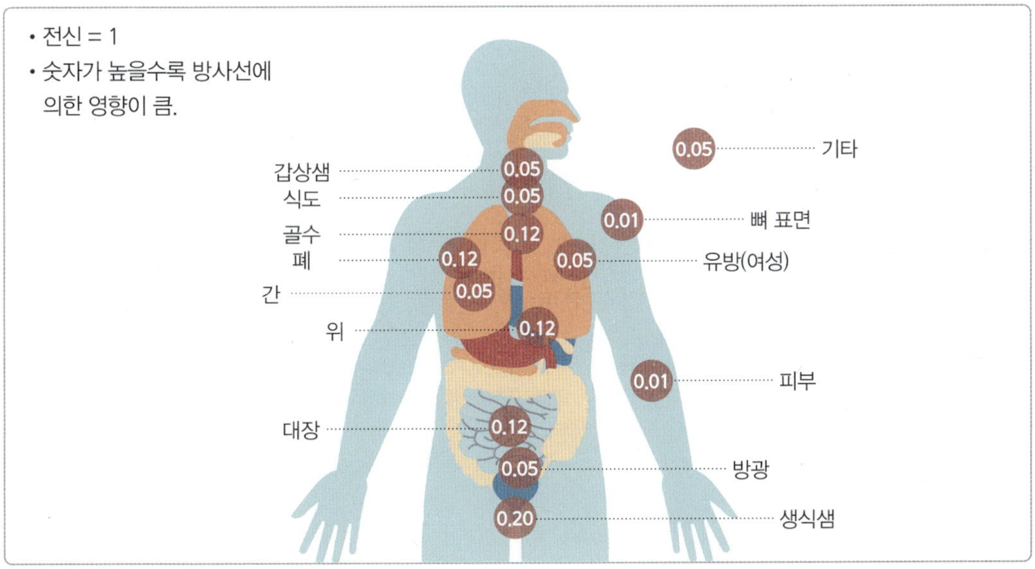

● 그림 3-29. 신체부위별 방사선량 민감도

4.1.3 방사선의 종류와 동위원소

1. 방사선의 종류

방사선은 크게 자연방사선과 인공방사선으로 구분하고 있다. 자연방사선은 지구가 만들어질 때부터 방출되는 방사선으로 우주와 지구를 구성하는 물질에서도 방사선이 나온다. 태양 또는 외계에서 발생하는 방사선을 우주방사선이라 하고, 지구 구성물질에서 나오는 방사선을 지각방사선이라 한다.

지각방사선을 방출하는 자연방사성물질은 43종으로 시발원소는 우라늄계(라듐 포함), 악티늄계 및 토륨계 등이 있다. 이들 방사성물질은 방사능이 소멸될 때까지 지속적으로 방사선을 방출하며 다른 원자핵으로 변화된다.

1년간 평균 자연방사선량은 세계 평균 2.4mSv으로 우리나라의 경우는 화강암이 많아 세계 평균보다 약간 높은 3.075mSv이다. 이중 외부피폭은 1.295mSv(지각방사선 1.04mSv+우주방사선 0.255mSv)이고 내부피폭은 1.78mSv으로 공기 중 라돈 등의 흡입으로 1.40mSv과 음식물 중 방사선물질에 의한 0.38mSv이다.

인공방사선은 특정목적을 위해 인위적으로 발생시키는 방사선이다. X선 촬영, 방사선 치료 등 의료현장에서 발생하는 방사선과 비파괴 검사, 원자력시설 등에서 발생하는 방사선이 있다. 우리나라의 경우 1년 평균 자연방사선량이 3.075mSv인데 반해 원자력발전소나 방폐장 주변은 연간 0.01mSv 미만으로 조사되고 있다. 원전 주변의 연간 방사선량 목표치는 0.05mSv이다. 그림 3-30은 대표적인 방사선량을 비교한 그림이다.

2. 방사성 동위원소

인공 핵변환으로 거의 모든 원소를 다른 원소로 변환시킬 수 있는데 이때 새로 만들어진 원자핵이 불안정할 경우 방사선을 방출하여 안정한 다른 원자핵으로 변한다. 이러한 불안정한 원소는 대체로 기존 원소의 방사성 동위원소이다.

대기 중의 방사성물질에는 많은 종류의 방사성 동위원소(radio isotope, R.I)가 혼합되어 있고, 이들이 생체에 미치는 피해 정도는 매우 위협적이라 하겠다. 동시에 각 종류의 방사성 동위원소는 각각 다른 장기에 대하여 특이적 친화력을 가지고 있으므로 그 피해 상황에도 각각 차이가 있게 된다.

이들 중 ^{90}Sr과 ^{137}Cs 등은 음식물을 통하여 쉽게 체내로 흡수되어 위험하다. 왜냐하면 이들 방사성 동위원소는 물리학적 반감기(Hp)가 길며, 장관으로부터 잘 흡수되기 때문이다. 특히,

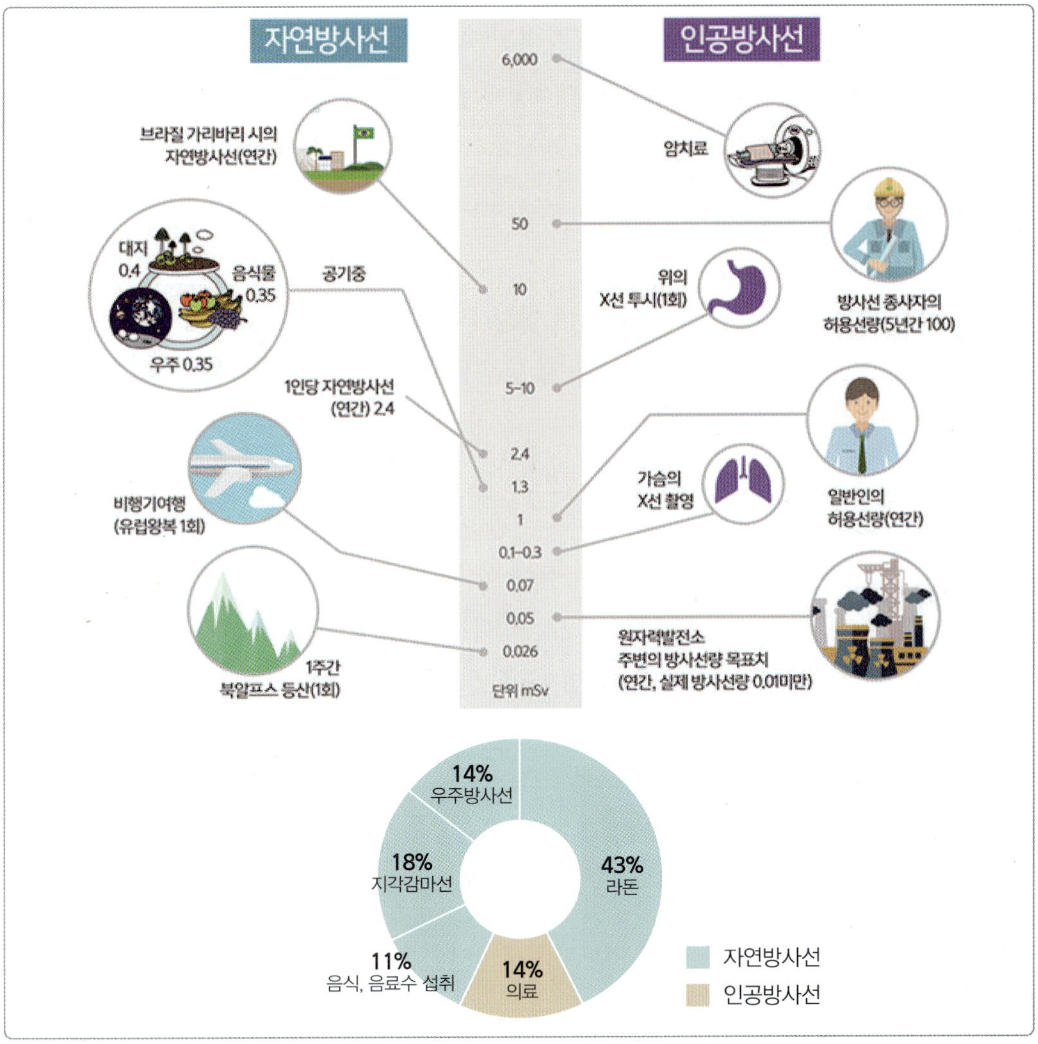

● 그림 3-30. 대표적인 방사선량 비교

※ 출처: https://m.newspim.com/news/view/20161205000303(방사선량 비교)
https://www.korea.kr/archive/expDocView.do?docId=30653(노출되는 방사선의 종류)

- 사람이 연간 노출되는 방사선의 85%는 자연방사선에 의한 것이고, 그 중 50%는 라돈에 의한 것
- 자연방사선: 지각방사선, 우주방사선, 음식, 음료수 섭취
- 인공방사선: 항암치료나 엑스레이(X-ray) 촬영 시

^{90}Sr에 오염된 목초를 먹고 성장한 젖소의 우유나 육류 및 계란을 비롯하여 방사성 동위원소에 오염된 수질에 의한 어패류 등은 먹이사슬(food chain)의 원리에 따라 식품의 공해원으로 작용하게 된다.

4.1.4 방사선 허용기준

방사선은 물질을 구성하는 원자나 분자의 결합에 영향을 주어 물질 구조나 성질을 바꿀 수 있기 때문에 오랜 시간 동안에 필요 이상으로 방사선에 노출되거나 한 번에 많은 양의 방사선을 받게 되면 인체의 세포가 영향을 받아 기능을 상실하거나 사망할 수도 있다.

인체에 대한 방사선의 최대허용량(maximum permissible concentration or dose)은 방사성물질의 종류나 장기에 대한 친화성, 단위시간 당 장기에 작용하는 양이나 배출량, 오염공기와 오염수의 섭취량 및 작용시간의 여하 등에 따라 다르다. 그러나 직업적으로 직접 관계되는 사람 또는 일반주민에게도 피해를 줄 가능성이 많으므로 방사선의 피폭허용량이 규제되어 있다. 우리나라는 1995년 국제방사선 방어위원회의 권고사항에 의거하여 다음 표 3-27에서 보는 바와 같이 전리방사선의 유효선량한도를 정하고 있다.

표 3-27. 방사선 피폭선량한도

구분		방사선 관계 종사자	일반인(자연방사선, 작업상피폭, 의료상피폭을 제외한 상황)
유효선량		5년간 100mSv(20mSv/년) (단 특정 1년에 한하여 50mSv까지 허용)	연간 1mSv
특정 장기의 등가선량	수정체	연간 150mSv	연간 15mSv
	피부	연간 500mSv	연간 50mSv
	손, 발	연간 500mSv	–

4.2 방사선 피해

인체가 방사선에 노출되는 것을 피폭이라 하며 피폭에는 외부피폭과 내부피폭이 있다. 외부피폭은 인체 외부에서 방사성 물질이 존재해 방사성 물질의 에너지를 인체에 전달해서 받는 피폭입니다. 쉬운 예로 흉부엑스레이 촬영 같은 엑스레이 검사가 외부피폭의 예가 될 수 있으며 엑스레이 촬영을 해도 그때 발생한 방사선은 몸에 남지 않고 통과하여 사라진다. 내부피폭은 공기 중에 흩어진 방사성 물질을 흡입하거나 방사능에 오염된 식품을 섭취한 경우, 혹은 상처가 난 피부조직으로 방사성 물질이 유입된 경우를 말한다. 이 경우 방사선 물질은 신체내부에 머무르면서 지속적으로 방사선을 유출해 내부조직에 손상을 일으키는 데 내부피폭은 외부피폭에 비해 적게는 10배에서 많게는 100배에 이를 정도로 큰 영향을 미친다. 내부피폭이 더 위험한 이유는 일단 우리 몸속에 들어온 방사성 물질이 바로 빠져나가지 않기 때문이다.

정상적인 생물체가 허용량 이상의 방사선에 쪼이면 조직세포가 손실을 받게 되는데 이것이 방사선장해인 것이다. 방사선장해를 구별하면, 장해상태가 일정한 정도 이하로 약할 때에는 회복될 수 있는 생체효과(somatic effect)와 생식세포에 발생한 돌연변이로 회복되지 못하는 유전효과(genetic effect)를 들 수 있다. 특히, 생체효과와 달리 유전효과는 장해방지를 하기 위해서는 방사선에 노출되지 않는 수밖에 없다는 점이 방사선장해의 문제거리가 되는 것이다.

한편, 방사선의 종류와 체내 또는 체외조사 여하에 따라 장해를 받는 장소를 달리해야 한다. 즉, α선 방사성물질은 생체 내에 존재할 때에 한하여 작용하고, β선 방사성물질은 체외에서는 피부에만 작용하나 체내에 들어오게 되면 비로소 β선이 지니는 특유한 조직 친화력 때문에 해당된 부위에 농축 침착됨으로써 그 주위 조직에 장해를 미친다. 그러나 γ선 방사성 물질은 체내·외에 있을 때 장해가 생기고, X선은 체외로부터 체내에 투과시키면 내부 장기에 장해를 미치게 된다.

4.2.1 직업병

방사성물질에 의한 직업병으로는 방사성 동위원소를 취급하는 의료기관종사자, 공업용방사선을 취급하는 기술자나 연구자, 원자로나 핵발전소에 근무하는 기술자 및 방사선을 이용하는 채광·기술자 등이 대상자이다. 그러나 사고로 인한 급성 장해자는 드물고 주로 만성장해자가 발생할 가능성이 많다.

4.2.2 의료피해

병원에서 방사선치료를 받거나 진단을 받은 환자는 치료효과를 얻을 수 있는 반면에 만성장해자의 유발 요인이 되는 경우가 있어 문제되는 때가 있다. 가령 어떤 암환자에게 γ선을 조사하여 치료를 하는데 있어 치료효과를 보기는 하나 결국은 방사능의 과다조사(irradiation)에 의한 만발장해(滿發障害)가 발생할 경우가 있어 경계하여야 한다.

4.2.3 대기오염

이미 일본 나가사끼에서의 원폭피폭이나 그 낙진(fall out)의 피해상은 너무나 잘 알려진 사실이거니와 이 밖에도 핵실험에 의한 낙진의 피해로 전 인류가 피폭되는 결과를 가져오게 된다. 따라서 이러한 낙진은 대기를 오염시켜 직접·간접으로 음식물을 통하여 인체 내로 들어가게 됨으로써 앞에서 언급된 바 있는 인류의 유전문제와 밀접한 관계(돌연변이 등)가 있다는 점에서 매우 중요시 된다.

4.2.4 체내 유입에 의한 피해

방사성물질이 자연이나 인체에 미치는 영향은 방사성물질의 반감기와 관련이 있다. 반감기란 방사성물질이 반으로 줄어드는데 걸리는 시간으로 반감기가 길수록 피해는 크다고 할 수 있다.

만약 생체 내에 방사성물질이 침투됐을 때 그 물질은 장기(臟器)친화성에 의해 특정 장기에 침착되거나 아니면 체외로 빨리 배출되거나 한다. 이때 체내에서의 작용은 다만 그 방사능물질의 물리적반감기(half period, H_p)만 가지고 결정하는 것이 아닌데, 그 이유는 H_p가 길다 해도 방사성물질이 신속하게 배출될 때에는 장해가 적기 때문이다. 그래서 체외로 배출되는 속도를 고려한다면, 결국 다음 식에서 보는 바와 같이 생물학적반감기(biological half period, H_b) 또는 양자를 합산한 실효반감기(effective half period, H_c)를 따져야 한다.

$$\frac{1}{H_c} = \frac{1}{H_p} + \frac{1}{H_b}$$

여기서 문제가 되는 것은 H_C인데, 가령 ^{90}Sr은 H_P가 20년간으로서 골격에 침착하여 쉽게 체외로 배출되지 않으므로 자연 H_b도 길어지기 때문에 H_C도 길어질 수밖에 없음을 알 수 있다.

그러나 삼중수소 증기의 H_P가 12.3년이고, H_b가 10일인 경우 H_C는 10일 정도이다.

$(\frac{1}{H_c}=\frac{1}{12.3\times 365}+\frac{1}{10},\ H_c\fallingdotseq 10$일$)$

이는 물리적 반감기가 길어도 생물학적 반감기가 짧을 경우 인체에의 영향은 적은 것을 의미하므로 체내로 유입된 방사성물질을 체외로 배출시키는 것이 중요하다.

4.2.5 인체에 대한 방사선장해

1. 조기효과

인체에 대한 방사선장해의 조기효과는 X선이나 γ선 등의 전자파를 허용량 이상으로 일시에 조사하였을 때는 중추신경장해, 장관장해, 조혈장해, 피부장해 및 생식기장해 등의 급성 조기장해가 발생하며 이것이 더 심할 때에는 사망한다.

2. 만발효과

방사선 이용 초기에 발생했던 방사선피부염이었던 것이 피부암으로 발전하게 되고, 백혈병이나 방사선백내장을 비롯하여 불임증과 태아의 장해를 볼 수 있다. 그리고 방사선에 의한 유전적 영향이 중요시 되는데, 이것은 조사된 방사선의 총선량에 관계되는 것이고 선량률과는 관계가 없다고 본다.

4.3 방사선장해관리

모든 방사선 피폭은 해로우므로 최대허용선량 범위내에서 작업전 면밀한 계획과 실행이 필요하다. 외부방사선피폭을 방어하기 위한 3대 원칙으로는 ① 방사선 작업시간 단축(시간에 반비례함), ② 방사선원으로부터 거리를 멀리(거리 제곱에 반비례), ③ 방사선원과 차폐(주로 P_b 이용)가 있다.

방사선장해를 방지하기 위해서는 우선 방사선 취급장소에 방어벽을 설치하고 일정한 거리에서 작업을 해야 한다. 방어벽으로는 주로 α선이나 β선에 대하여 알루미늄(Al), 철(Fe)판 또는 4mm 이상 두께의 유리판이 사용되며, X선이나 γ선인 경우에는 납($^{83}P_b$)판을 사용하고 특히, γ선인 때에는 X선 보다도 투과력이 더 강하기 때문에 철이나 콘크리트벽을 두껍게 쌓아야 안전하다. 그리고 그런 위험한 환경에서 작업을 하는 사람은 납(P_b)이 들어 있는 고무제품의 방어복을 착용하는 것을 원칙으로 한다.

특히, 방사성물질에 의한 공기오염에 대해서는 강하되고 있는 낙진(방사선 먼지 혹은 죽음의 재)에 대하여 직접·간접적인 피폭을 피해야 한다. 따라서 직접적인 방사선 장해를 받을 위험성이 있는 자에 대해서는 정기적 건강진단을 실시하여 만일, 백혈구(white blood cell, WBC)수가 4,000/mm^3 이하이면 요양을 시켜야 하고, 4,100~5,000/mm^3 경우에는 주의할 필요가 있다(그림 3-31 참조). 그리고 의사가 X선을 투시할 때나 의료요원에 의한 X선 간접촬영을 실시하는 일들은 위험성이 많은 편이다.

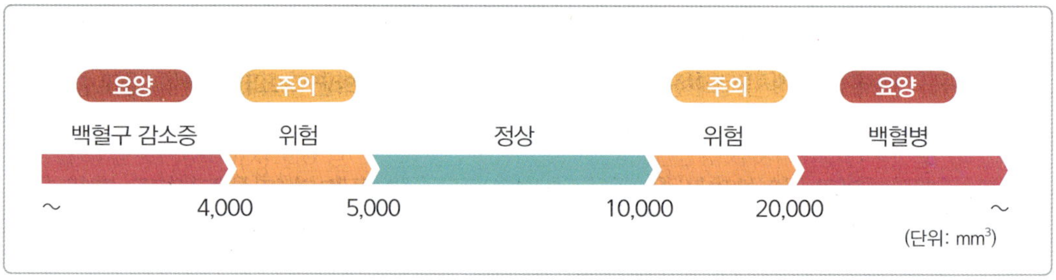

● 그림 3-31. **백혈구의 단계별 영향**

종합적인 일반대책으로서는 방사선의 원격작업, 방어벽의 설치 또는 방사선동위원소 취급자들에게 film badge나 pocket 선량계 등에 의한 주기적인 피폭량 검사를 실시함으로서 최대허용량 이하가 되도록 피폭시간을 단축시키거나, 작업을 할 때에는 반드시 보호구를 착용하게 하는 등 동시에 이들에 대한 정기적인 의학적 건강진단을 병용하는 일을 게을리 해서는 안 된다.

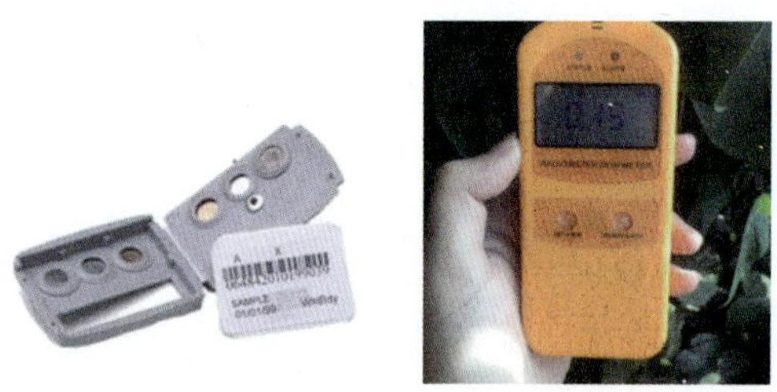

필름뱃지(Film Badge) 포켓선량계

● 그림 3-32. **필름뱃지와 포켓선량계**

※ 출처: 한국방사선진흥협회 블로그

4.4 방사성폐기물 처리

4.4.1 방사성폐기물의 종류

방사성폐기물이란 방사성물질 자체 또는 방사성물질에 오염된 물질로서 폐기의 대상이 되는 물질을 말한다. 방사성폐기물은 방사능농도와 열발생률에 따라 고준위 방사성폐기물과 중·저준위 방사성폐기물로 구분한다. 고준위 및 중·저준위 방사성폐기물의 구분기준은 반감기가 20년 이상인 알파선을 방출하는 핵종으로 방사성농도가 4,000Bq/g 및 열발생률 2kW/m^3로 정하고 있다. 방사능준위가 높고 플루토늄 등 반감기가 긴 동위원소를 포함하고 있는 사용 후 연료로 원자력발전소에서 나오는 방사성폐기물은 고준위방사성폐기물이고 이외에 작업복, 공구, 필터, 이온교환수지 같이 방사능준위가 낮은 폐기물이 중·저위 방사성폐기물에 속한다.

질량이나 부피 당 방사능이 적고 반감기가 짧은 저준위 방사성폐기물이 대부분을 차지하고 있으며 일정기간 동안 분리해서 저장하면 되지만, 반감기가 상당히 긴 중준위 방사성폐기물은 얕은 곳에 묻어 처분한다.

우리나라의 원자력안전위원회에서는 IAEA(International Atomic Energy Agency)의 기준에 의거하여 표 3-28과 같이 방사성폐기물을 분류하고 있다.

● 표 3-28. 방사성폐기물 등급 분류

구분	분류 기준	방사성폐기물 예시	처분 방식
고준위 폐기물	반감기 20년 이상의 알파선을 배출하는 핵종으로, 방사능 농도는 4,000Bq/g 이상이고, 열 발생률은 2kW/m^3 이상	사용 후 핵연료	심층처분 가능 (500m 이상)
중준위 폐기물	저준위 폐기물 농도 기준 이상	핵연료 손상기간 중에 발생된 폐수지, 폐필터 등	심층, 천층(동굴) 처분 가능 (100m 이상)
저준위 폐기물	방사능 농도가 자체처분 허용농도의 100배 이상이고 저준위 폐기물 농도 기준 미만	중준위에 해당하지 않는 잡고체, 폐수지, 폐필터 등	심층, 천층(동굴, 표층) 처분 가능
극저준위 폐기물	방사능 농도가 자체처분 허용농도 이상이고, 자체처분 허용농도의 100배 미만	오염도가 낮은 잡고체, 해체 중에 발생된 오염도가 낮은 콘크리트 등	심층, 천층 처분 (동굴, 표층, 매립형) 가능

(주) 자체처분허용농도란 원자력안전법 시행규칙 제94조에 따른 핵종별 농도 미만으로 별표 1의 허용 농도 또는 자체처분 허용선량을 만족하는 농도

(자료: 방사성폐기물 분류 및 자체처분 기본에 관한 규정, 원자력안전위원회 고시 제 2023-7호)

방사성폐기물은 발전시설 외에도 연구기관, 의료기관, 산업체 등에서 폐기물의 특성과 발생량이 달라지며, 배출형태도 기체, 액체, 고체 방사성폐기물이 있다.

기체의 경우 원자로의 냉각재 탈기, 체적제어탱크의 배기, 붕산회수 계통 배수탱크의 배기, 보조건물 및 터빈건물의 배기 등에서 발생되며, 액체의 경우 원자로 냉각재 계통, 가압기 릴리프 탱크, 기기배수 및 누설, 탈염기 재생폐액 및 수지교환 폐액 등에서 발생된다. 고체의 경우는 액상 방사성폐기물 처리계통 농축폐액, 냉각재 정화 및 액체 폐기물 처리 시 발생하는 폐이온교환수지, 폐필터 카트리지, 유지보수 시 발생되는 종이, 피폭, 장갑, PVC, 금속류 및 기기 등 잡고체가 있다.

4.4.2 방사성폐기물의 처리

방사성폐기물의 처리 목적은 방사성폐기물로 인한 환경에 영향을 가능한 줄이기 위한 것으로 처리의 기본원칙은 방사성핵종이 소멸될 때까지 장기간 방사성폐기물을 인간과 환경으로부터 격리시키기에 편리한 형태로 바꾸는 작업이라 할 수 있다.

따라서 처리기술의 기본은 분리, 농축과 감용 및 고화(固化)이다. 방사성폐기물이 분리되어 농도가 극히 낮아질 경우 희석 방출하고 농축된 것은 효율적인 보관을 위해 용량을 줄이거나 고형화하여 지중에 보관한다. 방사능폐기물의 준위, 물리/화학적 상태와 함유하고 있는 방사능핵종에 따라 최적 방법을 선택하여 처리한다.

기체 방사성폐기물은 대부분 반감기가 짧거나 농도가 낮아 큰 문제가 되지 않으나 고성능 기체포집필터나 활성탄이나 실리카겔(silica gel), 분자여과기(molecular sieve), 활성알루미나(alumina) 등 흡착제를 사용하여 공기로부터 분리한다.

액체 방사성폐기물은 원자로 냉각재와 관련 계통의 수질정화 및 정비 작업 등의 과정에서 주로 발생되며 물계통과 유기용액계통이 있고, 상태에 따라 액체 상태, 현탁 상태, 슬러리 상태가 있다. 일반적으로는 증발기, 탈염기, 여과기 등 처리계통에서 제거되며, 처리된 액체 방사성폐기물은 방사능을 측정하여 허용치를 만족할 경우 장 외로 배출시킨다.

액체 방사성폐기물 중 고체 함량이 많고, 조성과 방사능준위가 다양할 경우 대체로 증발기에 의해 처리 후 증발기 응축액은 이온교환수지에 의해 다시 처리한다. 증발농축처리는 폐액 중에 함유되어 있는 핵종이 비휘발성이라야 가능하다. 이온교환수지는 단독 처리에 사용할 수 있으며, 이온교환체의 성능이 다 되었을 경우 재생 사용이 가능하며 재생할 때 발생하는 폐액은 증발법으로 다시 처리해야 한다.

고체 방사성폐기물은 폐이온교환수지, 폐필터 카트리지, 증발기 농축물과 원자로 운전과정에서 발생되는 종이, 피폭, PVC 등으로 고화 처리를 하여 안정한 고체 상태로 전환시켜야 한다. 고화방법으로는 고화 매체에 따라 시멘트 고화, 아스팔트 고화, 유리 고화 등이 있다.

원자로 속에서 사용하는 핵연료는 약 3~5년 기간동안 핵분열시키면 더 이상 충분한 열이 생성되지 않기 때문에 새로운 핵연료로 교체하여야 한다. 이때 발생되는 사용 후 핵연료는 대표적인 고준위 방사성폐기물로 바로 처리하지 않고 일정기간 원자로 옆 물 저장조에 보관하면서 열과 방사능을 낮춰준다. 물은 열을 식혀 주고 물에 녹아 있는 붕소는 방사선을 방출하는데 핵심 역할을 하는 중성자를 모두 흡수한다. 사용 후 핵연료는 충분히 식힌 후에 고화 처리 후, 지하에 심층 처분한다.

방사성폐기물은 최종적으로 고형화하여 지중에 매립처분하게 된다. 최종처분방식은 천층처분과 심층처분이 있으며, 천층처분은 지하 100m 이내의 비교적 얕은 곳에 처분하는 방식이고, 심층처분은 지하 500~1,000m의 암반에 처분한다. 천층처분은 매립형처분, 동굴형처분, 표층처분이 있고 주로 중·저준위 방사성폐기물을 처리하며, 심층처분은 고준위 방사성폐기물을 주로 처리한다.

후쿠시마 원전 오염수와 다핵종 제거설비

- 2011년 03월 11일 도호쿠 지방 태평양 해역 지진에 의해 발생된 후쿠시마 원자력 발전소 사고에 대처하기 위해 2012년 10월 일본도시바가 개발한 원전 오염수 처리 시설.
- 알프스(ALPS, Advanced Liquid Processing System)라고도 함

※ 출처:
https://www.reuters.com/world/asia-pacific/pacific-islands-urge-japan-delay-release-fukushima-waste-over-contamination-2023-01-18/

※ 출처:
https://www.voakorea.com/a/6440647.html

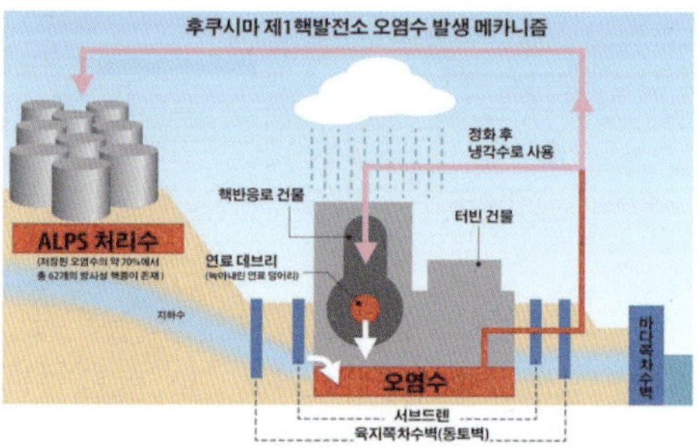

※ 출처:
https://www.newspoole.kr/news/articleView.html?idxno=5940

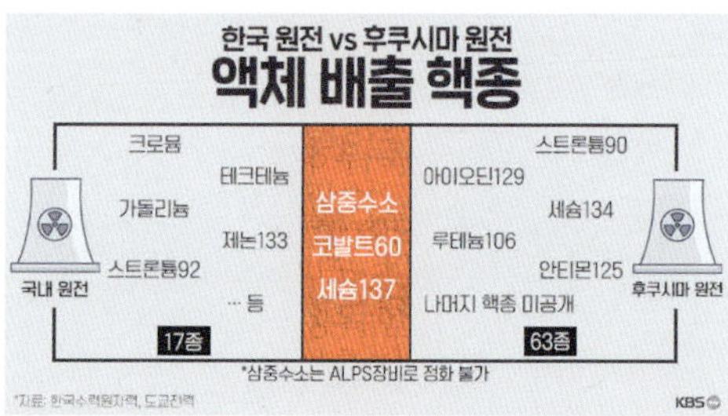

※ 출처:
https://news.kbs.co.kr/news/pc/view/view.do?ncd=5169583

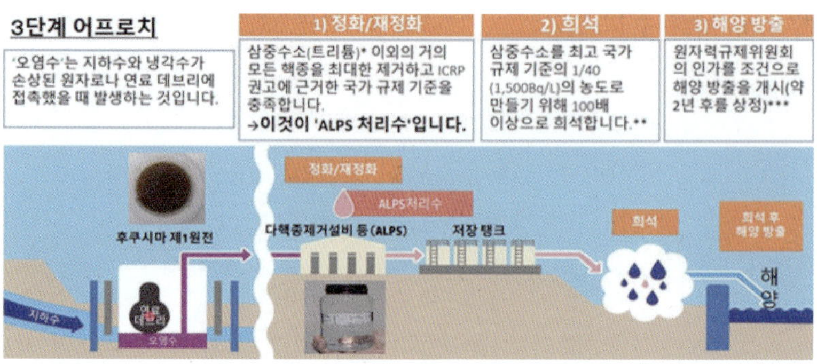

※ 출처: https://monthly.chosun.com/client/news/viw.asp?ctcd=&nNewsNumb=202106100017

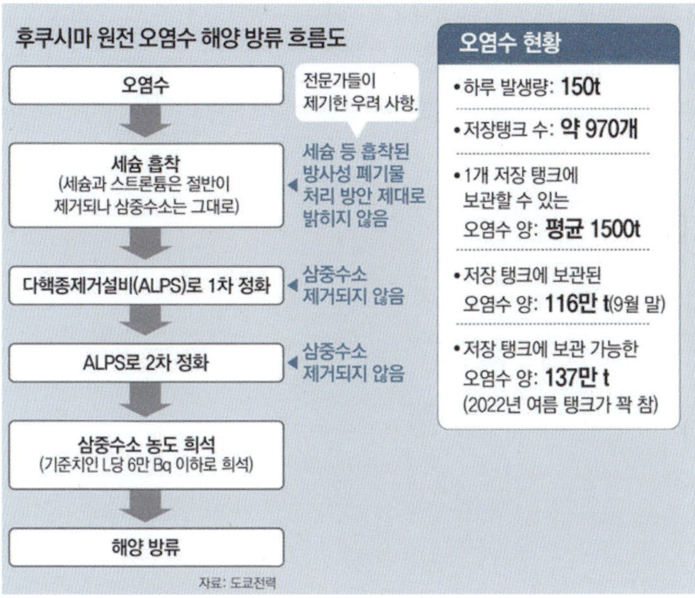

※ 출처: https://m.dongascience.com/news.php?idx=31544

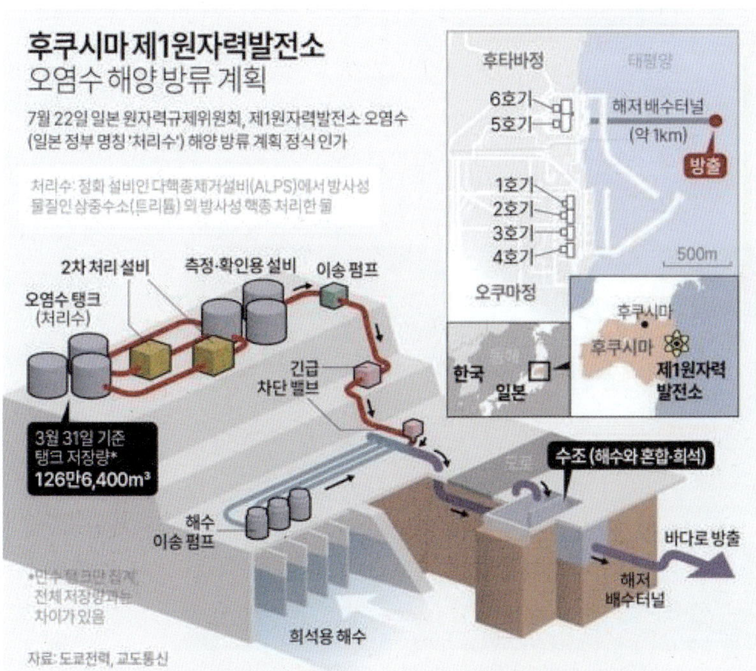

※ 출처: https://www.hankyung.com/article/202208033436Y

- 트리튬(삼중수소)은 수소의 일종으로, 매우 약한 방사선을 방출하는 방사성물질이다. 트리튬수의 형태로, 빗물, 해수, 수돗물, 사람의 체내, 자연계에도 폭넓게 존재한다.
- 트리튬은 식수 등을 통해 우리 몸 속에도 흡수·배설되며 자연계를 순환하고 있다. 사람이나 특정 생물에 농축되는 것은 확인되지 않았다.

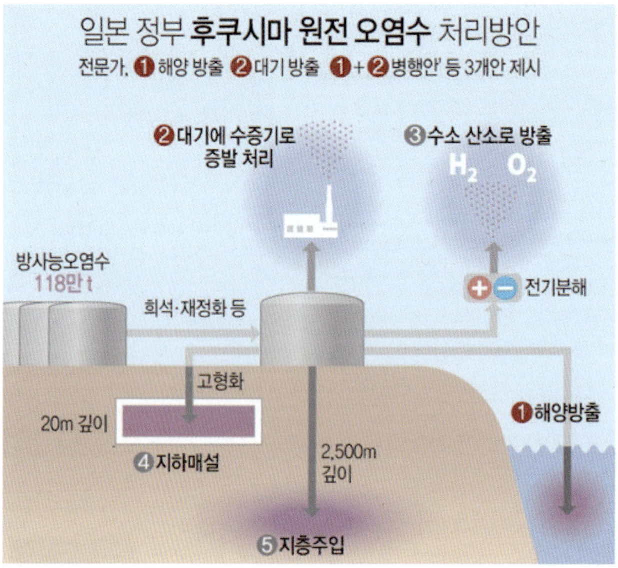

※ 출처: https://www.yna.co.kr/view/AKR20191223121400073

※ 출처: http://www.econew.co.kr/news/articleView.html?idxno=3061

Chapter 05 환경과 에너지

5.1 에너지의 개념

에너지(energy)라는 말의 어원은 희랍어의 에르곤(energon)에서 유래하는 에네르게이아(energeia)로 일을 의미한다. 이는 "일을 하는 능력"이라는 의미이지만 자연 과학이 발달하기 시작하면서 사용되었다. 그 후 에너지는 에네르기(energie)라는 표기로 T. Young(영국, 1773~1829)에 의하여 처음 사용되었고, W.J. Rankine(영국, 1820~1827)에 의하여 보급되기 시작하였다.

에너지의 역사는 인류의 역사와 같이 시작되었다고 해도 과언은 아니며, 그 변천은 인류의 문명 발달과 함께 그 시대의 기술적 진보 또는 산업구조의 변화에 따라 변천되었다.

● 표 3-29. 에너지자원의 분류

자원	분류	종류
비금속광물자원	화석에너지	석탄, 석유, 천연가스, 셰일, 타르모래
금속광물자원	핵분열에너지	우라늄, 토륨
비광물자원	대체에너지	태양열, 지열, 수력, 풍력, 조력, 바이오매스, 폐기물
재생가능자원	핵융합에너지	중수소, 삼중수소
동물자원	일에너지	소, 말, 개
인적자원		에너지 소비 절약기술, 에너지의 효율적 사용

※자료출처: 강석호, 21세기의 에너지와 산업사회, 영남대출판부, 1998.

인류는 많은 에너지를 사용하고 있음에도 불구하고 항상 더 많은 에너지를 원한다. 대부분 산업이 발달된 나라는 많은 에너지를 사용하고 있으며 너무 많은 에너지를 낭비하고 있다. 선진국이 에너지 사용으로 인한 환경오염에 대해 대부분 그 책임이 있지만 모두 다 그런 것은 아니다. 예를 들면 후진국들이 땔감으로 사용하기 위해 벌목을 하여 사막화가 되고, 마찬가지로 열대우림도 파괴되어 환경오염 문제가 발생했다.

즉, 에너지소비가 환경오염의 주원인이 된다. 대기 중 탄산가스는 자동차 배출가스와 공장과 발전소에서 사용되는 석탄·석유 등의 화학연료 연소에 의해 그 양이 증가되어 지구온도를 상승시킨다. 스모그현상은 자동차 배출가스에 의해 발생되고, 산성비는 공장과 발전소에서 석탄을 사용하므로 생긴다. 또 유류가 이동되면서 기름이 유출되어 환경오염이 발생되고, 수력발전소를 세우기 위해서 댐을 건설하여 강의 생태계를 파괴시키는 행위와 과다한 에너지소비 등은 우리로 하여금 가장 심각한 환경문제에 직면하게 만들 것이다.

핵에너지는 가장 논란이 되는 에너지자원이다. 어떤 사람은 핵에너지가 화석연료처럼 자연을 훼손시키지 않는다는 견해도 있고, 또 다른 사람은 핵에너지에 노출되면 암이 유발되고, 핵폐기물 처리가 안전하지 못하다는 점에서 핵에너지가 위험한 자원이라는 견해도 있다.

그러나 모든 에너지가 위험한 것은 아니다. 대체에너지는 화석연료의 연소로 인해 발생되는 환경문제를 일으키지 않으며 닳아서 없어지지도 않고 핵에너지와 같이 건강문제를 유발하지도 않는다. 또한, 다른 에너지에 비해 발생되는 부산물도 위험성이 적다. 대체에너지는 태양에너지를 직접 또는 간접으로 개발하여 얻을 수 있으며, 태양에너지는 난방을 하거나 물을 데우거나 또는 전기를 가동시킬 때 사용된다. 바람이 원동력인 풍차는 바람에너지로 전기를 일으키며, 바람은 태양이 만들므로 바람에너지는 태양에너지의 다른 형태라 할 수 있다. 현재는 아주 적은 양의 대체에너지만을 사용하고 있다.

인류가 사용한 에너지 중 27%가 휘발유로써 지금까지 사용된 양은 상상할 수 없을 정도로 많다. 휘발유와 같은 액체연료를 사용하는 자동차 배출가스는 눈에 보이는 것보다 더 많은 환경오염을 일으킨다. 휘발유를 사용하기 위해서 원유를 유전에서 이송, 저장, 정제, 연소과정에서 오염물질이 배출된다.

사람은 백만년 훨씬 이전에 석유, 석탄, 가스 등이 어떻게 생성되었는지도 알 수 있다.

에너지 문제에 관한 해답은 상대적으로 간단하다. 즉, 에너지를 적게 소비하고, 자연환경을 오염과 파괴 없이 무한정으로 유지되는 에너지자원을 사용해야 한다. 이 경우, 문제는 기술적인 면에 있지 않고, 경제와 정치적 측면에 있다. 에너지를 사용할 때 환경에 미치는 결과에 대한 재정적 부담은 고려되지 않고 있다. 즉, 석탄을 태워 전기를 생산할 때 석탄 사용으로 환경에 미치는 결과에 대해서 발전소는 책임을 지지 않는다. 산성비가 와서 호수가 파괴될 때 재정적 부담을 지는 것은 전기발전소가 아니라 그 곳에서 수백 수천마일 떨어져 있는 주민들이다. 에너지생산과 관련된 장기적인 비용도 에너지를 쓸 때 고려되지 않는다. 그래서 표면적으로는 풍차를 만들거나 태양에너지를 사용하는 것보다 석탄이나 석유를 태우는 것이 더 적은 비용이 드는 것 같아 보인다. 만약 대체에너지 자원이 재정적 도움을 받고 보호해야 할 자원으로 인식된다면 에너지 의존도를 조절하는 데 크게 이바지하게 될 것이다.

인간들이 자연을 파괴하거나 훼손한다는 것을 인식한다면 다시 환경을 살릴 수 있는 좋은 기회가 될 수 있으며 하찮은 실천이라도 환경문제를 해결하는 것에 도움이 된다. 사람들이 걷거나 자전거를 타거나 대중교통 수단을 이용하는 대신 승용차를 탈 때 에너지 의존도는 높아진다. 에어컨, 히터 등 냉난방기구의 강도를 한 단계 높일 때마다 환경문제를 발생시키는 데 인간도 한 몫을 하게 된다.

5.2 화석에너지

세상은 석탄, 천연가스, 석유 등 화석연료에 의해 움직인다. 화석연료는 식물들이 수백만 년 전에 죽으면서 그것들이 생화학적 반응과 열과 압력에 의해 석유, 석탄, 천연가스로 변한 것이다. 차, 트럭, 비행기, 공장 등을 움직이는 전기를 발전시키기 위해서 화석연료를 사용한다.

이러한 화석연료는 연료비가 비싸므로 지나치게 의존하면 할수록 심각한 환경문제를 야기시킨다. 즉, 화석연료는 바다에서부터 민물과 육지, 하늘에 이르기까지 모든 것을 오염시킨다. 석탄과 석유를 태우면 산성비가 만들어지고 대기도 오염된다. 석탄의 사용정도는 지구온난화 현상의 한 원인이 된다.

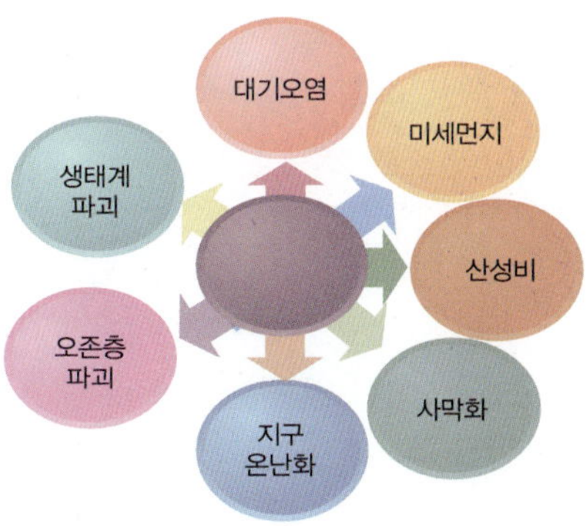

● 그림 3-33. 화석연료사용으로 인한 환경문제

석탄채굴은 육지를 파괴시키며 강과 하천을 오염시키고, 기름의 저장과 정제 및 이동은 바다와 강과 육지를 오염시킨다. 그러나 석탄과 석유에 비해 천연가스는 상대적으로 피해가 적다.

화석연료는 많이 사용되고 있다는 것을 알고 있음에도 재생산될 수 없는 자원이다. 즉, 다 써버리면 결국 고갈이 되고, 다시 생성되기 위해서는 수억 년이 지나야되는데도 눈깜짝할 사이에 사용해 버린다.

화석연료에 대한 의존도를 줄이는 방법은 상대적으로 오염도가 낮으며 재생산이 가능한 자원을 사용하는 것이다. 태양에너지와 바람에너지 같은 대체에너지가 그것이다. 물론 이것만으로는 충분치 않다. 즉, 현재 우리가 사용하는 에너지와 비교해 볼 때, 대체에너지로 필요한 에너지 모두를 충당할 수는 없기 때문에 에너지를 보존해야 하며 기업들과 정부만이 이런 일을 해야 하는 것은 아니고 우리 모두가 해야 한다. 가능한 화석연료 사용량을 줄이며 자동차 대신 자전거나 도보 그리고 대중교통 수단을 이용해야 하고 고속도로에서 조차도 속도를 낮추는 등 우리 모두 변화해야 한다. 이런 모든 것이 실천될 때 에너지 소비에 있어 큰 변화를 가져오며 지구도 깨끗해질 것이다.

5.2.1 석탄

석탄은 수억년 전에 형성된 늪, 그 중에서도 특히, 3억4천5백만년에서 2억8천만년 전에 생긴 석탄기층에서 생겨났다. 그 당시는 울창한 열대 늪으로 온 지구가 덮여 있었기 때문에 큰 나무만한 양치식물들이 많았다.

이러한 식물들이 죽으면 일부는 그 위에 물이 덮히고 물 아래에는 상대적으로 산소가 적어 식물은 세균에 의해 서서히 부분적으로 분해되는데 이때 탄소보다 산소를 더 빨리 소비하게 되는데 이 반응에 의해 늪의 큰 토탄 덩어리는 부분적으로 분해된다.

수억년이 지나 토탄 덩어리 위에는 모래, 진흙, 사암과 같은 퇴적암들이 쌓여서 지구 깊은 곳으로 가라앉게 되고 토탄덩어리가 가라앉는 동안 지구로부터 열을 받아 그 핵부분이 점점 뜨거워진다. 토탄 위의 모래, 진흙, 바위에 압력이 가해지면서 지구에서 배출된 열과 함께 토탄이 굳어지면서 탄소함량이 증가된다. 즉, 탄소함량이 약 60%인 부드러운 갈탄으로 바뀐다.

갈탄(lignite)은 흑갈색을 띄고 점결성이 없는 탄종으로 대기 중에 노출되면 수분이 증발되어 작은 조각으로 폐쇄된다. 탄소성분은 70~80%, 수분성분 15% 정도를 함유하고 있고 착화는 잘되지만 열량은 4,000kcal/kg로 낮은 편이고 회분함량은 높다.

수백만년 이상 시간이 흐르면 갈탄이 묻혀 있는 침전물과 바위 층은 더 깊어진다. 압력과 열이 증가하여 갈탄은 보다 딱딱한 92%의 탄소가 함유된 역청탄이 되며 시간이 경과된 후 비싸고 효율적인 무연탄이 된다.

역청탄은 연소시 유색의 노란연기가 발생되는 것으로 유연탄(bituminous coal)이라고도 한다. 노란색 연기는 역청탄 속에 있는 유기물질이 증발 또는 분해되어 발생되는 성분으로써 휘발분의 함량에 따라 반역청탄(15~20%), 코오크스용탄(20~30%), 가스탄(32~40%), 아역청탄(40%), 갈탄(41% 이상)으로 세분한다.

무연탄(anthracite)은 식물의 석탄화작용이 가장 오래 진행된 고체화석연료로서 금속 광택이 나는 단단한 흑색석탄이다. 무연탄의 탄소함량은 보통 90% 이상이며, 휘발분은 80%, 총 발열량은 10,000kcal/kg로 높다. 무연탄은 연소시 불꽃의 길이가 짧고 유기물성분의 휘발분의 양이 많지 않기 때문에 연소 초기 낮은 온도에서는 유색의 연기가 거의 나타나지 않으며, 황분의 함량이 적고, 연소속도가 느려 주로 난방용으로 사용되고 있다.

5.2.2 석유와 천연가스

석유와 천연가스는 선사시대의 해양, 주로 3천만 년에서 1억 8천만 년 사이에 존재했던 해양이 기원이 된다.

식물성플라크톤인 극히 작은식물들이 바다 밑에 가라앉아 모래와 함께 묻히고, 식물성플랑크톤에서 나온 대량의 유기물질은 세균에 의해 완전히 분해되지 않는다. 완전히 분해되기 위해서는 산소가 필요한데, 바다 밑에는 산소가 풍부하지 않아서 부분적으로 분해된 식물들이 모래와 그 침전물 그리고 퇴적암 아래에 묻혀서 수억 년 동안 압력과 열을 받아서 석유와 가스로 변한다.

시간이 흐르면서 가스와 석유는 다공성 사암과 다른 퇴적암과 함께 바다 깊은 곳에서부터 떠올라 표면 가까이에 떠있게 된다. 석유와 가스가 불침투성 암석으로 인하여 더 이상 뜰 수 없게 되면 거대한 석유와 가스층이 형성되며 가스는 이러한 층의 위쪽에 있고 기름은 아래쪽에 있다.

석유류에는 원유(crude oil), 천연가스(natural gas), 오일 셰일(oil shale), 타르모래(tar sand) 등이 포함되어 있는데, 현재는 원유와 천연가스만이 대량생산되고 있으나 오일 셰일과 타르모래는 경제성 때문에 지금은 개발이 미비한 상태이다.

원유는 채굴된 채로 가공하지 아니한 석유로서 다수의 탄화수소의 화합물들의 혼합물질로 유기화합물과 무기화합물을 함유하고 있다.

원유는 정제과정을 거쳐서 분리된 최종 석유제품 즉, 연료용석유가스(petroleum gases), 정유소가스, 액화석유가스(LPG) 등을 이용하고 있다. 연료용 액체석유제품으로는 휘발유(gasoline), 경유(light oil), 중유(heavy oil), 등유(kerosene), 윤활유, 그리스, 아스팔트, 파라핀 등이 있다.

천연가스는 액화석유가스(LPG; liquefied petroleum gas)와 액화천연가스(LNG; liquefied natural gas) 그리고 메탄하이드레이트(methane hydrate)로 구분할 수 있다.

LPG는 원유채취 또는 정제시 나오는 탄화수소를 비교적 낮은 압력을 가하여 냉각, 액화시킨 것으로서, 주성분은 C_3H_8, C_4H_{10}이고 이외 프로필렌, 부틸렌 등이 소량 포함되어 있다.

LPG는 저장과 운동이 편리하고, 발열량(20,000~30,000kcal/m^3)이 높으며, 비중은 (1.52) 공기보다 무거워 누출시 바닥의 낮은 곳에 체류하는 경향이 있다.

LNG는 주성분이 CH_4이며 기타 C_2H_6, C_3H_8, C_4H_{10} 등의 화합물로 구성되어 있고, 상압에서 −162℃로 온도를 내림으로써 쉽게 액화시킬 수 있어 압력용기를 이용하여 많은 양을 수송 또는 저장할 수 있다.

메탄하이드레이트는 물분자 중심에 가스분자가 포함되어 있어 '가스하이드레이트'라고 하며 통상 중심에 있는 가스가 메탄이어서 '메탄하이드레이트'로 통용된다. 이 물질은 농축비율이 높아 작은 양으로도 많은 메탄가스를 얻을 수 있다. 즉, 메탄하이드레이트 1cm^3가 녹으면 0.8cm^3의 물과 170cm^3의 메탄가스가 발생한다.

천연가스는 다른 재생불가능한 자원들에 비해 많은 장점들이 있다. 천연가스는 수송관을 통해 각 지역으로 운송이 용이하며, 순 에너지수율이 높은 편이고, 다른 화석연료에 비해 열량이 높고 오염물질 방출량도 적다. 또한, 천연가스의 이산화탄소 방출량은 석탄에 비해 40%, 석유에 비해 30% 정도 적게 방출한다.

우리나라는 LPG를 1970년대부터 기체연료로 가정용으로 주로 사용하며, LNG는 1985년 인도네시아에 처음 도입하기 시작하여 도시가스와 발전소용 연료로 사용되고 있다.

한편, 메탄하이드레이트는 시추기술 확보가 핵심인데 아직 메탄하이드레이트층에서 고체연료를 뽑아내는 시추기술은 초보단계로 전문상업화까지는 많은 연구가 필요하다.

5.3 대체에너지

5.3.1 대체에너지의 개념

에너지는 태양열, 바람, 지열, 수력 그리고 생물체(biomass) 등에서 얻을 수 있는 재생가능 에너지(renewable energy)와 석탄, 석유, 천연가스, 원자력 등에서 얻을 수 있는 재생불가능 에너지(non-renewable energy)로 구분된다.

대체에너지란 넓은 의미로 석유를 대체할 수 있으며, 에너지자원을 통칭하는 것으로 원자력이나 가스 등까지 포함하는 포괄적 의미로 쓰이기도 하였으나 현재는 좁은 의미로 기존 에너지를 대체하는 신재생에너지를 의미한다. 국가나 에너지 분류 방법에 따라 신재생에너지, 신에너지, 미래에너지, 미활용에너지 등으로 불리며 일부 또는 혼용되어 쓰이고 있다.

우리나라(신에너지 및 재생에너지 개발이용보급촉진법)에서는 대체에너지(신재생에너지)의 정의를 '기존의 화석연료를 변화시켜 이용하거나 햇빛, 물, 바람, 지열, 강수, 생물유기체 등을 포함하여 재생가능한 에너지로 변화시켜 이용하는 에너지(11개 분야)'라고 한다. 즉, 기존의 화석연료를 변환시켜 이용하는 기존에 없던 새로운 에너지인 신에너지로는 연료전지, 석탄액화가스화, 중질잔사유 가스화, 수소에너지가 있고, 재생에너지로는 태양열, 태양광, 바이오메스, 풍력, 소수력, 해양에너지, 폐기물에너지, 지열 등이 있다.

화석연료와 핵에너지는 현재 주요한 두 가지 에너지자원이다. 그러나 불행하게도 이런 자원은 환경을 오염시킨다. 산업혁명 이후로 석탄이 주 자원이 되면서 환경이 파괴되기 시작했다.

그러나 반드시 그런 것만은 아니다. 즉, 에너지가 환경을 오염시키지 않으면서 영원히 공급될 수 있고 언제나 재생될 수 있는 에너지가 있는데 이를 대체에너지라 한다.

대체에너지는 태양열에너지, 바람(풍력)에너지, 지열에너지, 조력발전에너지, 소수력발전에너지와 메탄이나 나무 그리고 다른 식물을 태워서 생기는 생물자원에너지 등이 있으나 이들 중 어떤 에너지는 환경을 파괴시킬 수도 있다. 예를 들어 나무를 태우면 대기가 오염되고, 수력발전은 강의 자유로운 흐름과 강의 생태계를 파괴시킨다.

태양열에너지와 바람에너지는 재생가능한 에너지 중 가장 가능성이 있다. 이 두 에너지는 태양으로부터 생긴다. 즉, 태양열에너지는 직접적으로 바람에너지는 간접적으로 만들어지며 바람은 대기 중에 태양열에 의해 생기기 때문이다.

태양열에너지(solar energy)는 여러 방법으로 사용된다. 태양빛은 광(光)발전지, 태양전지라고도 하는 것에 의해 전기로 직접 바뀌며 많은 양의 전기를 생산하기 위해 태양전지가 만들어진다. 태양열에너지는 건물의 난방과 온수를 공급하는 역할을 하며 태양열에너지를 얻기 위해서 태양열을 이용할 기계장치가 필요하다.

바람에너지는 과거부터 관개를 위해 물을 끌어올릴 때 사용되고 있지만 오늘날 바람의 원동력은 전기를 생산하기 위해 이용되며 공기역학적 디자인 및 마이크로프로세서와 전기발전기 등 여러 복잡한 기계들로 조합되어 있다. 많은 양의 전기를 생산하므로 소위 "바람 농장"이라 불릴 정도로 성장했다.

우리는 어떻게 바람과 태양열에너지가 전기를 생산하는지 알고 있다. 그러나 대체에너지는 다른 에너지에 비해 가격이 비싸다. 정부가 대체에너지의 가격을 낮추지 않는 한 오늘날 우리가 사용하는 자원을 계속 쓸 수밖에 없다.

5.3.2 대체에너지의 종류와 이용

1. 태양열에너지

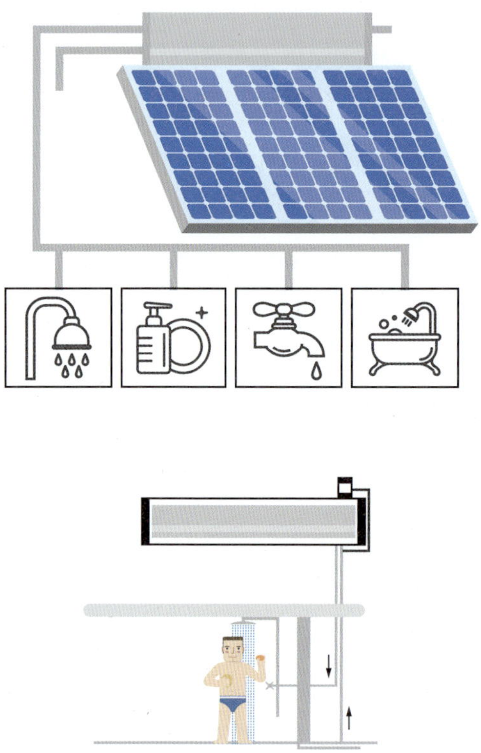

● 그림 3-34. 태양열에너지

태양열에너지는 태양에서 지구표면에 이르는 복사에너지를 흡수하여 열에너지를 바꾸어서 생산되는 에너지이다. 이 에너지는 직접 바로 이용하거나 저장하여 필요할 때 이용하는 방법과 복사광선을 고밀도로 모아(집광)서 열 발전장치를 통해 전기를 발생하는 방법 등이 있다. 즉, 태양열에너지(solar energy)는 태양으로부터 복사에너지를 흡수, 저장 및 열변환 등을 통해 얻어지는 무공해, 무한정의 청정에너지를 말하며, 태양열시스템은 집열부, 축열부, 이용부로 구성되어 있다.

1) 태양열 온수시스템

태양열을 이용한 온수시스템은 지붕 위에 태양빛을 모으는 태양열집전기가 설치된다. 집전기의 위쪽에는 태양빛을 잘 받기 위해 유리나 플라스틱으로 덮여 있다. 아랫

부분에는 알루미늄호일 같이 빛을 반사하는 물질로 되어 있어서 직접 또는 반사된 햇빛이 물을 뜨겁게 한다. 유리와 알루미늄호일 사이에는 물이 흐르도록 구리관이 연결되어 있다.

태양열은 구리관 속의 물을 뜨겁게 하며 관 속의 뜨거운 물이 열교환기 속으로 흐르고 차가운 물이 열교환기 속으로 흘러들어가면 구리관 속의 뜨거운 물은 찬물을 뜨겁게 만들어서 이 뜨거운 물을 가정집에서 사용한다. 그리고 구리관 속의 물은 많은 열이 물을 데우는 데 사용되므로 점점 차가워지는데 그것은 다시 지붕 위에 있는 태양집전장치로 보내져서 그 곳에서 가열되어 순환이 다시 시작된다.

2) 태양열의 주택 이용

태양빛은 창을 통해 열을 모으는 공간으로 옮겨지고 그때 태양빛은 콘크리트로 만들어진 얇은 벽에 닿아 그 벽을 뜨겁게 한다.

벽에 모아진 열은 집으로 방출되며 따뜻한 공기는 완전히 단열된 곳으로 흘러서 집의 다른 쪽까지 멀리 통로를 통해 내려온다.

지하로 내려온 따뜻한 공기는 물이 있는 용기를 통과하는데 이 과정에서 물에 열이 흡수되고 저장되며, 차가워진 공기는 열을 모으는 공간으로 이동되어 다시 가열된다.

2. 태양광에너지

태양광에너지는 태양의 빛에너지를 직접 전기에너지로 변화시키는 태양전지/발전시스템 기술로서, 태양의 복사에너지를 흡수하여 열에너지로 변환하여 이용하는 태양열발전과는 달리 태양광발전은 반도체 혹은 염료, 고분자 등의 물질로 이루어진 태양전지를 이용하여 태양 빛을 바로 에너지의 한 형태인 전기를 직접 생산하는 기술이다.

태양광을 에너지로 전환시키는 태양전지는 재료에 따라 결정질실리콘, 비결정질실리콘, 화합물반도체 등으로 분류되고 있으며, 현재는 주로 실리콘 태양전지가 실용화되어 전원용으로 이용되고 있다. 여기서 태양전지(Solor Photovoltaic Cell)는 광전효과(Photovoltaic effect)를 응용함으로써 태양에너지를 직접 전기에너지로 변환할 수 있는 소자이다. 광전

● 그림 3-35. 태양광에너지

효과란 일반적으로 물질이 빛을 흡수하여 자유로이 활동하는 전자 즉, 광전자를 방출하는 현상이다.

태양광발전시스템은 에너지원이 청정하고 무한자원이며, 장소에 구애됨이 없이 필요한 발전이 가능하고, 유지보수 용이와 무인화가능 및 설비수명이 20년 이상 길다는 등의 장점이 있는 반면에, 전력생산량이 지역별 일사량에 의존하며, 에너지 밀도가 낮아 설치 면적이 크게 필요하고, 설치장소가 한정적이고, 시스템의 비용이 고가여서 초기투자비와 발전단가가 높다는 단점이 있다.

3. 바람(풍력)에너지

바람(풍력)에너지는 바람의 힘을 회전력으로 전환시켜 발생되는 유도전기를 활용하는 것으로, 이를 이용한 대표적인 풍력발전이 풍차이다.

풍력발전은 공기유동이 지닌 운동에너지의 공기역학적 특성을 이용하여 회전자를 회전시켜 기계적에너지로 변환시키고 이 기계적에너지에 의해서 생성되는 유도전기를 전력계통이나 수요자에게 공급하는 기술이다.

풍차는 기원전 5세기 때 페르시아에서 처음 만들어졌다. 풍차는 관개를 위해 물을 끌어올리기 위해 사용되었으며 그 이후 기본적인 풍차의 구조는 변하지 않았다. 즉, 바람이 날개에 닿으면 날개는 회전하고 회전하는 날개는 펌프의 동력이 되는 전기발전기를 돌리게 되는데 이때 풍차는 터빈의 역할을 한다.

바람터빈의 날개를 회전자날개라고 하며 비행기날개와 유사하게 생겼고 같은 공기역학을 이용한다. 바람이 날개로 불어오면, 한쪽 면에 압력이 생겨서 부력 즉, 비행기가 뜨게 하는 것

(a)

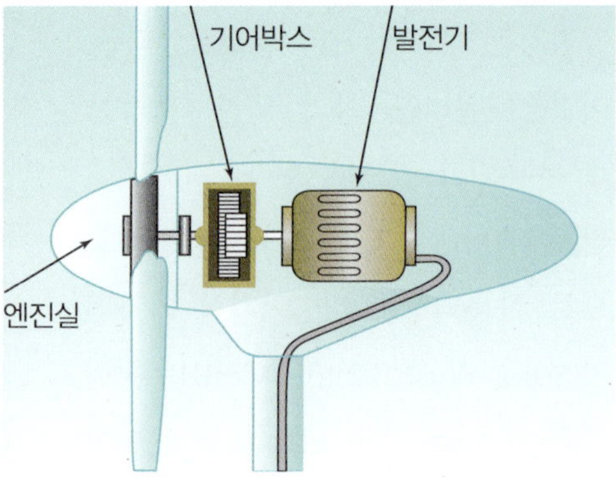

(b)

● 그림 3-36. (a) 풍력발전기와 (b) 구성도

과 같은 힘이 생기게 된다. 바람을 밀어 올리는 힘 바로 이 부력이 날개를 회전시키고 그 결과 전기를 생산할 만큼 날개는 빠르게 회전한다.

빠르게 회전하는 회전축은 전기발전기 속에 있으며 코일을 회전시킨다. 이 코일은 자석이나 전기자석의 남극과 북극을 번갈아가며 회전하면서 전기를 발생시킨다.

간혹 효율성을 높이기 위해 마이크로프로세서가 내장된 감지기를 달기도 한다. 이 감지기는 풍속과 풍향에 대한 정보를 마이크로프로세서로 보내고, 마이크로프로세서는 터빈을 회전시키며 회전자날개를 조절하여 효율적으로 바람을 이용한다. 그리고 바람이 너무 강해서 터빈에 무리가 가는 경우 터빈에 브레이크를 장착한다. 전기를 생산할 수 있는 최소 풍속은 3m/sec(10km/h)이고 최대풍속은 20~25m/sec(66~82km/h)로 최대 풍속 이상이 되면 터빈이 고장날 수 있어 브레이크에 의해 정지된다.

4. 소수력에너지

● 그림 3-37. 소양강 수력발전소

수력발전(hydropower generation)은 중력의 영향으로 높은 곳에서 낮은 곳으로 흐르는 물의 흐름을 수로로 끌어들여 수차발전기를 회전시켜 전기에너지를 발생시키는 것이다. 소수력에너지는 수력발전의 일부로써, 주로 강이나 하천의 낙차 에너지를 이용한 수력발전이다.

수력발전의 기본기술은 19세기에 확립된 것으로 소규모의 소수력발전이 일반적이었기 때문에 기초기술에 특별한 기술이 요구되지 않았다. 이때 유럽과 북미전역에서 소형터빈의 설치가 지속적으로 증가되어 오늘날과 같은 기본적인 터빈기술이 출현하게 되었다. 송전선로의 확장과 증가로 인해 전력생산이 대형화 중심으로 전개되면서 1930~1970년대에 걸쳐 소수력시스템과 대수력설비가 새롭게 갖추어지게 되었다.

수력발전은 설비용량과 낙차, 발전방식에 따라 분류되며 소수력발전은 소규모 강·하천의 물을 인공적으로 유도하여 저낙차 터빈을 이용한 발전방식으로 설비용량, 낙차 및 발전방식에 따라 분류되고 있다. 특히, 소수력발전은 전력생산 외에 농업용저수지, 농업용보, 하수처리장, 정수장, 다목적 댐의 용수로 등에도 이용될 수 있다는 점에서 국내개발의 잠재량은 풍부하며 또한, 청정자원으로 개발할 가치가 높은 부존자원으로 평가받고 있다.

소수력발전은 건설 후에도 운영비가 저렴하며 전력생산 외에도 생활용수, 공업용수, 농업용수, 하천유지용수 공급 및 홍수 조절에 기여할 수 있는 장점이 있으나 초기건설비가 많이 들고, 발전량이 강수량에 따라 변동량이 크다는 단점도 있다.

5. 지열에너지

지열(地熱)이란 지표면에서부터 지하 수 km 속에 있는 뜨거운 물과 암석이 가지고 있는 열에너지를 말하며 통상 뜨거운 물이 온천이고 녹아있는 암석을 마그마라고 한다.

지열은 지구가 생성될 때 있었던 열로 아직 방열되지 않은 상태이거나 우라늄이나 토륨 같은 방사선원소의 붕괴에 의하여 생기는 것이라고 생각한다.

보통 화산이 없는 지대에서도 지하 약 300m까지 들어가면 100℃가 되나 지역에 따라서는 이보다 온도가 높을 수도 있다.

지열에너지는 지표면에서부터 그 깊이에 따라 천부지열(shallow geothermal)과 심부지열(deep geothermal)로 구분되며 천부지열의 온도는 지형과 지역에 따라 다소 차이가 있지만 대략 10~20℃ 정도이고, 심부지열은 40~150℃ 이상의 온도이다.

지열에너지를 이용하는 측면에서 직접이용과 간접이용기술로 분류할 수 있으며, 직접이용은 땅 속의 10~20℃의 중·저온에너지를 열펌프 또는 냉동기와 같은 에너지 변환기기의 열원으로 공급하여 건물의 냉난방, 온천, 양식업 및 시설농업, 지역난방, 각종 건조산업, 도로의 눈 제설 등에 활용되는 기술이고, 간접이용기술은 심부지열 중 약 80℃ 이상의 고온수나 증기를 끌어올려 전기를 생산하기 위한 지역발전(geothermal power plant)에 활용하는 기술을 말한다.

● 그림 3-38. 아이슬란드의 지열에너지 발전소

우리나라는 화산지대가 거의 없어 심층지열이용은 어렵지만, 현재 지하 100~150m에 있는 지열을 이용하는 시스템을 개발하여 보급하는 것이 활성화되고 있다.

6. 바이오매스에너지

바이오매스에너지(Biomass energy)란 동·식물 또는 유기성 생물체 총칭인 바이오매스(Biomass)를 직접 또는 생화학적 변환과정을 통해 액체, 기체, 고체 연료 또한, 전기와 열에너지 형태로 이용하는 것을 말한다. 바이오에너지 생산기술은 동·식물 유기체로부터 바이오

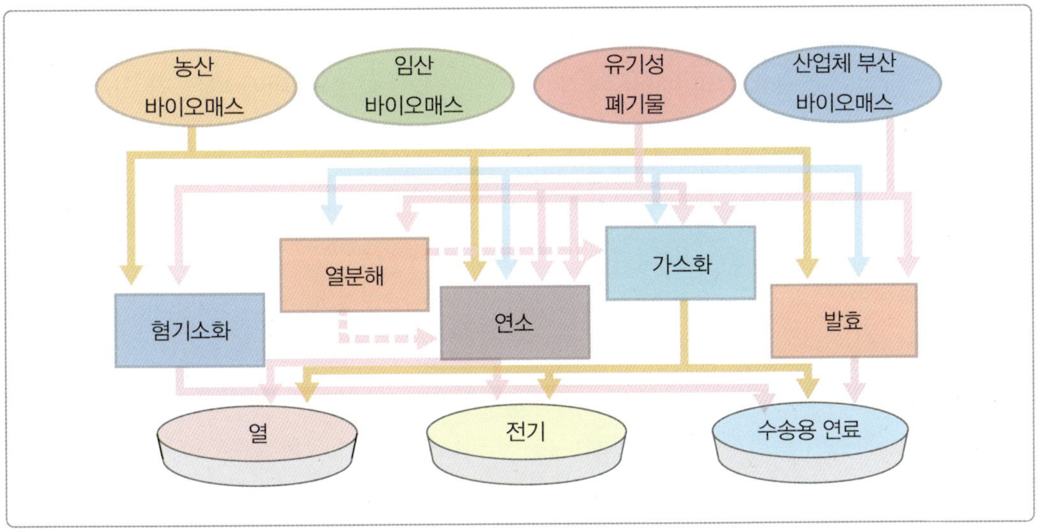

● 그림 3-39. 바이오매스에너지 기술개통도

● 표 3-30. 바이오에너지 생산기술의 종류

	기술의 종류	내용
바이오 액체연료 기술	연료용 바이오에타놀 생산기술 바이오 디젤 생산기술 바이오매스 액화기술 (열적전환)	당질계, 전분질계, 목질계 바이오 디젤 전환 및 엔진적용기술 바이오매스 액화, 연소, 엔진이용기술
바이오매스 가스화기술	혐기성소화에 의한 메탄가스화 기술 바이오매스가스화 기술 (열적전환) 바이오 수소 생산기술	유기성 폐수의 메탄가스화 기술 및 매립지가스 이용기술(LFG) 바이오매스 열분해, 가스화, 가스화 발전기술 생물학적 바이오 수소 생산기술
바이오매스 생산 및 가공기술	에너지 작물 기술 생물학적 CO_2 고정화 기술 바이오 고형 연금 생산, 이용기술	에너지작물재배, 육종, 수집, 운반, 가공기술 바이오매스 재배, 산림녹화, 미세조류 배양기술 바이오고형연료 생산 및 이용기술 (왕겨탄, 칩, RDF(폐기물연료) 등)

에너지를 생산하는데 응용되는 화학, 생물, 연소공학 등을 일컫는다.

바이오매스(biomass)란 본래 생물량 또는 생물현존량을 나타내는 말이나 생물체 및 그의 활동에 수반되어 생기는 유기물의 총체를 말한다. 그러나 최근에는 에너지, 화학공업원료 등에 사용될 수 있는 것을 총망라 해서 동·식물의 자원을 지칭하며 또한, 이것으로 생기는 폐기물도 포함된다. 농산물의 폐기물로는 사탕수수대와 그 부스러기 외에 소, 돼지의 가축분뇨도 포함된다.

바이오매스를 이용한 에너지생산은 자원이 풍부할 경우 파급효과가 크며, 친환경시스템으로서 역할과 환경오염 저감효과가 있고, 생산에너지 형태가 연료, 전력, 천연화합물, 화학연료 등 다양하다는 장점이 있는 반면에, 바이오매스자원이 여러 곳에 산재되어 있어 수집과 수송이 어렵고, 자원의 형태에 따라 에너지생산 및 이용기술이 다르며, 이에 따른 각 자원의 형태에 적합한 기술개발에 어려운 문제점이 있다. 이외에도 바이오에너지를 과도하게 이용할 경우 식량자원의 부족과 자연환경파괴를 초래할 수 있으며, 대규모 설비투자가 요구되는 등의 단점도 있다.

7. 수소에너지

수소는 무한정인 물 또는 유기물질을 원료로 하여 제조할 수 있으며 사용 후 다시 물로 재순환된다. 즉, 자원이 무한정이며, 연료로 사용시 극소량의 질소산화물(NO_x) 배출 이외는 탄산가스도 전혀 배출하지 않는 무공해연료로서 가장 이상적인 신에너지(연료전지, 수소에너지, 석탄액화가스) 중의 하나이다.

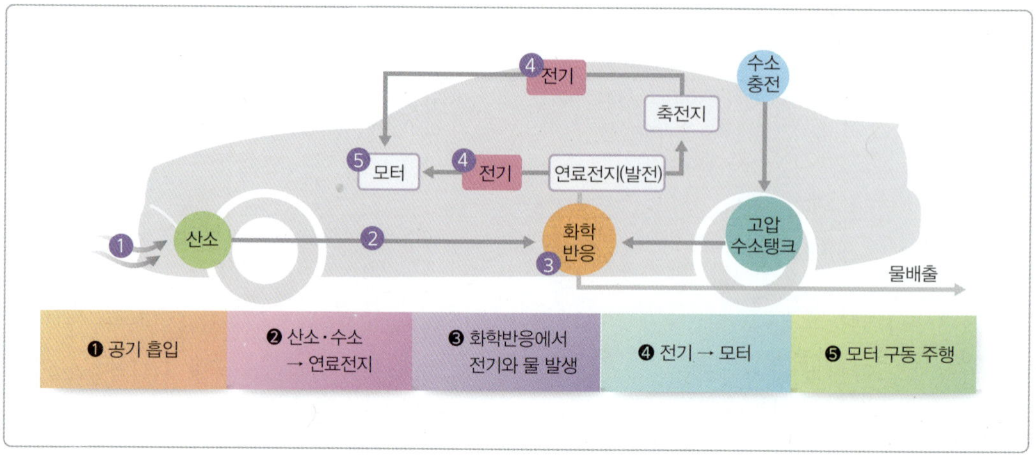

● 그림 3-40. 수소연료 전지화와 개념들

수소는 가스나 액체로서 수송할 수 있으며 고압가스, 액체수소, 금속수소화합물 등의 다양한 형태로 저장이 가능하다. 현재 수소는 기체로 저장하고 있지만 다른 방법도 연구되고 있다.

수소는 산업용의 기초소재로부터 일반연료, 수소자동차, 수소비행기, 연료전지 등 현 에너지시스템에 사용되는 모든 분야에 이용이 가능하다. 수소의 생산과정은 물의 전기분해시 순수사용과 전기요금, 부생가스의 고순도 제조시 장치비 등이 소요되므로 생산비가 많이 들어서 특수 분야인 고온 용접기와 반도체 분야에 이용되고 있다.

8. 폐기물에너지

사업장 또는 가정에서 발생되는 가연성폐기물 중 에너지함량이 높은 폐기물을 열분해에 의한 오일화기술, 성형고체연료제조기술, 가스화에 의한 가연성가스제조기술 및 소각에 의한 열회수기술 등의 처리공정을 이용하여 고체연료, 액체연료, 가스연료 및 폐열 등을 생산하고, 이를 산업생산 활동이나 가정에 필요한 에너지로 이용될 수 있도록 한 신재생에너지가 폐기물에너지이다. 신재생에너지의 종류로는 성형고체연료(RDF, Refuse Derived Fuel), 폐기물 소각여열, 가연성폐기물의 열분해 연료유, 폐유의 정제유 등이 있다. 성형고체연료는 종이, 나

● 그림 3-41. 폐기물 에너지의 이용개통도

무, 플라스틱 등 폐기물을 파쇄, 분리, 건조, 성형 등의 공정을 거쳐 제조된 고체연료이며, 폐기물소각여열은 가연성폐기물의 소각열 회수에 의한 스팀생산, 발전, 시멘트 킬른 및 철광석 소성로 등의 열원으로 이용하고 있다. 가연성폐기물의 열분해 연료유는 도시고형폐기물, 플라스틱, 합성수지, 고무, 타이어 등의 고분자폐기물을 열분해하여 생산되는 연료유이고, 폐유의 정제유는 자동차의 폐윤활유 등의 폐유를 이온정제법, 열분해정제법, 감압증류법 등의 공정으로 생산된 재생유이다.

폐기물의 에너지화는 비교적 단기간 내에 상용화가 가능하여, 다른 신재생에너지에 비해 경제성이 매우 높고 조기보급이 가능하며, 폐기물의 청정처리 및 자원으로서의 재활용 효과가 크기 때문에 폐기물이 적극적인 대체에너지자원으로 활용되고 있다. 또한, 폐기물에너지는 대체에너지효과가 크고, 온실가스저감효과도 높기 때문에 폐기물을 매립하여 처분하기 보다는 에너지화 하여 활용하는 것이 무엇보다 중요하다.

9. 해양에너지

해양에너지 이용기술은 해양에 광범위하게 분포하는 청정 재생에너지 자원인 조류, 파도, 해류, 온도차 등의 물리적에너지를 1차로 기계적에너지로 변환시킨 후 터빈 저낙차발전 등의 설비를 이용하여 기계에너지를 전기에너지로 변환하는 기술이다. 해양에너지는 이용방식에 따라 조력, 파력, 온도차발전으로 구분되며 기타 해류발전, 근해풍력 발전, 해양생물자원의 에너지화, 염도차발전 등이 있다. 조력발전은 조력을 동력원으로 하여 해수면의 상승하강 운동을 이용하여 전기를 생산하는 발전기술로 평균조차는 3m 이상이며 해저지반이 강하고, 에

● 그림 3-42. 시화호 조력발전소

너지 수요처와 근거리에 있어야 한다. 파력발전은 들어오는 파랑에너지를 터빈 같은 원동기의 구동력으로 변환하여 발전하는 기술로서 수심 300m 미만 해상, 설치지역이 육지에서 30km 미만, 항해와 항만기능에 방해되지 않는 곳에 설치해야 한다. 온도차발전은 해양표면층에 온수(예: 25~30℃)와 심해 500~1,000m 정도의 냉수(예: 5~7℃)와의 온도차를 이용하여 열에너지를 기계적 에너지로 변환시켜 발전하는 기술로 연중 표·심층수와 온도차가 17℃ 이상인 기간이 많은 곳과 어업 및 선박에 방해되지 않는 곳에 설치한다.

10. 석탄가스화·액화

환경오염문제를 유발하는 석탄을 저공해성 연료로 변화시켜 청정에너지원으로 활용하는 기술 즉, 석탄 가스화와 액화가 개발되고 있다.

석탄을 이용하여 청청연료를 만드는 방법으로는 메탄올을 만드는 방법, D-methylether를 만들어 활용하는 방법, 합성천연가스로 변환하여 사용하는 방법, 직접액화와 간접액화에 의해서 합성석유를 만들어 사용하는 방법 등이 있다. 현재 대표적으로 개발되어 상업적으로 운전되고 있는 방법은 합성천연가스(석탄의 가스화)와 액화유(석탄의 직·간접 액화) 생산기술 등이 있다.

석탄가스화기술인 가스화복합발전기술(IGCC: Intergrated Gasification Combined

● 표 3-31. 석탄의 이용분야

<table>
<tr><td rowspan="13">석탄</td><td rowspan="2">에너지연료</td><td>발전</td><td>전기에너지</td><td>재의 이용</td></tr>
<tr><td>연료</td><td>열에너지</td><td>재의 이용, 가정용 연탄</td></tr>
<tr><td rowspan="11">화학연료 및 2차 에너지</td><td rowspan="5">고체</td><td>건류(코오스크)</td><td>제철, 주문용 연료, 카바이드, 아세틸렌</td></tr>
<tr><td>성형</td><td>연료, 합성화학연료</td></tr>
<tr><td>부활</td><td>활성탄</td></tr>
<tr><td>탄화</td><td>전극, 탄소재, 카본블랙</td></tr>
<tr><td>산화</td><td>부민산, 방향족 카본산</td></tr>
<tr><td rowspan="2">기체</td><td>건류(가스)</td><td>도시가스, 합성천연가스, 아세틸렌</td></tr>
<tr><td>가스화</td><td>합성화학연료(HN_3), 메타놀</td></tr>
<tr><td rowspan="4">액체</td><td>건류</td><td>특수연료(제트연료), TAR, 합성화학연료, 연료</td></tr>
<tr><td>수소화</td><td>액체연료(가솔린, 제트유), 방향족, 화학연료</td></tr>
<tr><td>할로겐화</td><td>윤활유, 유기불소화합물</td></tr>
<tr><td>용제처리</td><td>팽윤탄, 용제정제법(SRC), 콜로이드 연료, 방향족 화학연료</td></tr>
</table>

● 그림 3-43. 독일 BGL의 1,000톤/일급 석탄가스화설비 전경

● 그림 3-44. 석탄액화 연료

Cycle)은 석탄, 중질잔사유 등의 저급원료를 고온, 고압의 가스화기에서 수증기와 함께 한정된 산소로 불완전연소 및 가스화 시켜 일산화탄소와 수소가 주성분인 합성가스를 만들어 정제공정을 거친 후 가스터빈 및 증기터빈 등을 구동하여 발전하는 신기술로, 발전효율도 높은 저공해 전력생산시스템이다.

석탄액화기술은 석탄을 휘발유와 디젤유 등의 액체연료로 전환시키는 기술로 고온·고압의 상태에서 용매를 사용하여 전환시키는 직접액화방식과 석탄가스화 후 촉매상에서 액체연료로 전환시키는 간접액화방식 기술이 있다.

직접액화방식은 액체용매와 함께 석탄을 수소와 400℃ 이상, 100기압 이상에서 촉매를 사용하여 반응시키며, 간접액화 방식보다는 전환수율이 높고, 간접액화방식은 석탄을 가스화 시켜서 CO와 H_2가 주성분인 합성가스를 만들고 이를 F-T(Fischer-Tropsch)공정이나 모빌사의 MTG(Methanol-to-Gasoline) 공정으로 합성연료유를 생산한다. 간접액화방식에 의한 연료유는 연소할 때 검댕이를 많이 발생하며, 생산비용이 많이 든다는 것이 단점이다.

5.4 원자력에너지

우리나라와 같이 자원이 부족한 국가들이 화석연료의 의존에서 탈피할 수 있는 대체에너지원이 원자력발전이다. 그러나 핵에너지의 이용에는 방사능에 의한 피해, 핵폐기물처리 등이 내포되어 있기 때문에 문제점이 대두되고 있다.

원자력발전은 환경오염이 아주 적은 에너지원으로서 화석연료의 대안으로 청정에너지임이 강조되고 있지만 핵 발전에서 발생되는 방사능을 함유한 핵폐기물이 문제되고 있다. 이러한 방사성 핵폐기물을 안전하게 처리할 방법이 현재까지는 없어서 핵발전소 옆에 방사능을 막는 두꺼운 방호벽을 만들어 임시로 쌓아두고 있는 실정이다.

핵발전의 다른 형태로서 핵융합발전을 방사능오염이 없는 미래의 청정에너지 후보로 보는 사람도 있다. 핵융합반응은 중수소를 결합시켜 헬륨을 만드는 수소폭탄의 원리로 앞으로 보다 많은 연구가 필요하며 미래에너지로서 사용 가능성이 높다.

5.4.1 위험한 핵에너지

1986년 4월 26일 체르노빌에서는 끔찍한 일이 일어났다. 즉, 핵반응이 일어날 때 통제에서 벗어난 독성물질들이 시 주변 지역뿐만 아니라 유럽과 세계 각 지역에까지 확산되었다. 그리고 대량의 방사능이 대기로 유출되었다.

히로시마에 투하되었던 원자폭탄의 10개 이상의 위력을 가진 엄청난 양이었다. 처음 며칠간은 많은 것들이 죽었다. 한 달 또는 1년 후에 암, 백혈병 등의 질병이 방사선이 원인이 되어 발생했다.

체르노빌사고의 주원인은 공장이 안전하게 건설되지 않은 데 있다. 핵에너지를 지지하는 사람들은 그러한 상황은 다시는 일어나지 않을 거라고 한다. 그들은 화석연료를 사용할 때와는 다르게 핵에너지는 자연을 파괴하지 않는다고 믿는다.

그러나 체르노빌과 같은 사고는 언젠가 일어날 사건이라고 여기는 사람도 있다. 계속 사고가 발생하는 것은 피할 수 없다고 믿는다. 그리고 체르노빌사건은 핵에너지가 얼마나 위험한가를 보여준 가장 좋은 예라고 여긴다. 어떤 방법으로 핵에너지를 사용하든지 핵에너지는 본질적으로 위험하고, 피할 수 없는 사태를 일으킨다고 주장한다.

원자폭탄이 히로시마에서 터진 이후에 핵에너지의 평화적 사용에 관한 논쟁이 일어났다. 일반적으로 핵에너지를 지지하는 사람들이 승리했다. 미국에서 생산되는 전기의 약 20%가 핵에너지발전소(99기)에서 나오며 다른 80%는 석탄과 석유, 가스, 수력발전과 대체에너지에 의해 생산된 것이다. 핵에너지의 위험성과 핵발전소의 정상적 가동은 본질적으로 핵에너지가 불안전하다고 믿는 사람들에게는 관심거리가 된다.

핵발전소를 세우면 백혈병과 각종 암, 유전자 돌연변이 등을 일으키는 방사능 핵폐기물이 발생된다.

우라늄은 핵연료를 생산하기 위해 채굴하는 과정에서 위험한 방사능이 나온다. 우라늄이 핵연료로 바뀌는 동안에 방사능은 공기와 물속으로 들어가 핵폐기물을 만든다. 핵발전소에서 배출된 폐기물에는 수만 년 동안 없어지지 않는 방사능이 함유되어 있지만 그것을 과학적으로 안전하게 처리할 방법을 아직 찾지 못했다.

사실상 원자로는 스스로 방사능을 갖게 되어 25~40년이 지나면 폐쇄되어야 한다. 폐쇄한 후에 원자로를 안전하게 할 방법은 아무도 모른다.

체르노빌사고와 같은 대참사를 막을 수는 있지만 아무도 그것을 확신할 수는 없다. 확실한 것은 핵발전소가 몇 만년 동안 우리 곁에 있을 위험한 핵폐기물을 만든다는 사실이다. 우리가 지나치게 에너지에 의존하고, 핵폐기물 처리방법과 재생 가능한 에너지를 찾지 않는다면 핵문제는 사라지지 않을 것이다.

5.4.2 체르노빌사고

체르노빌사고는 공장의 기술자가 안전검사를 할 때 일어났다. 원래부터 결점이 있던 안전도 검사방법으로 검사를 한 것이 첫 번째 실수였다. 검사 동안에는 비상시 사용할 냉각장치를 꺼야만 한다. 찬물이 나오는 여러 관이 있는 이 냉각장치는 핵반응이 과열되기 시작하면 작동된다. 냉각장치 역할은 원자로의 정상적인 냉각시스템을 보충하는 일이다.

점검과정 동안에 원자로의 핵 속의 핵반응은 점점 느려진다.

원자로의 힘은 많은 안전봉을 제거하면 증가한다. 이 안전봉은 중성자를 흡수하여 핵반응의 동력으로 이용한다. 안전봉의 높이는 물로 가득 찬 관을 통해 원자로 중심 쪽으로 높아지거나 낮아진다. 이 봉을 제거하면 핵반응은 가열되어, 냉각제가 원자로 관을 통해 유출된다. 이때 원자로는 불안정한 위험한 상태가 된다. 냉각장치가 제대로 작동이 되지 않으므로 원자로를 식힐 수가 없다.

반응을 늦추기 위해 안전봉의 높이는 원자로 중심으로 도로 낮아진다.

첫 번째 계기 또는 각봉이 점검되지 않고 안전봉이 비어있을 때는 반응을 늦추기 위해 중성

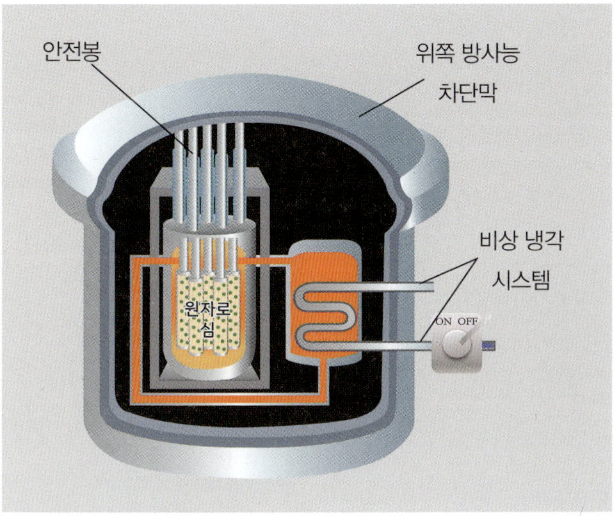

● 그림 3-45. **원자로의 구조**

자를 흡수할 수가 없다. 첫번째 계기가 낮아진 후에 안전봉들은 반응속도를 느리게 하는 작용을 시작한다. 각 안전봉들이 낮아지면서 반응을 늦추는 작용을 하는 물이 대신 들어간다. 그래서 동시에 낮아지는 안전봉은 중성자를 흡수한 물이 대신 들어가 실제로 핵반응이 증가하게 된다. 이것에 의해 전압이 갑자기 증대한다.

전압이 갑자기 증대하면 수증기가 팽창하게 된다. 그리고 원자로에 있던 냉각장치의 관들이 떨어진다. 그리고 수소와 산소기체가 생겨서 원자로의 안쪽 용기에 모이게 된다. 이 기체에 불이 붙어서 원자로의 방사능보호막은 깨지게 된다. 깨진구멍을 통해서 50톤에 이르는 방사능 물질이 대기와 공장 밖으로 빠져 나간다. 그리고 전압이 증대하면 발전소 전체에 불이 나게 된다.

핵은 통제에서 벗어나 뜨겁게 되어 아래쪽 방사능 보호막을 녹이고, 발전소의 바닥에서부터 불이 나기 시작한다. 불은 계속 번지고 이때 대기 중으로 방사능이 유출된다. 원자로 심속의 물질이 발전소 바닥에 깔려 있는 관을 통해서 번지면 원자로 심에서의 통제되지 않던 핵반응은 정지하게 되고, 또 많은 양의 방사능이 흩어져 없어지면 핵반응은 식어서 멈추게 된다. 이 물질에는 방사능이 많이 함유되어 있다.

Chapter 06

지구환경문제와 국제환경협약

6.1 지구환경문제

오늘날 우리의 지구환경 문제는 전세계적인 몇 가지 중대한 환경위기적 도전을 받고 있다. 즉, 프레온가스에 의한 오존층파괴, 황산화물에 의한 산성비, 탄산가스에 의한 지구온난화, 사막화, 열대우림감소, 수질오염, 야생생물종의 감소, 개발도상국의 공해 등 여러 가지가 있다. 이들 문제는 국경도 없이 전세계적으로 확산·악화되어 하나뿐인 지구환경을 오염시키고 자연생태계를 파괴하여 인류의 사활과 지구존망에 이르기까지 위협하고 있다.

6.1.1 지구온난화와 온실가스

1. 지구온난화의 개념

지구온난화라고 하는 것은 우주공간으로의 복사열이 적게 방사되어서 온도가 상승하는 경향을 말한다. 다시 말하면, 그림 3-46과 같이 태양으로부터 지구로 들어온 태양광선 중 약 2/3는 지표에 흡수되고 약 1/3은 재방사되는데 재방사된 태양복사에너지가 탄산가스(CO_2) 등에 의해 대기로 방출되지 못하고 일부는 탄산가스층에 흡수되고 나머지는 지표로 복사된다. 마치 탄산가스층이 지구위에 뚜껑을 덮은 격이 되어 우주공간으로 빠져나가는 열을 대기 내에 가두게 된다. 태양에서 지구로 오는 태양에너지는 영향을 받지 않게 되므로 지표부근의 대기온도를 점점 증가시켜 지구를 따뜻하게 하는 현상이 발생되는데 이를 온실효과(green house effect)라고 한다.

온실효과로 인해 지구의 평균온도는 약 15℃인데, 만일 온실가스로 인한 온실효과가 없다고 가정하면 지구의 평균온도는 약 -17.8℃까지 낮아지게 되어 지구상의 생물체는 존재할 수 없게 된다. 지구상에 존재하는 수증기, 이산화탄소(CO_2), 메탄(CH_4), 이산화질소(N_2O) 등 온

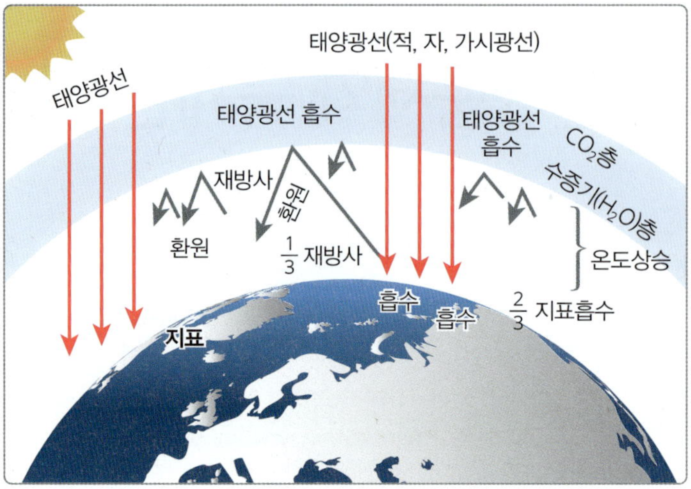

● 그림 3-46. **지구의 열에너지 수지**

실가스가 지구 복사열을 흡수하여 재복사함으로서 열적 평형을 유지하였다. 이러한 효과를 자연적 온실효과(natural greenhouse effect)라 하는데, 자연적 평형을 유지하는 온실가스의 증가 외에 프레온(freon) 가스 등과 같은 물질이 생산되고 방출됨으로서 지구의 평균온도가 과거에 비해 서서히 상승하게 되는데 이를 강화된 온실효과(enhanced greenhouse effect)라 하며 평균 기온 보다 상승된 현상을 지구온난화(global warming)라고 한다.

지구온난화의 요인으로는 자연적인 요인과 인위적인 요인이 있는데 자연적인 요인은 태양복사, 지구의 궤도, 화산 분출 등 내·외적으로 야기된 요인 변화뿐만 아니라 화석연료의 과다 사용, 토지의 과잉 이용 등으로 토지피복의 변화, 벌목, 농경지의 확대, 도시개발 등 삼림 파괴 등의 인위적인 요인이 있다.

지구온난화로 인한 영향은 생물 다양성의 손실, 극단적 기후(가뭄, 홍수, 산불 등), 식량 감소, 말라리아 등 질병 증가, 극지방의 빙하 감소 등을 들 수 있다.

2. 온실가스 현황과 정책

1) 온실가스의 종류와 영향

온실가스란 대기를 구성하고 있는 기체 중 지구온난화에 영향을 일으키는 기체로서 이산화탄소(CO_2), 메탄(CH_4), 아산화질소(N_2O), 염화불화탄소(CFCs), 수소불화탄소(HFCs), 과불화탄소(PFCs), 육불화황(SF_6), 오존(O_3) 등이 있다. 이 중 염화불화탄소(CFCs)는 일명 프레온(freon) 가스로 자동차나 냉장고의 냉매, 절연체 등으로 사용되는 물질로 오존층 파괴

● 표 3-32. 온실가스의 특성(2007년 기준)

온실가스	CO_2	CH_4	N_2O	PFCs, HFCs, SF_6
배출원	에너지사용 / 산업공정	폐기물 / 농업 / 축산	산업공정 / 비료사용	냉매 / 세척용
대기층 농도 (ppm)	384	1.72	0.31	0.002
국내 총배출량 (%)	87.7	4.4	3.1	4.8
대기체류시간 (년)	50~200	20	120	65~130
증가율/년 (%)	0.5	0.9	0.25	40
온실효과기여도 (%)	55	15	6	24
지구온난화지수 (GWP)	1	21	310	1,300~23,900

에 미치는 영향이 커서 현재 생산이 중단된 물질이다. 1997년 제3차 기후변화협약 당사국 총회에서 채택한 교토의정서에서는 이산화탄소, 메탄, 아산화질소, 수소불화탄소, 과불화탄소, 육불화황을 6대 온실가스로 저정하고 있다.

그러나 지구의 온도 평형을 유지할 수 있는 가장 큰 온난화 물질은 물(H_2O)이다. 물은 지구 표면적의 71%를 차지할 정도로 물의 양이 거대하며, 비열이 크고 기화열(539 cal/g)과 융해열(80cal/g)이 커서 열저장성이 높은 물질로 지구온난화에 95% 정도 기여하고 있고, CO_2는 4%, 나머지는 기타 물질이 있다.

물은 순환과정을 통해서 태양 복사열을 완충하는 가장 큰 역할을 하여왔으며, CO_2 증가 외에 수소불화탄소 등과 같은 신물질의 등장으로 과거와 달리 지구 온도가 상승하는 결과를 초래한 것이다.

온실가스 별로 열 축적능력이 각기 다르므로 지구온난화에 기여하는 정도를 나타낸 것을 지구온난화지수(GWP, Global Warming Potential)이라 하는데 표 3-33과 같이 CO_2를 기준으로 한 상대적 비율을 나타낸 것이다.

여기서 온실가스 배출량은 온실가스별 온난화지수를 고려하여 CO_2 톤 단위로 환산하여 산정한 것이다.

온실효과의 주범인 탄산가스는 인간의 경제활동으로 발생된 것으로 일단 대기 중에 방출되면 식물의 광합성이나 해수에 흡수 용해된다. 따라서 지구상에서 탄산가스의 자연순환은 물질수지방식에 따라 방출과 흡수의 균형이 이루어져야 하는데, 지구촌의 인류들은 자국의 이익을 위해 다량의 탄산가스를 배출하는 데 반해, 산업활동을 위해 열대우림의 파괴 등으로 탄산가스의 흡수원이 감소됨에 따라 자연순환의 균형이 무너져 대기 중의 탄산가스 농도가 지속적으로 증가하고 있다. 1760~1830년 이전까지는 280ppm이었는데, 그 후부터 매년 1.5ppm씩 증가해 2025년도 쯤에는 600ppm으로 될 것이라고 보고된 바 있다. 그렇게 되면 지구의 평균온도가 산업혁명 이전보다 3±1.5℃ 상승하게 되어 지구온난화로 인하여 남극이나 북극의 얼음이 녹고, 만년설이 녹아 해수면이 약 30~40m 가량 상승할 것이라고 예상하고 있다. 만일 해수면이 상승되면 남태평양, 인도양 등의 군도와 나일강하류의 삼각주, 중국, 방글라데시 등 국가들이 수몰될 것으로 환경과학자들은 예측한다. 그리고 현재의 농작물 지대가 이동한다는 것이다. 즉, 지구평균온도가 상승하면 당연히 평균 강수량이 증가해서 미국 곡창지대에서 토양수분이 30~50% 감소해 현재의 농지는 황폐화되고, 북방에 있는 캐나다·러시아 등에 새로운 곡창지대가 생길 가능성이 높다고 예측하고 있다. 또한, 온난화에 의한 기온이나 해수온도의 상승에 의해 대기와 바다의 공기 이동이 미묘하게 변화하여 수분증발량이나 기류의 영향(예: 엘리뇨현상 또는 라니냐현상 등)으로 기상이변인 대홍수 및 가뭄을 오게 할 수도 있다.

특히, 온난화로 겨울철에도 월동이 용이해져 해충과 질병발생으로 농작물이나 인간, 동물들의 질병발생률도 급격히 증가해질 것으로 예상된다.

2) 온실가스 배출 현황

2020년 우리나라의 온실가스 총배출량은 표 3-33에서와 같이 656.2백만 톤CO_2eq.이며, 1990년 292.1백만 톤CO2eq. 대비 124.7% 증가하였으나, 2019년도 총 배출량 701.2백만 톤CO_2eq.보다는 6.4% 감소하여 2018년 이후 2년 연속 감소하였다. 분야별로는 에너지분야가 87% 정도 배출하였으며, 산업공정, 농업, 폐기물 순이었다. 이중 농업, 폐기물 분야 배출량이 각각 전년 대비 0.4%, 1.3% 증가했으나 에너지, 산업공정 분야는 각각 전년대비 6.8%, 7.0% 감소하였다. LULUCF(Land use, land-use change and forestry) 분야는 흡수량이 전년보다 0.4% 증가하였다.

3) 온실가스 감축정책

우리나라는 2015년 파리협정에 따라 온실가스 감축 목표를 온실가스 배출전망치(BAU, Business as usual), 8억 5100만톤 대비 2030년까지 37% 감축하겠다는 국가별 자발적 온실가스 감축 방안(INDC, Intended Nationally Determined Contribution)을 제출하였다. 이후 2021년 파리협정이 본격적 이행을 앞두고 2020년 10월에 경제성장 변동에 대한 가변성

● 표 3-33. 연도별 온실가스 배출량

(단위 : 백만톤 $CO_2eq.$)

분야	'90년	'00년	'10년	'17년	'18년	'19년	'20년	'90년 대비 증감률	'19년 대비 증감률
에너지	240.3	411.6	565.7	615.6	632.6	611.6	569.9 (86.8%)	137.2%	−6.8%
산업공정	20.4	50.9	53.0	56.5	55.8	52.2	48.5 (7.4%)	137.4%	−7.0%
농업	21.0	21.4	22.1	21.0	21.1	21.0	21.1 (3.2%)	0.4%	0.4%
LULUCF*	−37.9	−60.1	−56.1	−41.7	−40.3	−37.7	−37.9 (−5.8%)	−0.2%	0.4%
폐기물	10.4	18.9	15.4	17.6	17.4	16.5	16.7 (2.5%)	60.9%	1.3%
총배출량 (LULUCF 제외)	292.1	502.7	656.1	710.6	727.0	701.2	656.2 (100.0%)	124.7%	−6.4%
순배출량 (LULUCF 포함)	254.2	442.6	600.0	669.0	686.6	663.5	618.3 (94.2%)	143.3%	−6.8%

* LULUCF : 토지이용, 토지이용 변화 및 임업(Land Use, Land Use Change and Forest)
※ 자료출처: 2022 환경백서, 환경부, 2023

● 표 3-34. 주요국 2030 NDC 상향 기준 및 감축률

국가	2030 NDC 상향(탄소중립 선언 후)	2050년까지 매년 균등감축시 2030년의 감축수준	기준연도에서 2030년까지 연평균 감축률(%)
EU	1990년 比 최소 55% 감축	△66.7%	1.98
영국	1990년 比 68% 감축	△66.7%	2.81
미국	2005년 比 50~52% 감축	△55.6%	2.81
캐나다	2005년 比 40~45% 감축	△55.6%	2.19
일본	2013년 比 46% 감축	△45.9%	3.56

※ 자료출처: 2022 환경백서, 환경부, 2023

이 높은 BAU 방식 대신 이행과정이 투명한 관리가 가능한 절대량 방식으로 전환하여 2030년 까지 2018년 배출량(727.6백만톤)대비 40% 감축(291백만톤)을 목표로 하는 방안과 2050년 탄소중립 시나리오를 마련하여 NDC 상향안을 발표하였다.

주요국들의 2030 NDC 상향 및 온실가스 감축 수준은 표 3-34와 같이 국가별로 자체 결

정하였으나 기준연도를 달리하고 있다.

우리나라는 온실가스 관리체계 구축을 위해 2010년 「저탄소 녹색성장 기본법」을 제정하고 같은 해 6월 온실가스종합정보센터를 설립하였다. 설립의 주요 목적은 온실가스 배충에 관한 총괄적이고 체계적인 관리이며 기능으로는 국가의 저탄소 정책 추진을 위한 부문별·업종별 온실가스 감축 목표 설정·관리 및 기후변화 관련 국제협력 업무 지원이다.

2015년 「온실가스배출권의 할당 및 거래에 관한 법률」이 시행되면서 온실가스배출량 산정·보고 기준 마련하고 2011년 도입한 「공공부문 온실가스·에너지 목표 관리제」 도입에 따라 공공부문 목표관리제 대상기관은 중앙행정기관, 지방자치단체, 시·도 교육청, 공공기관, 지방공사·공단, 국·공립대학, 국립대학병원 등 777개 기관(2021년 기준)에 대해 2030년까지 기준배출량(2007~2009년 평균 배출량) 대비 50% 이상 감축목표로 하여 연차별 목표설정 및 이행을 해야 하도록 하고 있다. 이를 위해 고효율 기기보급, 신·재생에너지 보급, 친환경 차량교체 등 다양한 감축사업을 시행하고 있다.

2022년에는 「기후 위기 대응을 위한 탄소중립·녹색성장 기본법」을 시행하여 헌법기관 등 공공기관 대상기관을 확대함으로써 공공부문의 온실가스 감축 사각지대를 줄이는 등 제도 개선을 하였다.

사업장을 대상으로는 온실가스 다배출업체를 관리업체로 지정하여 온실가스 감축목표를 설정하고 이행하도록 관리하고 있다. 특히 배출권거래제란 정부가 온실가스를 대량으로 배출하는 사엄장을 대상으로 배출권을 할당하며 할당된 배출권 범위 내에서 배출행위를 할 수 있도록 하는데 이때 감축 후 여분 또는 부족 배출권에 대해 다른 사업장과의 거래를 허용하는 제도이다. 이때 감축 여력이 부족한 기업은 직접 감축보다는 배출권을 구매하는 것이 비용면에서 44~46% 비용이 감소하는 것으로 분석되고 있다.

자동차 온실가스 감축을 위해서 자동차 제작자는 온실가스 배출허용기준과 연비 기준 중 하나를 선택하며 준수하여야 하는데 10인 이하 승용 및 승합자동차는 2030년까지 온실가스는 70g/km, 연비는 33.1km/ℓ를, 11인 이상 15인 이하 승합 및 화물자동차는 온실가스 146g/km, 또는 연비 17.3km/ℓ를 준수해야 한다.

가정, 상업 시설 등 비산업부문의 온실가스 감축을 위해 전기, 상수도, 도시가스의 사용량이 최근 2년 대비 5% 이상 절감한 경우 온실가스 감축률을 포인트로 환산하여 현금, 상품권, 쓰레기 종량제 봉투, 그린카드 포인트 적립 등 다양한 방법으로 인센티브를 제공하고 탄소포인트(carbon point) 제도를 2009년 7월부터 시행 중이다.

소비자의 친환경소비를 유도하기 위해 제품과 서비스의 원료채취, 수송, 유통, 생산, 소비,

폐기 등 전과정(life cycle)에서 발생되는 온실가스 배출량을 CO_2 배출량으로 환산하여 제품에 표시하도록 하는 '탄소발자국' 인증제를 2009년 2월부터 시행하고 있다. 또한 2011년부터는 기업의 저탄소기술 개발 및 적용 촉진을 위해 환경성적표지 인증을 받은 제품 중 탄소발자국을 줄인 제품은 저탄소제품 인증제를 시행하고 있다. 2020년 12월 기준 탄소발자국은 316개 기업 2,303개 제품, 저탄소제품은 91개 기업 640개 제품이 인증을 받았으며, 이로 인해 한 해 동안 약 193만톤 CO_2를 감축하였다.

국민의 친환경생활 정착을 위해 저탄소·친환경제품 구매, 에너지 절약 및 대중교통 이용시 포인트를 제공하는 '그린카드 제도'를 2011년 7월부터, 전자영수증 발급, 리필스테이션 이용, 무공해차 대여, 다회용기 이용, 친환경제품 구매 등 친환경 생활 실천 시 연간 최대 7만원의 인센티브를 지급하는 '탄소중립실천 포인트제'를 2022년 1월에 도입 시행 중이다.

따라서 온실가스를 줄이고 탄소중립을 실천하기 위해서는 온실가스로 인한 지구온난화의 심각성을 인식하고 정부 및 공공기관, 사업장 뿐 아니라 국민 개개인이 온실가스 감축을 위해 실천하여야만 가능한 일이다.

6.1.2 열대우림의 감소

생물종의 조성이 다양한 열대우림의 채벌은 아시아에서는 목재생산을 위해 채벌되고 있으며, 서아프리카에서의 삼림벌채는 목재생산과 화전농업을 위해서이고, 중앙아프리카와 브라질(아마존 지역)에서는 가축방목과 국가정책을 위해 행해지고 있다. 삼림이 채벌된 열대지역에서는 내려진 비가 삼림에 흡수되지 않고 직접 하천으로 유출해 하천수위를 상승시키며, 지표면을 덮고 있는 식물이 없기 때문에 토사도 함께 바다로 흘러 들어가게 되어 해양생태계에도 악영향을 미친다. 즉, 유출된 토사에 의해 산호초가 파괴되는 등 이곳에 서식하는 생물들이 사멸하게 된다.

6.1.3 산성비(acid rain)

산성비는 산성침전(acid deposition)이라고도 말하며 수소이온농도(pH) 5.6 이하인 비를 말한다. 자연상태의 빗물은 수소이온농도(pH)가 평균 5.6인데 이는 대기 중의 탄산가스(CO_2)와 수분과의 평형을 이루어서 내린 비라고 말한다. 산성비 외에도 산성눈, 산성이슬 등으로 대기 중의 산성성분이 지상에 내려오는 모든 형태를 통상적으로 산성비라고 한다.

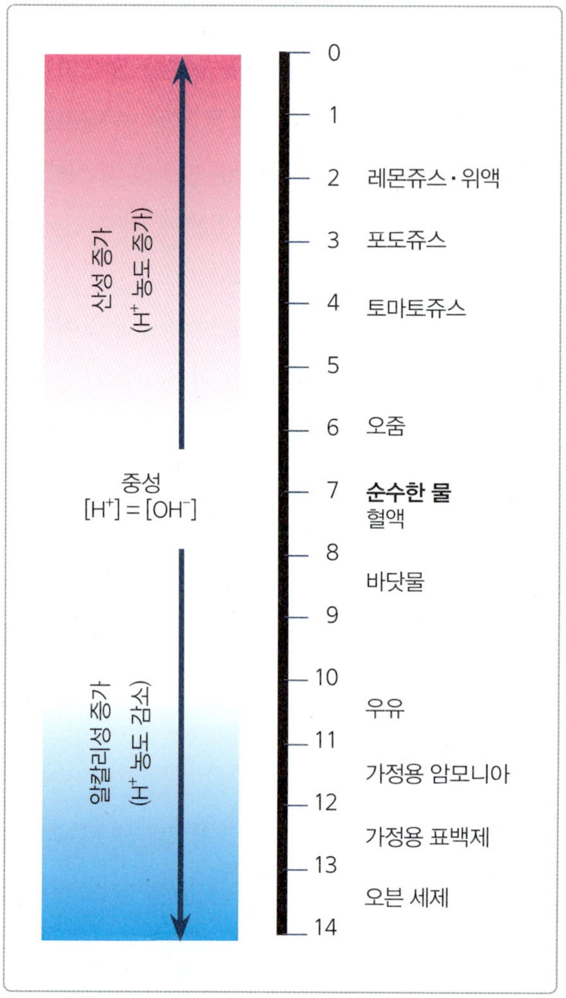

● 그림 3-47. pH 척도

1. 산성비의 원인

1) 자연적인 원인

해풍에 의한 바닷물의 비산(飛散), 생물학적 유기산의 형성, 질산과 황을 함유하는 각종 광석의 산화, 화산 활동 등을 들 수 있다. 즉, 바닷물방울이 바람에 의하여 대기로 날아가서 건조하면 바닷물 속에 존재하던 황산염이 대기에 부유하다 빗물에 녹아서 산성화시킬 수 있으며 또한, 식물이나 동물사체가 지층에서 박테리아나 곰팡이류에 의하여 분해될 때 생성되는 각종 유기산도 지면을 흘러내리는 빗물을 산성화시킬 수 있다. 그리고 수중의 질소화합물이 세균에 의하여 산화될 때에도 산이 생기게 되며, 또 황철광 등의 광석이 유황박테리아에 의하여 산화될 때 생기는 황산도 산성비의 원인이 될 수 있다. 화산은 단기간에 대량의 아황산가스를 방출함으로써 산성비의 주요 원인으로 간주된다. 예를 들어, 1980년 5월 18일 폭발한 St. Helens 화산은 약 40만 톤의 아황산가스를 분출시킨 것으로 추정되고 있다. 지금까지 그러한 자연적인 현상은 산성비에 의한 문제가 생기기 오래 전부터 있어 왔다.

2) 인위적 원인

산업활동으로 인한 석탄·석유 등 화석연료의 연소가 산성비의 주된 원인으로 볼 수 있다. 석탄이나 석유는 산지에 따라 차이가 있지만 모두 황을 함유하여 연료를 태울 때 황은 산화되어 아황산가스로 방출된다. 또한, 고온에서 연료를 태울 때 형성되는 공기 중의 질소가 산소와 반응하여 일산화질소(NO) 또는 이산화질소(NO_2)를 형성함으로써 중요한 산성대기오염물질이 된다.

대기로 방출된 아황산가스와 질소산화물이 마지막으로 빗방울에 녹음으로써 황산과 질산이 되기 때문에 산성비가 생기게 되며, 때로는 지면에 침강하거나 지층에 흡수된 산성물질이 빗물에 용해되므로써 빗물을 산성으로 변화시키기도 한다. 또한, 산성비가 눈이 되어 지표에 쌓여 있다가 해빙기에 녹는 경우에는 한꺼번에 많은 양의 산성물질이 하천이나 호수로 유입하게 되어 그 피해는 가중된다.

역사적으로 보아서 산성비에 의한 피해를 이미 1662년 영국에서 관찰되었으며, 그후 200여 년이 지난 1872년에야 영국의 과학자 Rober Angus Smith가 산성비(acid rain)란 용어를 처음으로 사용하였고, 그후 1962년에 Rachel Carson은 그의 저서 『침묵의 봄』(Silent Spring)에서 독성비(poison rain)이라는 용어를 사용하여 널리 알려졌다. 1967년에 스웨덴의 Suante Oden의 산성비에 관한 연구를 본격적으로 시작함으로써 오늘날에 이르게 되었다. Steven, E. Lindberg(1982)와 다나가(田中, 1984)에 의하면 수소이온농도를 결정짓는 주성분은 SO_4^{2-}, NO_3^-, Cl^- 등의 음이온과 Na^+, K^+, Ca_2^+, NH_4^+ 등의 양이온으로서 이들간의 이온평형(ionic balance)에 의해 산성비가 결정된다고 밝혀졌다.

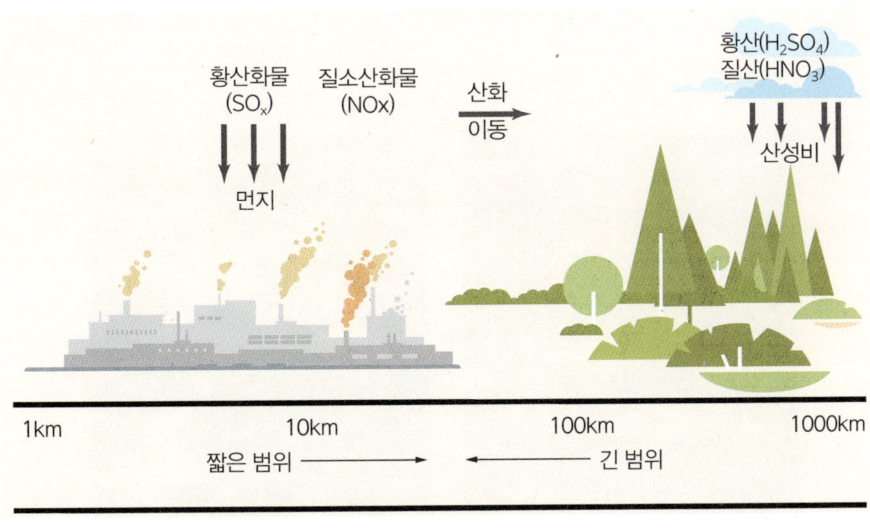

● 그림 3-48. 산성비의 생성과정

2. 산성비에 의한 피해

첫 번째 피해는 산림황폐이다. 산성비가 내리면 산성물질의 독성에 의하여 나뭇잎은 황색으로 변하고 점차 갈색이 되어서 떨어져 버림으로 나무는 고사하게 된다. 또한, 산성비가 땅위에 떨어지면 토양 속의 인산, 칼슘, 마그네슘 등 식물에 영양분이 되는 광물질의 용해도가 크게 증가하여 씻겨 내림으로 나무의 성장에 필요한 영양분이 부족하게 되며, 동시에 나무에 독성을 끼치는 중금속이 용해되어 나무에 흡수됨으로 피해가 커지게 된다.

두 번째 피해는 수자원의 산성화이다. 하천이나 호수 등의 수자원으로 산성비가 유입되면 물의 pH가 감소하여 산도가 증가하고 카드뮴, 납, 아연, 수은 등 중금속의 용해도가 증가함으로써 수중의 물고기가 독성의 영향을 직접 받을 수 있다. 또한, 수자원이 산성화가 되면 물고기 먹이가 되는 원생동물이나 플랑크톤 등 미생물의 종류나 수에 큰 변화가 생기면서 물고기 번식에 지장을 줄 수도 있다. 산성화가 되지 않은 호수에서는 황갈색조류(golben brown algae), 녹조(green algae) 및 규조류(diatom) 등이 많이 번식하는데 특히, 영양분이 많고 완충이 잘 된 호수에서는 청녹조(blue green algae)가 풍부하지만, 호수의 산도가 증가하면 이 조류들 간에 구성 변화가 일어나며 종류와 수도 감소하게 된다. 산성비에 의한 세계적인 수자원 피해로서 노르웨이에서는 1,000여 개의 호수가 물고기도 살지 않는 죽은 호수로 변했으며, 스웨덴에서도 10만여 개의 호수 가운데 2만여 개가 산성비로 오염되어 그 중 6,000개 정도는 물고기가 살 수 없는 사해(死海)로 변했다. 캐나다에서는 산성비에 대한 어떠한 조처가 취해지지 않는다면 향후 산성비로 인해 수만 개의 호수를 잃게 될 것이라고 추정하고 있으며, 이미 온타리오주의 2,000~4,000개 호수가 연어나 송어가 자랄 수 없을 정도로 심하게 산성

● 그림 3-49. 독일에 있는 60년 사이에 손상을 입은 조각상[1908(왼쪽), 1968(오른쪽)]

비로 오염되었고, 퀘백주에서도 1,300여 개의 호수가 파괴되는 과정에 있다고 보고되고 있다. 미국에서도 New England 지방의 226개의 제일 큰 담수호 중에서 약 10%가 산성비에 의하여 피해를 받고 있으며, 그 외 Minnesota, Wisconsin, Florida, California 주 등에서도 피해를 받고 있다고 한다. 또한, 산성비로 오염된 호수나 하천을 먹는물의 상수원으로 사용하는 경우 인체가 받는 피해는 아직 뚜렷이 알려지지 않고 있지만 혈중 알루미늄 농도를 증가시켜 중추신경계통에 피해를 가해서 투석치매(dialysis demetia) 증세를 일으키며, 알루미늄 농도가 50μg/ℓ 정도가 되면 위험하다고 한다.

그리고 산성비는 지층의 중금속을 용해시켜 상수원에서 중금속의 함량을 증가시키며, 정수장에서 적절히 처리하지 않을 경우 부식성이 강해 급수관을 부식시킴으로써 먹는물의 중금속의 농도를 증가시키게 되는데 특히, 납관이나 구리관을 급수관으로 사용하는 경우에는 부적합하다. 또한, 부식작용에 의하여 관 수명이 단축되어 비 경제적일 뿐만 아니라 관이 크게 부식되면 식수오염을 초래할 수도 있다. 또 용해된 철이나 구리 등은 인체에 유해할 뿐만 아니라 색깔을 나타냄으로써 미관상 나쁘기도 하거니와 용수사용에도 부적합하게 된다.

또한, 산성비는 각종 문화재와 구조물을 부식시킴으로써 많은 피해를 일으키고 있다. 금속이나 대리석으로 만들어진 동상, 기념탑, 유적 등은 물론이고 건축이나 교량 등 구조물 재료로 많이 사용되는 시멘트도 산성비에 약하다.

6.1.4 오존층 파괴

오존은 대류권(지상 11km 이내)에 전체 오존량의 10%가 존재하고 있으며 지표면에 가깝게 존재하는 오존량은 인체나 동식물에게 해를 미칠 수 있기 때문에 적을수록 좋다. 오존전량 중 90% 이상이 성층권인 지상 20~25km 고도부근을 중심으로 오존층을 형성하고 있는데 오존량은 지구대기의 1ppm 정도이다.

오존을 모두 모아 지구 표면(15℃, 1기압)에 가져온다면 약 3mm의 두께에 불과하다. 돕슨단위(DU, Dobson Unit)란 지상을 덮고 있는 오존양의 단위로 1돕슨은 표준상태(0℃, 1기압)에서 $\frac{1}{100}$mm 두께로 대기 중의 평균 오존양은 300DU이며 남극 오존홀의 평균 오존양은 100DU 수준이다. (그림 3-50 참조)

오존층의 역할은 태양에서 지구로 복사되는 태양광 중에 자외선을 흡수함으로써 인간을 포함한 동·식물의 생존에 지장이 없도록 방패 역할을 한다. 성층권의 오존 농도가 1%만 감소하여도 피부암 환자가 3%나 증가하고 백내장도 0.3% 증가한다는 보고도 있다. 또한 오존은

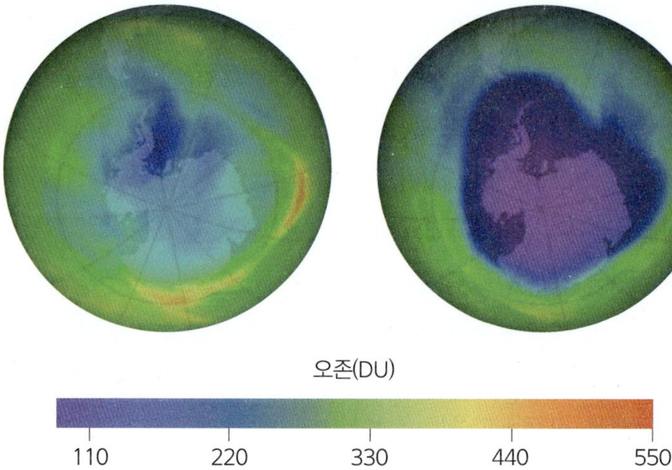

● 그림 3-50. 남극 오존 홀 크기 변화(1979년과 2008년)

CO_2와 같이 온실가스 중의 하나로 자외선을 흡수함으로써 지구 온도 상승 기능도 있다.

이와 같이 지구를 둘러싸고 있는 성층권의 오존층은 지상의 모든 생물들을 해로운 자외선, 우주선, 감마선으로부터 보호해주는 역할을 하는 생물보호막이다. 그러나 냉장고 냉매, 플라스틱포장지 제조, 스프레이 분무제, 전자제품세척 등에 사용되는 프레온가스(CFCs)가 대기 중에 방출되면 분해되지 않고 천천히 확산되면서 오존층에 도달되는데는 약 6~8년 정도가 걸리며, 일단 오존층에 도달하면 프레온가스는 태양으로부터 조사되는 자외선에 의해 분해되어 염소원자(Cl)가 발생되고 반응성이 강한 이 염소원자가 오존(O_3)을 산소(O_2)로 전환시키면서 오존층을 감소시킴으로 오존층이 파괴된다. Halon 역시 프레온가스(CFCs)보다도 오존층 분해능력이 강렬한 것으로 보고되어 있다. (그림 3-51 참조)

오존층의 파괴 현상은 1974년 미국 캘리포니아 대학의 몰리나(Molina)와 로랜트(Row-land) 교수가 염화불화탄소(CFCs)가 오존층을 파괴한다는 논문을 발표하면서 세상에 알려졌는데 그 후 1985년에 1957년 이래 남극 오존층의 파괴가 확인되었다.

오존층의 파괴가 알려지면서 1985년 비엔나에서 국제적 차원의 오존층 보호 협약이 논의되었고 1987년 몬트리얼 의정서에서 오존층 파괴물질과 CFCs와 할론 물질 등 96종의 오존층 파괴물질을 규제 대상 물질로 정하고, 1994년부터 생산, 소비량을 단계적으로 감축하는 내용을 규정하게 되었다.

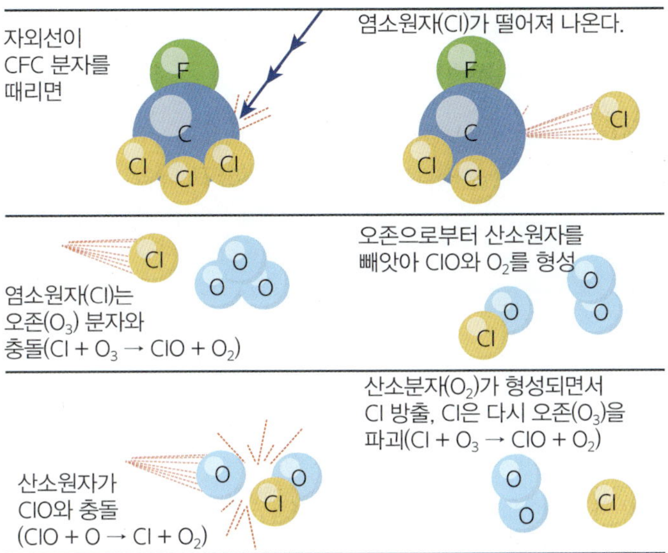

● 그림 3-51. 프레온(CFC_S)에 의한 오존층 파괴기전

6.1.5 사막화

사막화란 부적절한 인간활동으로 인하여 건조, 반건조, 건성 반습윤 지역에서 토지의 황폐화 현상이라 한다.

사막화의 원인으로는 자연적인 것과 인위적인 것으로 나누어 생각할 수 있다. 첫째, 자연적인 요인으로는 대기의 대순환변화에 의하여 고기압대와 저기압대가 변동하여 고기압대가 상주하는 곳에서 비가 내리지 않아 사하라 사막 같은 사막화현상이 일어난다는 것이다. 둘째, 인위적인 사막화의 요인으로서 최근 문제가 된 지구환경 문제와 밀접한 관계가 있다고 할 수 있다. 그 중에서 탄산가스 등의 온실가스에 의한 지구온난화현상이 지구사막화를 가속화시키는 원인으로 지적되고 또한, 가축의 무분별한 방목, 열대우림 등의 삼림파괴, 산성비

● 그림 3-52. 사막화

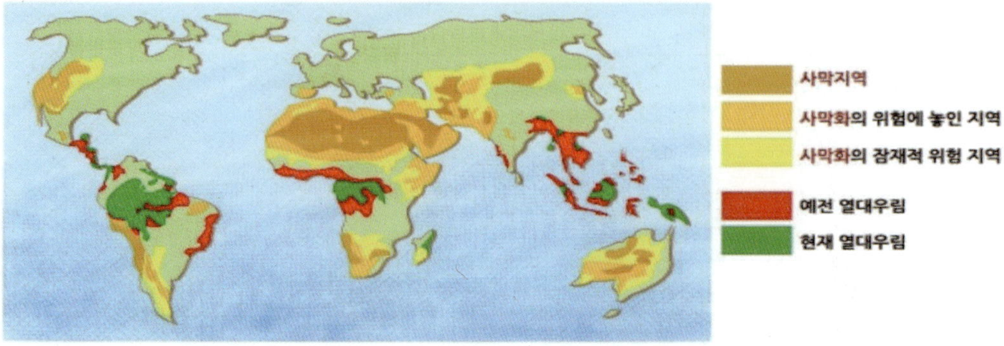

<출처 : www.unccdcop10.go.kr>

● 그림 3-53. 사막화 지역

등이 토양을 산성화시킴으로써 사막화 현상을 발전시키는 원인이 되며 지금까지 사막이라는 일부지역의 문제에서 사막이 세계전체로 "확대된다"는 즉, 사막화(desertification)가 국제 문제화되고 있다.

특히, 지구의 허파 역할을 하는 열대우림 등의 삼림파괴는 대기 중의 탄산가스량을 증가시켜 지구온난화를 유발하는 등 지구환경오염의 모든 문제와 관련있는 사막화의 직접적인 원인이라고 할 수 있다. 지구사막화 현상화 중에서 약 80% 이상이 이러한 인위적인 원인에 의하여 일어난다고 추정하고 있는데, 해마다 진행되는 사막화면적은 약 630만 ha 정도로 한반도 면적의 약 1/3 정도가 된다.

UNEP(United Nations Enviromental Programs: 유엔환경계획)에 의하면, 사막의 궁극적 피해는 "세계의 건조지 또는 반건조지에서의 토지 생산력의 저하"라는 것이다. 즉, 지구상에서 사막화의 증가는 물이 없는 생물에서 열악한 환경증가, 다시말해 생물이 살 수 있는 적합지가 감소한다는 것을 의미한다. 이와같이 사막화문제는 더 이상 어느 특정지역의 문제가 아니라 지구 전체의 문제로서 그 대응책과 해결방안을 찾아 인류보존의 길을 열어야 한다.

6.1.6 유해화학물질의 피해

현대의 급속한 화학공업의 발달로 인하여 화학물질의 사용이 급증하게 되었다. 현재 전세계적으로 개발된 많은 화학물질이 유해하여 발암물질(DDT 등)로 판명되었거나 우려가 있다.

살충제(pesticide) 사용에 따른 피해를 살펴보면, 살충제의 연간 사용량은 전세계적으로 약 200만 톤(전 세계인구 1인당 연 0.5kg) 이상을 사용하고 있으며 연간 약 500,000명 이상의 중독자가 발생하고 그 중에서 약 5,000명 정도 사망한다고 한다.

특히, 중금속을 비롯한 유독화학물질의 사용잔재물 및 이들 폐기물오염 피해가 심각하며 화학물질 생산공장의 잦은 안전사고로 인한 피해도 빈발하다. 또한, 금세기에 각국의 핵에너지의 개발 확대로 인하여 핵무기의 위험성이 증대되고 있다.

6.2 국제환경협약

6.2.1 유엔인간환경회의

1972년 6월 스웨덴 스톡홀름에서 113개국의 정상이 모여서 환경파괴에 대한 대책을 협의하기 위한 최초의 국제환경회의(UN Conference on Human Environment)를 개최하였다. "하나뿐인 지구"라는 구호 아래 「인간환경선언」을 결의하였다. 이는 국제 간의 환경문제에 대한 중대한 선언으로 하나뿐인 지구를 더 이상 방치할 수 없다는 위기의식에서 나온 것으로 이날을 기념하여 매년 6월 5일을 '환경의 날'로 제정, 기념하고 있다.

이듬해인 1973년에 유엔환경회의에서 합의한 사항을 바탕으로 환경에 대한 국제협력을 추진하기 위한 기구로서 UN 제27차 총회를 거쳐 유엔환경계획(UNEP, UN Environmental Program)가 창설되어 환경문제에 대한 각종 협약이나 회의의 핵심적인 역할을 하였다.

스톡홀름 회의 10주년인 1982년 10월에 UNEP 본부가 있는 케냐 나이로비에서 세계 100여 개국 정상이 모여 지난 10년간 각국의 환경보전에 대한 평가와 함께 "세계자연헌장"(World Charter for Nature)를 채택하였다. 세계자연헌장은 세계 자연서식지 및 자원을 보호하고 보존하기 위한 행동 강령으로 자연에 영향을 미치는 모든 인간 행위에 따라야 하는 5가지 보전원칙을 수립하였고, 자연계를 고려하지 않으면 사회, 경제적 개발을 고려할 수 없다는 점을 강조하였다.

1983년에는 인류가 당면한 지구 생태계와 경제성장 간의 조화 문제를 다루기 위한 「환경과 개발에 관한 세계위원회」(WCED, World Commission on Environment and Development)가 창설되었고 4년간 연구 끝에 1987년 4월 도쿄에서 '우리 공동의 미래' (Our Common Future)라는 보고서를 발간하였다. 이 보고서에서 "미래 세대의 욕구를 충족시킬 수 있는 여건의 손상 없이 현재 세대의 욕구를 충족시키는 개발"이라는 개념의 「지속가능한 개발」(SD, Sustainble development)을 제시하였다. 지속가능성이란 현재 세대의 필요를 충족시키기 위해 미래 세대가 사용할 경제·사회·환경 등의 자원을 낭비하거나 여건을 저하시키지 아니하고 이들이 서로 조화와 균형을 이루는 것을 말한다. 지속가능한 개발이란 개념은 그동안 개발과 보존이란 개념에 대한 적극적인 환경 개념을 도입한 것으로 평가되며 1990년 논의되었던 「환경적으로 건전한, 지속가능한 개발」(ESSD, Environmentally Sound and Sustainable Development)을 더욱 구체화하였다. 즉 지속가능한 개발도 환경적으로 건전한 수단과 방법을 동원하여야 한다는 것이다.

1989년 UN 제44차 총회에서는 스톡홀름 회의 20주년인 1992년 6월 브라질의 리우데자네이루에서 「환경정상 회의」 (Earth Summit) 개최를 결의하여 1992년 6월 UN 환경개발 회의가 개최되었다.

6.2.2 유엔환경개발회의

1992년 6월 브라질의 리우데자네이루에서 185개국 대표단과 114개국 정상 및 정부 수반들이 참석한 지구환경문제를 논의한 국제회의이다. 이 당시 유엔환경개발회의(UNCED, UN Conference on Environment and Development)와 민간단체가 중심인 지구환경회의(Global Forum 92)가 함께 개최되었는데 이를 통칭해 '리우회의'라 한다.

주제는 "인간과 자연환경 보전, 경제개발의 양립"과 "환경적으로 건전하고 지속 가능한 발전"이었다.

유엔환경개발회의에서는 환경적으로 건전하고 지속 가능한 개발을 구현하기 위한 기본 규범인 「리우선언」(Rio Declaration)과 리우선언을 실천하기 위한 행동 강령인 「의제 21」(Agenda 21)을 채택하였다. 이외에도 지구온난화에 대처하기 위한 「기후변화협약」, 생물자원의 보전을 위한 「생물종다양성협약」, 삼림의 보전과 지속 가능한 이용에 관한 「산림원칙」 성명도 채택하였다. 또한 1994년 프랑스 파리에서 개최한 회의에서 환경의 무리한 개발과 오·남용에 따른 사막화 방지를 위한 「사막화방지협약」에 합의함으로써 세계 3대 환경협약인 「기후변화협약」 「생물종다양성협약」 및 「사막화방지협약」이 만들어졌다. 지구 환경회의에서는 지구헌장, 세계민간단체협약 등을 채택하였다. 리우회의 이후 UN 경제사회이사회 산하에 「지속가능한개발위원회」 (CSD, Commission on Sustainable Development)를 설치하여 '의제 21'의 이행을 평가 및 감시할 수 있는 체제를 구축하였다.

2002년 9월 남아프리카 공화국의 요하네스버그에서는 리우선언 10주년을 맞이하여 「지속가능발전 세계정상회의」 (WSSD, World Summit on Sustainable Development)를 개최하여 리우선언 이후 '의제 21'과 관련한 지난 10년간의 성과 점검과 '지방행동 21' (Local Action 21)을 제안하였다.

6.2.3 기후변화협약

1. 기후변화협약의 출범

유엔기후변화협약(UNFCCC, UN Framework Convention on Climate Change)은 1992년 6월 브라질의 리우환경회의에서 지구온난화에 따른 이상 기후 현상을 예방하기 위한 목적으로 채택된 다자간 환경 협약으로 회의 참가국 178개국 중 우리나라를 포함한 154개국이 서명하였으며, 1994년 3월 21일 공식 발표되었다.

기후변화협약은 기후변화 대응 행동의 원칙을 제시하고 있으며 "공통적이지만 차별화된 책임" (Common but differentiated responsibilities)의 개념을 확립하였다.

이 협약은 선진국에게 역사적 책임이 있으므로 온난화 문제 해결을 위해 더 많은 노력이 필요함을 명시한 점에서 성과가 크다고 할 수 있다. 주요 내용으로는 각국의 온실가스 배출, 흡수 현황에 대한 국가통계 및 정책 이행에 관한 국가 보고서 작성, 온실가스 배출 감축을 위한 국내 정책 수립 및 시행, 온실가스 배출량 감축 권고 등이 있다. 협약에 참여하는 모든 당사국은 온실가스를 줄이기 위한 국가 전략을 수립·시행하고, 이를 공개해야 하며, 통계자료와 정책 이행에 대한 보고서를 협약 당사국총회(Conference of the Parties, COP)에 제출해야 한다.

당사국 총회(COP)란 각국 환경 또는 기후변화 관련 장관급이 참여하여 UNFCCC의 이행을 촉진하고 상황을 모니터링하는 최고 의사결정기구이다. COP는 당사국들이 협약의 이행 방법 등 주요 사안들을 전반적으로 검토하기 위해 일 년에 1회 개최된다. 1995년 3월 제1차 당사국총회(독일 베를린)를 시작으로 제3차 당사국총회(1997년 12월 일본 교토)에서 교토의정서(Kyoto Protocal)를 채택하였다. UN은 매년 6개 대륙에서 순환적으로 COP 의장국을 추천하며, 당사국들에 의해 선출된 의장국은 정치적 리더십을 동원하여 그 해의 COP 회의를 개최하는 것이 일반적이다.

기후변화협약은 선진국들에 대해 2000년까지 1990년 배출수준으로 온실가스를 감축할 것을 요구하고 있으며, 선진국은 부속서 I에 명시한 41개국으로 우리나라는 개도국의 지위를 부여받았다. 또한 선진국은 기후변화 대응에 필요한 재정과 기술을 개발도상국에 지원하고, 지원 정도에 따라 개발도상국이 온실가스 저감에 참여한다는 원칙을 제시하고 있다. 이러한 원칙이 기후변화협상의 쟁점이 되었다.

2. 교토의정서

1995년에 개최된 제1차 당사국총회(독일 베를린)에서는 협약에 대한 평가를 토대로 선진국에 대해 2000년 이후에도 온실가스 감축의무를 부과하고 이를 위해 협약 부속 의정서에 대한 협상을 하도록 하였다. 교토의정서는 이러한 요구의 결과로 탄생하였다.

교토의정서(Kyoto Protocol)는 기후변화협약의 목적 달성을 위해 보다 강화된 온실가스 감축 노력이 필요하다는 인식하에 선진국(부속서 I 국가) 전체가 2008년부터 2012년까지(제1차 공약기간) 기준연도인 1990년의 배출 수준에서 평균 5.2% 감축을 요구하였다.

또한 선진국들이 온실가스 감축의무를 비용 효과적으로 이행할 수 있도록 배출권거래제(ET, Emission Trading), 청정개발체제(CDM, Clean Development Mechanism), 공동이행제도(JI, Joint Implementation) 등 시장 기반 교토메커니즘을 도입하였다.

여기서 배출권거래제란 온실가스 감축의무가 있는 국가들에 배출 할당량을 부여한 후 해당 국가 간에 서로 배출권을 시장에서 거래할 수 있도록 허용한 제도이다. 청정개발체제란 온실가스 감축 목표를 부여받은 선진국들이 감축 목표가 없는 개발도상국에 자본과 기술을 투자하여 온실가스 감축사업을 한 결과로 달성한 온실가스 감축량을 선진국의 감축 목표에 포함시키는 것을 말한다. 공동이행제도란 선진 국가들 사이에서 온실가스 감축사업을 공동으로 수행하는 것을 인정하는 것으로, 한 국가가 다른 국가에 투자하여 감축한 온실가스 감축량의 일부분을 투자국의 감축 실적으로 인정하는 제도이다.

2011년 더반 당사국총회(COP 17)에서 교토의정서의 2차 공약기간이 종료되는 2020년 이후부터는 선진국과 개도국의 모든 당사국이 참여하는 단일의 법적 구속력을 갖는 신기후체제(post-2020)를 마련하기로 합의하였다. 이에 따라 신기후체제 구축을 위한 협상을 2012년에 개시하여 2015년에는 마무리하기로 하였다.

또한 개도국의 기후변화대응에 대한 지원을 위한 녹색기후기금(GCF, Green Climate Fund)을 설립하였다. 녹색기후기금은 개도국의 온실가스 감축과 기후변화 적응을 지원하는 기후변화 관련 국제금융기구로 2012년에 우리나라가 GCF 사무국을 유치하였다.

2012년 카타르 도하에서 개최된 당사국총회(COP 18)에서는 교토의정서 2차 공약기간을 2020년까지 연장하는 개정안이 채택되었다. '교토의정서의 도하개정문'은 2차 공약기간(2013~2020년)을 확정하고, 감축대상 온실가스에 삼불화질소(NF_3)를 추가하였다.

2013년 바르샤바에서 개최된 당사국총회(COP 19)에서는 2015년까지 온실가스 감축공약(FNDC)을 제시하기로 하는 등 신기후체제 협상 로드맵에 합의하고 2015년까지 제출하도록 하였다. 또한, 2020년까지 연간 1천억 달러의 개도국의 이행지원을 위한 기후재원 마련을 위하여 2년마다 기후재원 장관회의를 개최하고 세부사항은 기존 재정상설위에서 논의하기로 결정하였다.

2014년 리마 당사국총회(COP 20)에서는 각국이 정하는 국가별기여(INDC: Intended Nationally Determined Contribution)와 관련하여 제출범위, 제출정보, 후퇴방지(No Backsliding) 원칙 등 구체적 지침이 마련되었다. 또한 2020년 이후 신기후체제 주요요소 별 개괄적 내용이 포함된 문서(element paper)를 공식 문건으로 인정하여 신기후체제 합의문 준비에 큰 진전을 보였다.

3. 파리협정(Paris Agreement)

신기후체제 합의문을 둘러싸고 선진국과 개도국 간의 치열한 협상 끝에 2015년 제21차 당사국총회(COP 21)에서 신기후체제 합의문인 '파리협정(Paris Agreement'이 채택되었다.

파리협정은 전지구적 위기 상황에 적극 대처하기 위하여 모든 국가가 참여하는 2020년 이후(post-2020)의 새로운 기후변화체제를 의미한다.

파리협정에서는 선진국, 개도국 구분 없이 모든 국가가 온실가스 감축의무를 가진다. 즉, 기존 체제가 선진국만을 의무 감축대상에 포함하여 실질적 기후변화 대응이 어려웠던 점을 극복하여, 모든 국가가 참여하는 기후변화 대응 체제를 구축했다는 점에 그 의의가 있다.

파리협정은 선진국에게는 재정지원 및 기술이전에 대한 책임을 강조한 반면, 기후 변화 영향에 특히 취약한 개발도상국의 특수성을 감안하도록 하는 등 기후협약 원칙인 '공통의 그러나 차별화된 책임(Common but differentiated responsibilities)'과 각국의 다양한 여건(in the light of different national circumstances), 각국의 역량(respective capabilities)을 반영하였으며, 온실가스 감축 뿐 아니라 적응, 지원(재원. 기술이전, 역량배양), 투명성 등 제반 분야를 포함하는 포괄적인 협정이다.

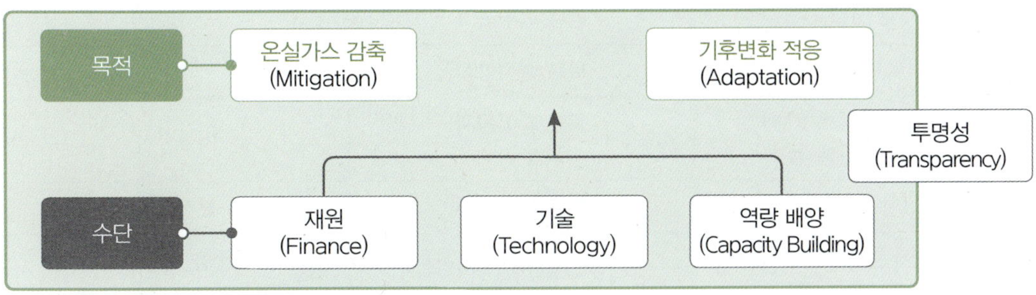

● 그림 3-54. 신기후변화체제 6개 분야(6 Pillars)

※ 자료출처: 2022 환경백서, 환경부, 2023

이후 2016년 4월 22일 개최된 파리협정(COP 22)의 공식 서명식에는 우리나라를 비롯한 175개국이 참여함으로써 협정 채택 11개월만인 2016년 11월 4일 파리협정이 발효되어 모든 국가가 온실가스 감축을 위해 자발적으로 참여하는 신기후체제가 시작되었다.

2018년 폴란드 당사국총회(COP 24)에서는 파리협정 이행을 위한 세부규칙이 채택되었다. 파리협정 이행규칙은 협정 이행을 위한 구체적인 방식, 절차, 지침 등을 제시하고 있다. 이는 선진국과 개도국의 입장을 균형있게 반영하여 '공통으로(common) 적용되지만, 의무적(shall) 성격의 유연성(flexible)이 있는 단일 지침'을 마련한 점에 큰 의의가 있다.

2019년 스페인 당사국총회(COP 25)에서는 '칠레 마드리드 행동 선언문(Chile Madrid Time for Action)'을 채택하여 당사국들에게 2020년까지 보다 의욕적인 온실가스 감축계획을 제출해 줄 것을 요청하였다.

2021년 영국 당사국총회(COP 26)에서는 '글래스고 기후합의(Glasgow Climate Pact)'를 채택하여 2030년 NDC 목표를 재검토 및 강화하여 2022년 말까지 제출하기로 약속하였다. 또한 저감장치가 부착되지 않은 석탄화력 발전소의 단계적 감축과 비효율적 화석연료 보조금의 단계적 폐지에 합의하여, 기후변화협약 당사국총회 결정문 사상 최초로 화석연료 감축 및 폐지에 관한 사항을 포함시키는 데 성공하였다. 이와 더불어 메탄과 같은 비이산화탄소 온실

● 표 3-35. 교토의정서와 파리협정의 비교

교토의정서	구분	파리협정
온실가스 배출량 감축 (1차: 5.2%, 2차: 18%)	목표	2℃ 목표 1.5℃ 목표 달성 노력
주로 온실가스 감축에 초점	범위	온실가스 감축만이 아니라 적응, 재원, 기술이전, 역량배양, 투명성 등을 포괄
주로 선진국	감축 의무국가	모든 당사국
하향식	목표 설정방식	상향식
징벌적(미달성량의 1.3배를 다음 공약기간에 추가)	목표 불이행시 징벌 여부	비징벌식
특별한 언급 없음	목표 설정기준	진전원칙
공약기간에 종료 시점이 있어 지속 가능한지 의문	지속가능성	종료 시점을 규정하지 않아 지속가능한 대응 가능
국가중심	행위자	다양한 행위자의 참여 독려

가스 감축을 위한 노력을 추구하기로 하였다. 아울러 2031년부터 이행되는 제2차 NDC의 공통 이행기간을 5년 단위(2031~2035, 2036~2040 등)로 결정하고, 파리협정 제6조에 규정된 국제탄소시장 세부규칙을 채택하여 파리협정 이행규칙을 완성하였다.

2022년 이집트 당사국총회(COP 27)에서는 기후변화협약 역사상 처음으로 기후변화로 인한 '손실과 피해'를 대응하기 위한 기금 설립에 합의하였고, '정의로운 전환(Just transition)'에 대한 작업프로그램 설립 및 연례 각료급 원탁회의 개최에 합의하였다. 또한 2030년 NDC 목표 수준 및 이행 강화를 위한 '감축 작업프로그램(Mitigation Work Programme)'을 2026년까지 운영하기로 합의하고, 정부뿐 아니라 비정부 이해 관계자도 함께하는 글로벌 및 지역별 대화체를 개최하여 부문 및 주제별 감축 수단과 우수 사례를 함께 논의하기로 하였다.

기후변화협정의 두 체제인 교토의정서와 파리협정을 비교하면 표 3-35와 같다. 이 중 큰 차이는 교토의정서는 선진국에게 온실가스 감축의무를 부과한 반면 파리협정은 모든 당사국에게 부과하였다는 점이다. 표 3-36은 1995년부터 2022년까지 기후변화협약 당사국 총회 현황을 정리한 것이다.

표 3-36. 기후변화협약 당사국총회 개최현황

일시	구분	주요결과	개최국
'95. 3월	제1차 당사국총회 (COP 1)	2000년 이후 감축의 시작	독일 (베를린)
'96. 7월	제2차 당사국총회 (COP 2)	제1차 총회 결과 재확인	스위스 (제네바)
'97.12월	제3차 당사국총회 (COP 3)	교토의정서(Kyoto Protocol) 채택	일본 (교토)
'98.11월	제4차 당사국총회 (COP 4)	향후 작업계획 확정	아르헨티나 (부에노스아이레스)
'99.10월	제5차 당사국총회 (COP 5)	제6차 총회 준비회의	독일 (본)
'00.11월	제6차 당사국총회 (COP 6)	교토의정서 이행방안 합의 실패	네덜란드 (헤이그)
'01.11월	제7차 당사국총회 (COP 7)	마라케시 합의문(교토의정서 이행규칙) 채택	모로코 (마라케시)
'02.10월	제8차당사국총회 (COP 8)	델리 각료선언문 채택	인도 (뉴델리)
'03.12월	제9차당사국총회 (COP 9)	조림 관련 정의, 방법론 논의	이탈리아 (밀라노)

일시	구분	주요결과	개최국
'04.12월	제10차 당사국총회 (COP 10)	부에노스아이레스 활동계획 채택	아르헨티나 (부에노스아이레스)
'05.12월	제11차 당사국총회 (COP 11)	교토의정서 이후 체제 논의 시작	캐나다 (몬트리올)
'06.11월	제12차 당사국총회 (COP 12)	CDM 개선 논의 및 적응부문 활동계획 채택	케냐 (나이로비)
'07.12월	제13차 당사국총회 (COP 13)	발리행동계획(Bali Action Plan) 채택	인도네시아 (발리)
'08.12월	제14차 당사국총회 (COP 14)	Post-2012 협상 작업계획 합의	폴란드 (포즈난)
'09.12월	제15차 당사국총회 (COP 15)	코펜하겐 합의문(Copenhagen Accord) 마련	덴마크 (코펜하겐)
'10.11월	제16차 당사국총회 (COP 16)	칸쿤 합의문(Cancun Agreements) 채택	멕시코 (칸쿤)
'11.11월	제17차 당사국총회 (COP 17)	Post-2020 기후 협상체제 구축, GCF 출범	남아공 (더반)
'12.11월	제18차 당사국총회 (COP 18)	교토의정서 제2차 공약기간('13~'20년) 확정	카타르 (도하)
'13.11월	제19차 당사국총회 (COP 19)	INDC 제출 요청, 바르샤바 메커니즘 설립 등	폴란드 (바르샤바)
'14.12월	제20차 당사국총회 (COP 20)	INDC 제출 지침, 신기후체제 합의문 주요요소 채택 등	페루 (리마)
'15.12월	제21차 당사국총회 (COP 21)	파리협정(Paris Agreement) 채택	프랑스 (파리)
'16.11월	제22차 당사국총회 (COP 22)	제1차 파리협정 당사국 회의 개최	모로코 (마라케시)
'17.11월	제23차 당사국총회 (COP 23)	이행을 위한 피지모멘텀 채택	의장국: 피지 (개최지: 독일 본)
'18.12월	제24차 당사국총회 (COP 24)	카토비체 기후 패키지(파리협정 세부 이행 규칙) 채택	폴란드 (카토비체)
'19.12월	제25차 당사국총회 (COP 25)	'Chile Madrid Time for Action' 결정문 채택	스페인 (마드리드)
'21.11월	제26차 당사국총회 (COP 26)	파리협정 이행규칙 완성* 및 '글래스고 기후합의(Glasgow Climate Pact)' 채택 * ①협정 제6조 이행규칙 채택, ②투명성 체계 보고표 및 양식 개발, ③NDC 공통 이행기간(5년) 합의	영국 (글래스고)
'22.11월	제27차 당사국총회 (COP 27)	손실과 피해 대응을 위한 기금 설립 합의 및 '샤름엘셰이크 이행계획' 채택	이집트 (샤름엘셰이크)

※ 자료출처: 2022 환경백서, 환경부, 2023

4. IPCC(기후변화에 관한 정부간 패널)

IPCC(Intergovernmental Panel on Climate Change)는 세계기상기구(WMO, World Meteorological Organization)와 유엔환경계획(UNEP)이 1988년에 공동 설립한 국제기구로, WMO와 UNEP의 195개 회원국이 IPCC멤버이다. IPCC는 기후 변화의 과학적 근거, 그로 인한 영향 및 미래 위험성과 기후변화에 대한 적응 및 기후변화 완화를 위한 옵션에 대한 정기적인 평가를 제공한다. IPCC 보고서는 정부가 기후 관련 정책을 개발할 수 있는 과학적 근거를 제공하며, 기후변화에 대한 국제 협약(UNFCCC)의 실행에 관한 중요한 기반자료가 된다.

IPCC 평가는 수백 명의 주요 과학자들에 의해 작성되며, IPCC 평가보고서는 매년 발행되는 수천개의 과학 논문을 평가하여 포괄적인 요점을 만들어낸다. IPCC는 자체 연구를 수행하지 않는다. IPCC보고서는 포괄적이고 객관적이며 개방적이고 투명한 방식으로 생산되도록 하기 위해 여러 차례의 초안 작성 및 검토를 거친다. 수천 명의 다양한 분야의 전문가들이 검토자 역할을 함으로써 보고서에 기여하고, 보고서가 과학계의 모든 견해를 반영하도록 보장한다.

IPCC는 3개의 실무그룹(Working Group)이 있는데 실무그룹1(WG1)은 과거, 현재, 미래의 기후 변화를 뒷받침하는 물리적 과학을 조사한다. 실무그룹2(WG2)는 기후 변화에 대한 사회 경제시스템 및 자연의 취약성, 기후 변화의 부정적 및 긍정적 결과 및 이에 적응하기 위한 옵션을 평가한다. 실무그룹3(WG3)은 기후 변화 완화, 온실가스 감축 방법 평가, 대기 중 온실 가스 제거에 초점을 맞추고 있다.

IPCC 평가보고서는 5~7년 간격으로 1990년 제1차 평가보고서 발간 후 2022년 까지 제6차 평가보고서를 발간하였다. IPCC의 활동경과 및 보고서의 주요 내용을 살표보면 다음과 같다.

① 제1차 평가보고서(1990년)

- 인간의 활동으로 인해 방출된 온실가스로 인해 지구 온난화가 일어나고 있음을 언급했다. 또, 지구 온난화에 영향을 주는 온실가스에는 이산화탄소, 메탄, 프레온가스(CFCs), 아산화질소 등이 이야기되었다. 보고서에 의하면 다음 100년 동안 10년에 0.3℃가 증가할 것으로 예상하였다. 이런 변화는 지난 1만년간 일어난 변화보다 크다. 지난 100년 동안 지구표면 대기 평균온도가 0.3~0.6℃ 상승하였으며, 해수면 높이는 10~25cm 상승하였다. 온실가스 배출이 현상태로 지속될 경우 이산화탄소 배출량이 해마다 1.7배 늘어날 것으로 전망됐다.

• 유엔 총회는 보고서를 기록하고 기후 변화에 대한 기본 협약에 대한 협상을 시작하기로 결정하였고 이후 유엔기후변화협약(UNFCCC) 채택되었다. (1992년)

② 2차 평가보고서(1995년)

• 지구온난화의 주요 원인 중 하나가 '인류'라는 점을 명시하고 있다. 온실가스 농도는 산업화 이후 계속 증가하고 있으며 온실가스가 현재 추세대로 증가할 경우 2100년의 지구 평균 기온은 1~3.5℃ 상승하고 해수면도 15~95cm 상승할 것으로 예상했다. 단순히 전체 온도가 상승하는 것이 아니라 지역에 따라 계절에 따라 온도가 떨어지는 곳도 있으며 낮보다는 밤의 온도 상승이 더 큰 것을 확인하였다.
• IPCC 국가온실가스 인벤토리 가이드라인(1996년)
• 교토의정서채택(1997년) – 2005년부터 효력 발생
• 온실가스인벤토리 우수실행지침(2000년)

③ 3차 평가보고서(2001년)

• 20세기 동안 0.6도 상승한 지구 표면의 평균기온이 향후 100년 동안 1.4~5.8℃ 증가할 수 있다고 예측했다. 20세기 동안 눈과 얼음으로 덮여있던 면적이 줄어들었고 해수면의 증가도 예측되었다. 아울러 보고서는 기후변화가 자연적 요인이 아닌 인간이 만든 공해물질 때문에 일어나고 있다며, 오염물질이 현재와 같은 추세로 배출되면서 금세기에는 지난 1만 년 동안 겪었던 것보다 더 심각한 기후변화를 겪게 될 것이라고 지적했다.
• 산림 및 토지이용분야(LULUCF)에 대한 우수실행지침(2003년)
• 국가 온실가스 인벤토리 작성을 위한 2006년 IPCC가이드라인

④ 4차 평가보고서(2007년)

• 지구 평균 공기와 해양 온도 상승, 눈과 얼음의 광범위한 용해, 그리고 지구 평균 해수면 상승에 대한 관찰을 통해 지구온난화는 명백하게 일어나는 사실이라고 언급한다. 특히 지난 100년(1906년~2005년)간 전 세계 평균기온은 0.74℃나 상승했으며, 온실가스를 지금처럼 방치할 경우 기온이 매년 1.1%씩 상승해 2100년이 되면 최대 6.4℃ 상승할 것으로 추정했다. 인류가 기후변화 대응을 위한 어떠한 노력도 기울이지 않을 경우 막대한 환경적·경제적 피해가 예상된다고 명시했다.
• 기후변화 심각성 전파 공로로 앨 고어와 함께 노벨평화상 수상(2007년)
• 배출량 시나리오에 따른 미래 기후변화 전망제시

⑤ 5차 평가보고서(2014년)

• 기후 시스템에서 인간에 의한 인위적 영향은 확실하며, 인간이 기후를 더 많이 교란시킬

수록 더 심각하고 광범위한 불가역적 영향의 위험에 직면하게 될 것이라 전망했다. 온실가스 감축을 이행하지 않는다면 2100년까지 지구 온도가 19세기 산업화 이전 대비 4℃ 이상 상승해 가뭄과 홍수 등 각종 기후변화 관련 재해가 일어나고 전세계가 식량안보위기를 겪게 될 것으로 예측했다.

- 지구온난화 1.5℃ 특별보고서(2018년)
- 국가 온실가스 인벤토리 작성을 위한 IPCC가이드라인 2019 개정
- 기후변화와 토지에 관한 IPCC 특별 보고서(2019년)
- 신기후변화체제(파리협상) 협상

⑥ 6차 평가보고서(2022년)

- 인간의 영향 때문에 온난화가 일어나고 있는 것은 명백한 사실이며 인간의 영향에 의해 과거 2000년 동안 유례없이 빠른 속도로 기후가 온난화되었다고 한다. 또한 가능한 미래 기후에 대해 온실가스 배출 시나리오를 5가지 경우로 나누어 보았지만 가까운 미래에 모든 시나리오에서 1.5℃ 상승에 도달하며, 향후 100년 이내 최저 1.0~5.7℃까지 상승이 일어날 것으로 전망했다.
- 국가별 탄소감축 의무 강화 움직임 야기
- 기후변화 피해보상 국제기금 합의 - 개도국의 손실과 피해보상

6.2.4 생물다양성협약

생물다양성협약(Convention on Biological Diversity)은 생물다양성의 보전과 지속 가능한 이용 및 유전자원의 이용으로부터 발생되는 이익의 공정한 배분을 목적으로 1992년 리우 유엔환경개발 회의에서 채택되었다.

생물다양성 협약의 주요 내용으로는 다음과 같다.

① 각국의 생물자원에 대한 주도적 권리 인정

② 생물종의 파괴행위에 대한 규제

③ 생물다양성의 보전과 합리적 이용을 위한 국가전략의 수립

④ 생물다양성 보전을 고려한 환경영향평가

⑤ 유전자원 제공국과 생명공학 선진국과의 공정한 이익배분

⑥ 유전적으로 변형된 생물체(LMOs: living modified organisms)의 안전 관리

1993년 12월에 발효되어 우리나라는 1994년 10월에 가입하였으며, 2019년 기준 가입국은

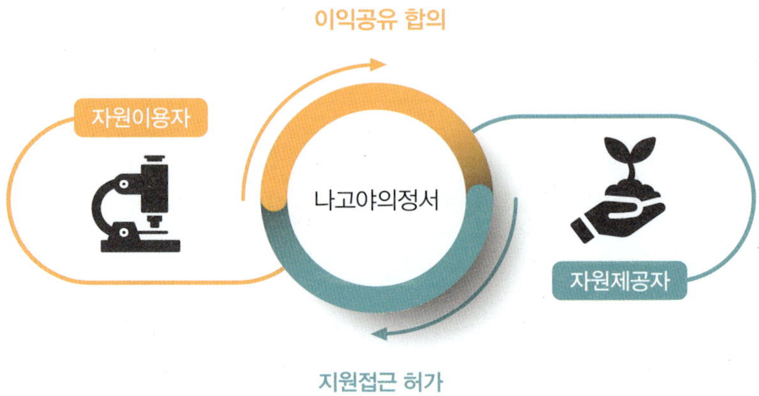

● 그림 3-55. ABS 개념도

196개국이었다.

2010년 10월 일본 나고야에서 개최된 제10차 생물다양성협약 당사국 총회에서는 '유전자원의 접근과 이익공유(ABS, Access to genetic resources and Benefit-Sharing)에 관한 나고야 의정서' 등을 채택하여 2014년 10월 12일 발효되었으며, 우리나라는 2017년 5월 가입하였다. 이와 관련하여 우리나라는 「유전자원의 접근·이익 및 이익공유에 관한 법률」을 2017년에 제정하였다. 나고야 의정서는 2022년 기준 138개국이 가입되었으며 나고야의정서의 주요 내용은 다음과 같다.

나고야의정서의 목적은 ① 유전자원에 대한 적절한 접근, ②유전자원과 기술에 대한 모든 권리를 고려한 관련 기술의 적절한 이전, ③ 적절한 기금 조성을 포함한 방법 등을 통하여 유전자원의 이용으로부터 발생하는 이익을 공정하고 공평하게 공유하는 것으로서 생물다양성 보전과 그 구성요소의 지속 가능한 이용에 기여하는 것이다.

이는 1992년 생물다양성협약의 채택 이후 그림 3-55와 같이 유전자원의 접근과 이익공유라는 법적 구속력 있는 국제규범이라 할 수 있다.

6.2.5 사막화방지협약(UNCCD)

유엔의 사막화방지협약(UNCCD, United Nations Convention to Combat Desertification)은 1992년 리우회의에서 사막화방지를 위한 지역적·국제적 협력의 기틀을 마련하기로 결의한 후 1994년 6월 17일 프랑스 파리에서 채택되어 1996년 12월 26일 발효되었다. 2017년 5월 기준으로 196개국이 가입되어 있으며, 우리나라는 1999년 8월 17일 가입하였다.

사막화방지협약은 생물다양성협약 및 기후변화협약과 더불어 유엔의 3대 환경협약으로 정식명칭은 '심각한 한발 또는 사막화를 겪고 있는 아프리카 지역 국가 등 일부 국가들의 사막화 방지를 위한 국제연합협약(United Nations Convention to Combat Desertification in Those Countries Experiencing Serious Drought and /or Desertification, Particularly in Africa)' 이다.

사막화방지협약의 목적으로는

① 아프리카 지역을 비롯하여 심각한 한발·사막화를 겪는 국가에서의 효과적 행동과 국제적 지원을 통해 사막화를 방지하고 한발피해를 완화하는 것,

② 동시에 피해지역에서의 생활여건을 개선시켜 줄 토지생산성의 향상,

③ 수자원의 복구·보전·지속관리를 포함하는 장기적인 종합전략 수립이다.

사막화방지협약의 주요내용은 다음과 같다.

(1) 기본원칙

① 사막화 방지 프로그램의 이행

사막화방지와 한발피해 완화를 위한 프로그램의 결정과정에 현지 주민과 지역사회의 참여보장

② 소지역적, 지역적, 국제적 협력 증진

국제적 연대의식 지역적·국제적 수준에서의 협력을 증진시키며, 자원을 가급적 필요한 곳에 집중

③ 지역사회 간, 정부 간 비정부기구 간 협력

자원의 지속가능한 이용증진을 위해 정부, 비정부기구, 지역사회, 토지 소유자 등 모든 차원에서 상호 협력증진

④ 동반자 정신에 입각, 사막화 피해 지역에서의 토지와 부족한 수자원의 특성화 가치에 대

한 이해증진

⑤ 피해 개도국, 특히 최빈국의 궁핍과 역경을 충분히 고려하여 추진

(2) 협약 상 의무

① 선진국/개도국 공통의무

- 양/다자 협정을 통한 사막화방지 장기전략 수립
- 빈곤퇴치전략과 사막화방지 사업의 연계
- 재원동원을 위해 기존의 양/다자간 재정체계 및 협정 활용 장려

② 선진국 의무

- 피해국 특히 아프리카 국가와 최빈국의 사막화 방지 활동지원
- 실질적 규모의 자금 및 기타 형태의 원조 제공
- 지구환경기금(GEF)을 통한 추가적이고 새로운 재원동원 촉진
- 피해 개도국의 사막화 방지 기술습득 조장 촉진 등

(3) 재원 및 재정체계

① 재원

- 선진국은 실천계획 이행을 위한 실질적 재정지원 및 신규지원 등
- 피해국은 능력 범위 내에서 재원 동원
- 사용 가능한 모든 재원 및 재정체계의 활용, 기타 자발적 재정지원

② 재정체계

- 당사국총회의 재정체계의 운영 가능성을 증진하고 UN 및 다자간 재정기구내의 메커니즘을 통해 재정지원 장려
- 피해 개도국은 National Coordinating Mechanism 수립

6.2.6 오존층 보호를 위한 국제협약

1974년 프레온(freon)가스나 할론(halon)이 성층권으로 이동하면서 오존층을 파괴한다는 연구가 발표되면서 오존층 보호를 위한 국제적 관심이 대두되었다.

오존층 파괴문제에 대처하기 위한 국제적인 논의는 유엔환경계획(UNEP) 주도하에 1977년 5월 "오존층에 관한 세계 행동계획(World Plan of Action on the Ozone Layer)"이 채택되고 UNEP와 세계기상기구(WMO)가 공동으로 "오존층에 관한 조정위원회"를 구성하면서 본격화되었다. 이후 1985년 3월 오스트리아 비엔나에서 개최된 UNEP 이사회에서 "오존층 보

호에 관한 비엔나협약(Vienna Convention on the Protection of the Ozone Layer)"이 채택되었다. 그러나 이 협약은 선언적 의미로 오존층 보호를 언급하였을 뿐, 오존층을 파괴하는 특정물질에 대한 구제적인 감축 조항을 규정하지 않았다.

비엔나협약의 목적은 인류의 활동이 오존층에 미치는 영향과 오존층 파괴로 인한 인간의 건강과 환경이 받게 될 부정적인 영향을 보다 폭넓게 이해하고 평가하며 가입국간에 감시 및 관련 정보의 교환을 촉진하기 위함이다. 비엔나협약은 범지구적인 환경문제의 해결을 위해 국제사회 전체의 합의를 바탕으로 체결된 최초의 국제환경협약으로 일컬어지고 있다. 특히, 현실적인 환경피해의 결과가 명확하게 입증되기 이전이라도 예방적 조치의 필요성을 인정하는 사전주의적 접근방식에 입각하여 ① 오존층 파괴 방지조치의 실시, ② 오존층 보호를 위한 관측, 조사·연구 및 정보교환 등을 규정하고 있으며, 부속 의정서의 채택에 필요한 법적 근거도 제공하고 있다.

비엔나 협약은 UNEP를 중심으로 한 전 세계 122개국이 가입하였다. 비엔나 협약은 구체적인 감축조항은 없었으나 오존층 보호를 위한 부속 의정서 채택에 필요한 근거를 바탕으로 2년 뒤인 1987년 UNEP에 의해 작성된 "몬트리올 의정서"가 채택되어 1989년 1월부터 발효되었다. 몬트리올 의정서는 처음에는 46개국이 서명하였으나 지금은 200여 개국이 가입되고 있다. 몬트리올 의정서가 신속히 채택된 이유는 1985년 6월 남극의 오존구멍에 관한 증거가 발표된 것이 계기가 된 것으로 몬트리올 의정서의 정식명칭은 "오존층 파괴물질에 관한 몬트리올의정서(Montreal Protocol on Substances that Deplete the Ozone Layer)"이다. 의정서는 국가별로 1986년 사용량과 생산량을 기준으로 하여 규제물질의 단계별 감축일정을 제시하고 있다. 의정서에서는 염화불화탄소(CFCs), Halon 등 96종의 오존층 파괴물질을 규제대상물질로 정하고 1994년부터 생산·소비량을 단계적으로 감축하고, 2040년부터는 생산·소비를 금지하는 내용으로 규정하였다.

협약 초기에는 CFCs와 할론 등 오존층 파괴물질의 생산과 소비를 1994년부터 1986년 수준의 80%까지 줄이고, 1999년 까지는 50%까지 줄이는 것으로 설계되었으나, 오존층의 파괴속도가 예상보다 빨라지자 1992년 11월 덴마크의 코펜하겐에서 열린 회의(코펜하겐 의정서)에서 일부 물질에 대해 2000년 1월 완전 폐기하기로 했던 계획을 1996년 1월로 앞당기고, 규제대상 물질도 20종에서 95종으로 확대하였다.

우리나라의 경우 1992년 2월 비엔나협약과 몬트리올의정서의 비준서에 동시 가입하여 1992년 5월 발효하였다. 특정물질의 생산·사용 규제와 관련한 몬트리올의정서 체제상 우리나라는 1994년 이후 개도국 지위를 인정받아 특례조항에 따라 개도국의 감축 일정을 적용받게 되었다. 우리나라는 의정서의 가입과 함께 규제대상물질의 생산·소비를 제한하기 위하여 1991년 1월 "오존층보호를 위한 특정물질의 제조규제 등에 관한 법률"을 제정하였다. 이 법에서 의정서의 준수를 위해 특정물질의 제조·수입 및 판매를 규제하고, 기금조성 등을 통해 대체물질 개발을 추진하며, CFCs 등 특정물질의 사용합리화방안을 강구한다는 내용을 담고 있다.

몬트리올 의정서는 이후에도 여러 차례 개정(1990년 런던개정, 1992년 코펜하겐 개정, 1997년 몬트리올 개정, 1999년 베이징 개정)을 통해 2000년대 들어 오존층이 일부 회복되었다는 연구 결과가 보고되고 있다. 2014년 UNEP와 세계기상기구(WMO)는 '2014 오존층 손상에 관한 과학적 평가' 보고서에서 오존층을 지키기 위한 국제적 노력이 앞으로 수십 년 안에 오존층이 회복될 수 있을 것이라고 밝혔다. 이는 오존층 보호를 위한 국제협약의 성공사례라 할 수 있다.

6.2.7 기타 국제환경협약

환경보호를 위한 국제환경협약은 생태계 보존이나 우리의 주거환경과 관련한 다양한 협약들이 있다. 2022년 기준 우리나라가 가입하고 있는 국제환경협약은 50여개가 있으며, 분야별 현황은 표 3-37과 같다.

● 표 3-37. 우리나라의 국제환경협약 가입 현황(2022년 기준)

분야	가입수	주요 협약
대기·기후	9	기후변화협약, 오존층 파괴물질에 관한 협약
해양·어업	23	남극해양생물자원보존에 관한 협약, 동남대서양 생물자원보존협약, 유류에 의한 해양의 오염방지를 위한 국제협약, 폐기물 및 그 밖의 물질의 투기에 의한 해양오염 방지에 관한 협약(런던덤칭협약), 유류 오염손해에 대한 민사책임에 관한 국제협약, 북서대서양 다자간 장래어업 협력에 관한 협약, 북태평양소하성자원보전 협약
유해물질·폐기물	4	유해폐기물의 국가 간 이동 및 그 처리의 통제에 관한 바젤협약, 특정 유해화학물질 및 농약의 국제 교역 시 사전 통보 승인에 관한 로테르담 협약, 잔류성 유기오염물질에 관한 스톡홀름 협약

분야	가입수	주요 협약
자연·생물보호	8	멸종위기에 처한 야생 동·식물종의 국제거래에 관한 협약(CITES), 생물다양성에 관한 협약, 물새 서식처로서 국제적으로 주요한 습지에 관한 협약(람사르협약), 바이오 안전성에 관한 생물다양성 카르타헤나의정서
기타	6	남극조약, 사막화 방지협약, 세계문화유산 및 자연유산의 보호에 관한 협약, 환경변경기술의 군사적 또는 기타 적대적 사용의 금지에 관한 협약

※ 자료출처: 2022 환경백서, 환경부, 2023

참고문헌

- 강석호, 21세기의 에너지와 산업사회, 영남대출판부, 1998
- 강치구 외 9인, 환경과 인간, 동화기술, 2010
- 김광렬 외, 인간과 환경, 화수목, 2015, 218
- 김기준, 신재생에너지기술개발 추진현황 및 전망, 환경기술, 2007
- 김지태, 장순웅, 환경과 인간, 동화기술, 2014
- 김성봉, 습지와 자연환경, 도서출판 월인, 2008
- 김재용 외, 환경에너지공학, 화수목, 2014
- 문덕현 외 17, 인간과 환경, 동화기술, 2015
- 박경북, 생활 속에서 알아야 할 라돈 이야기, 지우북스, 2019
- 박경환, 환경과 인간론, 펴냄홍, 2003
- 박연규 외 환경생물학, 대학서림, 2006
- 박종웅 외, 최신환경위생학, 대학서림, 2007
- 박종웅 외, 최신 에너지학 개론, 동화기술, 2015
- 박창근, 병든지구, 녹원출판사, 1986
- 서광석 역, 지구환경백과, 대학서림, 1998
- 서광석, 대기오염제어공학, 화수목, 2014
- 서광석, 신 대기오염개론, 대학서림, 2010
- 서광석, 신 산업위생관리사, 대학서림, 2007
- 서광석, 최신보건학, 대학서림, 2018
- 서광석, 환경과 인간론, 한국교원대 원격교육연수원, 2000
- 서광석, 환경보건학, 국민서관, 2015
- 서광석, 환경학, 대학서림, 2013
- 서부갑 외, 환경과 인간, 대학서림, 1999
- 신윤근 외, 환경학개론, 화수목, 2014
- 에너지관리공단, 신재생에너지센터, 신재생에너지 RD&D전략 2030보고서, 2007
- 유영식, 대기환경학, 대학서림, 2006
- 이두회 외, 인간환경론, 나남출판사, 2006
- 이정환 외, 산업위생관리, 신광출판사, 1998
- 이한기 외, 최신식품위생학, 대학서림, 2006
- 이현주, 환경학 개론, 지우북스, 2019
- 이홍근 외 8인, 수질오염관리, 신광출판사, 2005
- 윤석표 외 9인, 신폐기물처리, 동화기술, 2013
- 편찬위원회, 보건학개론, 서울대출판부, 2006
- 환경교재연구회, 환경학개론, 자유아카데미, 2000
- 해양수산부, 우리나라 갯벌-자연생태의 특성-, 갯벌총서#1, 2005

- 환경부, 환경백서, 2018
- 환경부, 환경백서, 2023
- 환경부, 환경통계연감, 2023
- 환경학교재연구회, 환경학개론, 자유아카데미, 2000
- 황상용 외, 환경보건학, 대학서림, 2005
- 私たちの森と林 外, 地域環境百科, 産調出版株式會社, 1997
- Allay, M., Basics of Environmental Seience, Routledge, 1996
- Benarie, M. M. ; Air Pollution Modelling, Macmillan Press, 1980
- Bethee, R. M. ; Air pokkution control Technology, van Nostrand reinhold, 1978
- Encyclopedia of Occuoational Health and Safety, 3rd ED., International Labour Organization, 1983
- Environmental Criteria, 1,2,3,8,13, WHO Geneva, 1979
- Guene, W. D. ; Pesticide in soiland water, Madison, 1974
- Hanlon. p. ; Public Health(Administration and practice) Time, 1979
- HohmoHol, ; Soil chemistry, John wiley & sons, 1979
- Krenkel, P.A., and novotny V. : Water quality Management. Academic Press, 1980
- Metcalr & Eddy Wastewater Engineering, Trearment Disposal Reuse, Mcgraw-Hill, 1979
- Miller, G. T., Environmental Science, 11th ed., Thomson, 2006
- Parker, S.P., Encyclopedia of Environmental Science, Mc Graw-Hill, 1980
- Peavy, H.S. et al. ; Environmental Engineering Mcgraw-Hill, 1985
- Perkins H.C., McGraw, Airpollution, Mc.Graw Hill, Inc, 1974
- Preston GRALLA, How the Environment Works, Ziff-Daive Press, 1997
- Stern, A.C., Air pollution Ⅰ~Ⅷ, Academic Press, INC., 1986
- Tehobamoplous, G. er al. ; Solid Wastes, Mcgraw-Hill, 1977
- Turk, J. et al. ; Environmental Science, 3rd Ed, Saunders College Publishing, 1984
- U.S., OSHA(Occupational Safety and Health Administraction), "Industrial hygiene Technical Manual", 1984
- Upham, J.B.H., Air pollution control Assoc. 17, 1967
- Urone, P., Air pollution 3rd. Academic Press, 1986
- Wark, K., and C.F. Warner. Air pollution : It's origin and control, 2nd Ed., Harper & Row, New YORK, 1981

찾아보기

찾아보기

찾아보기

신 인간과 환경

2024년 8월 10일 초판 발행

저 자 방기웅 · 오세은 · 이준호 · 범봉수
발행인 윤 진 영
발행처 도서출판 대학서림
주 소 03076 서울시 종로구 혜화로 2길 8
전 화 02) 763-1220, 744-2811
팩 스 02) 744-1210
등 록 1965. 1. 20
번 호 1-88
정 가 25,000원

ISBN 978-89-6940-332-2 93510

www.daihaks.com